法然上人聚英

浄土宗

『法然上人聚英』刊行の辞

浄土門主
総本山知恩院門跡　伊藤唯眞

「宗祖法然上人八百年大遠忌」記念事業として進めてきた法然上人研究図録『法然上人聚英』が、少し時間はかかりましたが、ここに刊行されましたことは誠に喜ばしいことであります。

法然上人のお開きになった浄土宗のみ教えは、その時代においてまさに革新的なことであり、鎮護国家や貴族の宗教から民衆の宗教へという大きな転換でありました。これは宗教美術にも大きな影響を与えました。特に浄土教美術は、恵心僧都などの影響もあり、法然上人以前から見られましたが、上人のお念仏の教えの広まりとともに多くの浄土教美術がつくられるようになりました。阿弥陀如来像、阿弥陀来迎図、浄土曼荼羅、二河白道図、法然上人御影、法然上人絵伝等々、数多く見られます。

しかし、これらは現代において美術品・芸術品と言われ、美術的視点からのみ見られ、なかなか信仰と結びつけて見られないようになっていますが、これらを製作した人々には、美術品・芸術品をつくっているという意識はなかったでしょう。信仰の対象をつくっていたのであります。「人は祈るとき、そこに対象を求めたがる」と言われています。法然上人の御影、そして浄土教美術は単なる美術品・芸術品ではなく、そこには「一彫三礼」というごとく、つくる人そしてそれを拝む多くの人々の極楽浄土への往生を願うという信仰が表出されていることを忘れてはなりません。

法然上人は、お念仏をとなえることを第一に説かれ、お像や図絵をつくることはあまり勧めていません。心をこめてお念仏をとなえることこそ極楽浄土へ往生する道だと説かれています。しかし、上人没後、多くの浄土教美術が製作されてきたことは、上人が説かれたお念仏の教えを広めるため、そしてなによりも、往生を願う対象としてつくらずにはいられないという、人々の止むに止まれぬ願いがあったのではないでしょうか。そしてまた、上人の御影や絵伝などは、上人の教えを受けた人々の、上人を崇める熱い思いがあったのです。そうした人々の願いや思いがさらなる浄土教の広がりをみせたことは疑う余地がありません。

現代社会を見てみますと、無縁社会と言われるように、人々のつながりが希薄になり、老いも若きも孤立感を深め、殺伐とした様相を呈しています。また、平成二十三年三月十一日に発生した東日本大震災や、津波による原子力発電所の事故からの復興もなかなか進まず心を痛めております。まだまだみなさまの援助が必要であります。これは平安末期から鎌倉時代の争乱や自然災害にみまわれ、来世への不安と明日をも知れぬいのちに怯えた法然上人の時代とよく似ています。上人は、このような人々に来世での救済を説き、生きる希望を与えました。いま私たちは、この上人の遺徳顕彰をするとともに現代社会の人々にお念仏のみ教えを伝え、他者を思いやり共に生きる優しい心の敷衍に努めなければなりません。

この図録は、法然上人研究図録ということで、法然上人の御影や絵伝、典籍など上人に直接関係する品々と浄土教美術の品々が掲載され、学術的な解説がなされています。そこには当然、浄土宗寺院所蔵の宝物ばかりではなく、他宗寺院の宝物も多く含まれております。これこそ上人のみ教えが世に広く伝わっていた証左ではないでしょうか。私もこの研究図録制作には当初から参加し、拙文を認めております。ご一読いただき、上人の遺徳を尊崇するとともに、上人の説かれた浄土教に対するご理解を深めていただきたく存じます。

最後になりましたが、この図録製作にご協力いただいたご寺院ならびにご執筆いただいた先生方には深甚の謝意を表しつつ、謹んで巻頭に蕪辞を寄せる次第であります。

平成二十六年十月吉日

『法然上人聚英』発刊にあたって

浄土宗宗務総長　豊岡鐐尓

平成二十三年に迎える『法然上人八百年大遠忌』の記念事業として計画された「法然展」の図録作成を目的に、平成十六年一月、浄土宗総合研究所長石上善應先生(当時)にご指導を仰ぎ、仏教絵画・仏像・法然上人典籍の専門家四人(別掲)による「法然上人展調査専門委員会」が組織されました。しかしその後、浄土宗の展覧会事業への主体的関わりが不可能となったため、水谷幸正宗務総長(当時)の強い希望により、委員はそのままに展覧会図録よりさらに一歩踏み込んだ研究図録の作成へと目的が変更されました。

当時、私は総長公室長で宗祖法然上人大遠忌事務局長を兼任していました。展覧会図録から研究図録への変更で、何度も委員会を開き、その趣旨や掲載品目の選出が難しくなったと頭を悩ませたことが思い出されます。

委員会では調査対象となり得る法然上人の典籍と浄土教美術作品のリスト約二千点から調査品目の絞り込みを行うとともに、調査可能かどうかなどを調べた結果、最終的に五十一点を掲載することができました。その内容は、法然上人に直接関わる御影関係、ご消息・典籍、阿弥陀仏と浄土教美術を中心にした仏像・絵画です。

この掲載品目を見ると、法然上人とその教えである浄土教がいかにその時代に大きな影響を与えてきたかが見えてくる秀逸な作品ばかりであることに気付かされます。特に作品数の多い安嶋紀昭先生担当の絵画部門では、光学的な調査もふまえた多角的な視点からの解説は、これまでの仏教美術品の解説のみにとどまらない当時の時代背景も感じさせるものとなっています。また、仏像部門では新たな発見もあり、記者会見を開いたことも昨日のように思い出されます。典籍部門では、伊藤唯眞猊下が、大本山清浄華院ご法主、浄土門主・総本山知恩院門跡にご上任されたにもかかわらず、当初から『選択集』や源智上人造立の阿弥陀仏の像内文書の詳しい解説をいただいたばかりではなく、出版にあたりましては様々なお心配りをいただき、何にも変えがたく有り難いことでありました。

刊行予定は二十二年度末となっていましたが、調査品目予定の変更などに伴い、今日の発行となってしまいました。誠に申し訳なく、皆様のご海容を願う次第であります。

ただ惜しむらくは、この図録完成を楽しみにしておられた水谷幸正元宗務総長が本年二月七日にご遷化され、本図録の完成をお見せできなかったことであります。悔やまれてなりません。

ともあれ、三年の遅れをみましたが、法然上人八百年大遠忌記念事業の一つであった法然上人研究図録『法然上人聚英』が刊行できたことは大きな喜びであります。この図録出版のための調査にご協力をいただいたご寺院、またご執筆の先生方には心からの謝意を表させていただきます。

平成二十六年九月二十五日

目次

弟子

阿弥陀仏画像・彫像

来迎図

曼荼羅・二河白道図・その他

［研究論説］

【美術篇】

凡例

一、本図録は、平成二十三年の「法然上人八百年大遠忌」記念事業の一つとして
「法然上人研究図録制作調査委員会」が組織され、掲載作品は同委員会の選出によって制作刊行されたものである。
二、掲載作品の図版および解説は、本図録のために調査した作品と、それ以前に調査したものがある。
三、本図録のために調査した作品でも、掲載していない図版や解説がある。また、図版は掲載しているが、
解説を省いている作品もある。
四、解説文中、書籍名には『』を付して、絵画等の作品名と区別した。
五、解説文の漢字はできうるかぎり新字を用いた。
六、作品の法量は解説文中に提示した。
七、所蔵者の所在地は都市名で示した。
八、解説文中、ルビは各章の初出に付した。なお、人物名・書籍名・作品名にはルビは付していない。
ただし浄土五祖と図版掲載作品の名称に人名がある場合は付した。
九、図版・解説文中の文化財については、国指定の国宝と重要文化財に指定を付した。
十、解説文中、図版ページに掲載している作品については、初出に〈1〉のように標を付した。
また、同一作品が続く場合は〈1-2〉というように作品番号の後に続き番号を付した。
十一、解説文中、挿図には〈S○〉と番号を付した。

図版

1–1　法然上人画像(足曳御影)　全図　重要文化財　京都・二尊院

1–2　同前　全図　赤外線写真

1–3　同前（部分）頭部

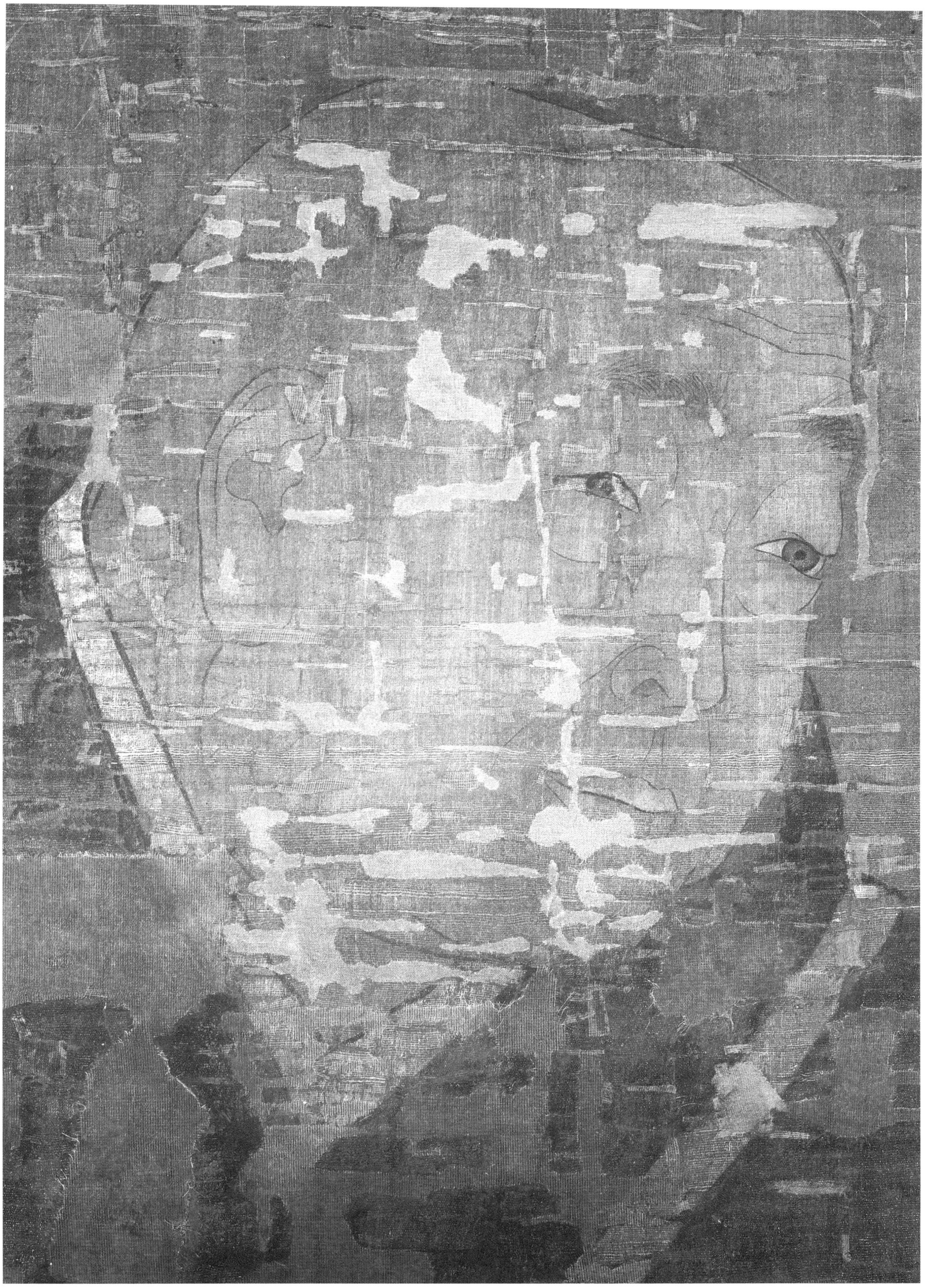

1–4　同前（部分）頭部　赤外線写真

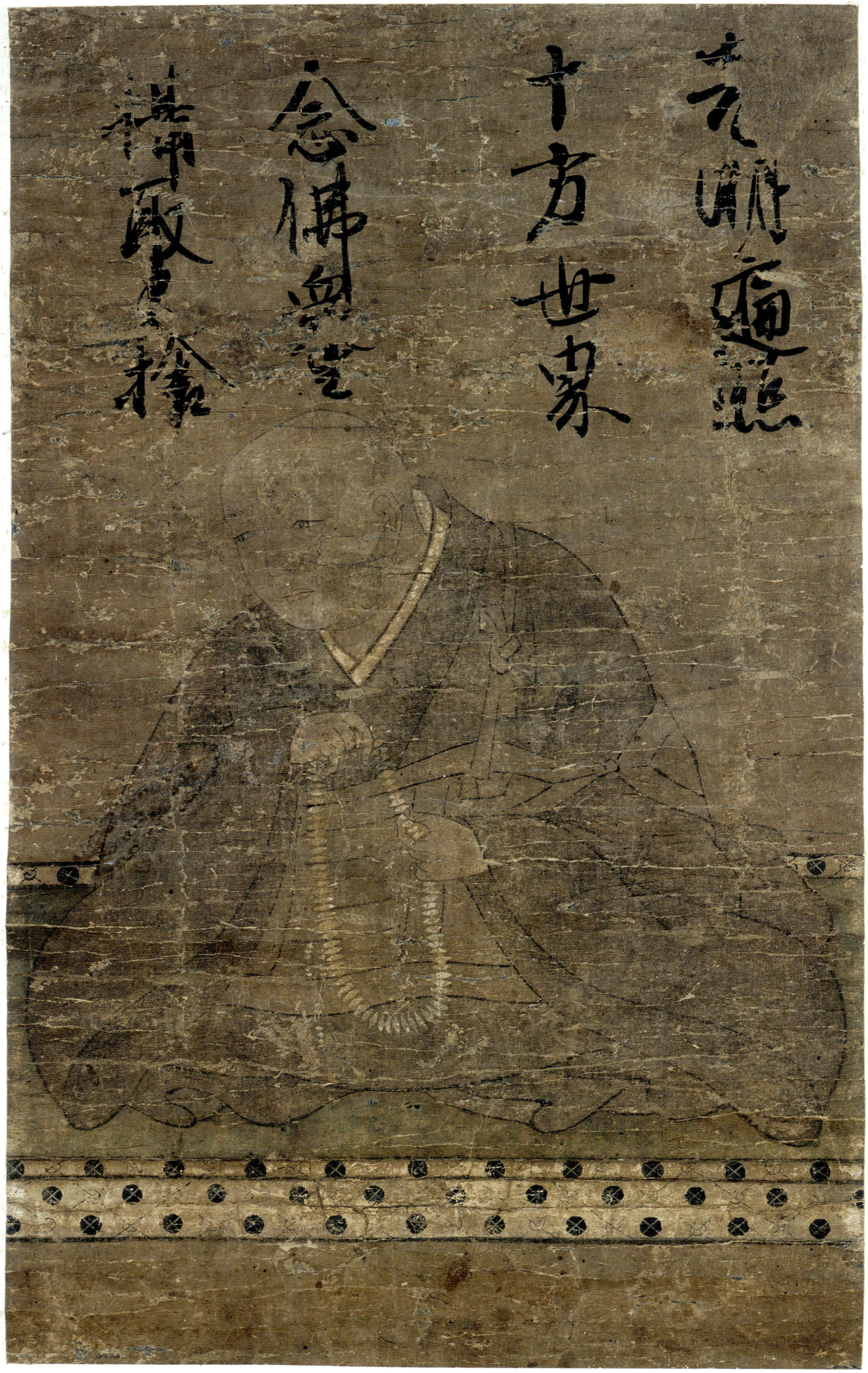

2　法然上人画像(信実御影)　全図　京都・知恩院

3　法然上人画像(隆信御影)　全図　京都・知恩院

4　法然上人画像(鏡御影)　全図　京都・知恩寺

5　法然上人画像(鏡御影)　全図　京都・金戒光明寺

6–3　同前　善導　幅全図

6–1　二祖対面図　二幅対　法然　幅全図　京都・法然院

6–4　同前（部分）印章

6–2　同前（部分）印章

7–1　法然上人坐像　重要文化財　奈良・當麻寺奥院

7–2　同前 側面

7–3　同前 側面

7–4　同前 斜め

7–5　同前 背面

8　法然上人坐像　京都・知恩寺

9–1　法然上人絵伝（部分）上巻　第一段　廟塔建立　重要文化財 東京・増上寺

9–2　同前（部分）上巻　第一段　施食

9–3　同前（部分）上巻　第一段　法要

9–4　同前（部分）上巻　第二段　母子の別れ

9–5　同前（部分）下巻　第四段　出家

9–6　同前（部分）　下巻　第七段　善導和尚影向の姿を絵師に描かせる

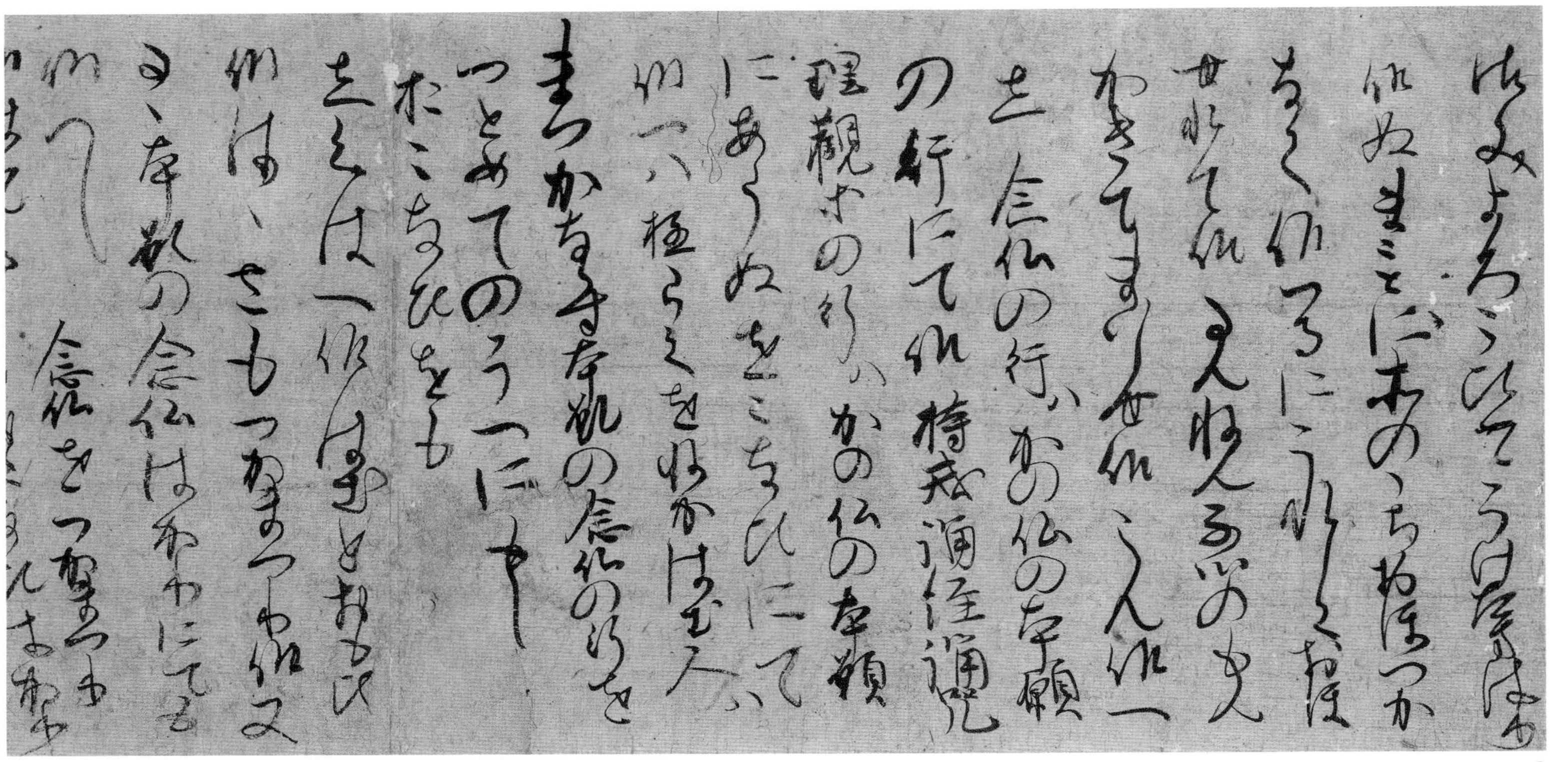
1

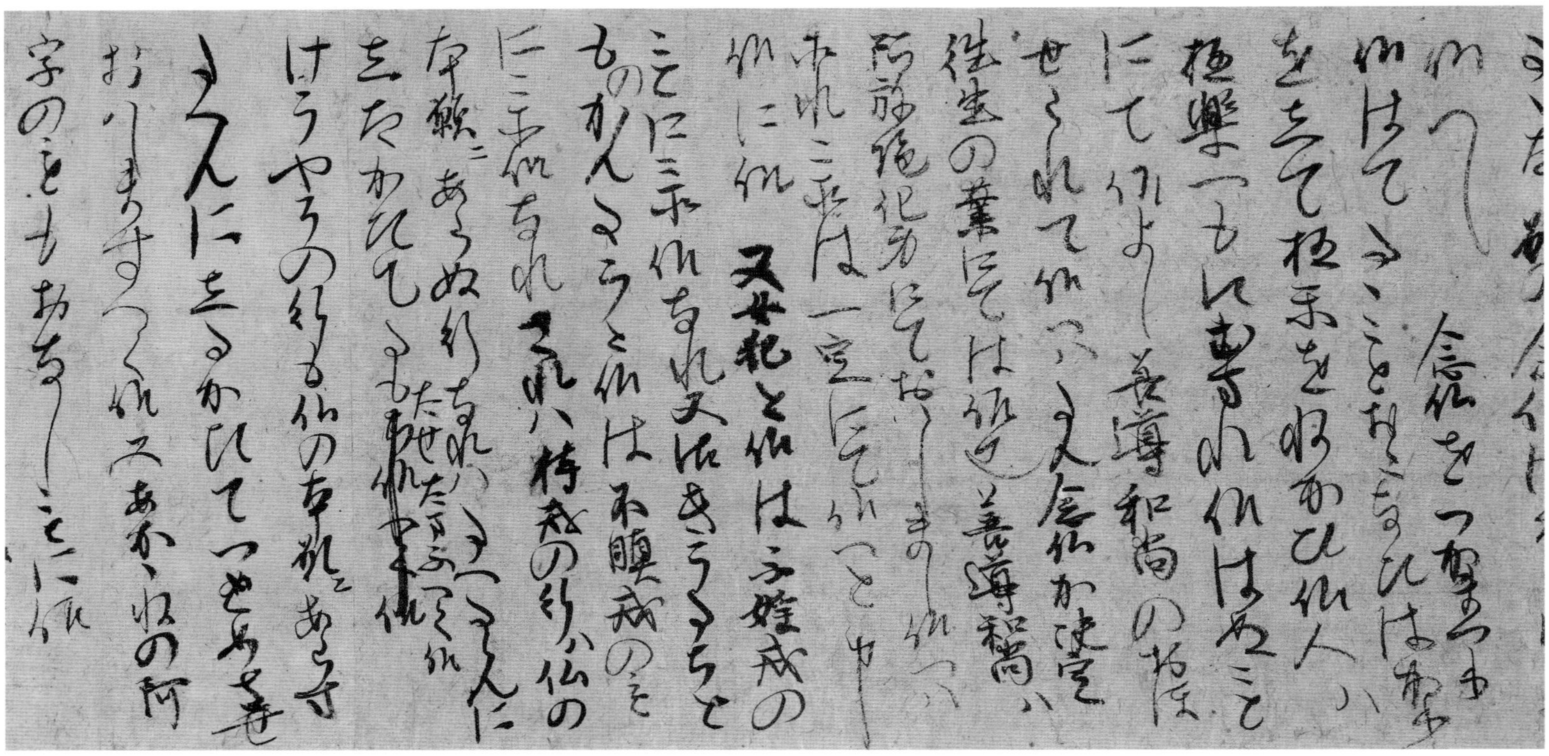
2

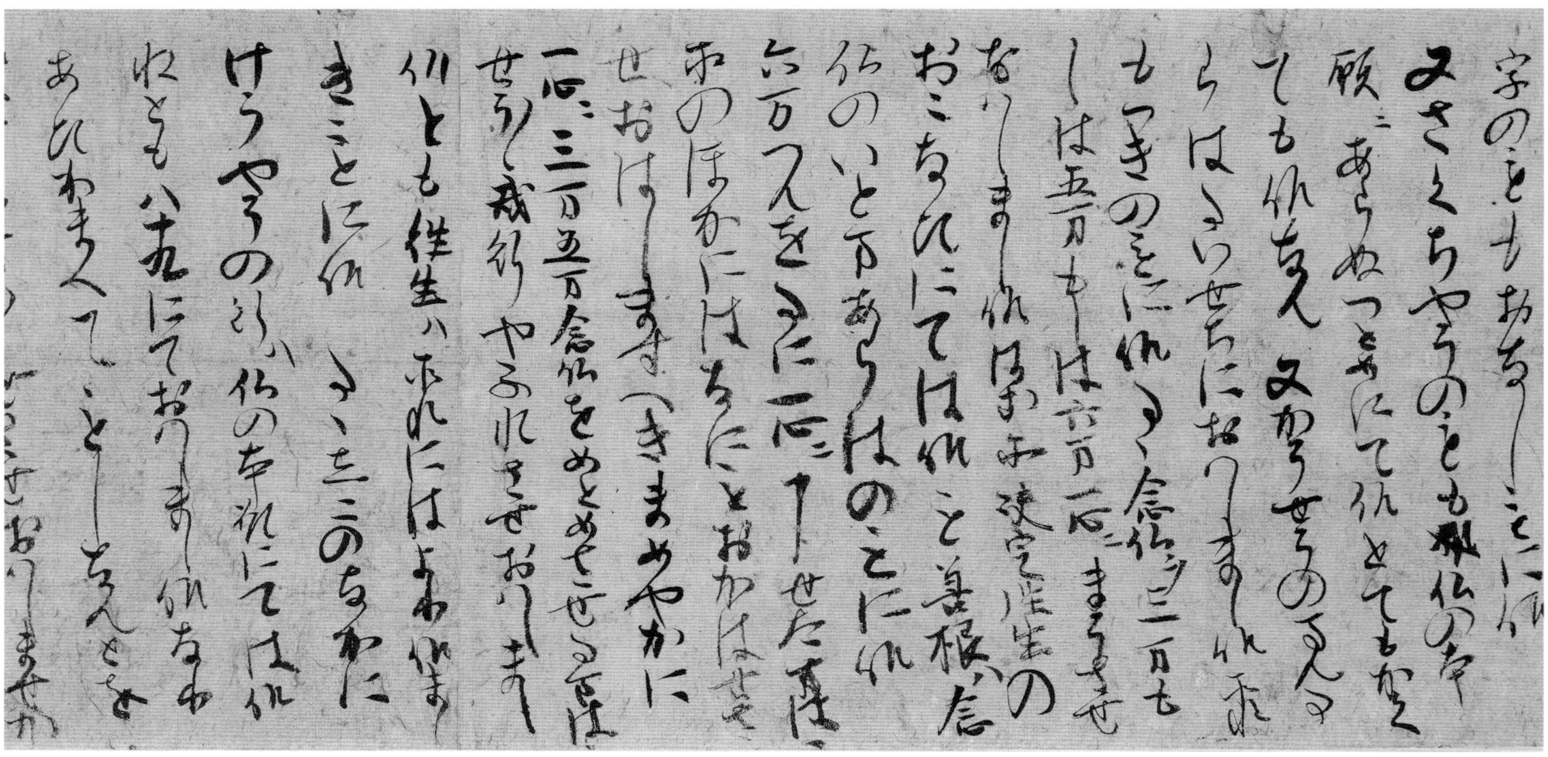
3

10　源空・証空自筆消息　重要文化財　京都・清涼寺

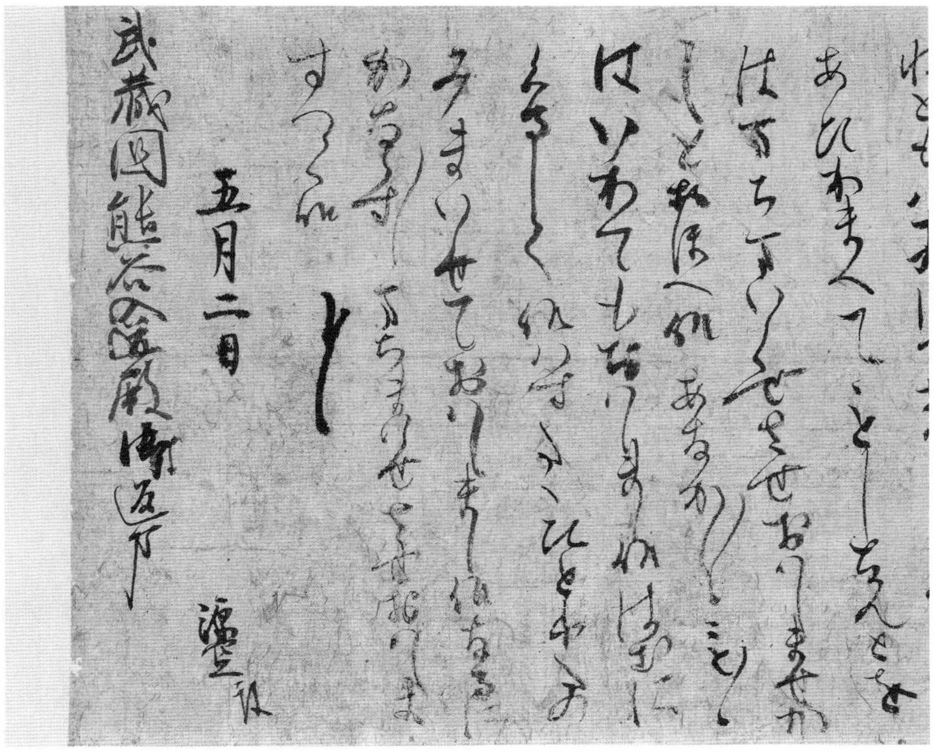

4

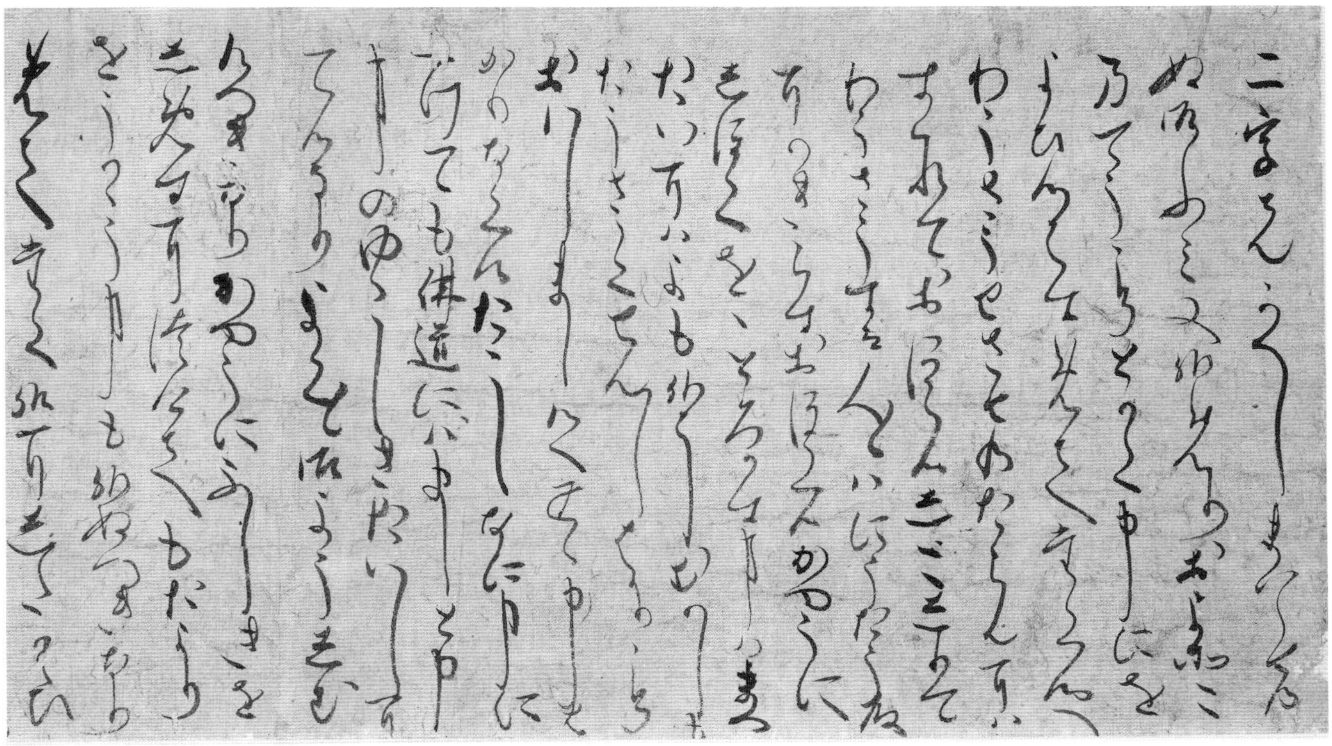

5

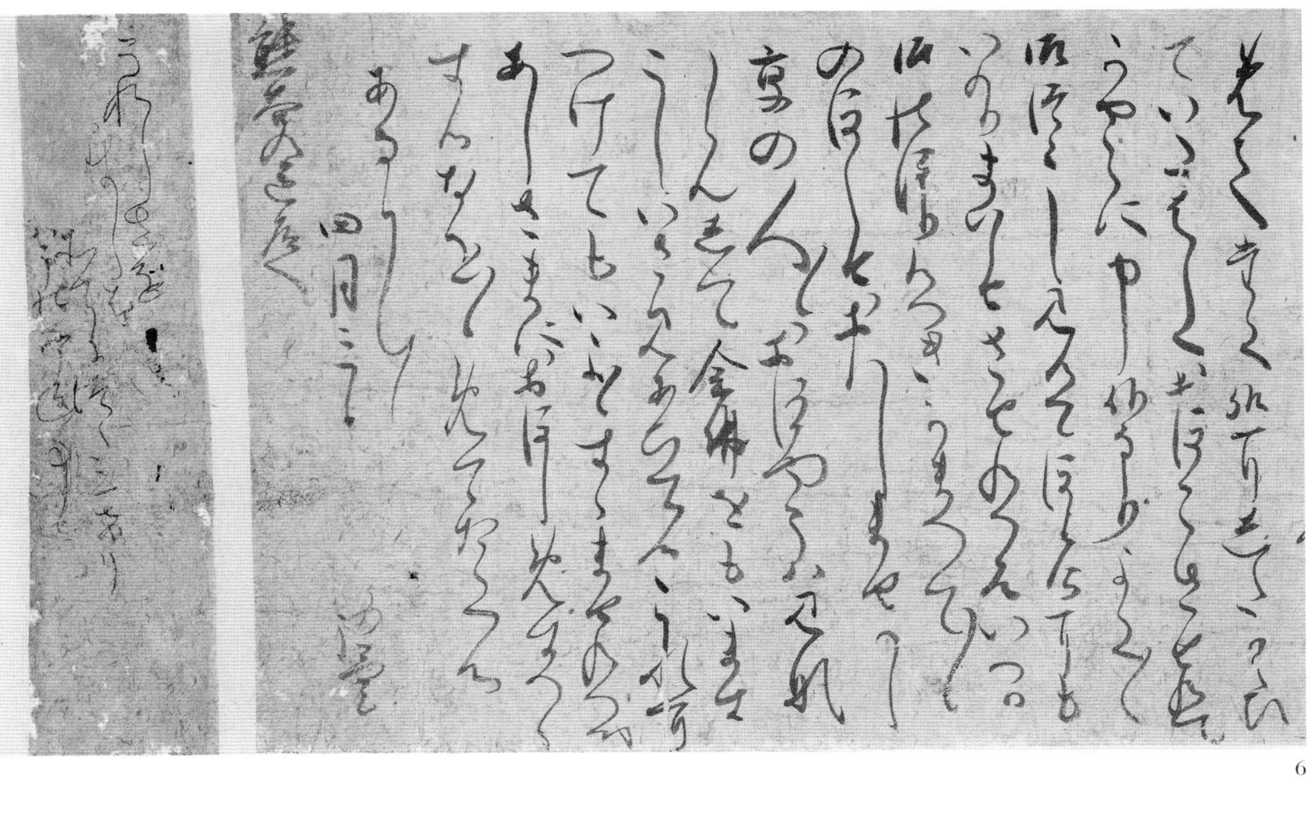

6

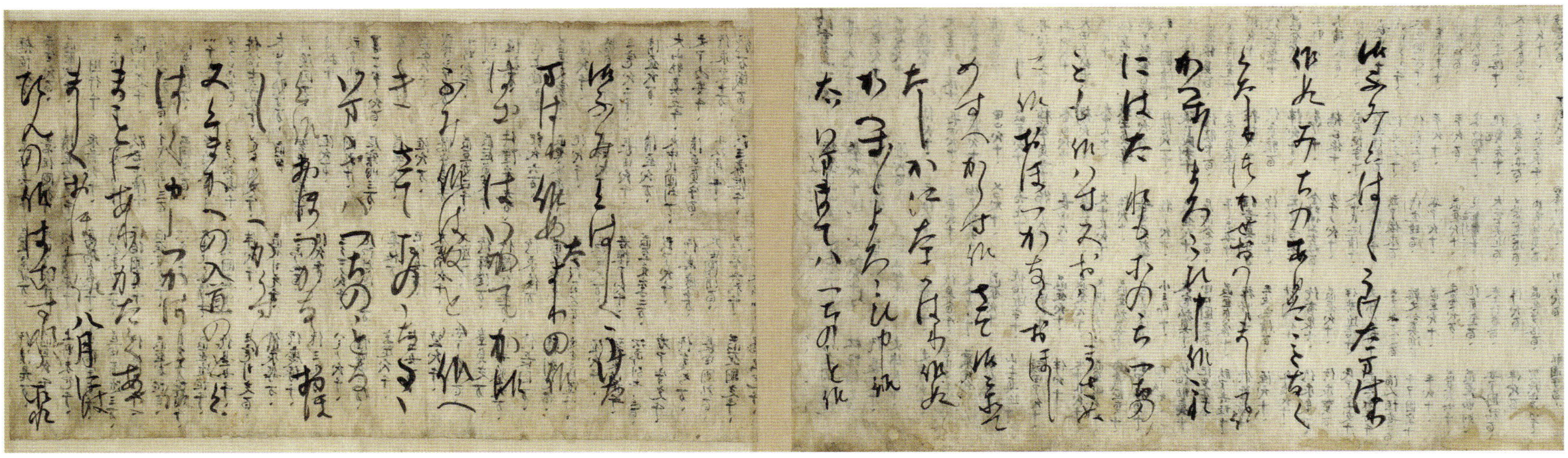

1

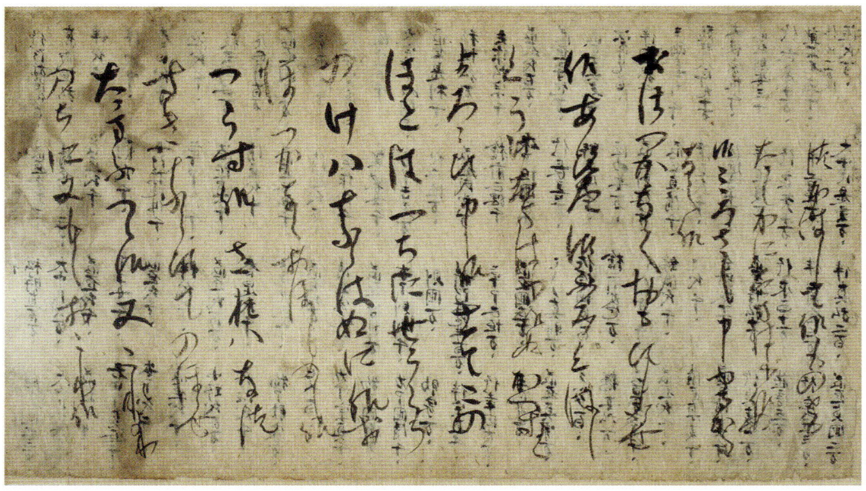

2

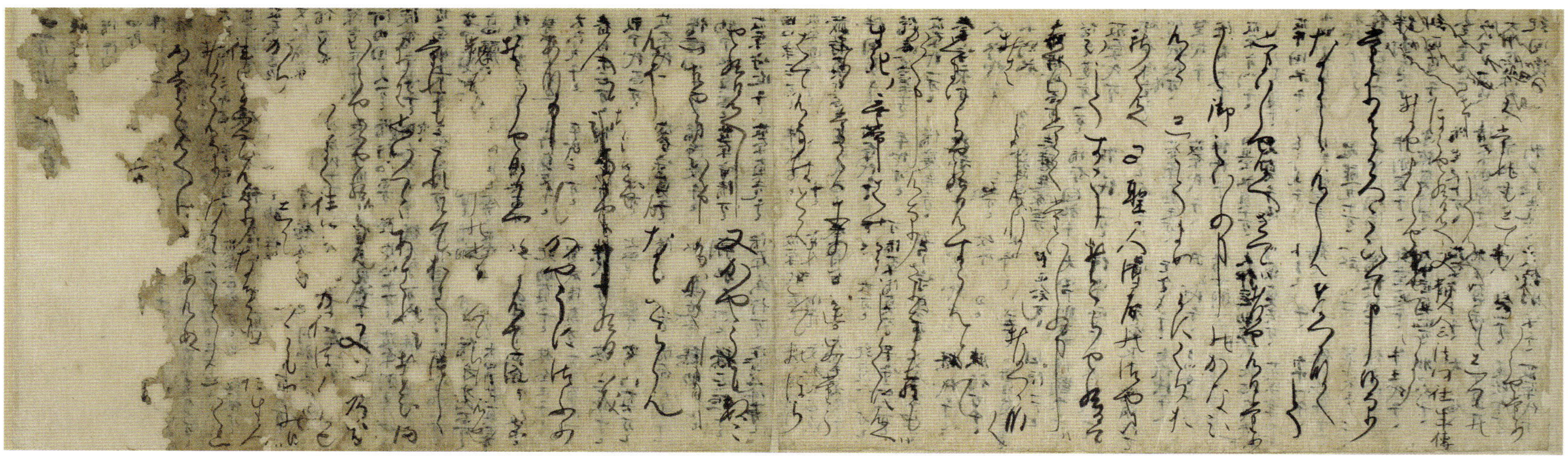

3

11　源空・証空等自筆消息　重要文化財　奈良・興善寺

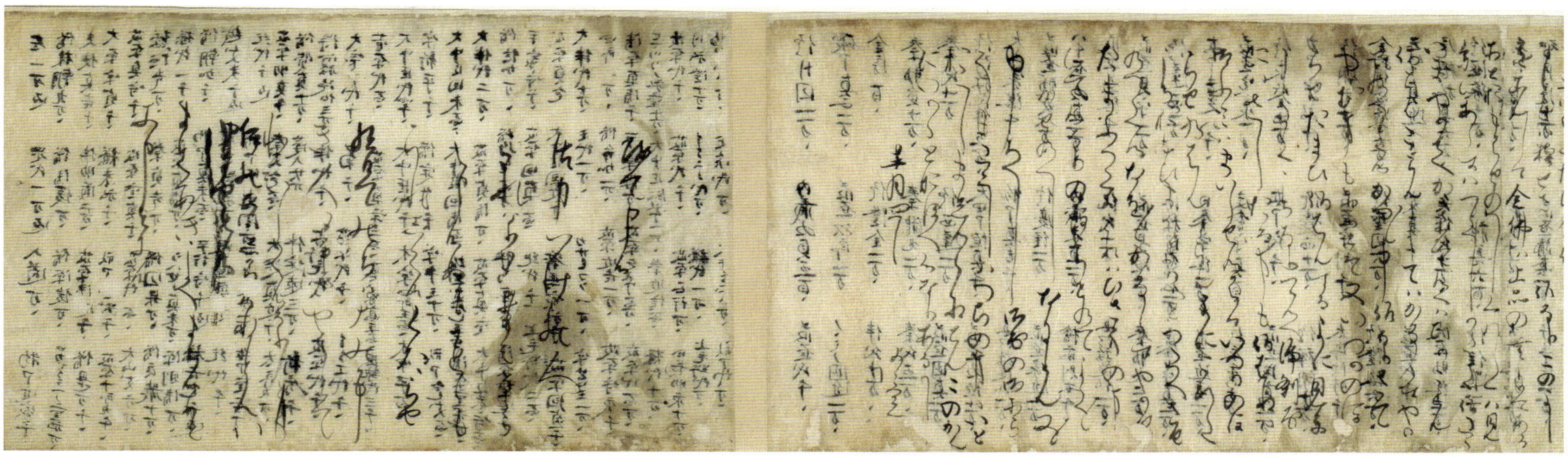

4

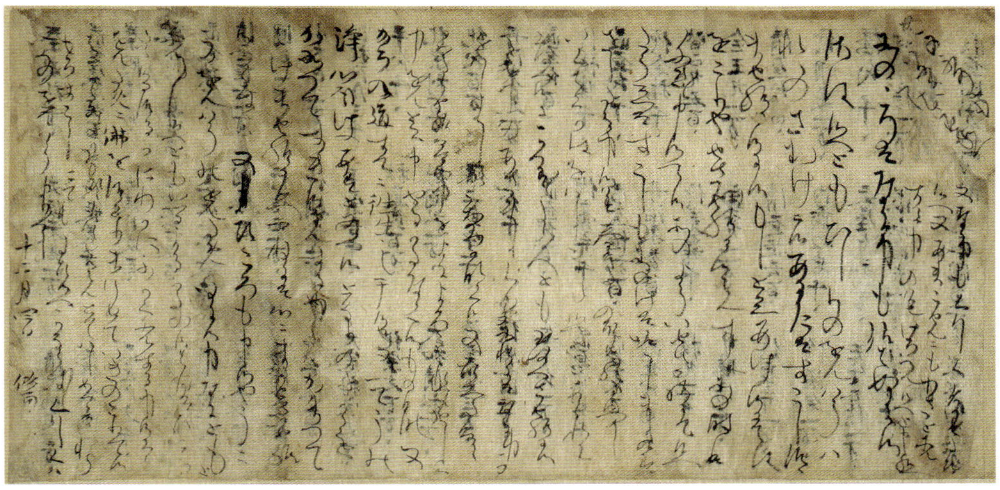

5

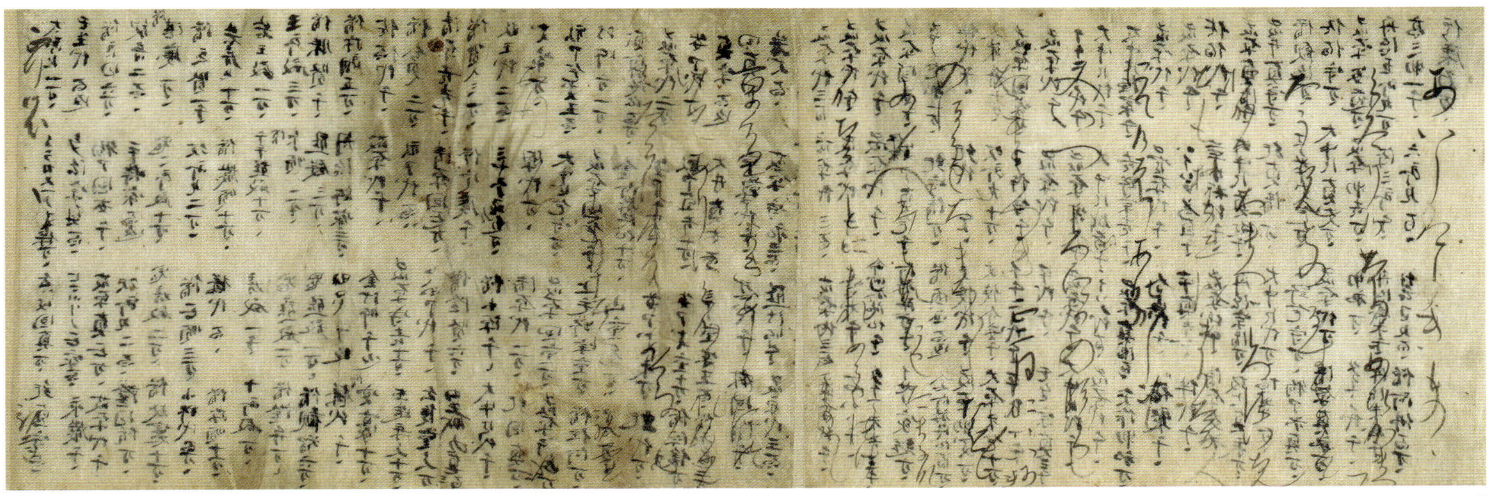

6

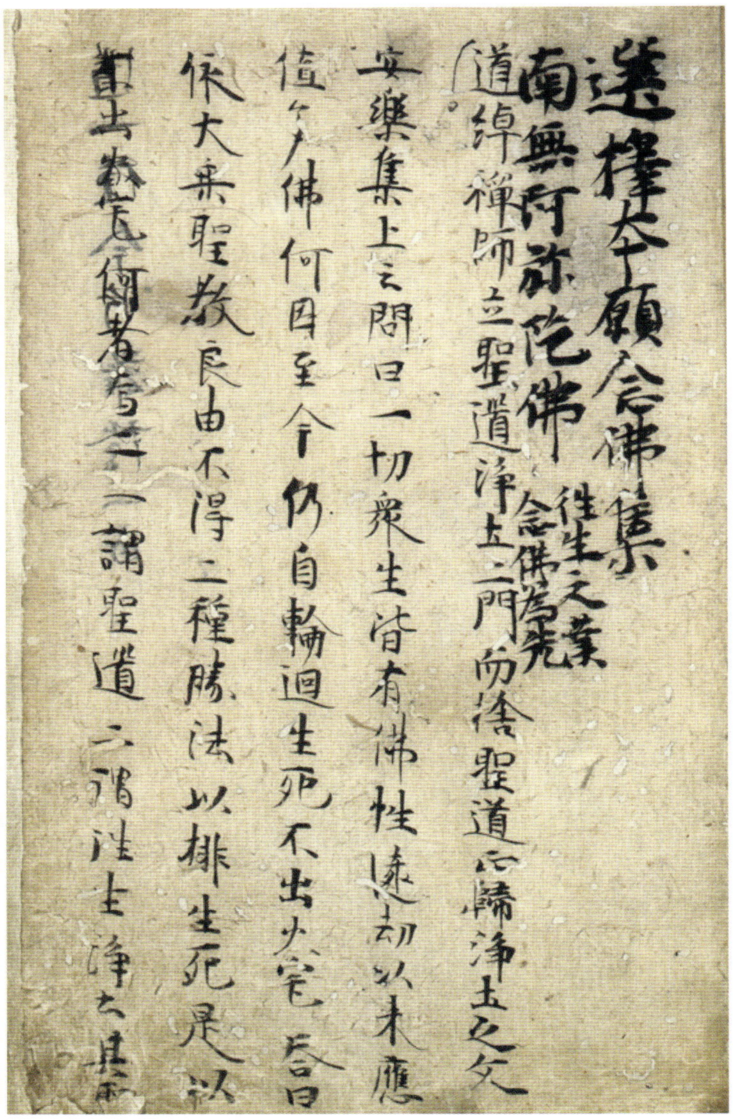

12−1　選択本願念仏集　巻頭　重要文化財　京都・廬山寺

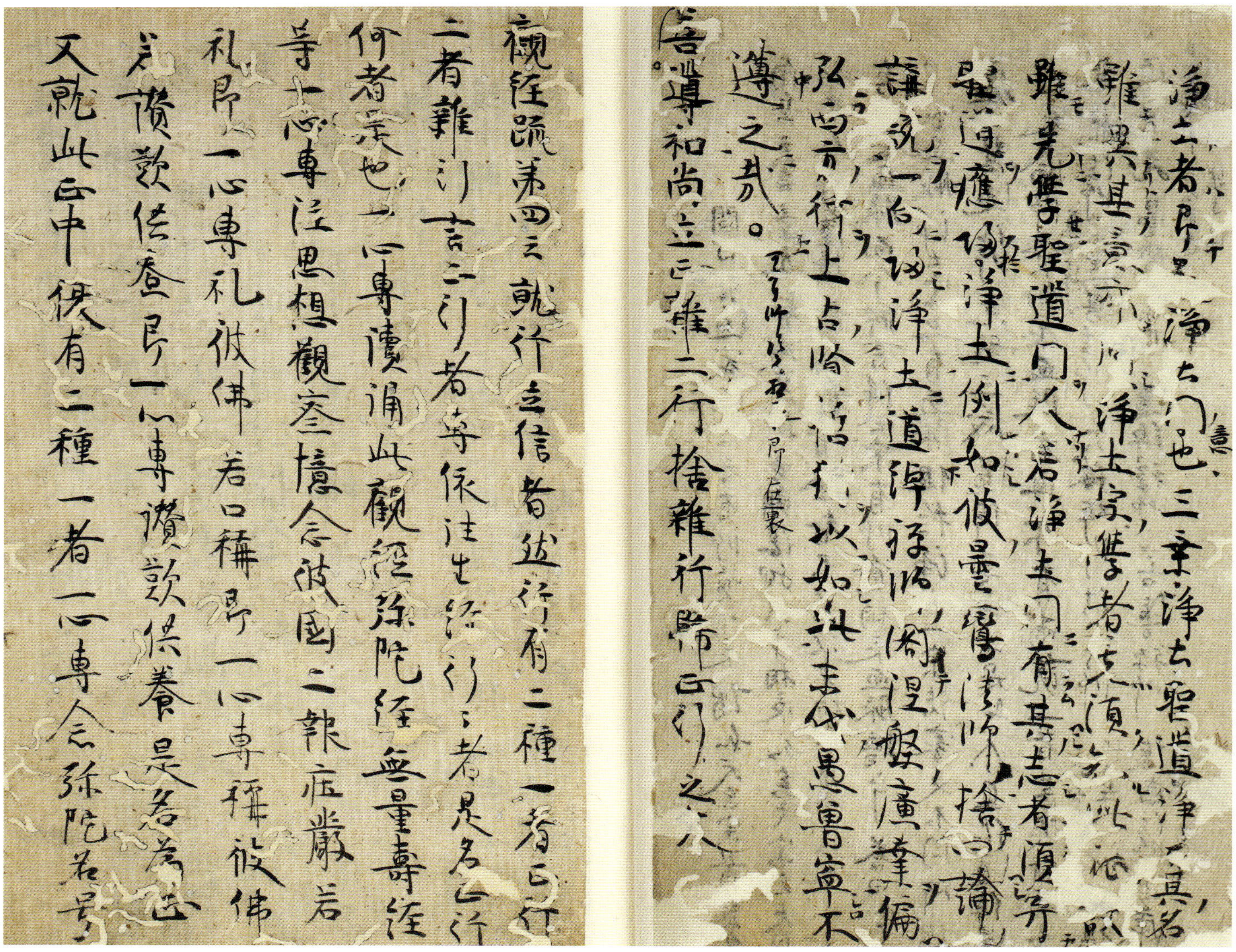

12−2　同前　第1章

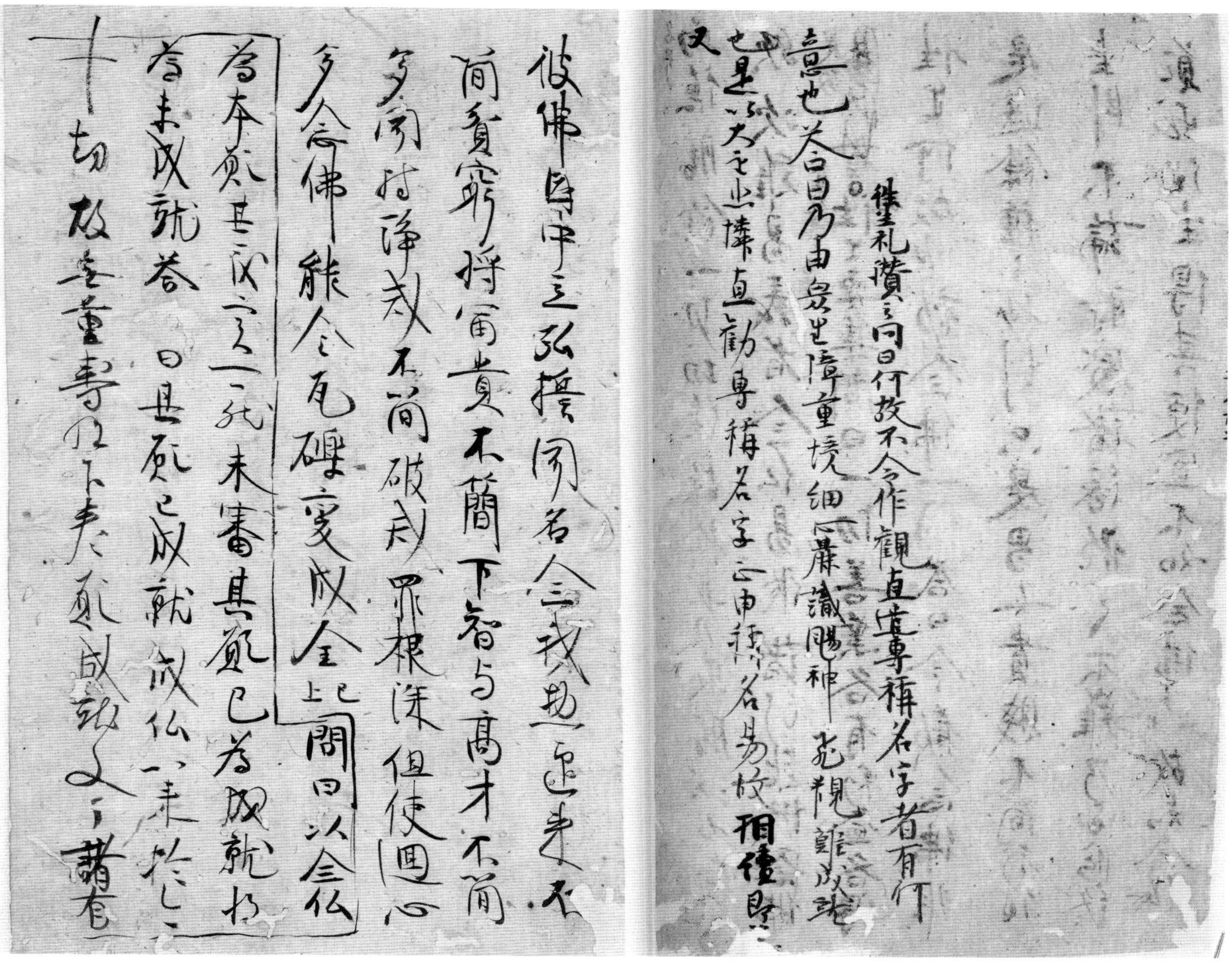

12-3　同前 第3章

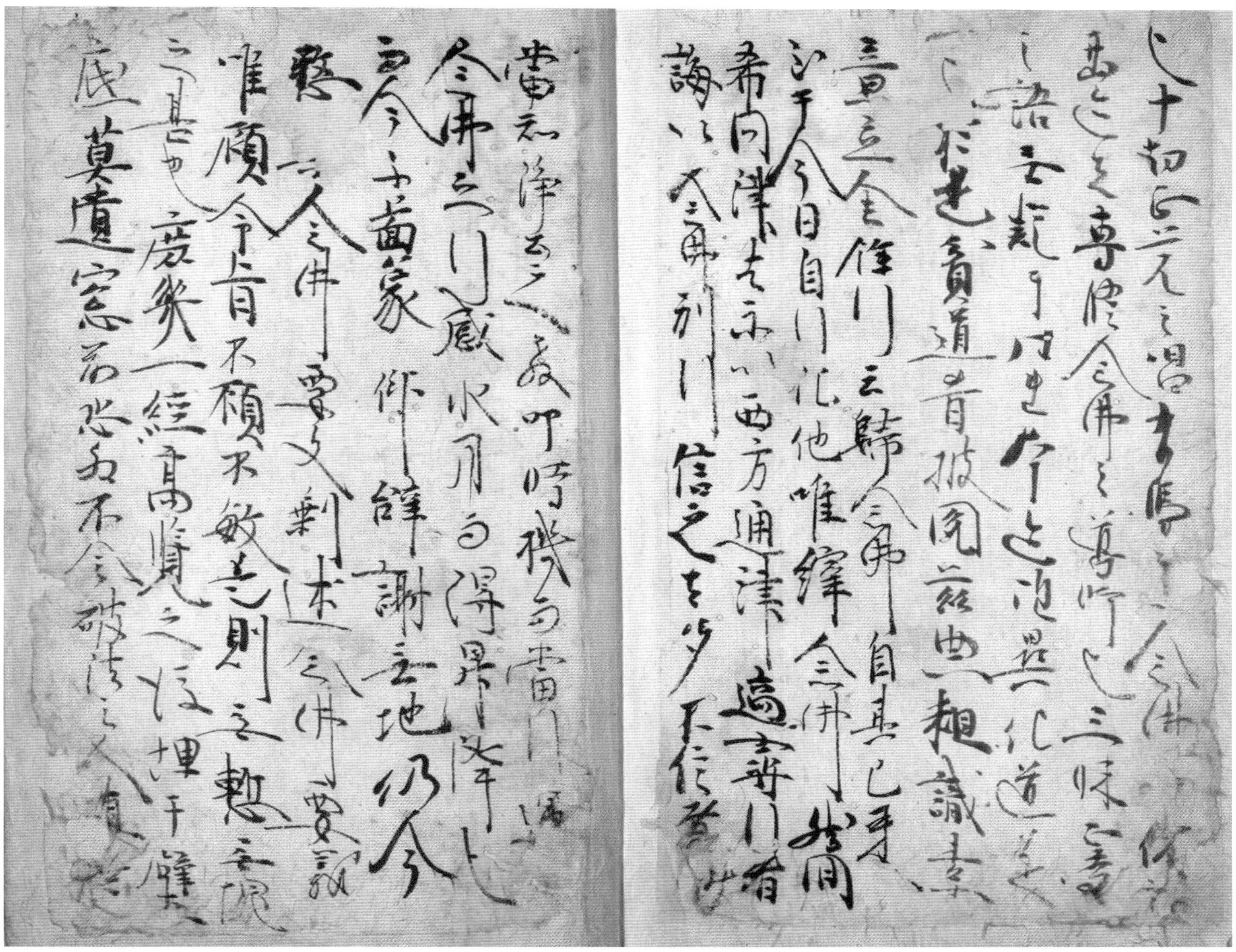

12-4　同前 第16章

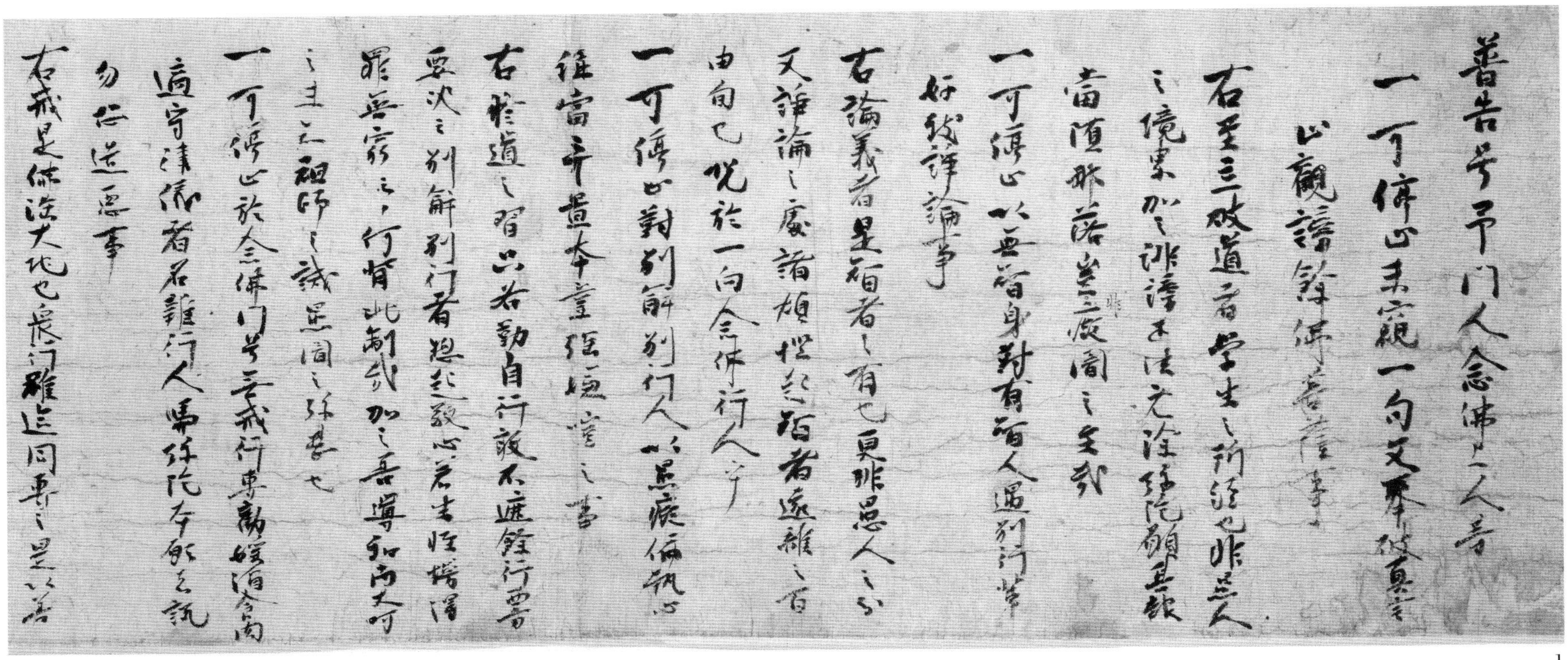
1

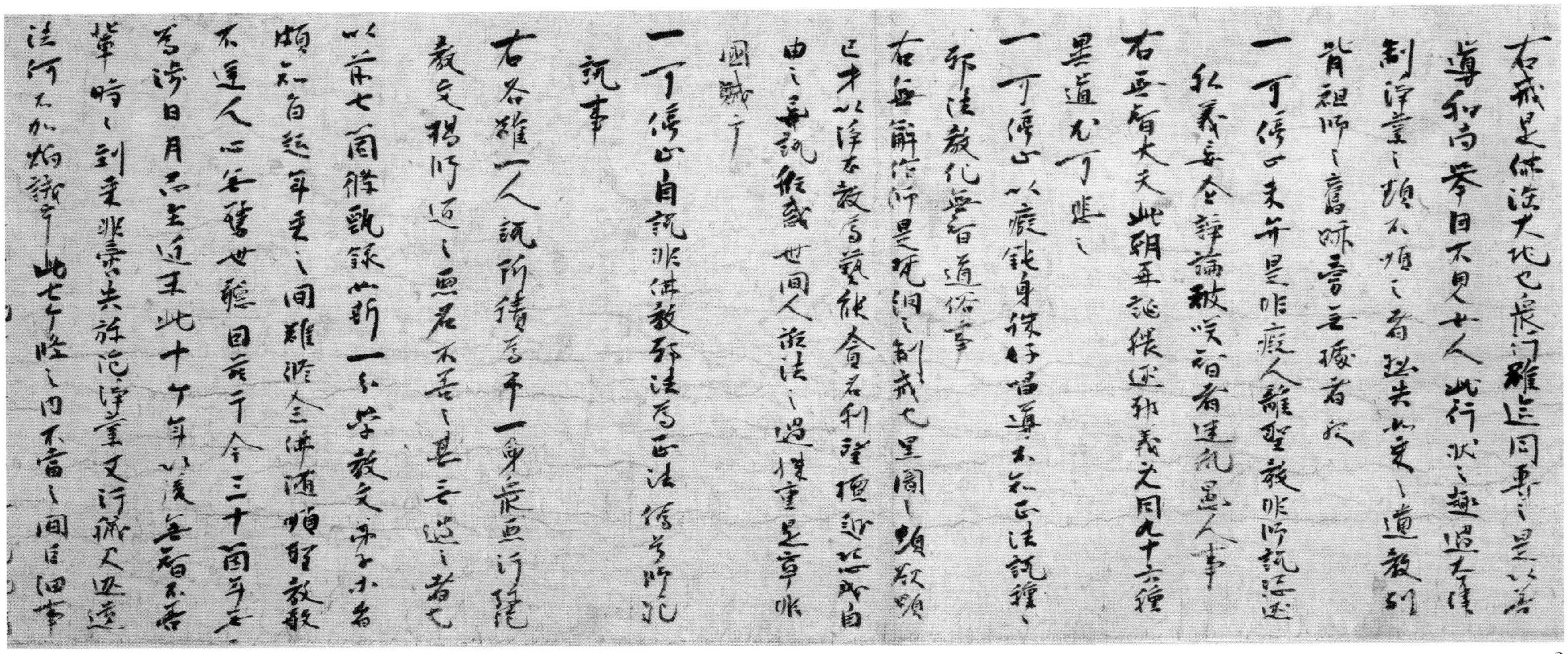
2

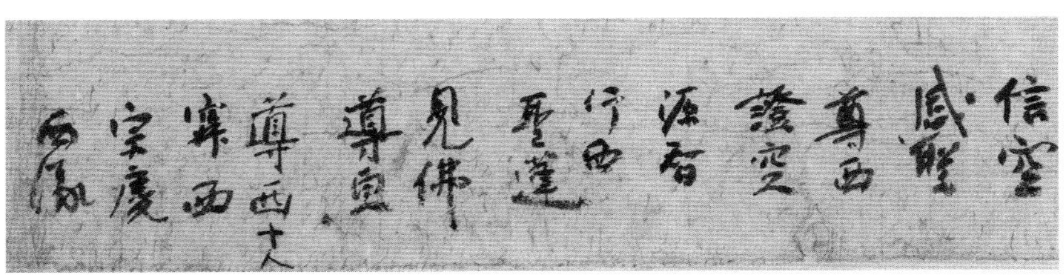
4

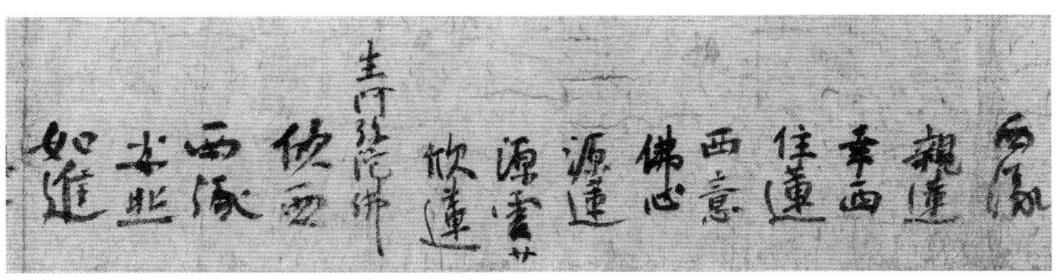
5

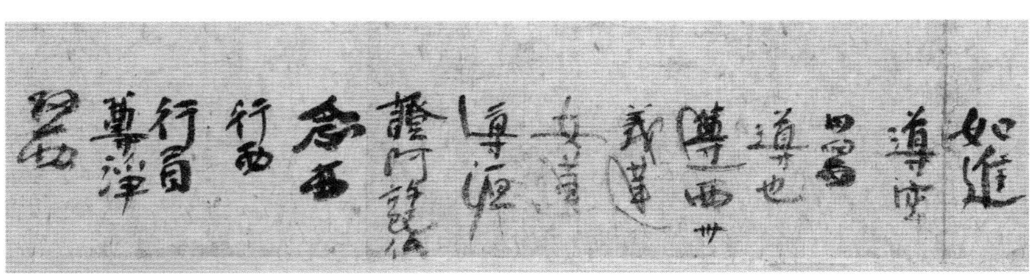
6

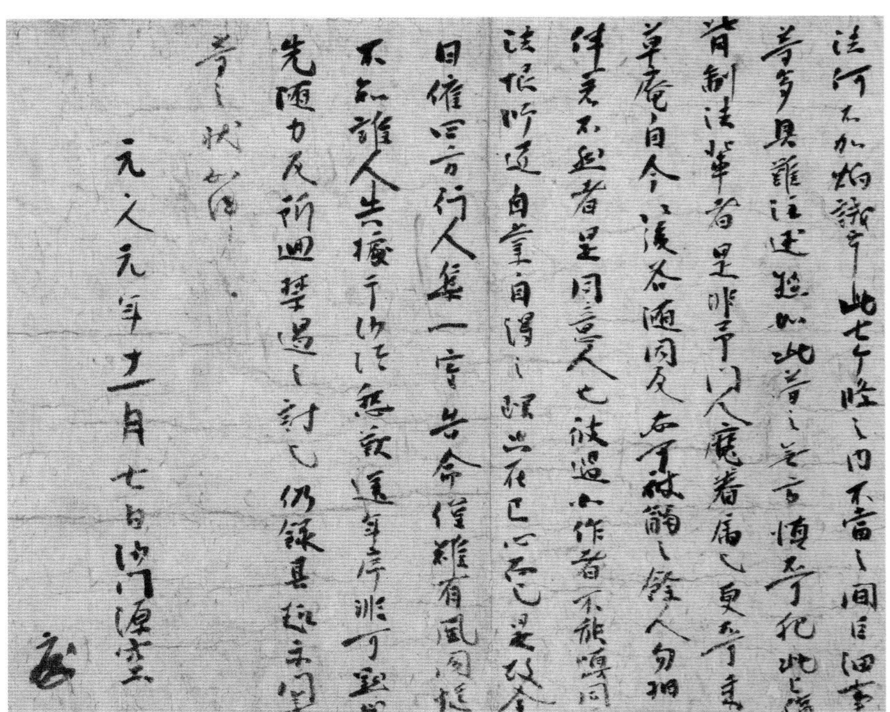
3

13　七箇条制誡　巻頭　重要文化財　京都・二尊院

7

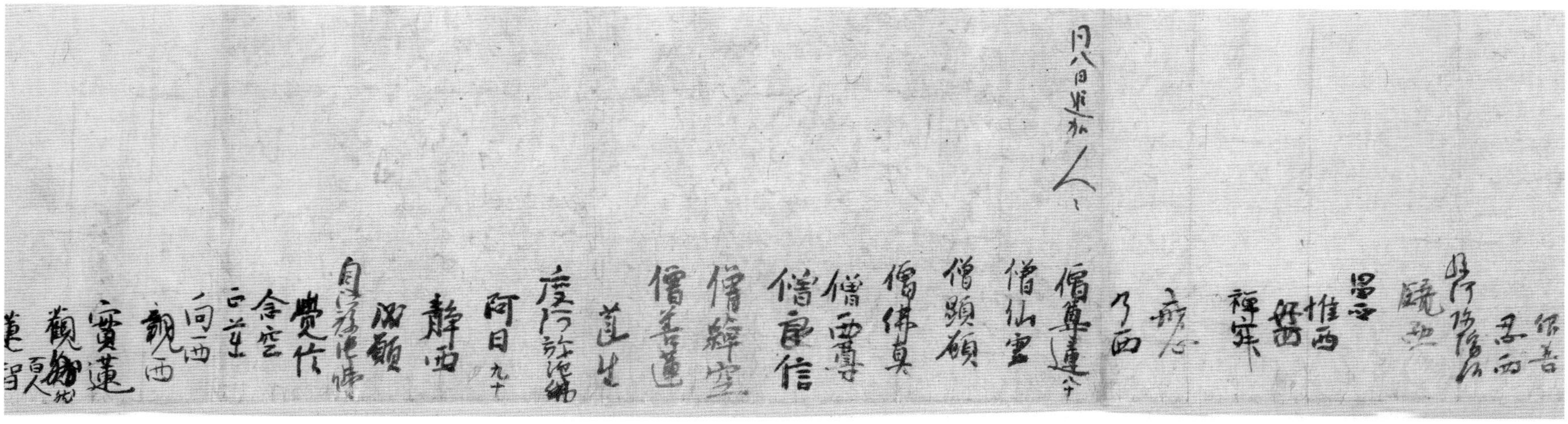

8

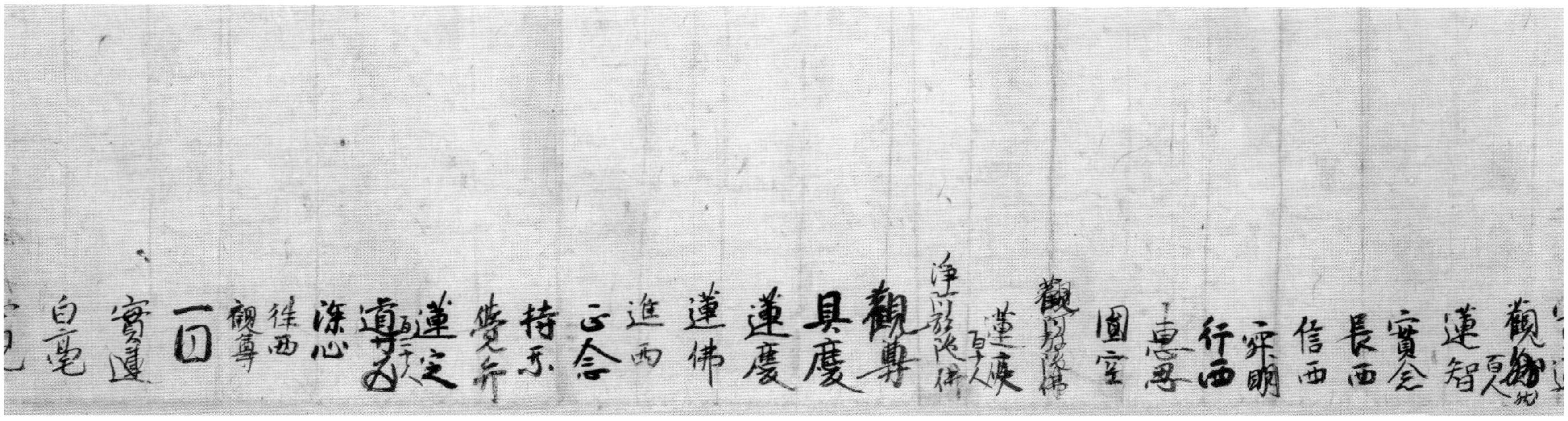

9

10

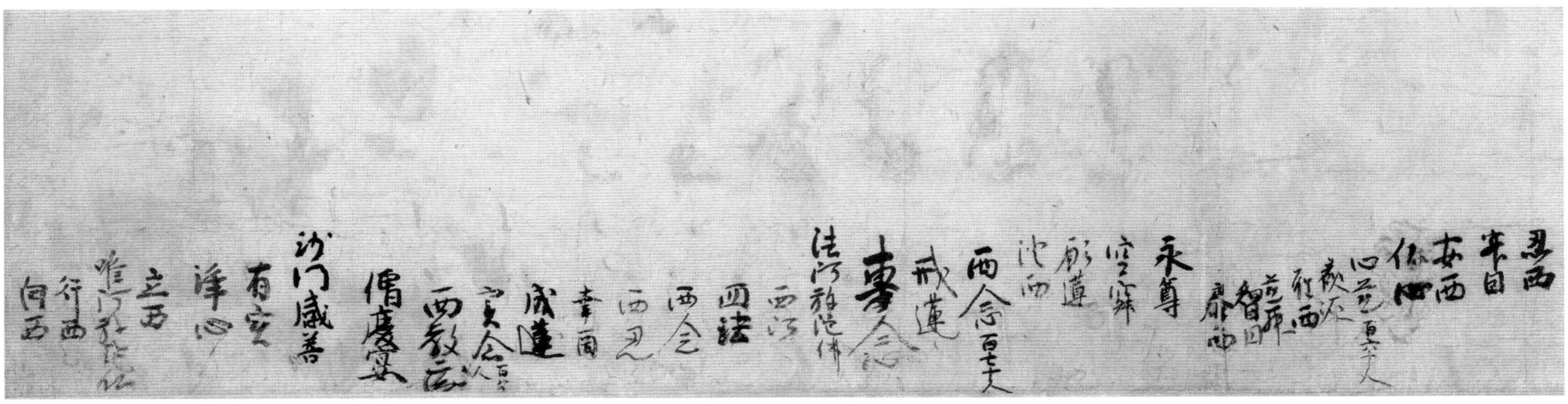

11

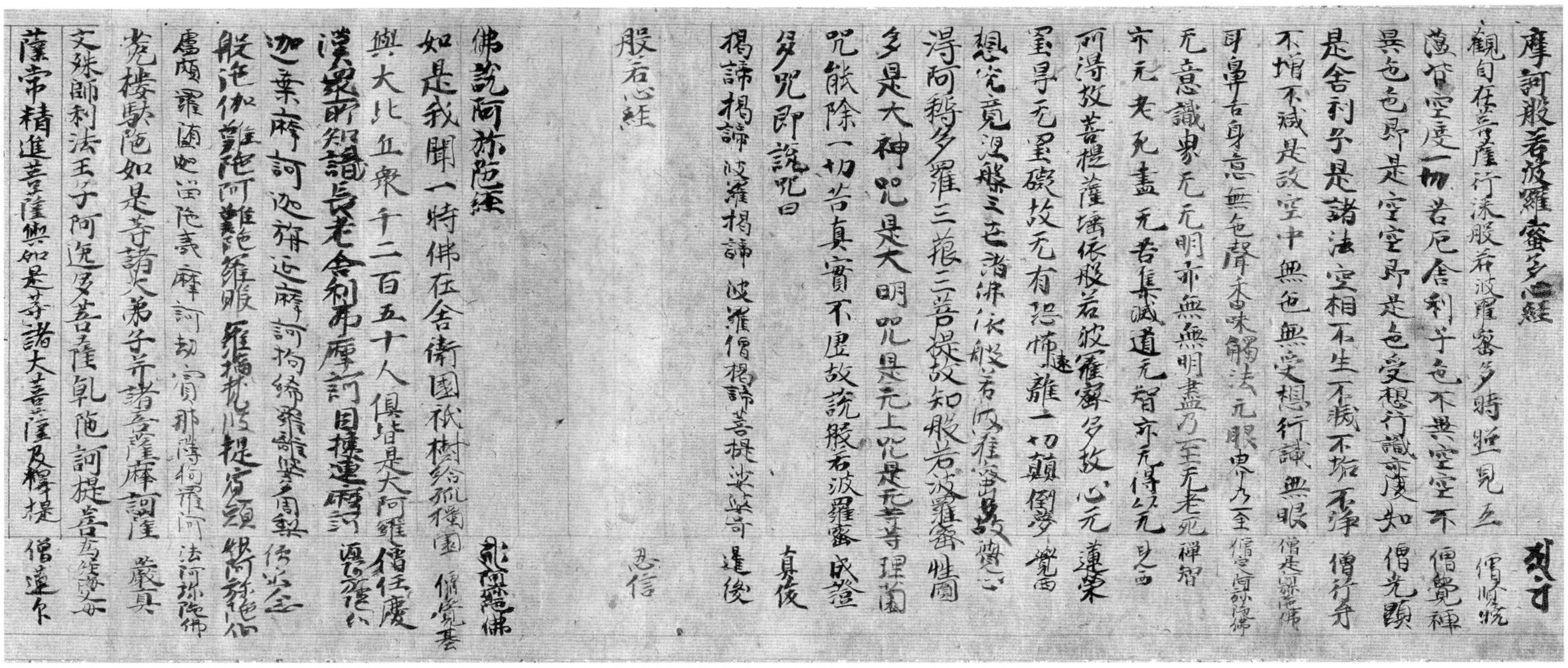

1

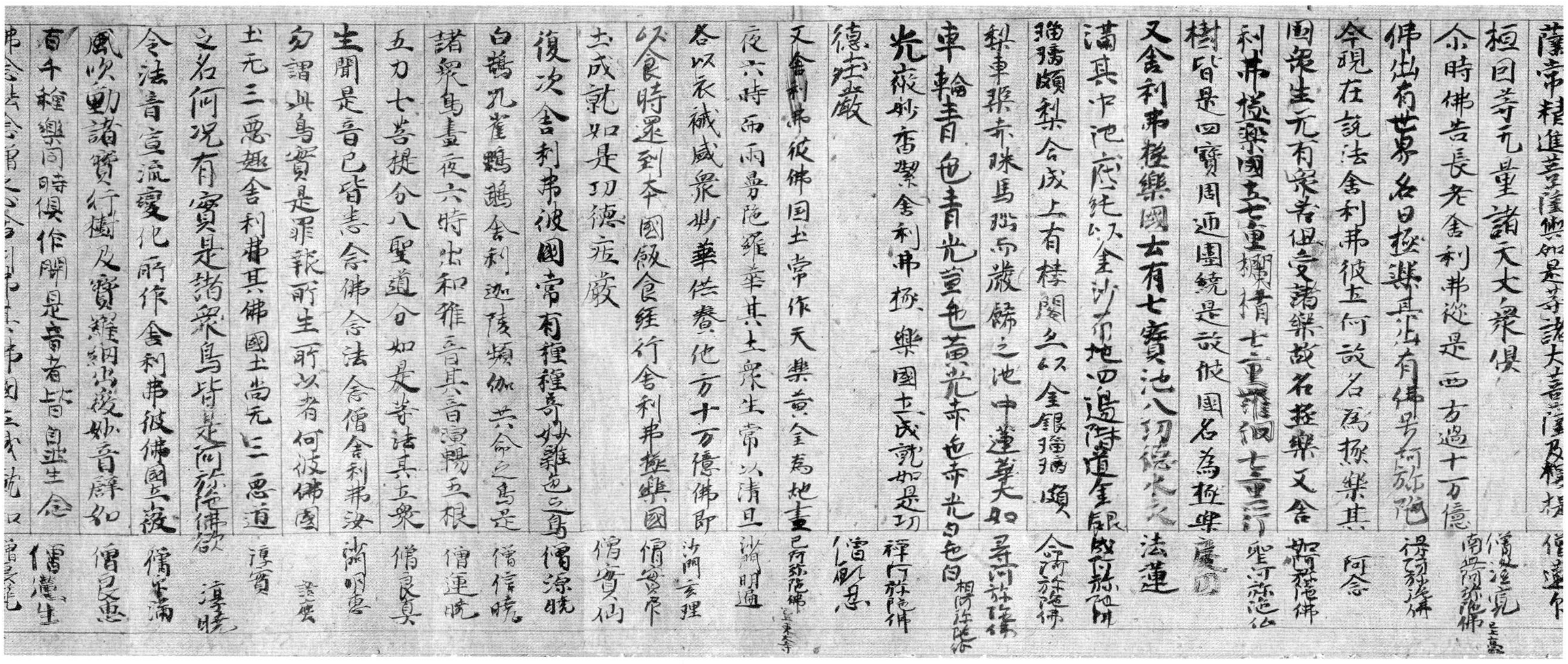

2

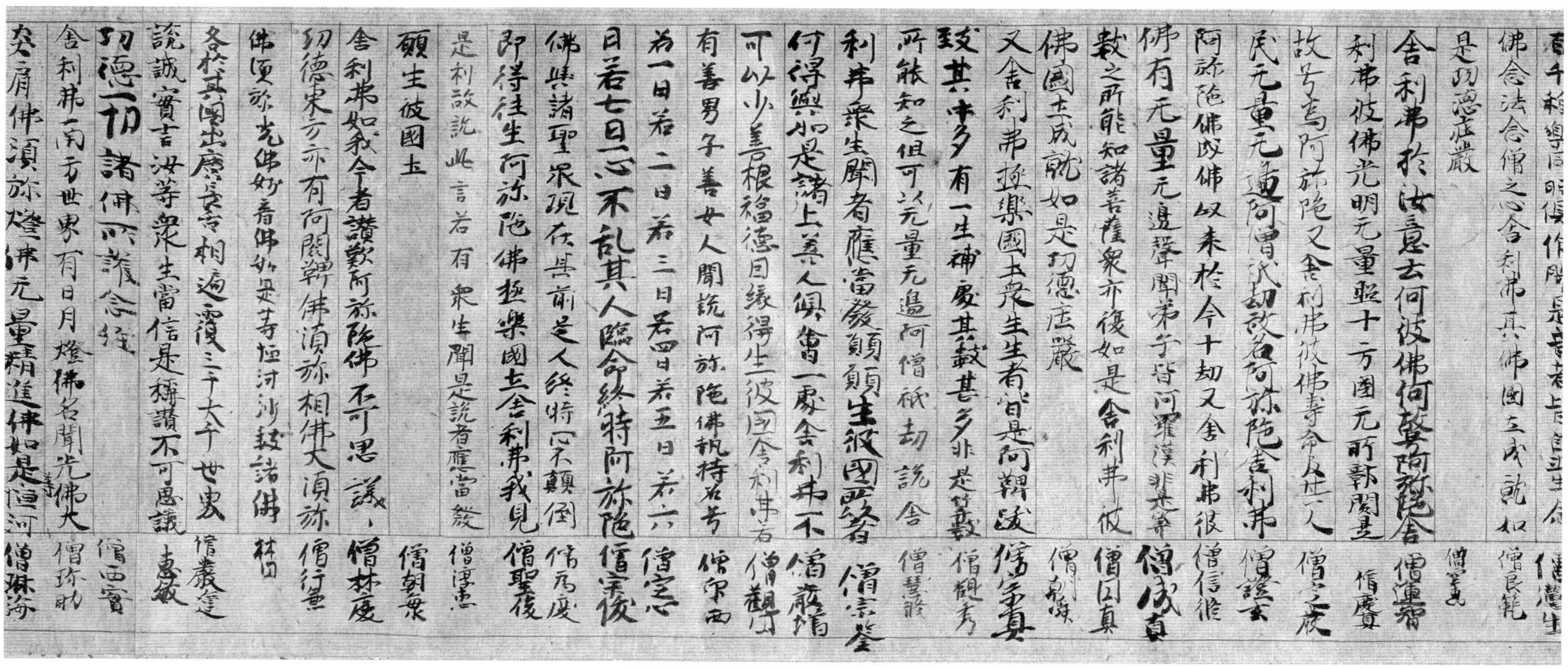

3

14−1　一行一筆般若心経・阿弥陀経　大阪・一心寺

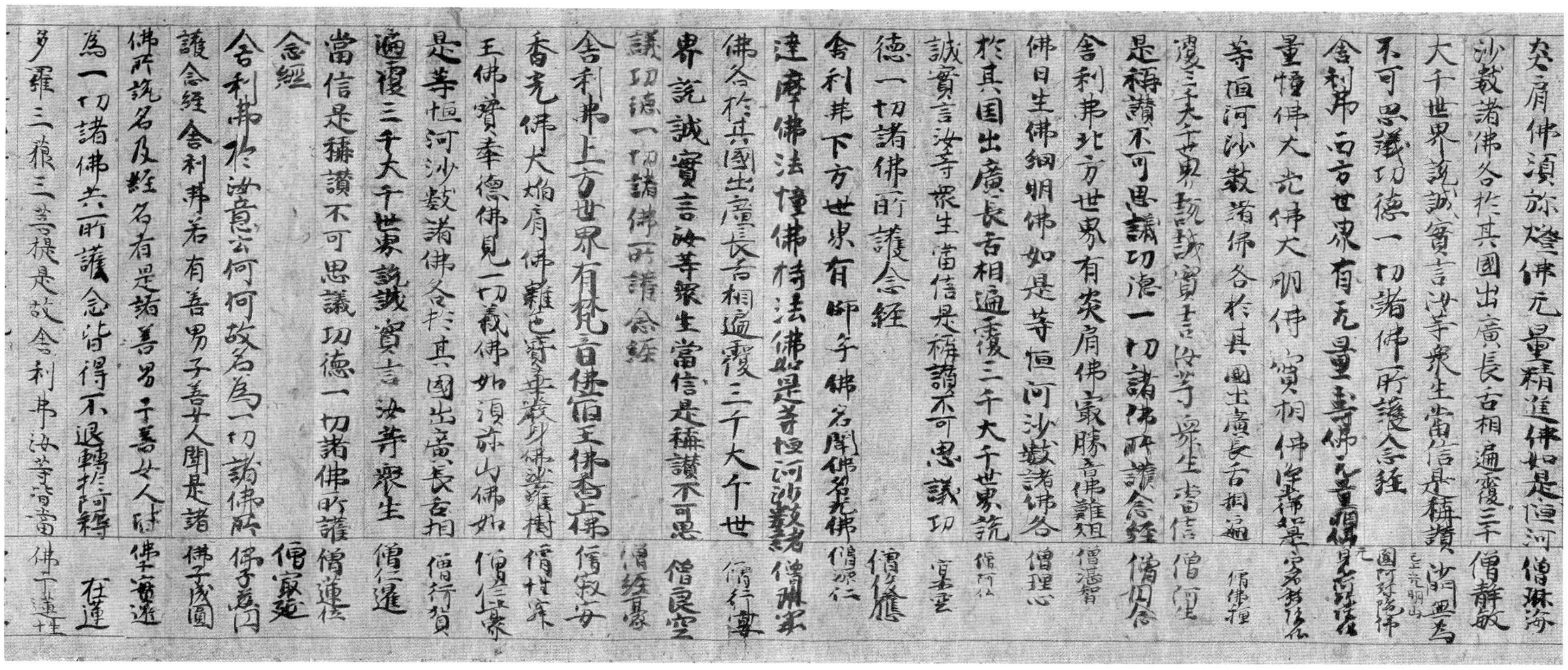
炎肩佛須弥燈佛无量精進佛如是恒河
沙数諸佛各於其国出廣長舌相遍覆三千
大千世界説誠實言汝等衆生當信是稱讃
不可思議功徳一切諸佛所護念経
舎利弗西方世界有无量壽佛无量相佛无
量幢佛大光佛大明佛寶相佛浄光佛如是
等恒河沙数諸佛各於其国出廣長舌相遍
覆三千大千世界説誠實言汝等衆生當信
是稱讃不可思議功徳一切諸佛所護念経
舎利弗北方世界有炎肩佛最勝音佛難沮
佛日生佛網明佛如是等恒河沙数諸佛各
於其国出廣長舌相遍覆三千大千世界説
誠實言汝等衆生當信是稱讃不可思議功
徳一切諸佛所護念経
舎利弗下方世界有師子佛名聞佛名光佛
達摩佛法幢佛持法佛如是等恒河沙数諸
佛各於其国出廣長舌相遍覆三千大千世
界説誠實言汝等衆生當信是稱讃不可思
議功徳一切諸佛所護念経
舎利弗上方世界有梵音佛宿王佛香上佛
香光佛大炎肩佛雜色寶華厳身佛娑羅樹
王佛寶華徳佛見一切義佛如須弥山佛如
是等恒河沙数諸佛各於其国出廣長舌相
遍覆三千大千世界説誠實言汝等衆生
當信是稱讃不可思議功徳一切諸佛所護
念経
舎利弗於汝意云何何故名為一切諸佛所
護念経舎利弗若有善男子善女人聞是諸
佛所説名及経名者是諸善男子善女人皆
為一切諸佛共所護念皆得不退轉於阿耨
多羅三藐三菩提是故舎利弗汝等皆當

4

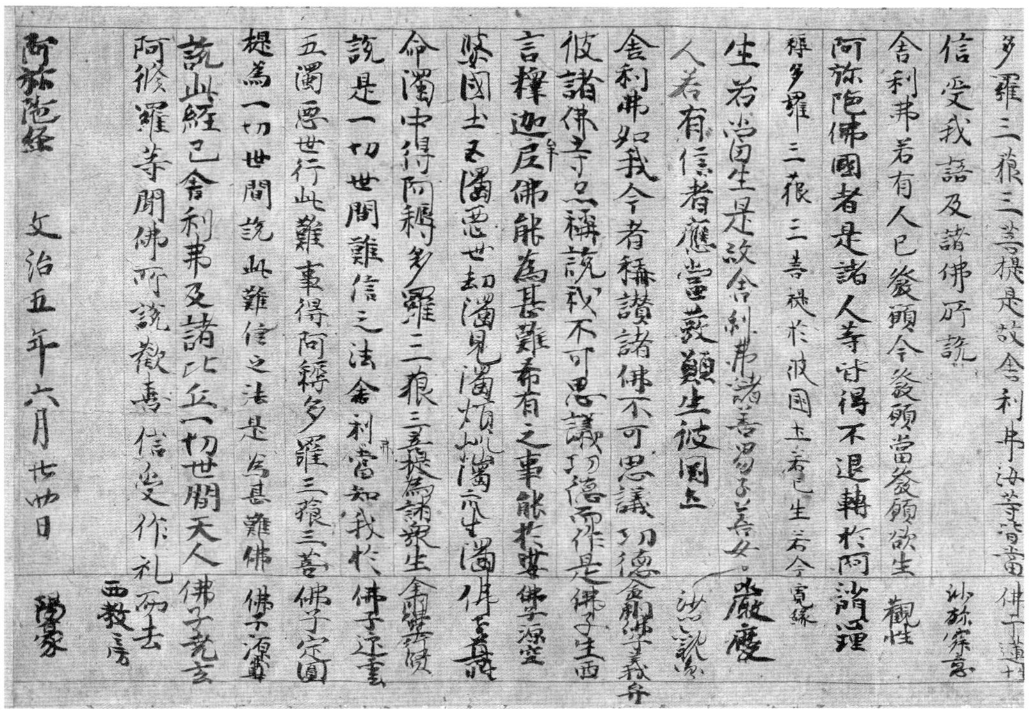
多羅三藐三菩提是故舎利弗汝等皆當
信受我語及諸佛所説
舎利弗若有人已發願今發願當發願欲生
阿弥陀佛國者是諸人等皆得不退轉於阿
耨多羅三藐三菩提於彼国土若已生若今
生若當生是故舎利弗諸善男子善女
人若有信者應當發願生彼国土
舎利弗如我今者稱讃諸佛不可思議功徳
彼諸佛等亦稱説我不可思議功徳而作是
言釋迦牟尼佛能為甚難希有之事能於娑
婆国土五濁悪世劫濁見濁煩悩濁衆生濁
命濁中得阿耨多羅三藐三菩提為諸衆生
説是一切世間難信之法舎利弗當知我於
五濁悪世行此難事得阿耨多羅三藐三菩
提為一切世間説此難信之法是為甚難
佛説此経已舎利弗及諸比丘一切世間天人
阿修羅等聞佛所説歓喜信受作礼而去
阿弥陀経
文治五年六月廿四日

5

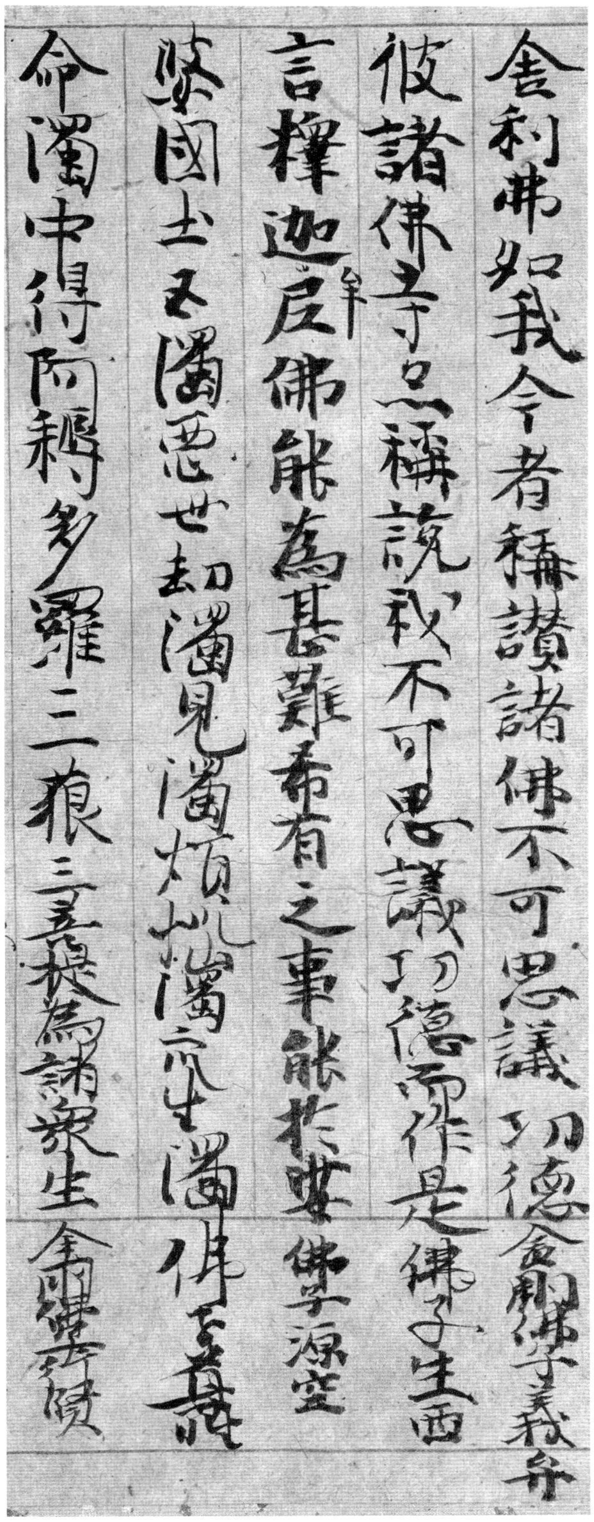
舎利弗如我今者稱讃諸佛不可思議功徳
彼諸佛等亦稱説我不可思議功徳而作是
言釋迦牟尼佛能為甚難希有之事能於娑
婆国土五濁悪世劫濁見濁煩悩濁衆生濁
命濁中得阿耨多羅三藐三菩提為諸衆生

14–2 拡大部分

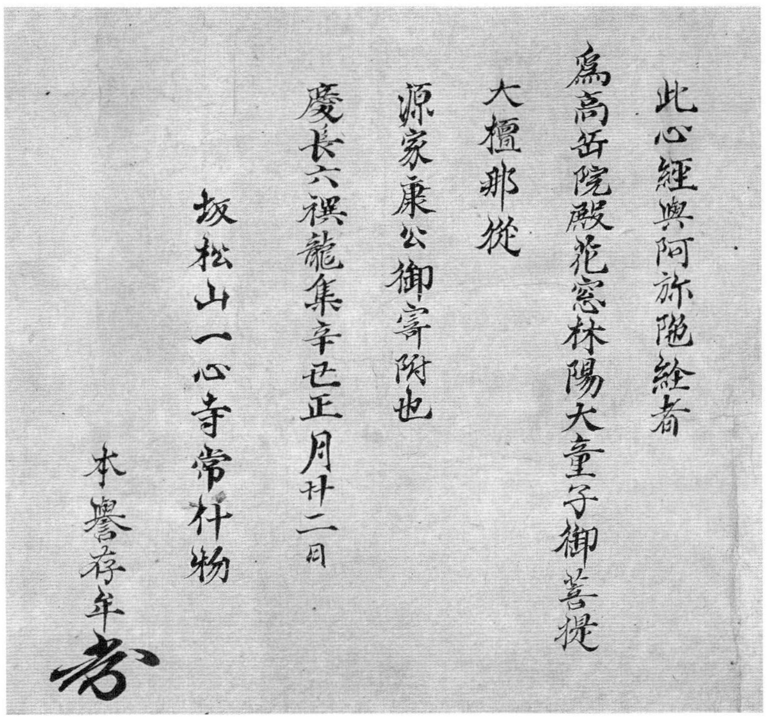
此心経與阿弥陀経者
為高岳院殿花窓林陽大童子御菩提
大檀那從
源家康公御寄附也
慶長六稔龍集辛丑正月廿二日
坂松山一心寺常什物
本譽存牙

6

15–1　善導大師画像　全図　重要文化財　京都・知恩寺

15–2　同前（部分）頭部、胸部

15–3 同前 （部分） 衣裳

16−1　浄土五祖画像　全図　重要文化財　京都・二尊院

16–2 同前 （部分） 曇鸞、懐感、道綽

16–3 同前（部分） 小康

16–4 同前（部分）善導

17–1 浄土五祖絵伝（部分） 曇鸞段 重要文化財 神奈川・光明寺

17–2 同前（部分） 道綽段(一)

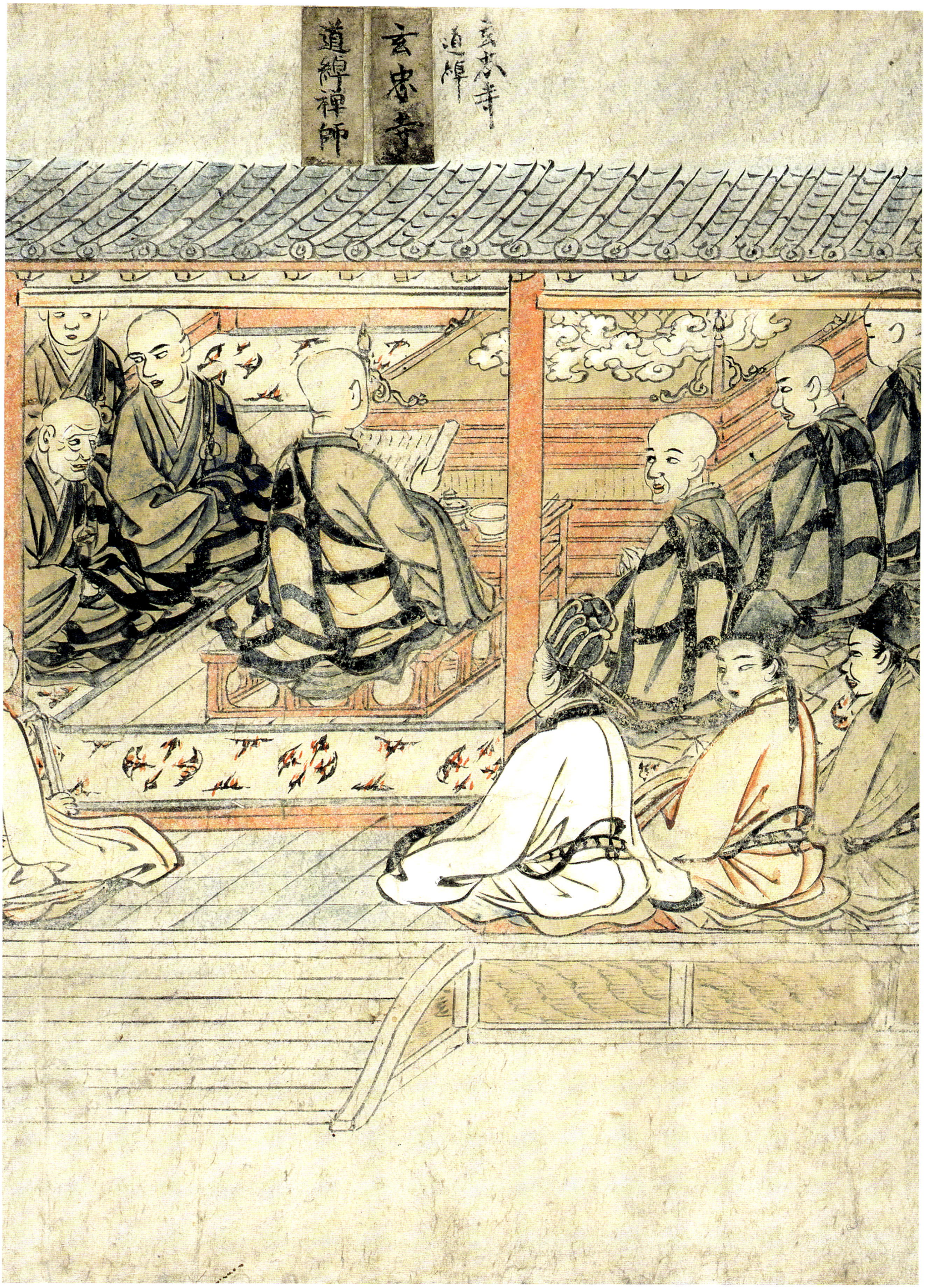
玄忠寺
道綽
玄忠寺
道綽禪師

17–3 同前（部分） 道綽段(二)

17-4 同前（部分） 善導段

善導禅師

18−2 同前 背面

18−3 同前 像底

18−1 伝善導大師立像 滋賀・聖衆来迎寺

18–5 同前

18–4 同前

18–7 同前

18–6 同前

19-1 善導大師坐像 重要文化財　福岡(久留米)・善導寺

19–2 同前 斜め

19-3 同前 側面

19–4 同前 側面

19–5 同前 背面

20 聖光上人坐像 重要文化財 福岡(久留米)・善導寺

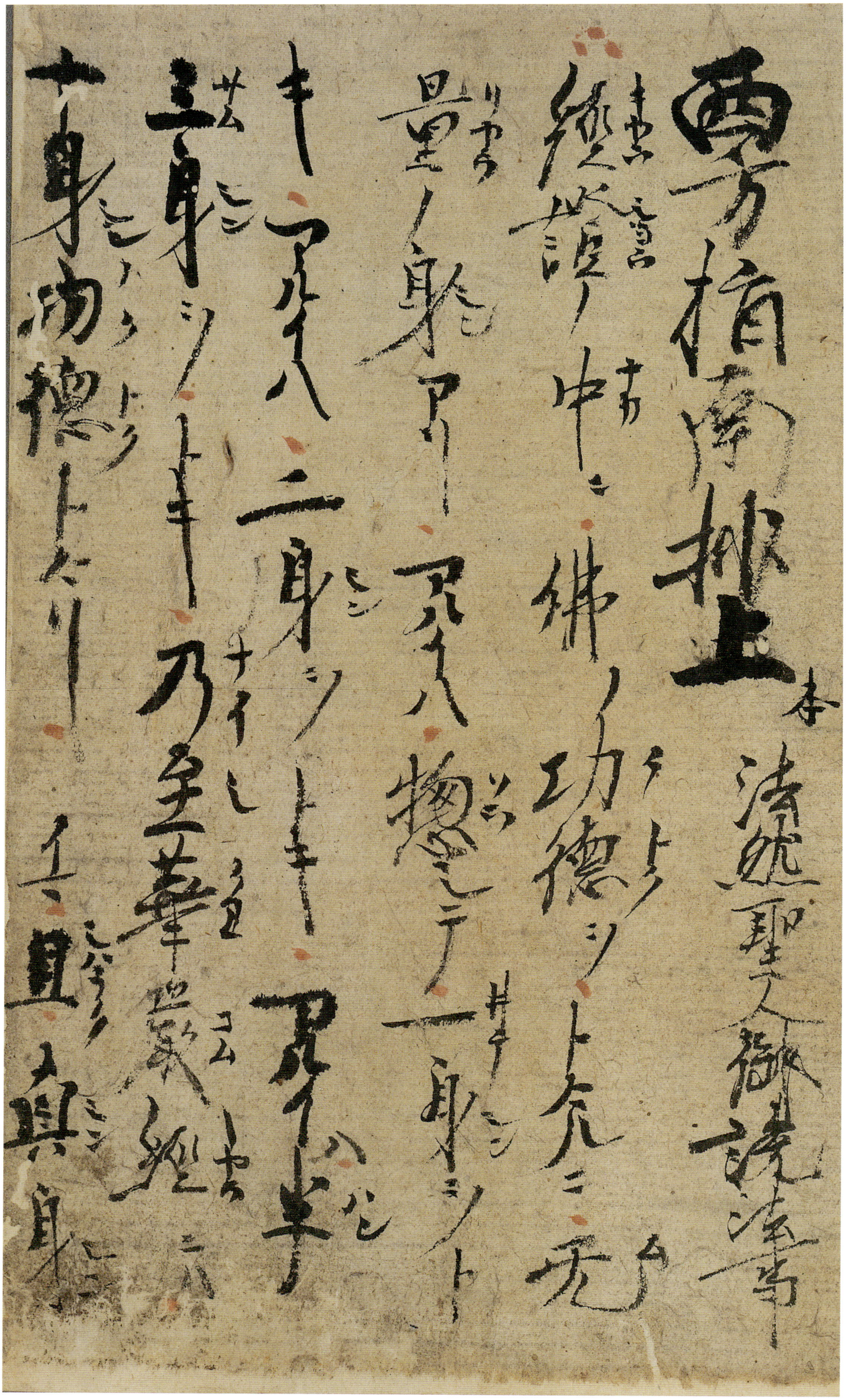

21 西方指南抄 巻頭　国宝　三重・専修寺

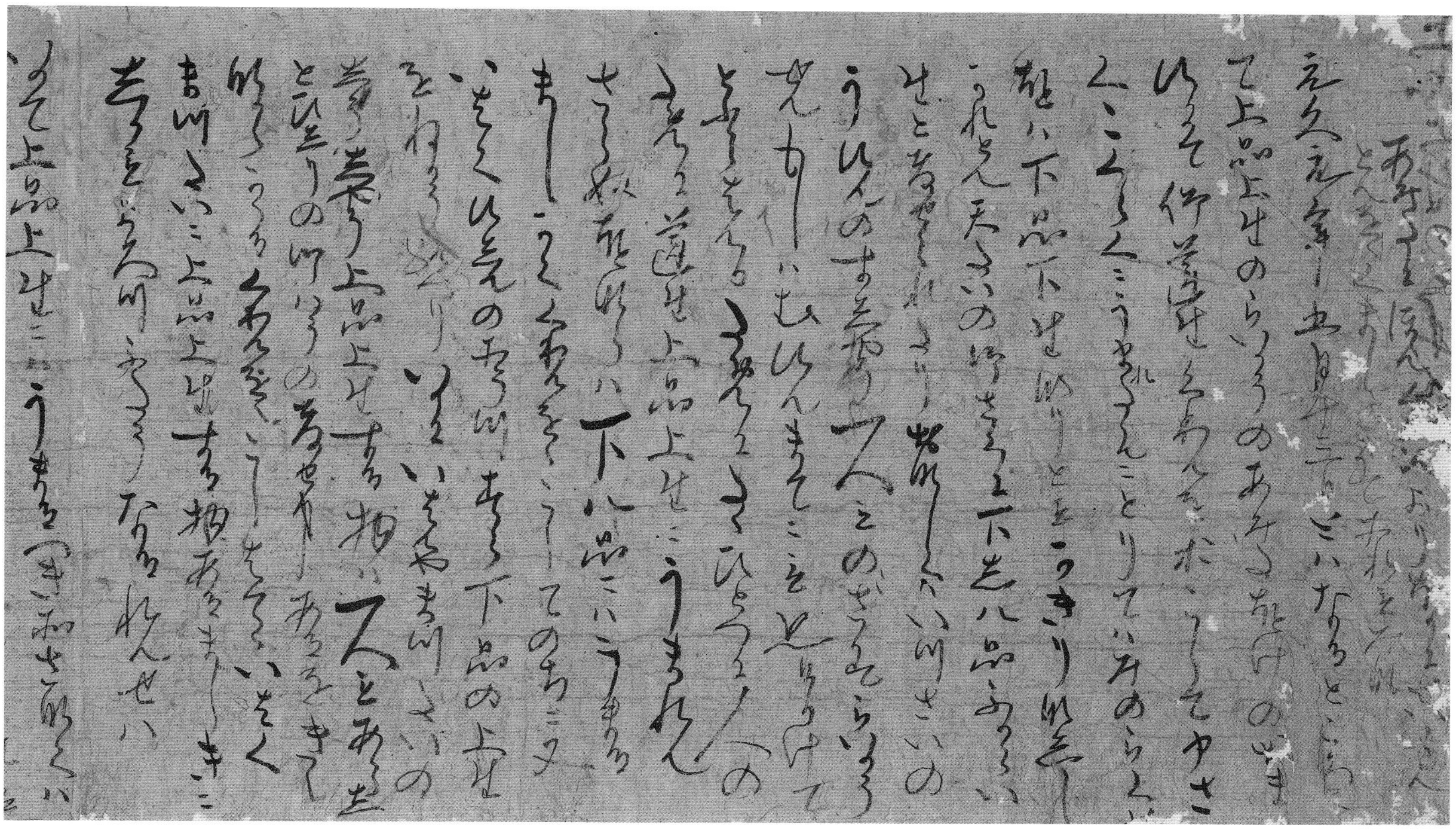

1

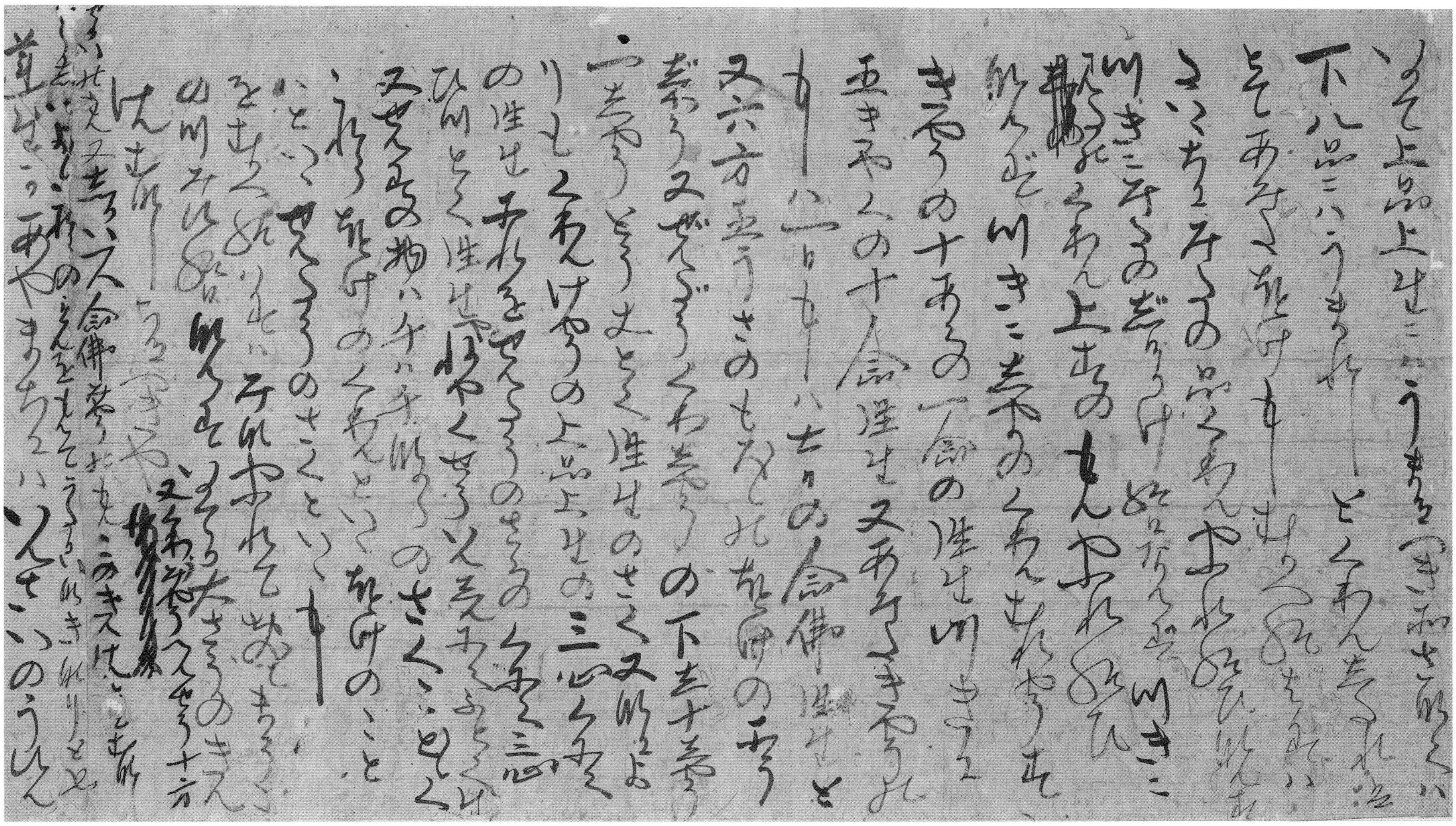

2

22−1 熊谷直実自筆誓願状 巻頭　重要文化財　京都・清凉寺

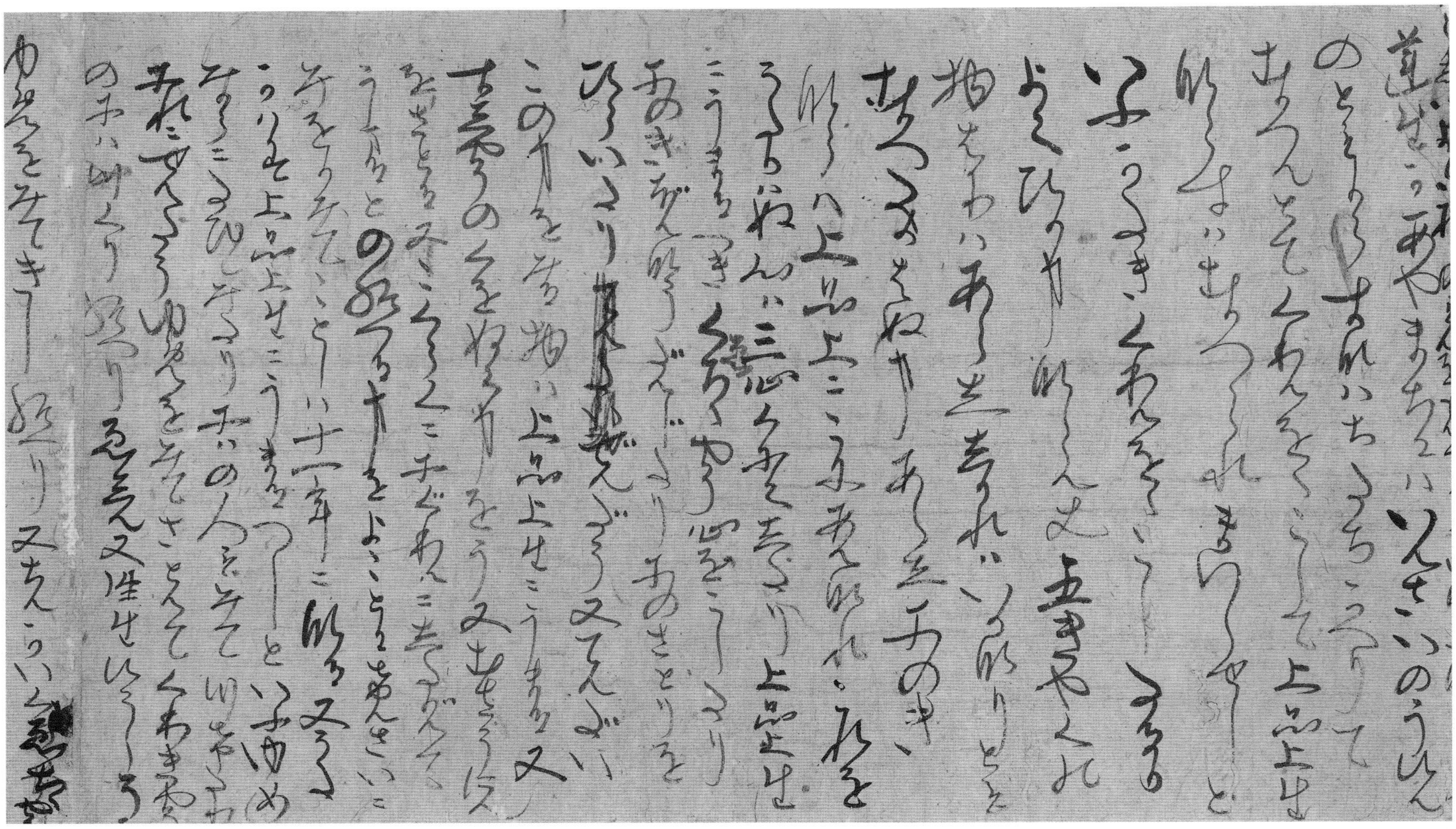

3

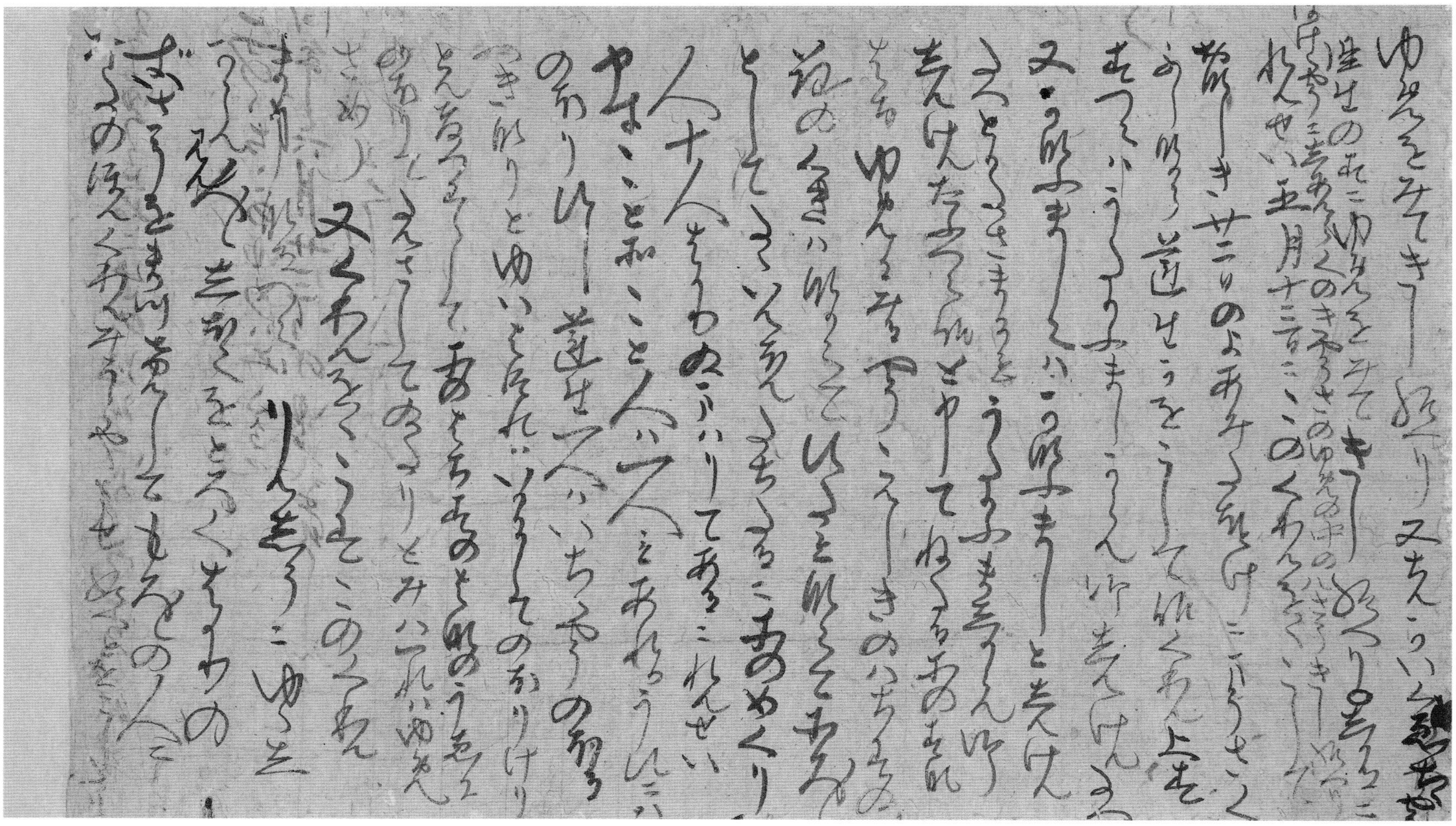

4

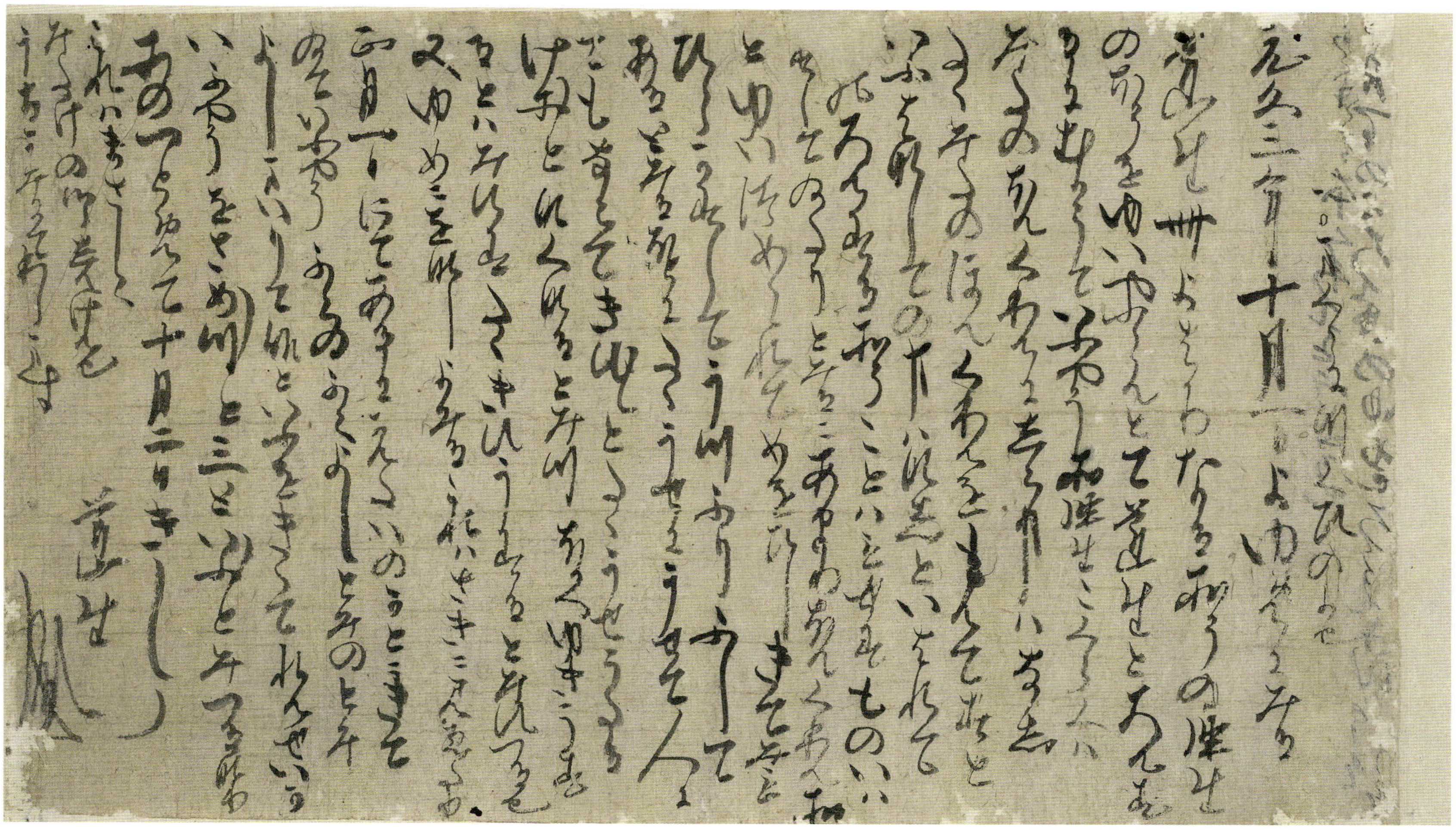

5

巻物外観・中央

23–1 阿弥陀三尊像 三幅対　各全図　国宝　京都・清浄華院

23–3 同前 （部分） 大勢至菩薩

23–2 同前 （部分） 観世音菩薩

23–4 同前 （部分） 観世音菩薩衣裳

24-1 阿弥陀如来立像 京都・知恩寺

24–2 同前 顔正面

24–4 同前 顔側面

24–3 同前 顔側面

24–5 同前 腹部

24–6 同前 背面

24-8 同前 側面

24-7 同前 側面

24–9 同前 背面

25-1 阿弥陀如来立像 重要文化財 京都・浄土宗

25-3 同前 側面

25-2 同前 側面

25-4 同前 背面

25–5 同前 像底

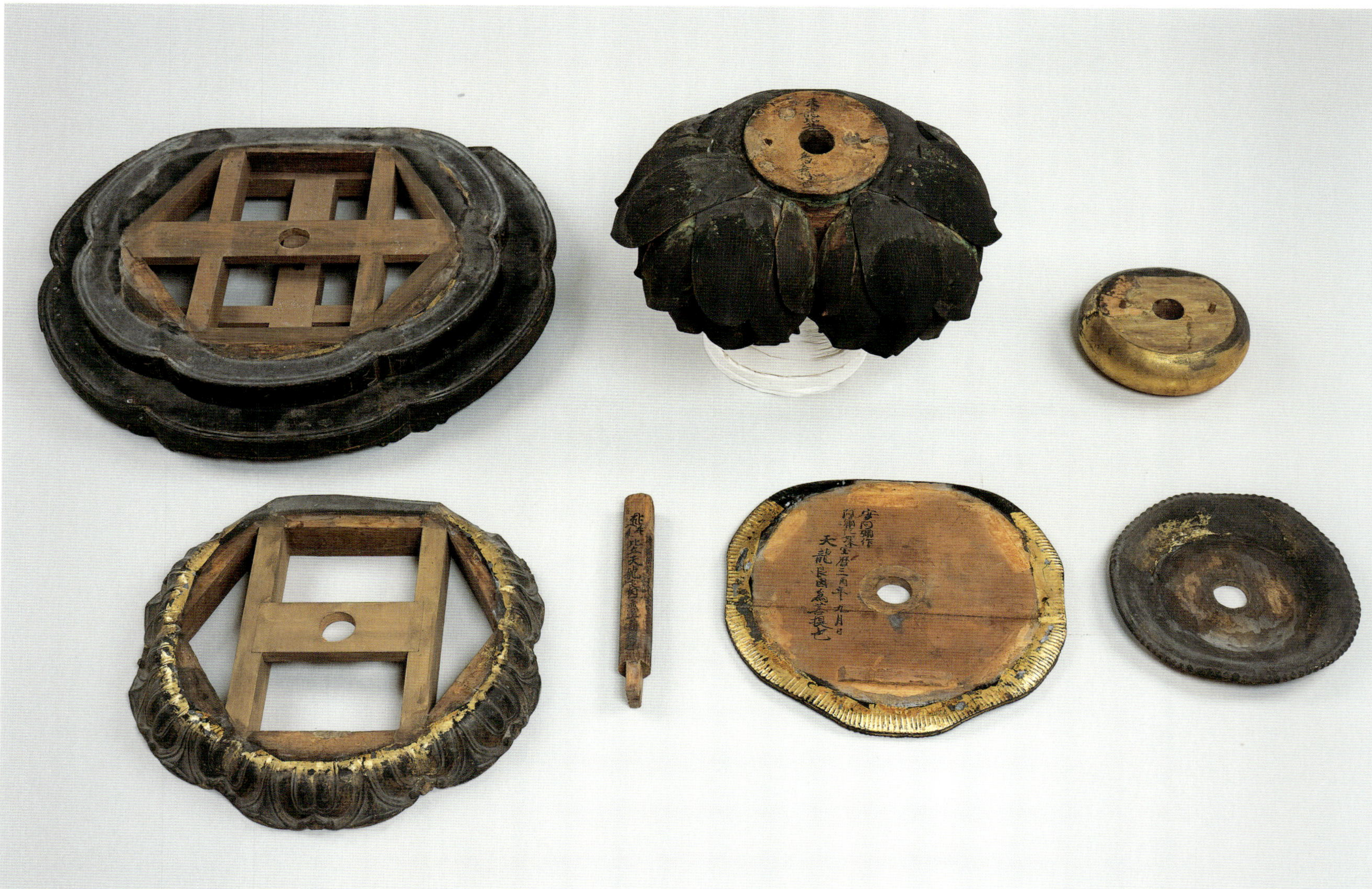

25–6 同前 台座

夫以、源者教曰三寶、諸人諸事言思出尤高、教道之見德海尤深
嚴訓之德、化俗諦之師範、礼懺、教行兩扇尚重、沈於真
諦之教、授佛陀之法印、愛我師之人、芳於三僧、教行入一佛
乘之道、教後政聖道之教行、偏垂淨土之素、囙此教千足
出離之開悟、晴未斷感之凡夫、無三有之極入、四德之城偏
我師上人恩德之粉骨瞭却難封、授眼之生盲、張平
王以進去三人之釋陀儀、歓限先師、與儀此儀中、納藏万
人、娃是天限於靈之思也、所以御有先師心化初如心
以利生力也、仍我苟人、娃是佛儀、三尺之佛像、以了利参宗
生滅危迄、頃意速悟、一如第之住速悟、一如來之領數
汁根杖先師上人恩德之承任真性、行儀中兩足納
通俗貴賤有緣天降之數、倚施退侶、方便力、亦我師之、司福
之緣、緣之歳、一生多生、中千出三世之、侠域迷、下毛九品
三佛寄已、以利物限師、應實、付作若莫、大人、堂分善苦
三界諸天善神、歓喜得遠逢、在祕妙末領、數之、以此善根為
囙王、國极大政天皇、石窟百姓、万民、以下分等為、囙各、及定住
牛極千若、四十一人、先往生淨土、怨逢栗刹入残累、若、文殊、合
三身、矢往生極土、速入生死之家、驛化誘主、自他之和合
僧、倚假倒目、以我机事已之力、後我共、自他之机、
五恩起、自他同生、九、此之道、此、机、有、突、付樓、力、深、女、諸
諸天善神、元文、弟子、兩机、行、作、勤、囙、漆、合、

建暦二年三月十四日

沙門源、石、敬、白

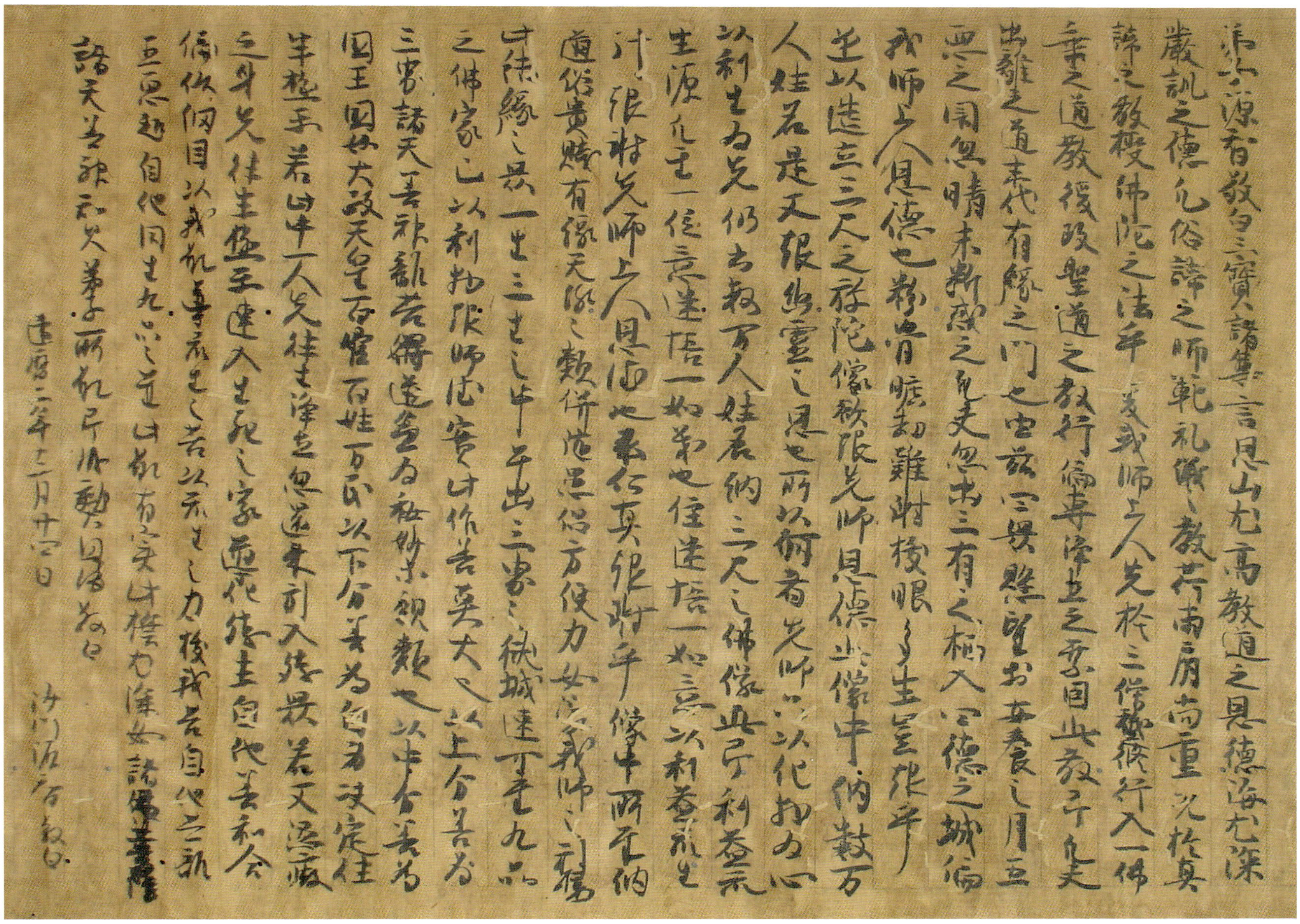

25-8 同前 像内文書

25-9 同前 像内文書

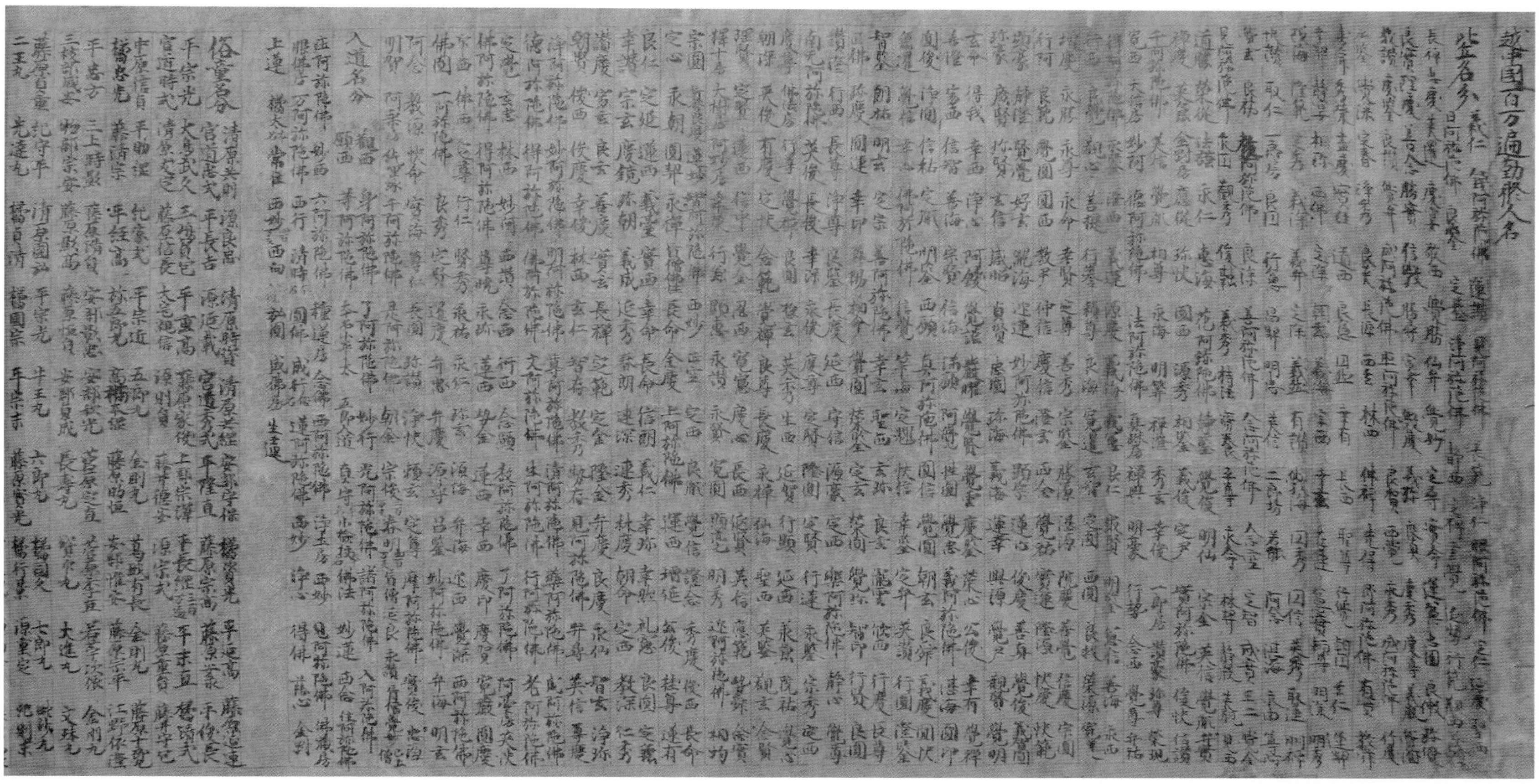

25–10 同前 像内文書

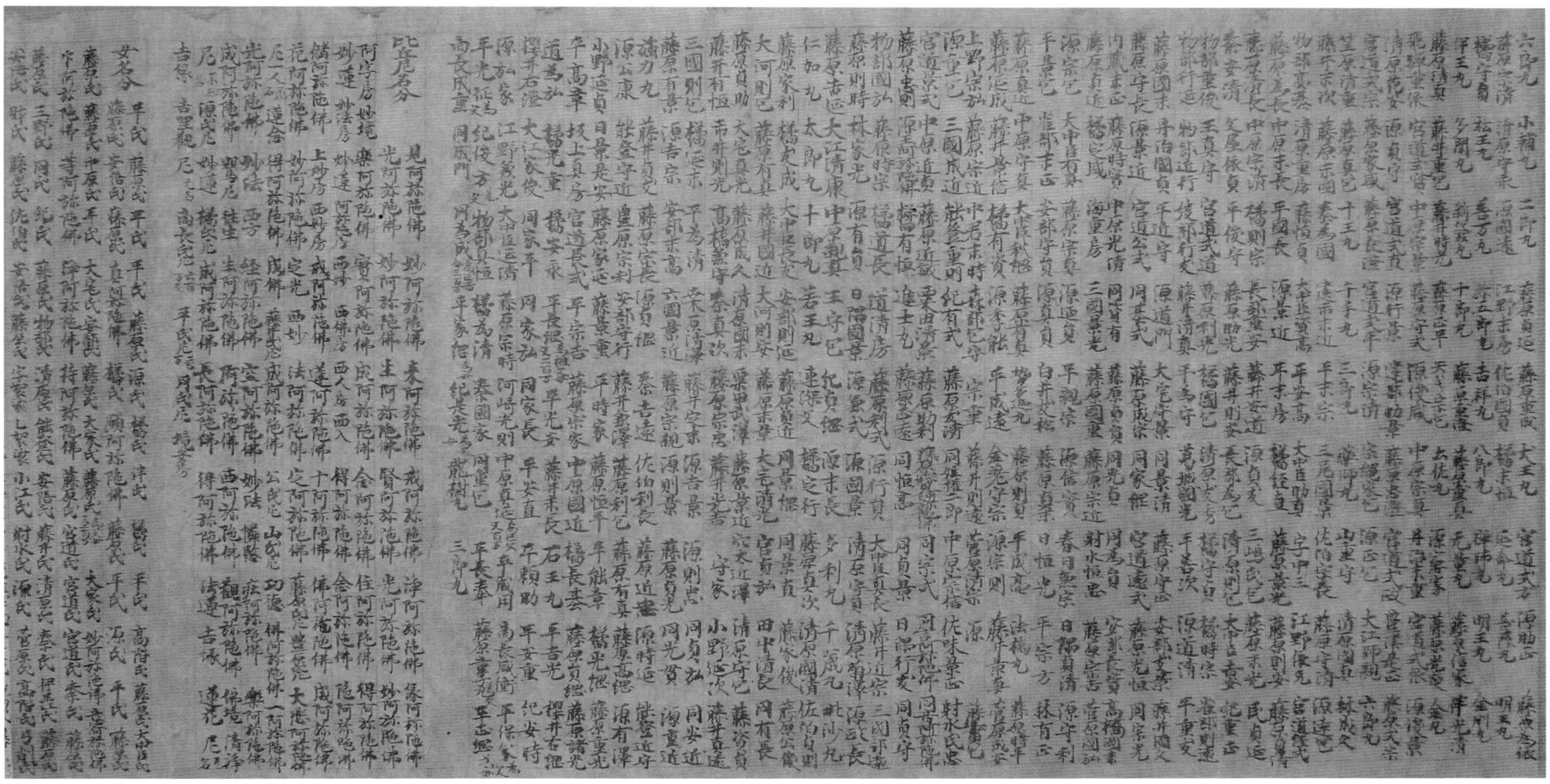

25–11 同前 像内文書

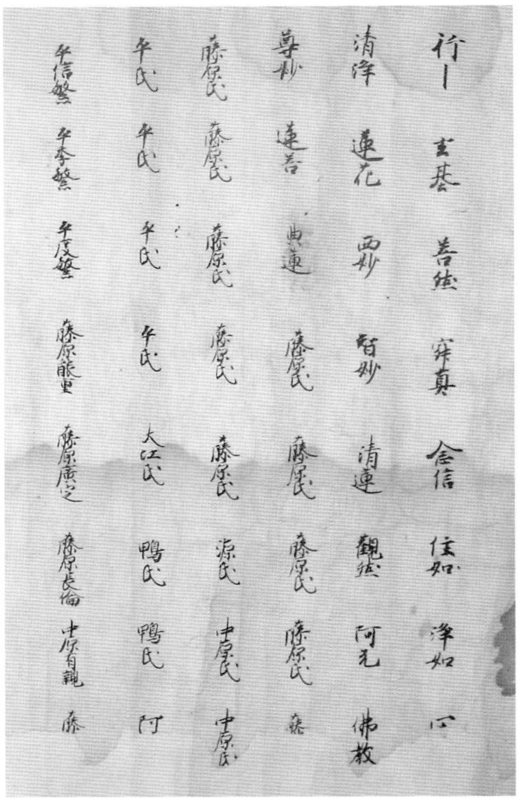

25-13 同前 像内文書

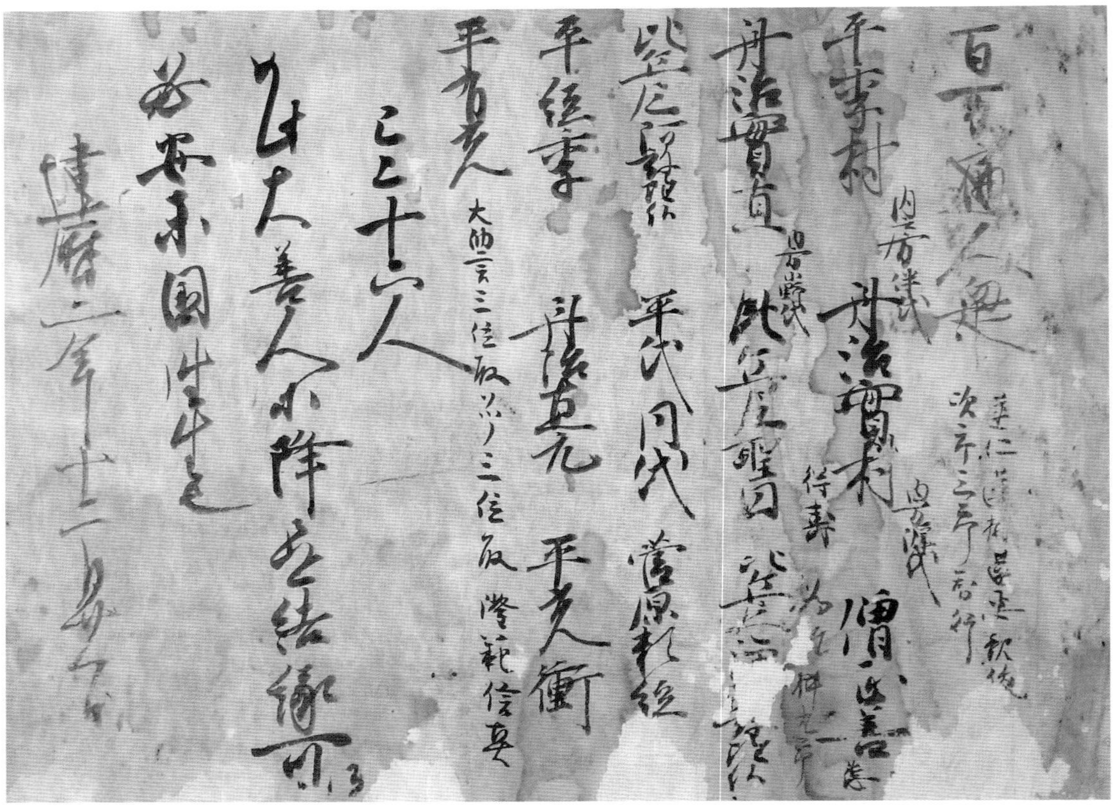

25-12 同前 像内文書

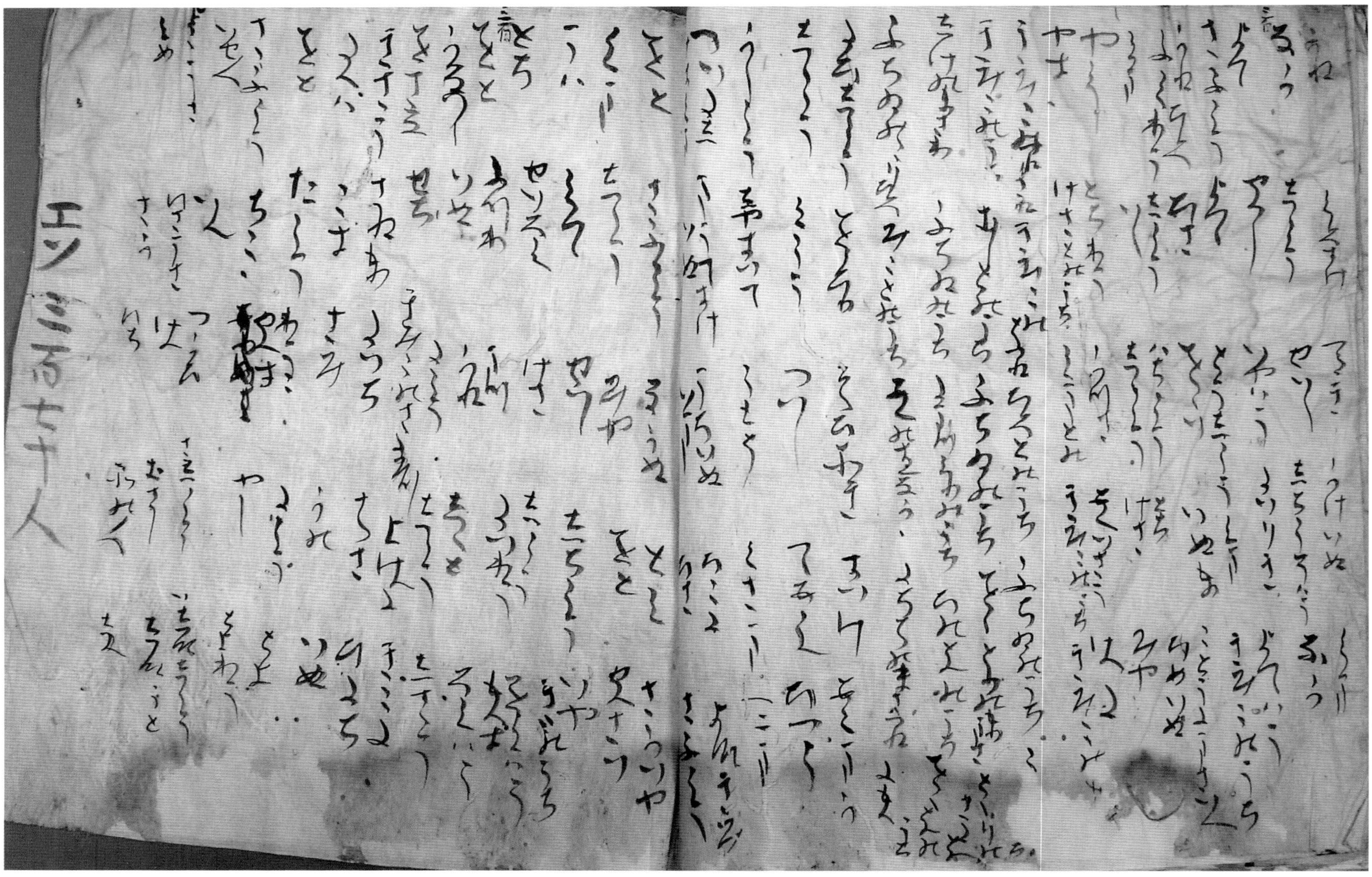

25-14 同前 像内文書

26-2 同前 側面

26-3 同前 斜め背面

26-1 阿弥陀如来立像 重要文化財 静岡・新光明寺

27−2 同前 厨子

27−3 同前 像底

27−1 阿弥陀如来立像 重要文化財 広島・光明院

28 阿弥陀如来立像 岡山・誕生寺

29-2 同前 背面

29-1 阿弥陀如来立像 重要文化財　静岡・宝台院

30−2　同前　側面

30−3　同前　像底

30−4　同前　枘

30−1　阿弥陀如来立像　京都・栄摂院

31−1 阿弥陀聖衆来迎図 三幅対　各全図　国宝　和歌山・有志八幡講十八箇院

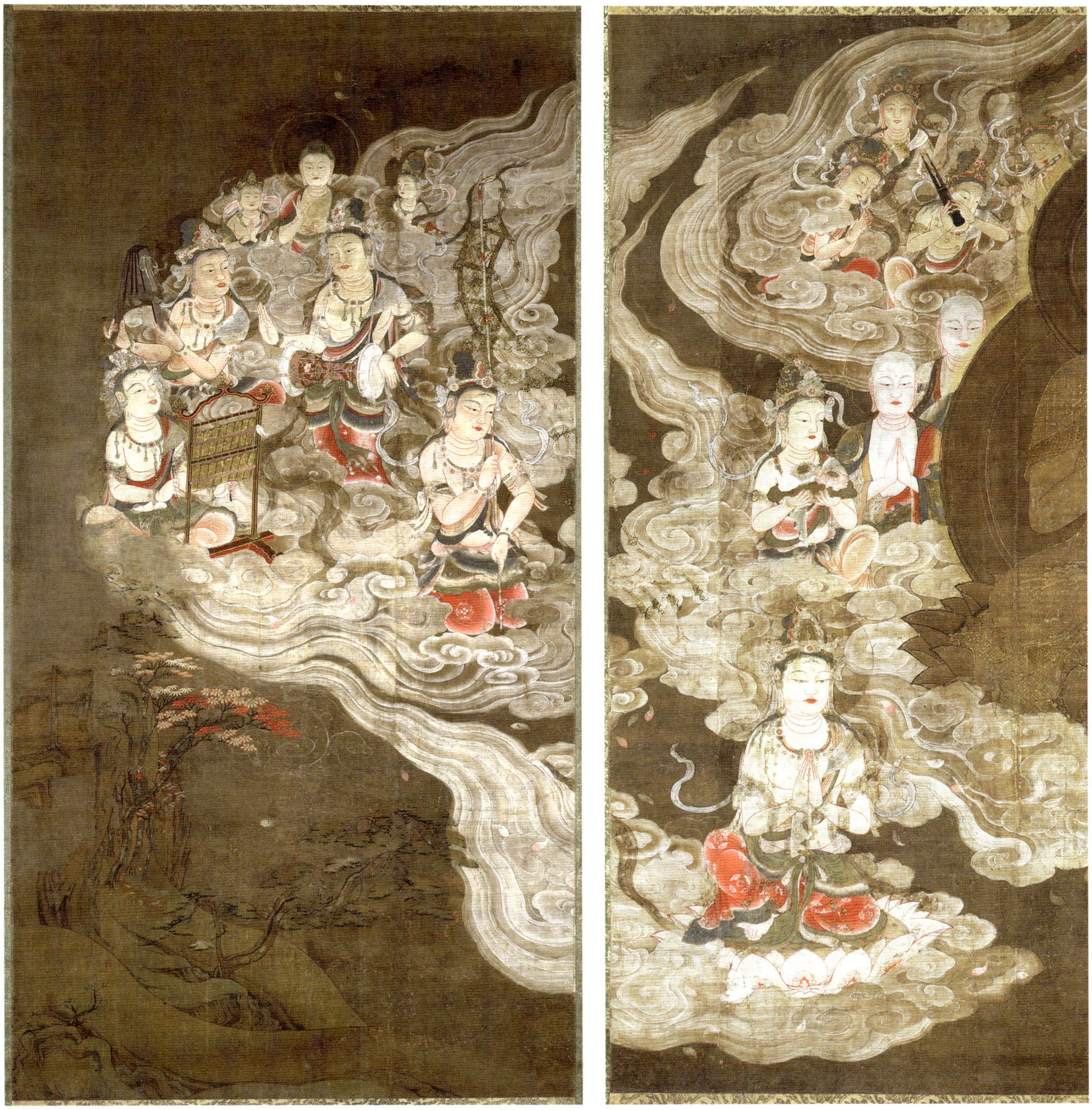

31–2 同前 （部分） 阿弥陀如来

31–3 同前（部分） 奏琵琶菩薩

32−1 阿弥陀二十五菩薩来迎図 全図　国宝　京都・知恩院

32-2 同前 （部分） 阿弥陀如来

32–3 同前 （部分） 往生者

32-4 同前（部分） 観世音菩薩、大勢至菩薩、持天蓋菩薩

32–5 同前（部分） 舞踊菩薩、奏指鼓菩薩、奏細腰鼓菩薩

32−6 同前 （部分） 山水

33−1 阿弥陀三尊来迎図 全図　重要文化財　広島・光明院

33–2 同前（部分） 阿弥陀如来、大勢至菩薩

33–3 同前（部分）観世音菩薩

34　山越阿弥陀図　全図　重要文化財　京都・金戒光明寺

35-1 智光曼荼羅(板絵本) 全図　重要文化財　奈良・元興寺極楽坊

35–2 同前（部分）阿弥陀如来

35-3 同前 (部分) 智光

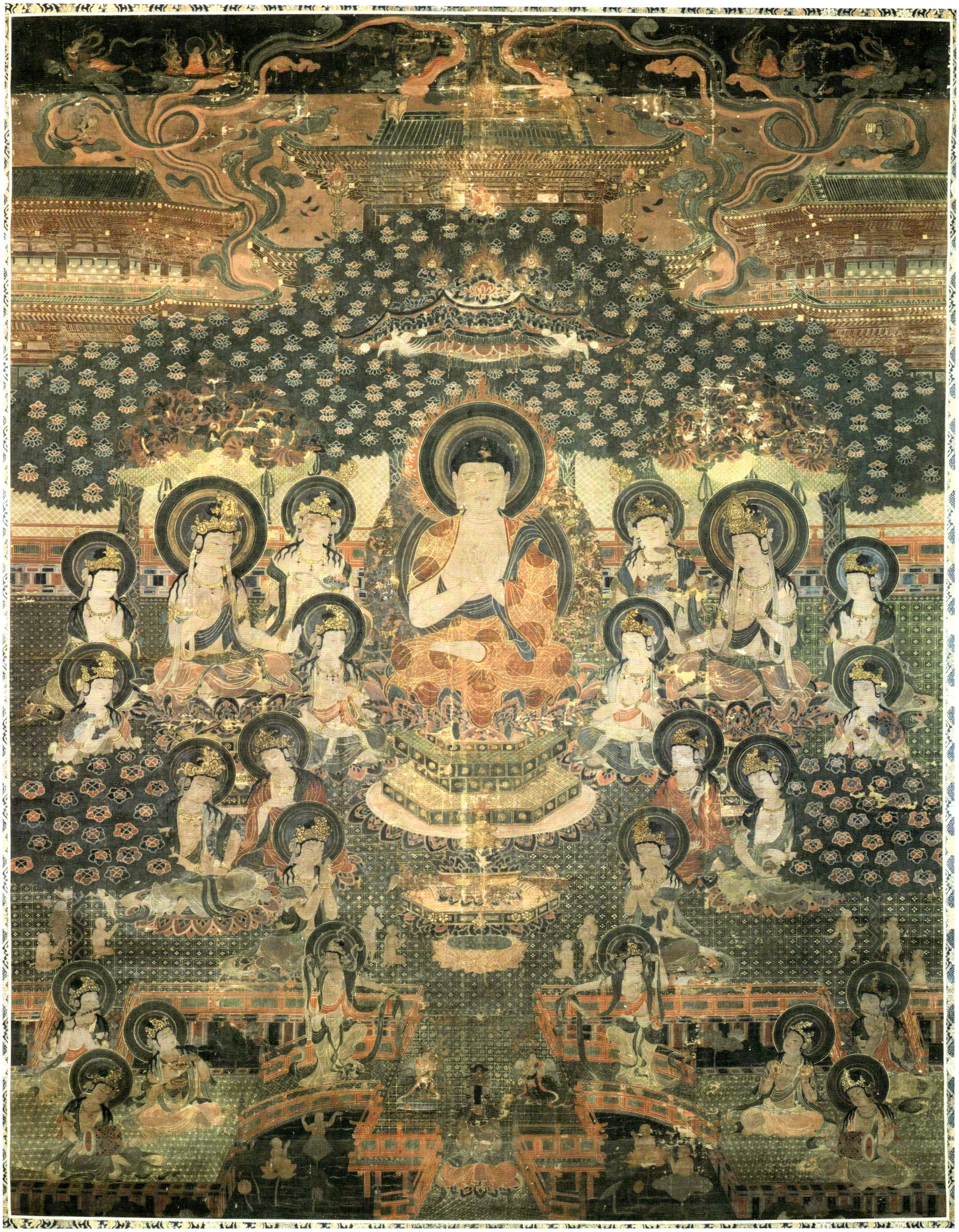

36 智光曼荼羅(軸装本) 全図　奈良・元興寺極楽坊

37−1 智光曼荼羅(厨子入本) 全図　重要文化財付　奈良・元興寺極楽坊

37–2 智光曼荼羅厨子扉絵四天王画像

38-1 阿弥陀三尊像 全図 国宝 和歌山・蓮華三昧院

38–2 同前（部分）阿弥陀如来

38-3 同前 （部分） 大勢至菩薩

38–4 同前（部分）天蓋

38–5 同前（部分）供物台、開敷蓮華

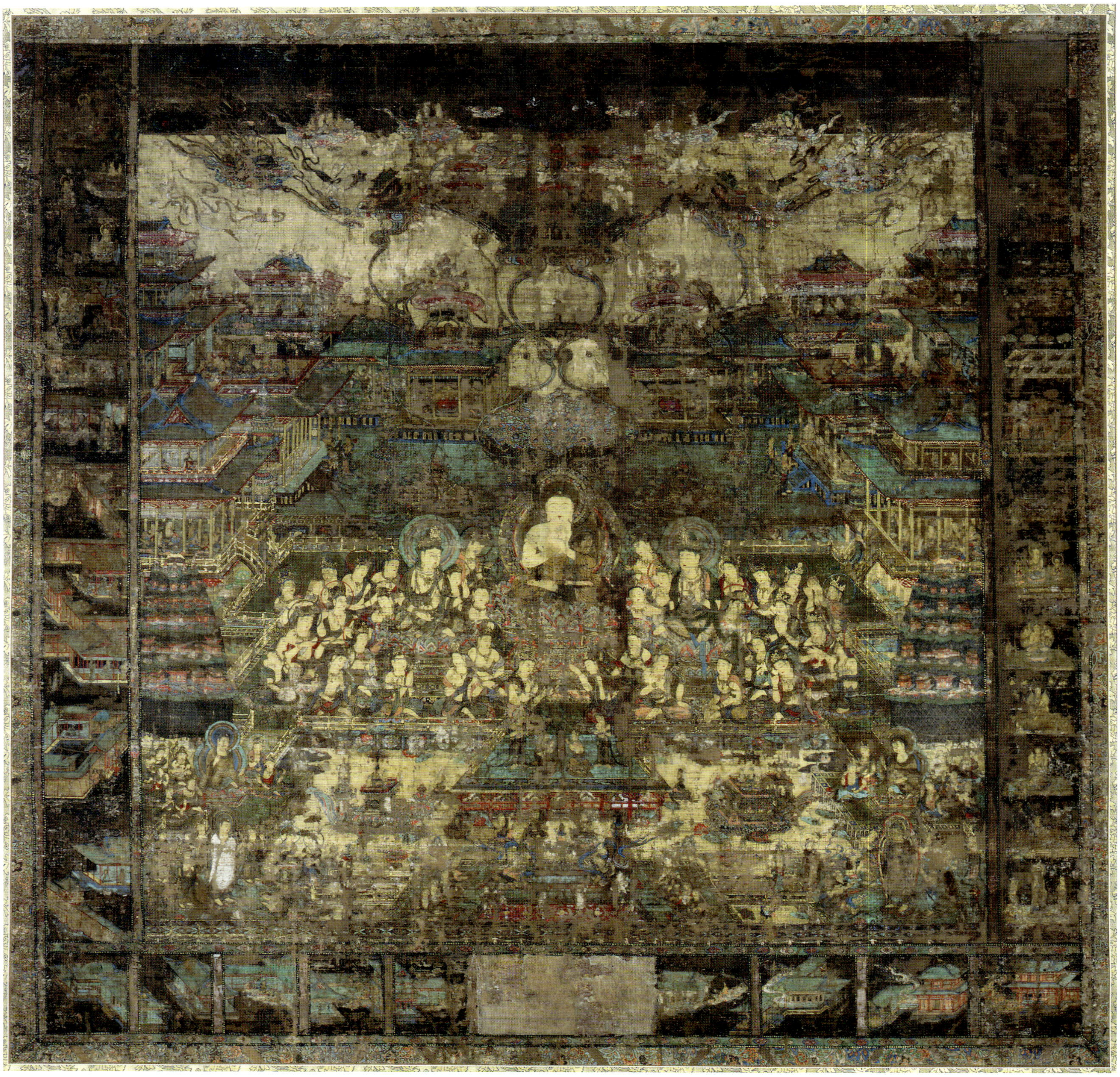

39–1 当麻曼荼羅 全図 重要文化財 京都・知恩寺

39–3 同前 （部分） 上品上生来迎の観世音菩薩、大勢至菩薩

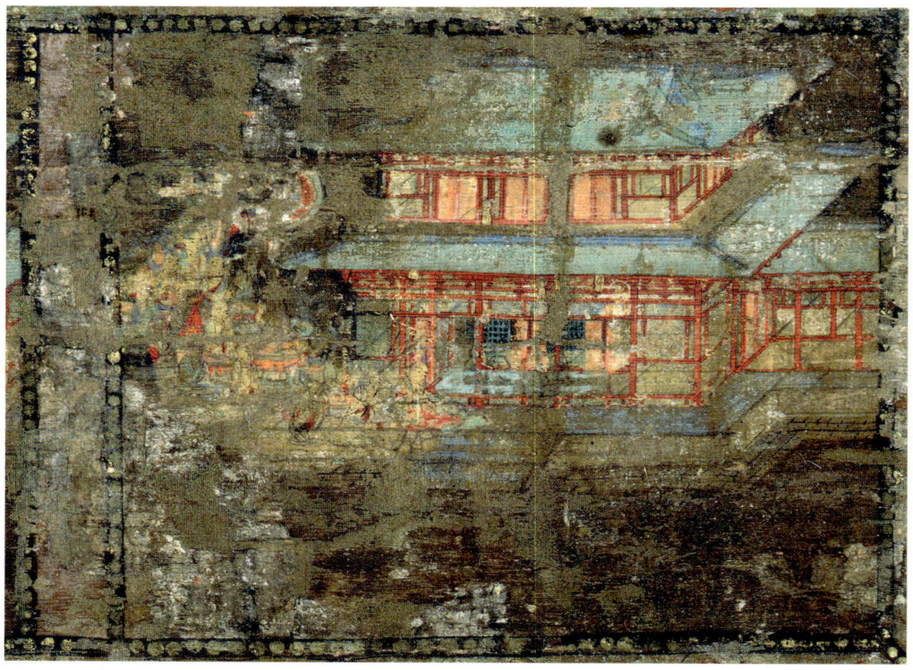

39–2 同前 （部分） 上品上生来迎

39–4 同前（部分）阿弥陀如来、大勢至菩薩等

40–1　清海曼荼羅　全図　宮城・成覺寺

40-2,3 同前 （部分） 三尊段、舞楽段

41-1 阿弥陀浄土図 全図　重要文化財　和歌山・西禅院

41−2 同前 （部分） 阿弥陀如来、観世音菩薩等

41−3 同前 （部分） 大勢至菩薩等

41–4 同前（部分） 三尊段、宝樹段

41–5 同前 (部分) 舞楽段、宝池段

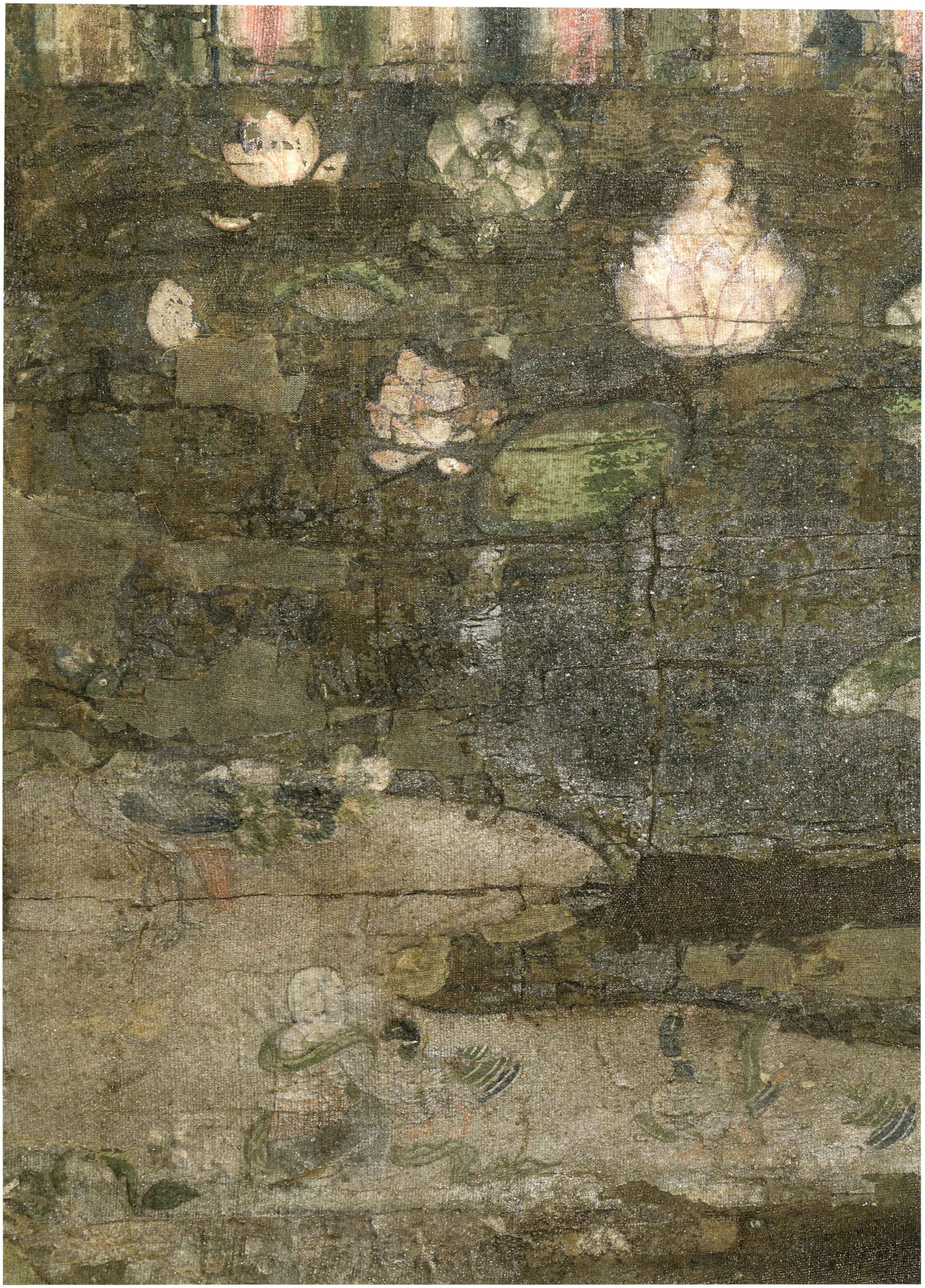

41-6 同前（部分） 洲浜

42−1 当麻曼茶羅縁起絵巻（部分）下巻　第一段　国宝　神奈川・光明寺

42–2 同前（部分） 下巻 第三段

43-1 二河白道図 全図 京都・清凉寺

43–2 同前（部分） 浄土

43–3 同前 （部分） 悪獣、経机

44–1 二河白道図 全図　重要文化財　兵庫・香雪美術館

44–2 同前 （部分） 釈迦三尊、韋提希、六牙白象、群賊悪獣

44-3,4 同前 （部分） 水河、火河

45-1 二河白道図 全図 重要文化財 島根・萬福寺

45-2 同前（部分） 釈迦如来

45-3 同前（部分） 阿弥陀如来

45–4 同前（部分） 韋提希、二河、娑婆

45–5 同前 （部分） 水河、婆婆

46-1 地獄極楽図 全図 重要文化財 京都・金戒光明寺

46–2 同前（部分）娑婆

46-3 同前（部分）地獄

1

47 十界図屏風 全図 重要文化財 奈良・當麻寺奥院

2

3

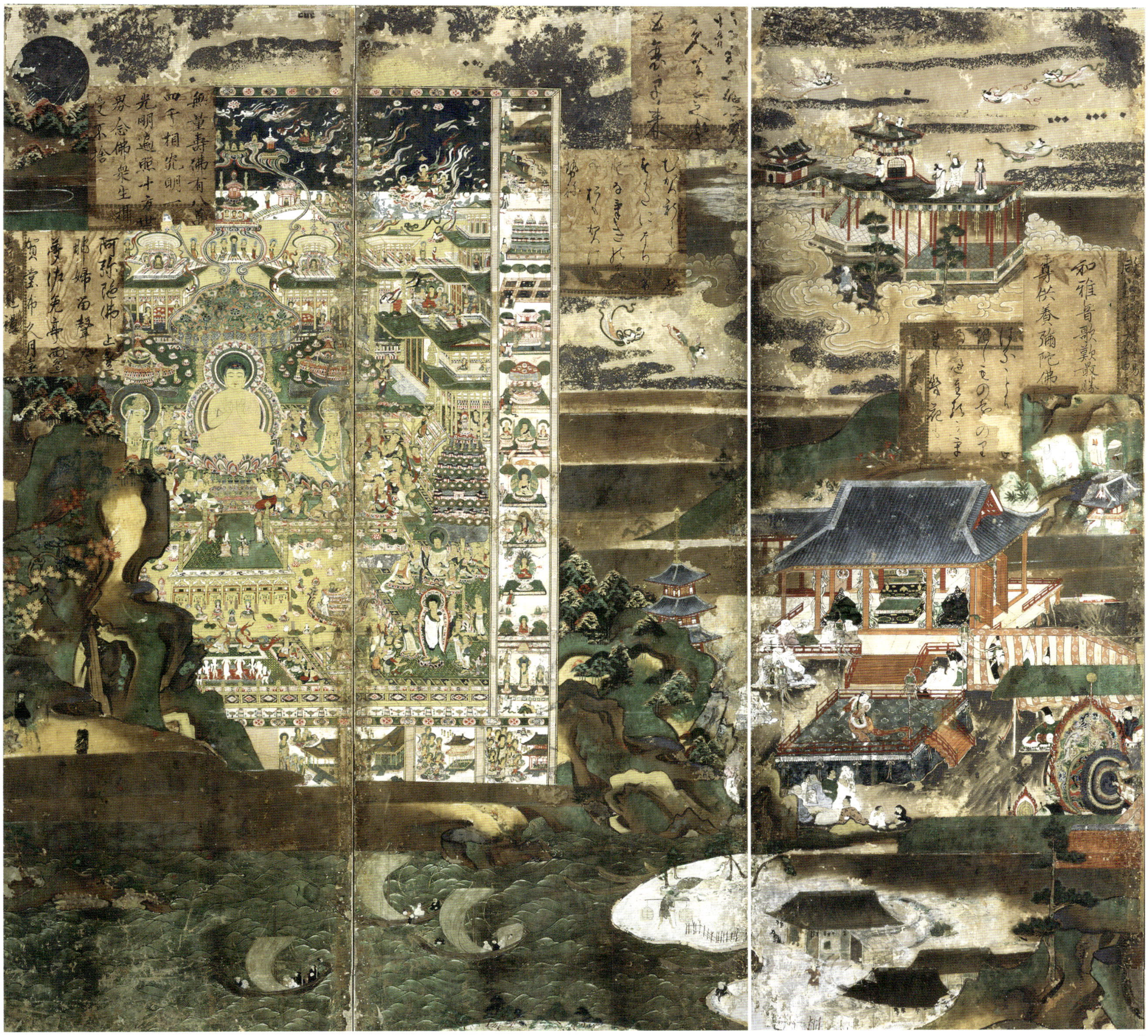

4

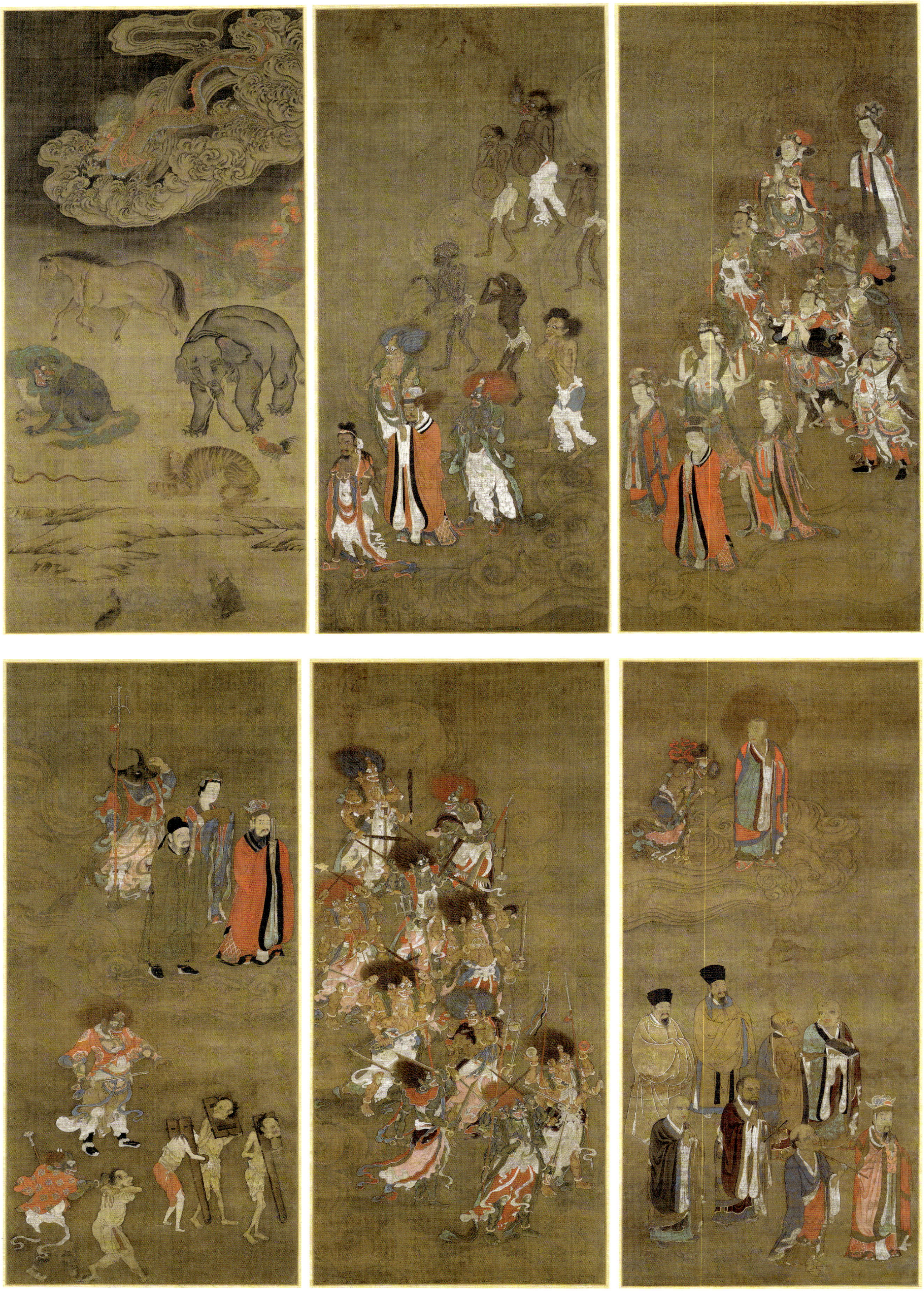

48 六道絵 六幅対 各全図 重要文化財 滋賀・新知恩院

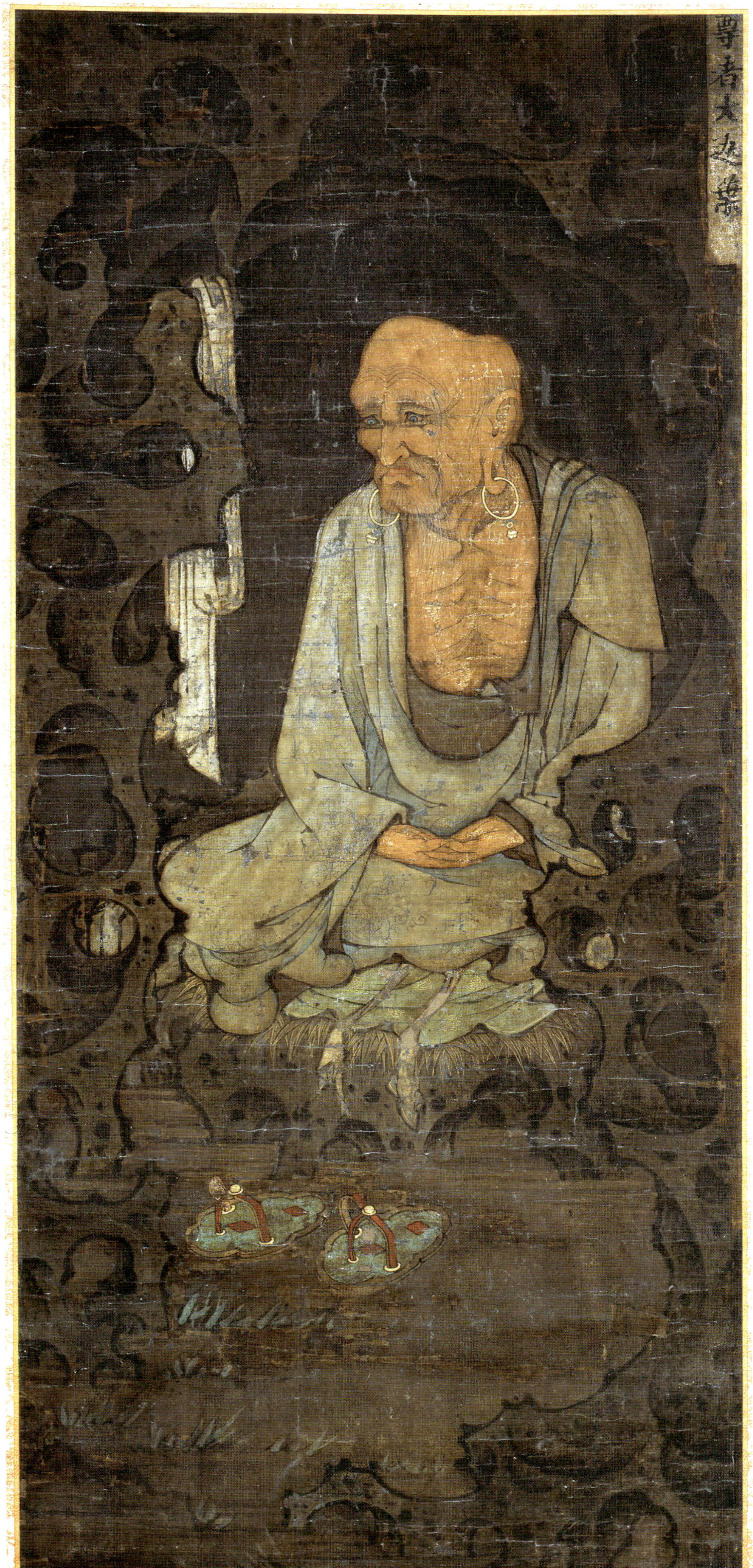

49–1 十六羅漢図のうち第十六尊者 全図 国宝 京都・清凉寺

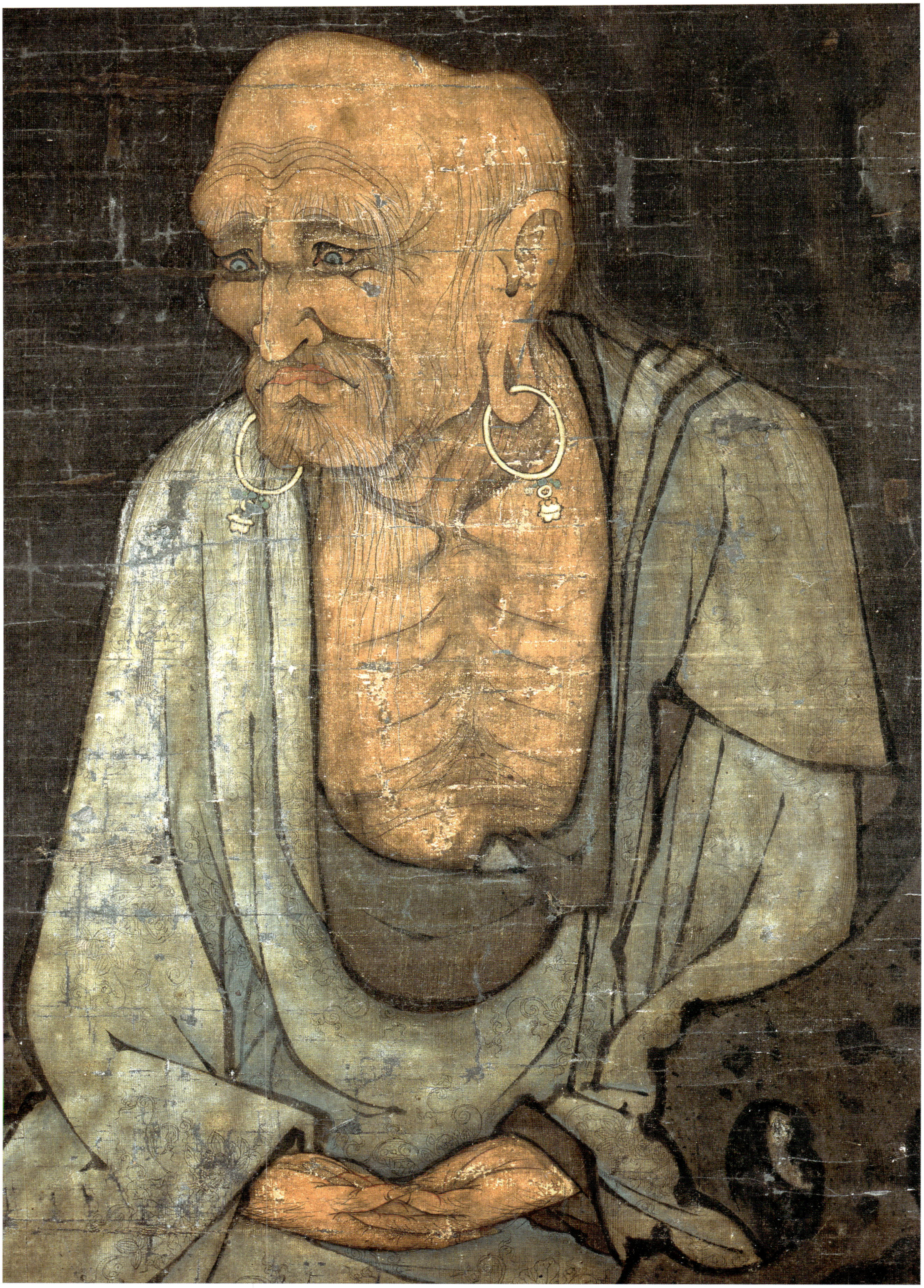

49-2 同前（部分）上半身

研究論説

美術篇

美術篇では、かつてその分析を済ませてモノグラフィーとして鋭意発表してきた作品に加え、本書のために光画像計測法（顕微・赤外線・X線写真等）をも応用して新たに調査を実施した遺例を美術史学的に考察し、全六章にわたり論述する。その際、紙幅の関係でとうていすべてを本書に掲載することはできないので、全体の統一をも図りつつ要点の抄出にとどめた。すなわち、日本浄土教美術の代表的作品を通してその歩んできた歴史を通観し、法然上人がこれにいかに多大なる影響を与えたかを、文字通り目の当たりにしようと試みるものである。

「いつ、どこで、誰が、何を、どのように作ったのか。そして、それは何故か」。現存遺例の詳細な観察と正確な分析に基づいて、その歴史上における存在意義を考究するのが美術史学の要諦である。ともすれば歴史は、後人に都合が良いように改変されていく。文献史学におけるこうした弱点を、時代の生き証人である作品から得る情報によって補正してこそ、真の文化史は明らかとなるのであろう。

第一章 法然上人の御影と絵伝

第一節 御影に見る浄土宗祖師信仰発展の過程

浄土宗の総本山知恩院を訪れると、まず目を奪われるのは、開祖法然房源空（一一三三〜一二一二）を祀る国宝御影堂の堂々たる姿である。「大殿」とも称されるこの建物は、南面して東西に長く屋根を拡げ、圧倒的な存在感を誇って大寺の金堂をも想起させる。反面、本尊阿弥陀如来坐像を安置する阿弥陀堂は、御影堂の西側から出た回廊の先に追い込まれて規模も小さく、印象の薄さは否めない。教学上の扱いはさておき、現在の伽藍配置を虚心に眺めれば、彼宗における信仰の枢軸は、法然にあることを痛感させられる。

こうした思想を反映してか、法然の肖像画、いわゆる御影の現存遺例は非常に多く、例えば国の重要文化財である二尊院本〈1〉（足曳御影）を筆頭に、平安末期から鎌倉前期の似絵の名手藤原隆信（一一四二〜一二〇五）、信実（一一七六頃〜一二六五頃）親子の手と伝えられる知恩院伝来の二本（信実御影〈2〉、隆信御影〈3〉）、知恩寺本〈4〉や金戒光明寺本〈5〉（いずれも鏡御影）など、枚挙に暇がない。なかでも足曳御影は御影中最古の作といわれ、これに関する論文も少なくない（註1）。

一方で、これらに対する従来の研究は、知恩院所蔵国宝法然上人行状絵図（通称四十八巻伝・勅修御伝）をはじめとする伝記類との比較が主軸であり、作品自体の詳細な考察はなされてこなかった嫌いがある。加えて問題なのは、基本資料として最も重視されてきた四十八巻伝の制作年代に、未だ検討の余地がある点であろう。残念ながら現物調査の機会を得ておらず、展覧会などでの観察結果から推測を述べるしかないが、詞書にしろ絵にしろ、全巻が同時代の作とはとうてい思われないばかりか、通説に比して大きく年代が降る可能性も高い。また、次節に示すように、絵伝中最古の作である増上寺所蔵重要文化財法然上人絵伝についても、後世に大幅な修正や加筆が施されていることが判明した。要するに、法然上人絵伝（とりわけ四十八巻伝）成立時期の再考がなされない限り、これらを学術的な比較資料として取り扱うことは難しく、従って御影に関する従来の研究も、根本から見直す必要に迫られているのである。

一 足曳御影

現状と伝来

現存の足曳御影は、実測で縦一〇三・九（三・四三）、横七八・七（二・六〇）㎝（尺）を示す二幅一鋪の絹本著色画である〈1－1〉。最大絹巾は一尺七寸四分、一㎠あたりの組成密度は、平均で経三十九本（二本引き揃え）、緯二十六越、これらの交点である組織点は一〇一四点と、いずれも鎌倉時代の画絹としては一般的な数値を示す。永年の供養による薫煙が画面全体に付着して黒化しており、肉眼での観察は困難をきわめる。また、法然の胴部などでは、過度の湿気を被ったための画絹の剥落も進行しており、観察には注意が必要である。

本図が伝わる二尊院は承和年中（八三四～四八）、嵯峨院（七八六～八四二）の御願によって慈覚大師円仁（七九四～八六四）が創建したという天台宗の古刹である。一方で浄土宗との縁も深く、法然滅後には嵯峨門徒の祖湛空（一一七六～一二五三）が寄宿し法灯を守ったといわれる。

さらに、本図とともに伝来する重要文化財浄土五祖像〈16－1〉は、第二章第二節で詳しく述べるように、様式上、嘉定三年（一二一〇）までに制作された泉涌寺所蔵重要文化財大智律師元照像を上限に、淳祐四年（一二四四）のボストン美術館所蔵陳容筆九龍図を下限に置きうる作品で、禅家の嗣資相承の論難に対抗すべく、筑後国司草野氏を後ろ盾にもつ鎮西派が大陸より請来して二尊院にもたらした。このような事実に鑑みれば、二尊院は一時期、京都における浄土宗の一大拠点であったことが窺え、本図が伝わるのも首肯できる。

ところで、本図が「足曳御影」と呼ばれる所以について、元禄十六年（一七〇三）成立の『円光大師行状図画翼賛』巻五〇は以下のように伝える（註2）。

「足曳ノ御影ハ、月輪ノ禅閤御帰依ノ余リ、法然ノ真影ヲ写サント仰コトアリケリ。サレト固辞シテ肯給ハサリキ。或時、御殿ニテ上人沐浴シ給テ後チ、両足ヲ伸テ息ラヒ給ヘリ。即、宅間法眼ヲ召テ、翠簾ヲ隔テヽ、窃ニ写サシム。上人、コレヲ見給テ大ニ驚キ、像ニ対シテ祈求シ給ニケレバ、両脚立地ニ屈シ給フトナン。コレヲ拝申セルハ其写本影秘者珍之ナリ。足曳ノ山鳥ノ尾ノシタリ尾ノ永々シ世ヲイノルコノテラ。」寺々因縁及旧記等同之。今、影堂ニマシマシテ諸人（句読点筆者）

法然入滅から五百年近く降る記録をそのまま信じることはとうていできないが、関白九条兼実（一一四九～一二〇七）が法然に篤く帰依していた事実は、他の文献にも散見されて興味深い。また、二尊院の山号である小倉山の枕詞を取ったとする説もあるが、真相は定かではない。

前述のように、本図の表面には汚れが全面に付着しており、肉眼での観察には限界がある。そこで、可視光線よりもやや長い波長を持つ近赤外線によって撮影した画像データを使い、汚損下の図様を確認してみたい〈1－2〉。すなわち本図は、恰幅のよい体躯に墨染めの衣を纏った法然が、赤い数珠をたぐりつつ斜め左向きに上げ畳に坐す姿を横幅一杯に大きく表している。その右膝前には、風呂敷包みを配しており、画面上方左右には色紙型を各一枚置くが、文様や讃文の痕跡はない。

肉身の描法で特徴的なのは、最初の細めで均一な墨線をそのまま仕上げの線とし、彩色後の描き起こしを行わないという点である。赤外線写真に現れる線質を観察する際は、肉眼よりもコントラストが強く出て線が硬化するのを勘案しなければならないが、これを差し引いても本図の線質は比較的早い運筆ながら柔らかさを失わず、淡々と引いていながら、対象の把握は優れて的確である。ことに面貌は〈1－3・4〉、皮膚が弛んで垂れた上瞼や、さまざまな方向に生える非常に長い眉毛、頑強な精神を思わせる大きく三角に開いた鼻孔、口元を堅く引き締めた分厚い唇、たっぷりと大きな耳朶など、きわめて個性的で現実感に富み、模写に特有のたどたどしさや形式化は一切認められない。

ただし、不可解なのは頭部の輪郭で、左眉の一部や右目の輪郭、鼻などに見られる補筆と同質の鈍い墨線が、画絹の損傷とは無関係に額皺付近から襟足にかけて及んでいることである。しかも注意深く観察すると、頭頂部にだけ淡墨の広がりが認められることから、制作当初の輪郭線をいったん水で薄めて消し、額の上部を持ち上げ、頭頂部を凹ませるように輪郭全体を修正した痕跡と見なされる。つまり元来は、太った人物の後頭部に特有な、盛り上がった肉塊のみを写実的に表現していた頭部輪郭を、後世のある時期、いわゆる「法然頭」の形状に意図的に改変したと考えられるのである。

さて、衣裳の輪郭や衣文線は、面貌と同じ細い線で下描きし、その上に太い墨線を重ねて描き起こしている。太さこそ異なるが、両者の線質はよく一致し、いずれも当初の線描と見られる。面貌と違って多少の震えや引き継ぎが確認されるのは、最初のデッサンに倣うという制約や、長い線が多いことが原因であろう。忠実な描写を要求される人物像に対し、必ずしも実物にこだわる必要がない風呂敷包みでは、おのずから線質にも勢いと躍動感が溢れ、流れるような柔らかさを保ち得ており、本図の画家が当代一流の技量を有していることを如実に物語っている。

こうした線描の特徴は、柔らかさにおいて十二世紀末葉に宮廷絵師が描いた石山寺所蔵重要文化財常楽会本尊画像に最も親しく、同じく僧侶の肖像画ながら十三世紀中頃の普門院所蔵国宝勤操僧正像に顕著な運筆の加速や起筆の打ち込み等がまったく見られない。従って、十三世紀第一四半期に位置付け得る性質で、本図の画家の専門性や制作年代を顕著に示している。

次に、彩色について検討しておきたい。観察の結果、顔料の質や表現の緻密性において、本図の彩色にはまったく異なる二種類が混在していることが判明した。

まず、法然の両眼を状態のよい左眼で見ると、黒目の部分は全体に朱を施した上から淡墨を掃いて赤茶色の虹彩を作り、その輪郭と瞳孔に濃墨を入れて仕上げていることが、X線の透過度から判じられる。しかも赤外線写真を参看するに、虹彩の輪郭内側に沿って再度淡墨を重ね、眼球の自然な丸みを効果的に演出してもいる。

また、鼻孔にもわずかではあるが淡墨による暈を入れており、陰影を駆使した立体感の表出に余念がない。同様の配慮は唇にも認められ、最初に絹裏から鉛系白色顔料を淡く施し、絹表からの朱を合わせ目付近には濃く、周囲に至るほど淡く暈すことで濃淡を付け、厚い肉の盛り上がりを巧みに表している。こうした自然な暈しは、衣服の墨色にも指摘できる。

これらに対し、風呂敷包みの彩色は紫系有機色料の地に白土で大柄の唐草文を描くのみで、立体感や布の質感の表出に気を配った形跡はどこにも見出せない。白目や下着、色紙型の白色もこの白土と同質である。

さらに上げ畳には、黄土を藍で染めて緑色にした「代用緑青」とでも呼ぶべき安価な絵具を使っているが、現状では藍が酸化によって透明化し、黄土の地色のみが露呈して黄色く見えている。しかもその塗り方は平面的かつ形式的で、緑に施された密度の濃い墨の団花文とは対照的である。

つまり本図では、目鼻立ちにおける朱や鉛系白色顔料を用いた緻密な彩色と、その他の白土や代用色を用いた粗雑な彩色とが併存しているのであり、上げ畳の一部における塗り忘れをも勘案すれば、後者はとうてい制作当初の表現とは考えられない。肉身の黄土も、最初の墨線を活かそうとすれば当然裏彩色であるべきところを、絹表から掃いている点に鑑みれば、少なくとも現状の顔料は後世の補彩と見做すことができる。

すると、本図の本来の仕上がりは、肖像画として特に重要な面貌に淡彩を、衣裳に墨色を施すのみで、ほとんど白描とも称しうる画像であったことが判明するのである。

従来の研究では、上述のごとき法然の頭部における補筆や、広範囲にわたる補彩が看破されず、足曳御影の真価が見過ごされてきた感が否めない。白畑よし氏が、最初は鎌倉前期としながら後期に改めたように（註1⑤⑧）、現在に至るまで推定制作年代すら一定しないのである。しかし、そのきわめて写実的な面貌や当初の頭部の表現に加え、同質の細い線でデッサンされた大柄な体躯の外観は、本図が法然を直接のモデルとして描いた寿像であることを明瞭に物語っている。

法然在世のころ、藤原隆信やその子信実が似絵の名手として名を馳せたことはあまりにも有名である。彼らの似絵は、顔の造作の特徴や表情の癖を端的にえぐり出すとされ、その点で本図の表現とよく共通する。大倉集古館所蔵国宝随身庭騎絵巻にも見られるように、緻密な面貌や体つきの個性に対し、服装等にあまり頓着しないのも同様である。本図の画家が、こうした似絵を得意としたことは容易に想像されようし、その優れた技量に鑑みれば、施主は相応の貴顕でなければならない。

この条件の下、法然との具体的な交際を立証できる人物は九条兼実をおいてほかにあるまい。田村圓澄氏（註3）によれば、『玉葉』に散見されるように、兼実の帰依の実体は病気平癒の効験を期待した「受戒」が目的であった。

建永二年（一二〇七）二月十八日、法然に土佐流罪の宣旨が下り、三月十六日には法性寺を出立、久しく病に冒されて起居にも不自由していた兼実は、その翌月五日に死去してしまう。兼実が法然を偲ぶ縁として、信実本人かは不明ながら宮中周辺の画家に急遽肖像画を作らせた可能性は高い。風呂敷包みを旅装の一部と捉えることにも矛盾せず、淡彩であることも制作時間の短さを思えば納得がいくのである。

二　隆信御影、信実御影、二祖対面図

次に、知恩院所蔵の隆信御影、信実御影についてふれておく。まず隆信御影は、実測で縦四七・五cm、横二八・五cmを示す一枚絹の絹本著色画である〈3〉。足曳御影と同じく、墨染めの衣を纏う法然が畳の上で数珠を握る姿を描くが、彼図にあった風呂敷包みは描かれず、かわりに帖本を広げた足の低い机を畳の前に置く。画面左隅には草花文を散らした紅白の色紙型があるが、赤外線写真等で確認しても特に墨跡などはない。

また本図の表背には、享保六年（一七二一）の修理銘が存在する（註4）が、それとは別に、本図に付随していたとされる以下のごとき修理銘一紙が伝わっている。

「法然開眼供養御座也／右此御影者、隆信卿筆、知恩院十三代住持／助阿上人多年安置御影也、然て自周誉上人／今相傳者也。以表倍衣、修複之次、記之處也。真誉（花押）」

これに従えば本図は隆信の手になり、法然自ら開眼供養したもので、元来、助阿（?～一三九二寂）の所有であったものを、周誉珠琳（一四三九～一五一一）から真誉（生没年不詳）が受け継いで修理を施したことになる。ちなみに、『知恩院史』（以下『院史』、註5）によれば助阿は十四世とされており、周誉は知恩院二十二世で、応仁の乱に際して新知恩院を興すとともに、

灰燼に帰した知恩院の復興にも尽力した人物と知られる。

一方真誉は、知恩院側の資料に見られないため、これまで詳細不明とされてきたが、『百万遍知恩寺誌要』（以下『寺誌』、註6）には、その二十三世として名前が残る。しかも知恩寺二十五世伝誉慶秀（?〜一五五九）の師とされるが、伝誉が知恩院二十五世超誉存牛（一四六九〜一五四九）と、本末をかけて争ったことは周知のとおりである。『寺誌』によれば、知恩寺二十二世然誉（?〜一五三四）から二十三世真誉、二十四世聖誉については何らの記事もない。しかし、伝誉が後柏原天皇の勅請により知恩寺に住するのが永正十八年（一五二一）であるのに鑑みれば、真誉はそれ以前に知恩院に移った可能性も考えられるが、知恩院は二十三世勢誉愚底（一四四四〜一五一六）、二十四世肇誉訓公（?〜一五二〇）から超誉へと続いていて、真誉は登場しない。

この修理銘について『院史』等に言及はなく、竹内尚次氏の論考（註1⑨）によって初めてその存在が明らかとなる。その内容から竹内氏は、隆信御影が十四世紀末には知恩院宝蔵に収められていたとし、制作年代を「鎌倉時代末葉、少なくとも南北朝初頭を降ることのない時期」と判定し、続く津田徹英氏も（註1⑬）これを踏襲しているが、はたしていかがであろうか。

さて、信実御影は、実測で縦二六・四cm、横一五・八cmを示す紙本著色画である〈2〉。図様はやはり足曳御影に準じるが、風呂敷包みはなく、顔の向きが反転して右へと向く。また、画面上部に「光明遍照／十方世界／念佛衆生／摂取不捨」の讃文を置く。

本図に言及する論考はきわめて少なく、『院史』に作者を「隆信或は信実と云ひ伝へて」いるとするほか、井川定慶氏（註1⑥）の指摘によれば、増上寺伝来『知恩院宝物目録』に信実御影としている。

両本が隆信、信実親子の作という伝説は、四十八巻伝にその逸話が掲載されている。

「後白河法皇、勅請ありければ、上人法住寺の御所に参じたまひて、一乗円戒をさづけ申されけり。山門・園城の碩徳をめされて、番々に往生要集を講じ、おの〱所存の義をのべさせられけるに上人おほせにしたがひて披講し給けるに（中略）、御信仰のあまり、右京権大夫隆信朝臣におほせて、上人の真影を図して、蓮華王院の宝蔵におさめらる」（巻十）。

「空阿弥陀仏は、上人をほとけのごとくに崇敬し申されしかば、右京権大夫隆信の子、左京権大夫信実朝臣に、上人の真影をかゝしめ、一期のあひだ本尊とあふぎ申されき。当時知恩院に安置する絵像の真影、すなはちこれなり」（巻四十八）。

すなわち、後白河院の御前で天台の学僧らによる『往生要集』の講釈が行われたとき、法然の講義に感銘を受けた院が、似絵の名手藤原隆信を召してその肖像を描かせ、蓮華王院の宝蔵に納められた。また、知恩院に伝わる御影は、法性寺の空阿弥陀仏が隆信の子信実に描かせたものである、という。これらに導かれていつのころからか、法然の前の帖本を『往生要集』と決して隆信筆とし、もう一方を信実筆に比定したものであろう。

しかし、両本を仔細に観察してみれば、隆信御影の肉身に用いられる線描は、ひたすら細く、かつ弱々しく、形を整えることに終始しているのに対し、信実御影ではいささか速い運筆で、多少の線の抑揚には頓着せずに一気に引き切っている。画家の頭の中に、ある程度描くべき姿形が獲得されているために筆が滞らず、前者に比して柔軟さをも看取させる出来となっている。こうした線描の特徴に照らせば、年代的に信実御影が先行することに疑いの余地はない。

さらに、隆信御影に認められる垂れ下がった左瞼、縦横に生える眉毛や後頭部の肉の盛り上がりといった表現は、足曳御影を彷彿とさせるものがあり、彼本を源流とすることを窺わせる点は留意される。

ところで、両本の制作年代を考える上で重要な示唆を与えてくれるのが、法然院伝来の狩野元信（一四七六〜一五五九）筆二祖対面図〈6－1・3〉である。二幅対の法然院本は、合掌しつつ右を向いて立つ法然と、同じく合掌しながら左を向いて口中より化仏を出現させている善導を描く。各々の法量は実測で、法然幅が縦九一・四cm、横三八・五cm、善導幅が縦九一・九cm、横三八・三cmを示す。なお、各幅に捺されている印の違いから〈6－2・4〉後者を元信の弟雅楽助の作とする説がある。確かに法然幅に比して善導幅の線描はやや硬さが認められ、画家が別である可能性は否定できないが、表現に時代的な相違はなく、制作年代は同時期と見做しうるので今は問題としない。

法然院本の線描は、弱さが目立つものの穏やかさと柔らかさを残し、速度も一定に保たれている。こうした特徴を永正十八年（一五二一）の銘をもつ元信筆龍安寺所蔵鄧林宗棟像と比べると、柔軟性においてよく共通するが、運筆に勢いが残る点で龍安寺本が先行しており、むしろ本図は同寺所蔵天文八年（一五三九）銘の大休宗休像に近い。ちなみに彼図は、狩野派、特に元信の筆になる可能性が指摘されている。

これらのことから法然院本の制作年代は、十六世紀第二四半期とするのが最も蓋然性が高い。とすれば、線描の速度と柔らかさがやや優る信実御影は十六世紀第一四半期、硬さと滞りが顕著な隆信御影は十六世紀第三四半期に置くことができよう。

すると、現存の隆信御影が、修理銘に記す助阿の時代に遡らないことは明白である。むしろこの時代であれば、真誉が永正八年（一五一一）入滅の周誉から受け継いだ御影を新たに模して「修復」と称した可能性は十分に考えられるから、遺例の制作年代に照らせば、この一紙が本来付属していたのは信実御影であったとする方が自然である。

それにしても、知恩院二十二世周誉念持の御影を知恩寺二十三世真誉が相続している点で、このころはまだ両山に本末の区別意識がなかった証左ともいえる。

なお、法然院本の法然頭部もまた、仔細に検するに後世の改変が加えられている。本図の肉身は、白色顔料を絹裏から塗り、表からは糸が染まる程度に淡く同じ白色を掃いているが、頭部の輪郭に沿ってこの表の白色を無理に塗り拡げ、現在見られるような扁平な頂部と、ほぼ直角に曲がっての後頭部という「法然頭」を形成しているのである。頭部周囲の身色が淡いのは、制作当初の裏彩色が及んでいないためであり、輪郭線が他の肉身線に比して極端に太いのも、補筆と考えれば納得がいく。こうして一回り大きくなった法然頭部に合わせ、善導頭部もまた同じ措置を施している。

三　知恩寺と金戒光明寺の鏡御影

知恩寺と金戒光明寺には、ともに「鏡御影」と呼ばれる作品が伝わる〈4・5〉。いずれも絹本著色画で、図様は足曳御影とほぼ同様であるが、やはり風呂敷包みは描かない。また、知恩寺本は画面左上、金戒光明寺本は右上に紅白の色紙型を置く（註7）。法量は実測で、金戒光明寺本が縦一一三・〇cm、横八二・八cm、知恩寺本が縦四二・八cm、横二五・八cmを示す。それらの名称の由来と思われる逸話は、四十八巻伝巻八に掲載されている。すなわち、

「上人の弟子勝法房は、絵をかく仁なりけるが、上人の真影を書たてまつりて、其銘を所望しけるに、上人これを見給て、

鏡二面を左右の手にもち、水鏡をまへにをかれて、頂の前後を見合られ、たがふところえは胡粉をぬりて、なをしつけられてのち、『これこそ似たれ』とて、勝法房に賜はせけり」。

さて、知恩寺本では肉身を明るい黄色とし、右目の虹彩を金で彩るのが独特で、本図の大きな特徴といえる。画面左上隅の紅白の色紙型には「右眼在光明」とあり、これに倣った表現とわかるが、不可解なのは眉の描法で、他の遺例が毛を一本ずつ描いているのに対し、知恩寺本だけは仏菩薩のごとく細い弓形に縁取っている。身色と合わせて、あるいは法然を「仏格化」せしめたものかとも考えられよう。

本図の絹目はたいへん粗く、特に衣は輪郭周辺が毛羽だったような傷み方をしているが、赤外線写真を参看することで、衣文線や肉身線を詳細に確認することができる。ここで注目すべきは、左眼上から額を通って頭頂部に至る輪郭線が、彩色よりも外側に引き直されている点で、明らかに「法然頭」を意識した修正と言え、この加筆によって「鏡御影」と称されるに至ったものであろう。

線描は、肉身線が極細く、弱さと滞りのみが目立つ。衣文線も芯が感じられず緩慢である。これらの特徴は、前述の隆信御影とよく共通しており、同時期の十六世紀第三四半期の作と判定できる。

さて、本図には添状二通が付随し、各々掛幅に仕立てられているが、そのうち一通に以下のごとき由緒が記されている。

「数通之置文雖在之、法花乱失申所也。／此祖師上人御真影之由来者、大原問答／之後、顕真座主、法然与二世御契約、深同／修業之行人也。令称名念仏給依、深為／御知音。此御自筆之被遊真影座主江／被参云々。然伝誉上人知恩寺在住之／時、従山門種々被出霊宝、為新日吉之／社頭造営、有法談可被加助成之時、則応／芳期仁、施物已下悉叡山江運上被申。／已後、為其褒賞此真影、伝誉贈給畢」（句読点筆書、／＝改行）。

つまり本図は、大原問答で深く共鳴した天台座主顕真（一一三一～一一九二）に、法然が自筆の真影を寄せていたものを、知恩寺在住のころ、伝誉が新日吉社社頭造営のため法談をもって山門に助力した褒賞として贈られた、とされる。もう一通は、霊山院から知恩寺への褒賞品のリストである（註8）。

内容の真偽はともかく、伝誉の名が見られるのは興味深い。先に検討した本図の制作年代は伝誉の晩年に該当し、彼が制作に関与した可能性は高いが、とすると法然自筆を標榜する本図制作の意図は、知恩院への牽制と考えることもできるからである。

一方、金戒光明寺本は、『黒谷誌要』によれば大永四年（一五二四）西光寺本堂の屋根葺替え費用捻出のため、住持相伝の法然像を金戒光明寺が買い取った旨を記した添状が付随している（註9）。私は以前、この添状を上限として、本図の制作年代を一応十六世紀第二四半期に置いておいた（註10）が、他の御影との相互比較が可能となった今、これを質さねばなるまい。

すなわち本図の線描は、上述した十六世紀制作の一連の御影に比べると、弱さや滞りといった観点では捉え得ず、言うならば這うように伸びていて形骸化している。すると本図は、江戸期に下げて考えるのがむしろ妥当なのであろう。

加えて、これまでの御影に表される「法然頭」は、いずれも後世の加筆であったのに対し、本図は制作当初から頭頂部を凹ませた表現を採っている点も看過できない。実は「法然頭」と呼ばれる形状は、文永八年（一二七一）の建長寺所蔵国宝蘭渓道隆像などにも認められて法然像に限る特徴ではない。その淵源をたどれば、十三世紀前半の南宋作である二尊院本浄土五祖像中、道綽と少康〈16－3〉に同様の表現があって、大陸における斜め向き人物像の一典型であったことを示しているのである。それがいつ、法然像の特徴として限定されるのかを問うに、現存遺例に鑑みれば、十六世紀第三四半期の隆信御影においても未だ定着していない。

ところで、「法然頭」を指摘する最古の文献資料は、法然誕生時の様子として「頭圷而稜（あたまくぼかにしてかどあり）」と伝える、虎関師錬（一二七八～一三四六）撰『元亨釈書』（一三二二完成）である。仏教伝来から鎌倉時代に至るまでの仏教史、各宗派の高僧伝を詳細に記した本書は、延文五年（一三六〇）に大蔵経に加えられ、永和三年（一三七七）に初版本が完成した。しかし永徳二年（一三八二）に版木が焼失したため、明徳二年（一三九一）に重刊される。その後は降って慶長四年（一五九九）、同十年（一六〇五）、元和三年（一六一七）、寛永元年（一六二四）、寛文元年（一六六一）と、十六世紀末から十七世紀半ばにかけて盛んに刊行されており、このころ本書が広く受容された事実が窺える（註11）。これにともない「法然頭」は、宗内のみならず世間一般の共通認識になったと考えられ、辻褄合わせのために一連の御影が修正されたのではあるまいか。とすれば、「法然頭」を既存の事実として描く金戒光明寺本の制作年代は、やはり江戸期に入ってからと考えるのが妥当であるし、一連の御影に改変を加えたのもその時期と推測される。

足曳御影は、法然在世中に描かれた唯一の肖像画である。本図のもつ卓越した現実感と写実性は、見る者に似絵の名手を想起させずにはおかない。それがゆえにこそ隆信筆の逸話が誕生し、宮廷関係の絵師から後白河院との結びつきも生まれたのであろうが、現存する法然上人絵伝中、最古の作である増上寺本にも、元来含まれていない要素であるから、いずれにしろ後世の敷衍と考えられる（註2）。それはともかく、足曳御影がすべての御影の祖本であり、しかも伝記類の成立にも多大な影響を及ぼしたとすれば、その存在意義はいっそう深い。

次に信実御影は、他の御影とは異なって法然の顔が右を向いている。この特徴は、元は法然院本のような二祖対面図だったと推しうる点で注意される。

想い起こせば『選択本願念仏集』に、「大唐に相伝えて云わく、善導は是れ弥陀の化身なり」とあるごとく、初期の浄土宗は阿弥陀と同体たる善導を本尊に擬していた。法然にとってこれは『観無量寿経疏』を阿弥陀の直説とする根拠であったが、ほどなく浄土宗を席巻する鎮西派が「善導教」とでも呼ぶべき体勢を整えた事実は、寺号のみならず、知恩寺に重要文化財善導大師画像〈15－1〉、久留米善導寺〈19－1〉や知恩院に各一躯の重要文化財善導大師坐像と、十四世紀初頭に遡る現存遺例がいずれも「半金色の善導」像であることからも窺える。これは、知恩寺〔6〕と知恩院【8】（以下〔 〕・【 】のカッコ内は、知恩寺・知恩院における各住持の順）の両山を手中にした如空（如一国師、一二六二～一三二一）の活躍に負うところが大きい。

しかも知恩寺本では、善導の念仏は化仏となって口中より現れ、その先頭は法然の見返る姿で表されていたことが、赤外線写真によって明らかとなった。そこには、善導＝阿弥陀＝法然の図式が垣間見えるのであるが、この考察は次章に譲る。すなわち、増上寺本等の二祖対面の場面は、阿弥陀と善導との本地垂迹の関係を、善導と法然との間柄に置き換え、面授の証拠として描かれるようになり、十六世紀前半に至って信実御影や法然院本を生み出していく。

そうした行立を踏み、十六世紀第三四半期になってようやく知恩院本隆信御影や知恩寺本鏡御影といった、法然その人を独り、信仰の対象として描いた祖師像が登場するのである。

一方、如空に続く寺院史をひもとけば、知恩寺については善阿空円〔8〕（普寂国師、一二五四～一三三三）が後醍醐帝（一二八八～一三三九）の帰依を受けて以降、『寺誌』に特段の記載はなく、知恩院に関しても舜昌【9】（一二五六～一三三五）の後、當麻往生院に退居した誓阿普観【12】（一二九七～一三七四）以外は『院史』に目立つ記事もない。そのような状況下、両山に大きな足跡を遺すのは大誉慶竺〔19〕【21】（一四〇三～一四五九）である。

はじめ知恩寺に住し、宝徳四年（一四五〇）から知恩院に入った大誉は、千葉氏胤（一三三七～六五）の息で明徳四年（一三九三）増上寺開山とされる酉誉聖聡（一三六六～一四四〇）およびその資である蓮誉（生没年不詳）を師とし、常陸飯沼の弘経寺二世慶誉了暁（一四〇六～八六）は法弟あるいは法叔にあたる。ちなみに弘経寺は、了誉聖冏（一三四一～一四二〇）のもとで酉誉と相弟子であった嘆誉良肇（生没年不詳）が応永二十一年（一四一四）に興した寺であり、酉誉、嘆誉両師に学んだ釈誉存冏（?～一四九九）に松平信光が帰依して宝徳三年（一四五一）に建立したのが、三河の信光明寺である。

この大誉から知恩寺を継ぐのは蓮誉の門下で、善誉良敏〔20〕（一四一三～一四六六）、法誉聖然〔21〕（一四三三～一五〇六）と続き、先にもふれた然誉〔22〕、真誉〔23〕、聖誉〔24〕を経て伝誉〔25〕に至る。一方、知恩院は慶誉門下の周誉【22】、勢誉【23】、肇誉【24】が後嗣となるが、肇誉は信光明寺開基釈誉の資でもあり、二世を継いでいたものを超誉【25】に譲り、かつ入滅に際して知恩院をも任せたことになる。こうして三河派とも呼ぶべき新興勢力が誕生するのであり、超誉の祖父こそ松平宗家三代に数えられることとなる信光で、徳川家康は九代であるから、浄土宗隆盛の基盤はここに定まったともいえよう。

それはともかく、奇しくも永正十八年（一五二一）、知恩寺の伝誉、知恩院の超誉が並び立つに至り、両山の関係は一気に険悪化する。翌大永二年（一五二二）、伝誉が後柏原天皇（一四六四～一五二六）から紫袍を賜るに及んで勃発した本末争いは、青蓮院門跡尊鎮法親王（一五〇四～五〇）の請願によって一応知恩院の勝利と決着したらしいが、『寺誌』によれば超誉入滅の翌年にあたる天文十九年（一五五〇）、相国寺における足利義晴（一五一一～五〇）の葬儀に際して納経の席次を争い、執権の教書に基づく「一宗嫡流」のゆえをもって知恩寺が首座を占めているから、余燼が消え失せたとも思われない。十六世紀第三四半期に至って、「独尊」の御影が両山ともに制作されている事実には、こうした確執も窺われるわけである。

そして最後に、「法然頭」を既存の事実として取り入れた、御影の完成形ともいいうる金戒光明寺本が出現する。徳川家光によって知恩院に御影堂が建立されたのは、寛永十六年（一六三九）のことであった。彫像における法然像も、今後は表現様式にもとづいて見直さなければなるまい。

第二節　増上寺本法然上人絵伝

増上寺所蔵の重要文化財法然上人絵伝（ほうねんしょうにんえでん）は、紙本著色の上下二巻よりなる絵巻物である。それぞれの段でまず詞書を記し、次にこれに対応する画面を続ける「段落式」の体裁を取っている。巻留部に「法然上人伝 上（下）」との外題を記した題箋（だいせん）が貼付されているほか、現在の箱蓋に填め込んだ旧箱蓋表に「法然上人縁起（土佐吉光筆）　貳軸／詞書後二條院（一二八五～一三〇八、在位一三〇一～〇八）宸翰／同書續梶井空性法親王（一五七三～一六五〇）」の墨書銘を有する。

また、『増上寺宝物古器物古文書目録』（大日本史料第十二編之七）には、「宗祖源空繪詞傳巻物、（紙地薄彩）二巻。後二條天皇ノ宸翰書出シ、梶井空性法親王ノ書續、土佐吉光ノ繪ナリ。當寺十二世存應（一五四四～一六二〇）、慶長十五年（一六一〇）参内ノ節、拝領スル所ナリ」とあって、この時には宮中に収められていたことがわかるが、それ以外の伝来は不明と言わざるを得ない。ここに登場する作者名も、間違いないと思われるのは存應と同年代の梶井空性法親王ばかりで、詞書後二條天皇宸翰、画土佐吉光についてはもとより確証は無い。

これまで、増上寺本を主たる対象として取り上げた論文は、古く裏辻憲道氏による「増上寺本法然上人繪傳考」（註12）が唯一である。裏辻氏は、増上寺本の詞書の内容が「本朝祖師傳を主たる材料とし、正安三年（一三〇一起稿）の拾遺古徳傳（中略）と略ゝ（ほぼ）同年次頃に撰述された」とし、画面には「宋元以後の漢畫の様式」が認められる一方で、「明かに院體畫風の山水及び花鳥が取扱われて居」る元亨三年（一三二三）制作の常福寺所蔵重要文化財拾遺古徳伝などよりも、「稍ゝ（やや）早きに在らむ」と位置づけた。その後、真保亨氏（註13）は、あくまでやまと絵の範疇の中で捉えるべき十三世紀後半の作品とするなど、推定年代に多少の前後はあるものの、「数ある法然絵伝のうちで制作年代が最も古く、かつ描写優秀な一本」としての評価はすでに固まっているかに見える。しかし、本絵巻の絵を通覧するに、画家が異なるというだけではとうてい説明し得ないほど大きな表現上の相違が、明らかに見て取れるのである。以下、順を追って解明してみよう。

まず、増上寺本の概要を把握しておきたい。法量は実測で、上下巻とも縦三三・〇（一・〇九）cm（尺）で、横の長さは上巻が一〇二二・三（三三・四一）、下巻が一一一二・二（三六・七一）cm（尺）を示す。横はほぼ同程度に仕立ててあるが、上巻三段、下巻九段で構成され、各段の内容には疎密がある。

上巻

第一段　215.5 cm（詞書：一紙 32.6 cm　絵：四紙 27.3 + 52.0 + 52.2 + 51.4 = 182.9 cm）

詞書：「そのゝち、鴈塔をたてゝ鳧鐘（はちがね）／をならし、又烏瑟（うしつ）の妙相をあら／はして、鷲嶺の真文を開題し、／鶖子か智弁をむかへて、とりの／方にをくらむことをねかひ、／僧衆を招請して、九品の妙果を／いのり、施行をいとなみて、非人／の餓をやすむ。これ即、過去／幽霊成等正覚のためなり。」（／＝改行、句読点筆者、以下同じ）

図様：土手の陰に建立した真新しい五輪塔の前で、数珠を押し揉みつつ祈る品のよい婦人と、健気に涙を堪えて、合掌し

S1 上巻（部分）第二段

S2 同前（部分）第三段（一）

S3 同前（部分） 第三段（二）

S4 下巻（部分） 第五段

S5 同前（部分）第六段

S6 同前（部分）第七段

S7 同前（部分） 第八段

S8 同前（部分） 第九段

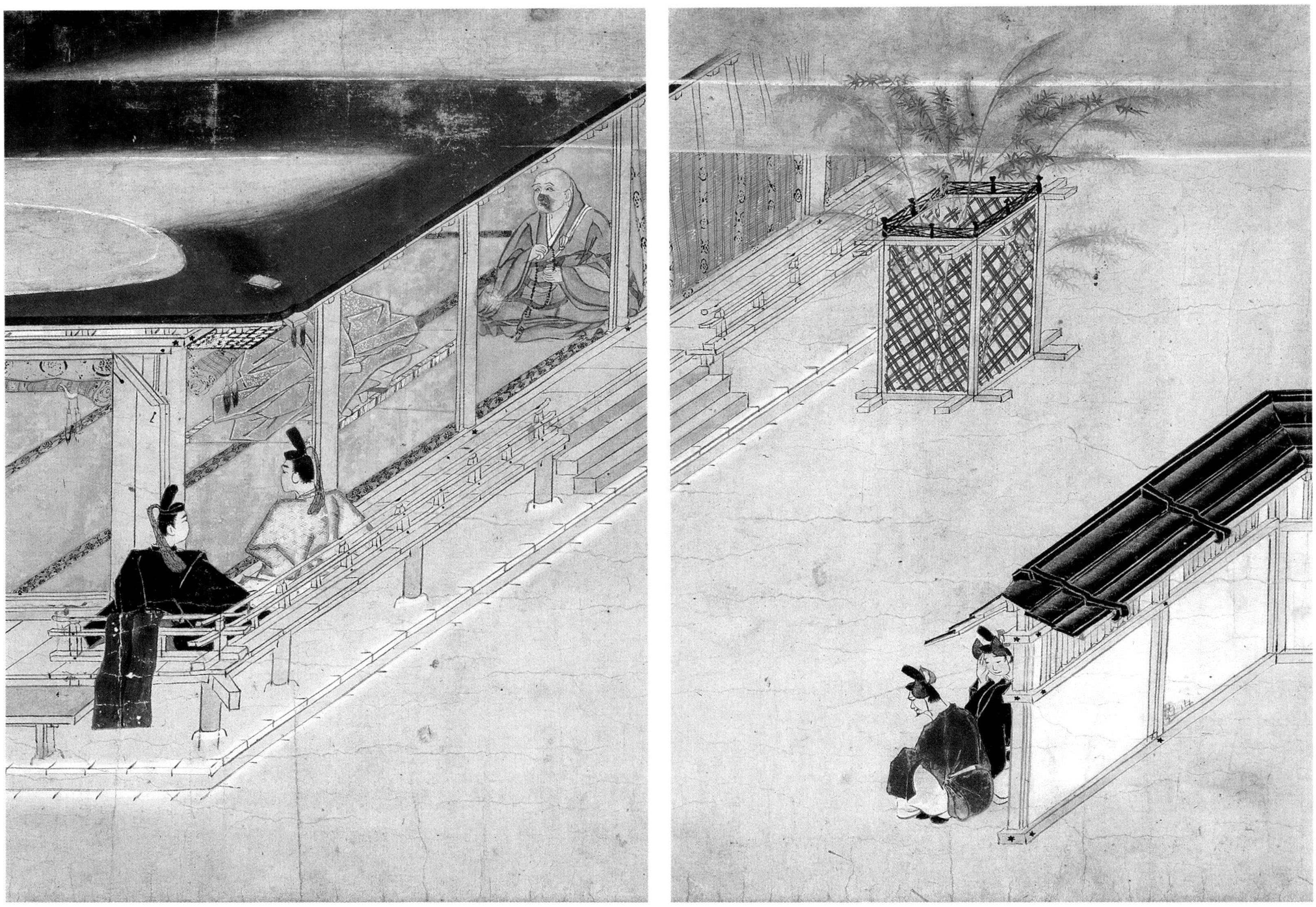

S9 同前（部分）第十段（一）

S10 同前（部分）第十段（二）

ながらこれを悲しげに見遣る傍らの稚児が痛々しい。漆間時国の菩提を弔う、上人母子の姿であろう。丘の上からは、幹の大きく屈曲する老松が天蓋のように覆い被さり、奥の林では番の雉であろうか、無心に餌を啄んでいる〈9－1〉。このように増上寺本現存の第一段は、土坡にのびる草も物哀しい透徹した静寂の中、読経の声が一際尊く響く場面で始まる。以下に見ていくように、絵の料紙は五二cm（一尺七寸二分）前後が標準となっているから、右下に土坡や松樹の一部を遺すこの第一紙は、その分切りつめられていることが想定される。

次に一転、すやり霞で時と場を変えた情景は、施食の喧騒にまみれる〈9－2〉。犬や行商人に誘導されて目を移せば、盲目の琵琶法師が急ぐ先には筵掛けの日除けの下、ふだんに似合わぬ御馳走に舌鼓を打つ貧者たちが集い、給仕の若僧や行人が忙しく行き交う。邸内では三尺の阿弥陀如来立像を囲んで幾人もの僧侶が法要を営み、これを庇の間で聴聞するのは時国生前の知人たちと見受けられる。九歳の上人は、幔幕を廻らす奥側の縁先で家人に慰められているがごとき、不安気な表情の稚児であろう〈9－3〉。僧侶が経典で欠伸を隠す姿や、駕籠を置いて待ちくたびれた態の行人たちが、思い思いの格好で退屈を紛らわせているのとはいかにも対照的で、こうした一種の諧謔味はともすれば沈痛一色の場面に、ほっと安堵の一時を許してくれる。

第二段　245.0cm（詞書：一紙37.2cm　絵：四紙51.8＋52.2＋52.2＋51.6＝207.8cm）

詞書：「とゝまらぬ月日なれは、中陰も／やうやくすきぬ。わかれのなみた／は、かはくときなけれとも、なき人／のおもかけは、いやとをさかりゆくに／つけても、かなしさは、なをせん／かたなし。小児は、ちゝの遺言を／わすれす、入学のためにとて、／当国菩提寺の院主観覚得業／か坊におかしぬ。得業うけとりて、／内外典の文をゝしうるに、さとく／ならへること、心やすし。」

図様：邸内では、母が稚児の肩に手をかけ、髪を撫でつつ別れを惜しんでいる。そうした上人母子を見守るのは、貰い泣きに袖を濡らす三人の侍女と、縁先で嗚咽を隠す術もない家人である。一方、同じく縁に座りながら、老いた下女の視線の先ではすでに馬上に稚児があり、後方を振り返り尽きぬ名残を留めながらも、三人の家人に付き添われて観覚得業のもとへと去っていく〈9－4〉。行く手には松樹の生える岩山を隔てて菩提寺の門が現れ、堂塔が建ち並ぶ境内の奥では、屋内で弟子入りの礼をとる稚児と、内外典を教わる稚児とが、併せて描かれている〈S1〉。

第三段　551.8cm（詞書：三紙51.0＋52.0＋22.3＝125.3cm　絵：九紙51.4＋51.8＋51.8＋52.3＋50.2＋38.3＋28.5＋50.6＋51.6＝426.5cm）

詞書：「得業、この小児をみるたひに聡明利／智にして、一をゝしうるに万をしる。／たゝ人にあらすとて、天養二年の比、／生年十三のとし、比叡山延暦寺へのほせ／つかはすへきよしを、得業、小児を／母のもとにくしてゆきて、いとまを／こはするに、なき人のなこりとて、また／なきかたみなれは、朝夕みまほしく、／身をはなつへき心ちもし侍ぬに、／はる〳〵と雲井のよそになりなハ、／なき人のわかれにうちそひて、さらに／なからふへき心地もし侍らしと／て、ゆるさぬもことはりなから、大師／釈尊は、王宮をいてゝ檀徳山にいり／たまふ、真如親王は、宮城をはなれて西／海のなみにしつみ給き、是皆棄恩入／無為真実報恩者のことはり也なと、／観覚もろともになくさめ侍ける。こと／ハりにまけて、なく〳〵ゆるしてけれハ、／兒もみやこへのほり侍ことは、心つよく／おもひたちなから、また、ならはぬたひ／なれは、かねても心ほそくあはれに／侍けり。母もゆるしなからも、とをさか／るへきなこり、袖よりあまる涙の露は、／をき所なくそみへ侍ける。観覚もな／こりをしみつゝ、本山にをくるとこ／ろに、つくりみちにて、殿下、鳥羽殿への／御出にまいりあゐり。小童下馬し／たりけるを御覧するに、たいはい／まなしりよりはしめて、凡たゝ物に／あらす、いかなるものそと御たつねあり／けれは、しか〳〵のものゝ子にてなん侍る、／学問のために登山するよし／をそ、おそるゝところなくまうしける。／殿、ふしきのものにおほしめして、／御ゐしやくありて、すきさせ給ぬ。／得業、叡山にをくる状には、大聖／文殊像一躰をくりたてまつる、とかき／たりけれは、かの像をたつぬるに／小童なり。奇異のおもひに住しぬ。」

図様：画面は六紙にわたり、延々と壮麗な殿下の行列を描く。衣の裾ばかりを覗かせた殿下の牛車前に、馬を下りた稚児が立つのはようやく第四紙目で〈S2〉、その後さらに二台の牛車が続いて行列は唐突に終わる。

少し間をおいて遙かなる山並が遠望され、次いでその山間に、行人の肩に抱かれながら登っていく稚児と、これを守る山法師の一行が垣間見られる。深い山上の懸崖造りの坊舎では、稚児を傍らに控えさせて、一人の僧侶が、行人の差し出す得業の書状を受け取ろうとしている。この書状にこそ、「大聖文殊像一体送り奉る」と認められているのであろう〈S3〉。

下巻

第四段　108.6 cm（詞書：一紙 32.2 cm　絵：二紙 51.2 + 25.2 = 76.4 cm）

詞書：「近衛院御宇、久安三年仲冬の／ころ、延暦寺にして出家、則大乗戒／をうけて比丘僧となり給。其後、功／徳院の阿闍梨皇圓に天台六十巻／を伝受して、止観の義理をさとり／たまひぬ。」

図様：幾羽もの山鳥が筧の水に遊ぶ穏やかな山景のなか、今まさに剃髪（ていはつ）の儀を執り行い、出家を遂げようとする稚児の無心の表情には、誰しもが胸迫る想いを抱こう〈9－5〉。それを屋根の上から覗き込む野猿の、揶揄するような剽軽（ひょうきん）な面付きとは、第一段でもそうであったように、これもまた好対照をなしている。

第五段　140.8 cm（詞書：二紙 51.2 + 12.0 = 63.2 cm　絵：二紙 26.1 + 51.5 = 77.6 cm）

詞書：「おなしき六年、生ねん十八のとし／より、道念やうやくおこるあひた、黒／谷の上人叡空の禅室にたつねいた／る。上人、発心のはしめをとひ給に、先考／已卒のときより多年住山の今に／いたるまで、世上の無常をみきくに／かなしみ銘肝す、なと申つゝけらる／れは、さては法然具足のひしりにこそ、／とのたまふけるよりそ、名はつき給に／ける。かくしつゝ、遁世したまふに／けれは、しつかに華厳経を転読せら／るゝに、虵いてきたるをみて、弟子源空／上人、あやしみおそるゝ。夜のゆめに、／なむち、おそるゝ心なかれ、われは上人／守護の青龍なり、といふ。又、暗夜に／経論みたまふに、光明室内をてらす／こと、ひるのことし。末代の不思議、／上古にもありかたくや侍へき。」

図様：霧湧き上がる深山幽谷にあって、すでに法然具足の聖の姿となった源空は、師の叡空の室でともに『華厳経』を読誦している。その様子を蜷局（とぐろ）を巻いて岩陰から見つめているのは、角を生やしたような蛇とも龍ともつかぬものであるが、これが夢に告げるに源空守護の青龍であるという〈S４〉。

第六段　146.6 cm（詞書：一紙 43.6 cm　絵：二紙 51.5 + 51.5 = 103.0 cm）

詞書：「後白河院御宇、保元ゝ年、求法のため／に嵯峨栖霞寺に参籠。蔵順僧正／に法相宗を学し給に、師範かへりて／上人に帰す。又、大納言律師寛雅に三論／宗を学したまふ。また、真言教に／いりて、道場観を修したまふ。五相成身／の観行、たちところにあらはし給けり。／かやうのことゝもを、法皇きこしめさ／れて、御招請ありて、終日の御談儀／あり。法門さとりのをもむき、御かむ／あさからす。卿相雲客も、心ある人は／感涙をさへかたし」

図様：遣り水の上に渡した渡殿の先、寝殿造りの邸内には経机を前に扇を使う法体の貴人が、庭先に目をやる源空の顔を見つめている〈S５〉。広縁には二人の廷臣が控え、地下の官人が一人控える庭園は、築山と小川とを配して優雅なたたずまいを呈する。

第七段　149.2 cm（詞書：一紙 46.2 cm　絵：二紙 51.6 + 51.4 = 103.0 cm）

詞書：「上人、諸宗のむねをさくり見給に、／諸教所讃多在弥陀の妙偈をえてより、／濁世の凡夫生死をはなるゝ教、たゝ浄土／の要門にしかす、とおもひさためて、高倉／院御在位、安元ゝ年、御とし四十三より、／毎日七萬遍の念仏、をこたりなく／つとめ給。また、門弟にもこの行を／さつけらる。道俗にも、おなしくこれを／すゝめ給。それよりのち、善導和尚、御／こしよりしもは金色にて、夜な〱／きたりたまひて、のりをとき給を、／畫師にあつらえへて、影像をうつし／とゝめ給けり。」

図様：広庇に居並ぶ八人の門弟たちを前にして数珠を手繰る源空を、小川の流れる広やかな庭に座るなどして、道俗の老若男女が見上げている〈S６〉。その七万遍念仏の情景と同じ家屋の奥側では、源空が画僧に善導の姿を描かせている最中で、雲上に合掌する善導の口中からは三体の立像化仏が出現している〈９－６〉。画僧と善導との間に白壁を隔てているのは、この善導が源空のもとにこそ影向して、夜な夜な法を説いた感得像だからであろう。

第八段　137.9 cm（詞書：一紙 35.4 cm　絵：二紙 51.0 + 51.5 = 102.5 cm）

詞書：「上人、あるゆふくれの事なるに、ひ／ろえんにむかひ念仏して有ける／に、みたの三尊繪さうにもあらす、／木像にもあらす、垣をはなれて、天／にもつかす、地にもつかすして、お／はしましける。其後拝見し／たまひ、御こと葉をかはしたまふ／事、度々なりけり。」

図様：廻縁に向かって数珠を手繰る源空の前に、来迎印を結ぶ阿弥陀如来、蓮華を持す観世音菩薩、これに合掌する大勢至菩薩の三尊が、雲に乗って降下する様子を表す〈S７〉。

第九段　145.8 cm（詞書：一紙 43.7 cm　絵：二紙 50.6 + 51.5 = 102.1 cm）

詞書：「法眼顕真、おほはらに居住のとき、諸宗／の学者をの〳〵群集して、たかひに／自宗のむねをのへ、ほこさきをあら／そふきさみ、上人、諸教まことに殊勝／なりといへとも、濁世の凡夫のため、散心／念仏もとも機にあひかなへるよし、を／談し申さるゝに、顕真、涙をなかして、／身つから香爐をとり、行道して高声／念仏。諸宗の人々おなしく。三晝夜勤行／のついてに、湛叡上人、来迎院に不断／念仏を始行せらる。これおほはら／の念仏のはしめなり。」

図様：源空ほか十二名の僧侶（一人を除き、各々に名前の書き込みがある）が群集する談義の場面と、柄香炉を持つ顕真を先頭に念仏行道する様子とが、同じ屋内に併せ描かれる〈S８〉。庭先で待つ行人たちが雑談や拳合わせに興じる情景は、第一段や第四段に認めた面白みに相通じる。

第十段　128.8㎝（詞書：一紙 26.3㎝　絵：二紙 51.2＋51.3＝102.5㎝）

詞書：「上西門院の御所には、大原の念／仏の事をきこしめされ、殊勝に／おほしめし、源空上人をめされ、浄土／の勘文を御物かたりありけれは、上下、／かんるいをなかしける。其後、七日／の御説法有へきよし、御けいやくあり／けり。実に、有かたかりける事ともなり。」

図様：屋内に座す源空の視線の先には一人の貴人が繧繝縁（うんげんべり）の上畳に座しているが、その頭部は張り出した屋根に隠れ、庭先の塀に沿う侍者も一人は俯き、一人は右手を目の端に翳（かざ）して直視を避けている〈S９〉。

第十一段　154.5㎝（詞書：一紙 51.2㎝　絵：二紙 51.6＋51.7＝103.3㎝）

詞書：「上人、上西門院の御所にめされて七ヶ日説戒／のとき、前栽の草むらのなかに、おほきなる／くちなはありけり。日ねもすにはたら／かす、殆聴聞の気色なり。みる人あや／しみ思ほとに、七ヶ日のあひた、あから／さまにもはたらかす、結願の日にあた／りて、このくちなは、から〻きのうへにのほ／りて、死にゝけり。そのかしら、ふたつに／われにけるなかより、蝶のことくなる物、とひ／出とみる物も侍けり。或はまた、天人のゝほる／、とみる人もありけり。たゝ、かしらはかりわれ／て死にたり、とみるものも侍けるとかや。／凡、かの戒法聴聞の薫修によりて、則／畜生の苦患をはなれ、たちまちに／天上の果報を得けるにや、と覚え侍／こそ、末代といへとも、ことにたとく／侍れ。」

図様：上西門院の御所にて七ヶ日説戒を行う源空が、ふと外を見遣る先には、衝立上に一匹の蛇が蜷局を巻いている〈S10〉。それは結願の日であるらしく、屋根を掠めて空高く登る天人の姿が見られる。

増上寺本の詞書については、第八段と第十段のみ書風が異なり、料紙にも金銀泥で松樹の生い立つ水辺や草花などをあしらっていて、他の諸段と一線を画することは誰の目にも明らかであろう。冒頭の墨書銘にある梶井空性法親王の書続はこの二紙と見られ、すでに裏辻氏が指摘するように各巻巻留部の題箋も同筆である。

一方、各段の絵を試みに線質によって分類してみると、以下の四つのグループにまとめることができる。

A類：第一段

B類：第二段第一・二紙（観覚のもとに旅立つ稚児主従まで。但し、その前後の樹木や土坡、岩はC類）、第四段

C類：第二段（B類以降）、第三段第七紙以降、第五段、第六段、第七段、第八段、第九段

D類：第三段第一紙から第六紙まで、第十段、第十一段

このうち、A類の人物や衣文などに見られる柔らかく穏やかで的確な線質は、付属の目録によって延喜二年（一三〇九）の基準作例とされる御物春日権現験記絵巻に勝るとも劣らず、同一の時代性を感取せしめるばかりか、彼絵巻を描いたのが宮廷の絵所預である高階隆兼であるとすれば、ともに上品でおっとりとした雰囲気を兼ね備えたA類もまた、宮廷絵師の手になるものと見做しえよう。

これに次ぐB類の線質も概ね共通し、時期的にはほとんど差が認められない。しかしB類は、運筆が若干早く、ともすれば勢いにまかせて強引に形を纏め上げようとしている。無駄な線が多いのも特徴の一つで、ために画面が煩雑化して構成力に欠けるのは、絵師の力量の相違によるものであろう。また、野の草の柔軟な線描は、嘉元元年（一三〇五）の光明寺所蔵重要文化財浄土五祖絵伝〈17－1～4〉とも相通じる。

ところが、C類となると線質はまったく異なり、萎縮した弱さと硬さは覆うべくもない。運筆が遅く重たく、ともすれば揺れてしまって、短い線でも一定の速度を保つことができないでいるのである。雲や霞のような軽やかさを表そうとする線描に至っては、存在感を失って消え入るようでさえある。

こうした特徴を他の絵巻に照らせば、桑実寺所蔵重要文化財桑実寺縁起絵巻に逢着しよう。上下巻の奥書によれば、彼絵巻は天文元年（一五三二）、足利義晴（一五一一～五〇）が土佐光茂（一四九六～?）に描かせ、詞書は後奈良天皇（一四九七～一五五七、在位一五二六～五七）、その弟である青蓮院尊鎮法親王（一五〇四～五〇）と逍遥院堯空（三条西実隆、一四五五～一五三七）の寄合書である。

すなわち、従来増上寺本の絵の制作年代は一様に考えられてきたが、C類の年代はA・B類よりおよそ二百年降って、ちょうど桑実寺本のころと考えられる。しかし、両者の構図や一見したところの形の近似に鑑みれば、その際新たなものを付加したというよりは、基本的にはA・B類を手本として、損傷のある場面を転写し、差し替えたものと思われる。ちなみに、第八・十両段を除く増上寺本詞書の、筆を寝かせて捏ねるような特徴も桑実寺本のそれに良く似ており、やはりこの改変の時期に置くことが至当であろう。

さらにD類ともなれば、形を整えることに終始し、一本の線描としての、それ自体のまとまりすら保つことができずにいる。すでに近世に入った、論じることに意味をなさない線描といえ、存應がこれを拝領したという慶長十五年（一六一〇）の描き足しと判じられる。

こうした線描による区分は、例えば顔貌（がんぼう）表現などの差異とも共通する。

A類とB類は、淡墨と濃墨とを軽妙に使い分け、人物の豊かな表情を的確に表しているが、仔細に検するに例えば眉毛の濃墨は、前者が淡墨上に一、二本を添えるだけで簡にして要を得ているのに対し、後者は細い線を幾本も引き重ねていて若干煩わしい。それを上辺だけで真似ようとしたものか、C類ともなると淡墨で一本の横線を引いた上に、短い濃墨線を縦や横に細かく重ねるようになる。

同様のことは目にも言え、A類が上瞼と黒眼の位置を巧みに按配して、登場人物の気持ちの有様までをも如実に示すのに比べ、B類には淡墨と濃墨のずれが認められ、C類に至っては視線すら定まらない。つまりC類では、墨を濃淡に分け

る意味も消え失せ、目鼻立ちの線が単なる符丁と化しているのである。同じく第二段中の稚児でも、形だけを追うがゆえに、B類のふっくらとした面立ちがC類ではすっかり扁平になってしまっている。こうした相違にもかかわらず、この段のB類における彩色が後半と異ならないのは、それがC類を合わせた際の補彩だからであろう。

増上寺本における詞書の内容が、善導寺所蔵本朝祖師伝記絵詞に親近することは、すでに裏辻氏が検証している（註12）。しかし、正確かつ詳細な画面観察の結果、裏辻氏の如く全体を同時期の制作と考える前提には問題があることが判明した今、あらためてA・B類の制作当初における増上寺本の構成を復元的に考究する必要があろう。

第一段は、詞書の冒頭に「そのゝち」とある以上、何らかの先行する場面が存在していたはずで、話の流れに照らせばそれは、時国の館を夜襲する源長明の眉間に矢を射たという、法然の幼名「小矢児」の由来を描いたものであったに相違ない。

第二段の母子の別れは、詞書の内容に鑑みれば当然第三段にあるべき場面で、裏辻氏はこれにいったん疑問を呈しながらも、「この一段三圖は各に連絡があつて、（錯簡）の痕は何等認められない。（中略）母が亡父への思慕の情を叙したる詞書を思違ひしたのではあるまいか」と結論づけている。しかし、上述のように旅立つ稚児主従とそれ以降とでは時代が異なるのに加え、四脚門や堂塔を備えた大伽藍と観覚の僧坊とはいかにも不釣合である。これは本来、旅立ちの行く手の霞が次の段の比叡山登山へと続いていたものを、後世これに殿下との遭遇を挿入するため切断分離し、門や山並みやらを描き加えて体裁を整えたものと考えられる。善導寺本でも、洛中の賑わいを示す添景としての貴人の行列こそあるが、特に会釈云々の出来事にはふれていないことから、殿下の件はC類時における上人礼讃のための潤色と取りうる。

出家・受戒と青龍出現の二場面は、現在二段に分かれているが、第四段第二紙と第五段第一紙の寸法を足した五一・三cmはちょうど一紙分に相当し、しかも両者の霞の位置が接続することから、もと一段であったのを切り離し、後者の冒頭に描かれていたであろう山並みを懸崖に置き換えた経緯が窺われる。

第六段は、建物や侍臣などを見れば後白河院御談義に相応しいが、法皇の姿をあからさまに表す点がいかにも不可解で、あるいは学匠歴訪の背景のみを、無理に院御所に変じたのではあるまいか。

同様に、第十段もまた御所風の建物ながら、上げ畳に座して笏（しゃく）を持つ人物は明らかに男性で、その顔は屋根で遮られ、塀脇に控える者たちもあえて正視を避ける身振りから、高倉天皇への授戒の場面と認められる。

すなわち、増上寺本は制作当初、次のように組み立てられていたことが想定される。

1．欠失　小弓で源長明の眉間を射る〔善1－3〕。
2．第一段　鴈塔の建立と、貧者への施食。
3．第二段　観覚に入室〔善1－4〕。
4．第二段　母子の別れ。
（遭遇した殿下が会釈。）
第三段　比叡山登山〔善1－6・7〕。
5．第四段　出家・受戒〔善1－9〕。
第五段　叡空のもとで遁世し、上人守護の青龍出現〔善1－11〕。

6. 第六段　蔵順・寛雅を訪問〔善1－13～15〕。（後白河院御談義〔善2－6〕。）
7. 第七段　七万遍念仏。善導和尚影向の姿を絵師に描かせる〔善1－18〕。
8. 第八段　阿弥陀三尊感見〔善1－20〕。
9. 第九段　大原談義〔善4－13〕。湛叡大原念仏始修。
10. 第十一段　上西門院七日説法における蛇の昇天。〔善2－1〕。
11. 第十段　高倉天皇への授戒〔善2－2〕。

このうち〔善○－○〕は、善導寺本の第何巻第何図に該当することを記したものであるが、こうして対照してみるとはなはだ興味深い事実が浮かび上がる。

まず、善導寺本第二巻に該当する場面のうち、4殿下会釈、6後白河院御談義がC類時の付加であることはすでに述べた。また9大原談義は、善導寺本では絵こそ第四巻にあるが、それに相当する詞書は第一巻末尾にあって、もともとの位置を示唆している。さらに、増上寺本第十段は、詞書も絵も同じ江戸初期であり、まして詞書の担当者が法親王ともなれば、高倉天皇と上西門院を間違うような齟齬は腑に落ちない。詞書の内容が第十一段の上西門院七日説法を約することであるから、両段の詞書は連続しているほうが自然であり、従って後世の修理で、現行第十段の絵が詞書を失っていたのに対し、第十一段の詞書料紙に二種あるを見て継ぎ間違い、詞書内容の前後関係に即して順番が入れ替わったものと思われる。

善導寺本第一巻にあって増上寺本に欠落している絵は、〔善1－1〕誕生、〔善1－2〕竹馬遊戯、〔善1－5〕母との訣別、〔善1－8〕普賢菩薩感見、〔善1－10〕黒谷遁世、〔善1－12〕眼放光、〔善1－16〕真言道場観、〔善1－17〕浄土想観、〔善1－19〕丈六阿弥陀仏であるが、誕生から幼少期のことはおくとして、母との訣別は観覚が告げ、黒谷遁世と眼放光は詞書に含まれており、阿弥陀仏を囲繞するところは大原念仏と重なり、普賢菩薩・道場・浄土はいずれも称名念仏以外の余行に集約されるとなれば、どの程度描かれていたかは推量が難しい。

ところで、善導寺本第二巻の巻末には「嘉禎三年丁酉（一二三七）十一月廿五日筆功已畢」とあり、同じく第四巻の巻末には「嘉禎三年丁酉五月に（第一巻巻頭識語では正月）始之、同十一月廿五日於ニ相州／鎌倉八幡宮本社之邊圖之」とあるが、第二巻に登載される辨阿入滅はその翌年で辻褄が合わず、第四巻にはまた、「永仁二年（一二九四）甲午九月十三日書畢執筆沙門寛恵満七十」の奥書もあり、さらに現存本はそれをはるかに降るから、次第に加えられた新たな事績も少なくないことが想像される。

そこで、元亨二年（一三二二）の虎関師錬（一二七八～一三四六）撰『元亨釈書』をひもといてみれば、「釈源空」項に登載されている事柄は二十四ある。

①母秦氏が、夢に剃刀を呑み懐妊。②長承二年（一一三三）、誕生。「頭、圩にして稜なり。眼、黄にして光あり」という。③四、五歳に至って、じっと西に向かう。④九歳、小弓で源長明の眉間を射て「小矢児」と呼ばれる。⑤菩提寺観覚の弟子となる。⑥延暦寺源光に入室。⑦十五歳、功徳院皇円のもとで、剃髪・受戒。⑧黒谷の叡空に師事。⑨蔵俊、慶雅のもとに伺候。⑩『往生要集』を見て「浄土専念之宗」を提唱。⑪承安四年（一一七四）、洛東吉水に居住。⑫高倉天皇に授戒。⑬『選択本願念仏集』を撰述し、兼実に呈上。⑭顕真、静厳、明遍、證真、公胤から専念の道を問われる。⑮法華三昧を修し、道場に白象が出現。⑯『華厳経』を読み、机下に華厳の護神たる小蛇が現れる。⑰上西門院に七日間説戒の折、門屏上の蛇の裂けた頭の中が

人形に似る。⑱談義の後、兼実が法然の頭上に「金円光」を見る。⑲建久九年（一一九八）、水、地、宝樹、宝地、宮殿等出現。⑳正治二年（一二〇〇）、地想等五観を随意顕現。㉑元久三年（一二〇六）、阿弥陀三尊を見る。㉒建永二年（一二〇七）、讃岐籠居。㉓建暦元年（一二一一）、帰都。㉔建暦二年（一二一二）、慈覚僧伽梨を著して入滅。

本書は、中立の立場で法然の生涯を綴った最も信頼に足る文献と見做しうるが、当然根拠とした文献が存在していたはずで、この時期に増上寺本の第十・十一段に相当する⑫と⑰がある上は、善導寺本、増上寺本、どちらの原本にも含まれていた可能性は高い。つまり、十四世紀初頭における増上寺本の構成は、善導寺本第一巻のほぼすべてと第二巻冒頭部分とが順番通りにつながっていたと考えられるのであり、視点を変えれば、善導寺本もまた、最初は増上寺本と同程度の内容構成であったとも見られるわけである。

四十八巻伝は、忍徴（一七一一滅）撰『勅修吉水大師円光御伝縁起』によれば、叡山功徳院舜昌法印（一二五六〜一三三五）が後伏見上皇（一二八八〜一三三六、在位一二九八〜一三〇一）の勅を奉じ、「ただ門人旧記の実録をのみ取用て、（中略）をよそ二百三十七段、段ごとに画図をあらはし、巻を四十八軸にとゝのへて、奏進せら」れたものを、上皇が「更に才臣に命じて、事実を校正し、文章を潤色せしめ、絵所に仰てくはしく丹青の相を成しめ給ふ」たものであり、さらに、「御草案の画図を取用ひさせ賜ひて、又一部重写の叡願をおこさせたまひけるに、これも程なく功成りて」、結局「正本副本両部の御伝、おのおの四十八巻の絵詞、徳治二年（一三〇七）に初まり、十年あまりの春秋をへて」完成した。

そこで現存する知恩院本が正本、當麻寺奥院本が副本ともいわれるが、塚本善隆氏によれば、前者が先行するいわゆる九巻伝を解体・改変したもので、南北朝期の作も含む（註14）のに対し、一般的に副本はその室町期における転写本と考えられている一方、近年では田口栄一氏の研究による「予想以上に副本の正本に劣らぬ優れた表現が明らかになりつつある」といった報告もある（註15）。

いずれにしろ、舜昌と忍徴とではおよそ四百年の開きがあるから、旧記にしろ伝聞にしろどこまで真実を語っているのか定かではない。しかし、増上寺本のA・B類の表現等が十四世紀初頭、特に嘉元元年（一三〇五）の浄土五祖絵伝や延喜二年（一三〇九）の春日権現験記絵巻に相通じる点は、舜昌云々の説話を彷彿とさせる。しかも、正本が絵所で描かれ、副本が草案の画図を用いたという件が、そのままA類、B類の特徴にあてはまるのは偶然とも思われない。

次にC類は、天文元年（一五三二）の桑実寺縁起絵巻のころに置きえた。『院史』によれば、知恩院の経営を一気に軌道に乗せた二十五世超譽存牛（一四六九〜一五四九）が大永七年（一五二七）辞山の後、保譽源派（一五五二滅）を経て、翌八年に住職となった二十七世徳譽光然（一五五五滅）は、享禄五年（一五三二、八月天文に改元）閏五月、参内して法然上人伝を披講し奉っている。すなわち、増上寺本に詞書も含めて大幅な修正を加えたC類は、正しくこのときであったと考えられる。天文八年（一五三九）には尊鎮の執奏により光照大士の勅謚があり、これは山門の抗議で召し返されたものの上人称揚の盛んなる運動が窺われ、絵伝もそのまま献上されたとすれば、慶長十五年の存應への下賜にも納得がいく。

忍徴によれば、正本は「やがて官庫にぞ納められ」たが、後に「舜昌法印をば、御伝惣修の賞として、知恩院第九代の別当に補せらる。其時官庫の御伝を正本と名づけて、これを賜はりて、ながく吉水の宝蔵にぞ納められ」た。一方、副本は「世間に流布して衆生を利益すべしとて、舜昌にぞ給はりける。これより世こぞりて、勅集の御伝と称して、展転書写して、ひろく京夷にひろまりければ、諸人の尊重する事、はるかに往昔門人の旧記にこえたり」という状況であったが、知恩院十二世誓阿普観（一二九七〜一三七四）が「老後に和州當麻の往生院に退居し給ひける時、（中略）副本一部を随身して、往生院の宝蔵に納められ」たという。

しかし、ここにいう正副両本が、光然の手元で十六世紀の増上寺本としてまとめられた可能性は大きいといわざるをえない。なによりも増上寺本は、善導寺本とともに、法然上人絵伝として最も基本的な構成をとどめ、A・B類は確認可能な最古の遺例に違いないのである。四十八巻両伝を含め、従来この種の絵巻物についての研究は詞書の内容が主体であったが、今後はこれに絵自体の研究を加味していくことが望まれる。

註

1 御影に関する主たる論考・図版解説等は以下の通り。
①井川定慶「法然上人影像と其の伝説の種類」（『藝文』、一九一五年五月）、②裏辻憲道「足曳御影考」（『畫説』第二號、一九三七年二月）。③望月信成「法然上人の御影」（『美術研究』第七九号、一九三八年七月）。④裏辻憲道「法然上人影について」（『美術史学』第七三号、一九四三年一月）。⑤白畑よし「法然像」（『國華』七八一號、一九五七年四月）。⑥井川定慶「法然上人の御影考」（『日本古代史論集』、吉川弘文館、一九六〇年十二月）。⑦望月信成「法然上人像について」（『浄土学』二八号、一九六一年三月）。⑧白畑よし『日本の美術　第八号　肖像画』（至文堂、一九六六年十二月）。⑨竹内尚次「浄土教肖像画小稿―法然上人御影を中心として―」（『MUSEUM』二七七号、一九七四年四月）。⑩中野玄三「作品解説　法然上人像」（『日本の肖像』京都国立博物館、一九七八年四月）。⑪中村興二「法然上人像と四十八巻伝」（『佛教藝術』第一三〇号、一九八〇年五月）。⑫梶谷亮治『日本の美術　第三八八号　僧侶の肖像』（至文堂、一九九八年九月）。⑬津田徹英「法然上人像（伝藤原隆信筆）」（『美術研究』第三八二号、二〇〇四年三月）。⑭若杉準治「法然上人像（足曳御影）」（『法然　生涯と美術』京都国立博物館編集・NHKほか発行、二〇一一年三月）。

2 『浄土宗全書』第十六巻（浄土宗開宗八百年記念慶讃準備局、一九七四年七月）参照。

3 田村圓澄『人物叢書　法然』（吉川弘文館、一九五九年十二月）参照。

4 「享保六年修覆／九間院（墨印）／九勝院／霊雲院（墨印）／崇泰院（墨印）

5 藪内彦瑞編『知恩院史』（知恩院、一九三七年三月）参照。

6 『浄土宗全書』第二十巻（浄土宗開宗八百年記念慶讃準備局、一九七四年七月）参照。

7 色紙型の讃文は、以下の通り。
知恩寺本：「□□具歓／明□□比丘□西記／上□臨終示　□浄土三度／畳在天竺国　更参聞衆中／於菩提樹下　正覚已在迎／右眼在光明　五色甚太也／是則智恵光　如是慈悲相／天福元于（一二三三）癸巳十月十五日」
金戒光明寺本：「我本因地／以念仏心／入無生忍／今於此界／摂念仏人帰於浄土」

8 「比叡山霊山院ヨリ知恩寺法談。／依之、伝誉上人三十余ヶ日法談畢。／為新日吉造営被出之処也。／比叡山霊山院霊宝。／一、陀羅尼梵本。五百大阿羅漢於結集堂。釈尊一代之御説法□筆記其中也。／一、祇園精舎之善縄。須達長者祇園精舎建立之時、善縄長／四十八丈引之。其一分聖徳太子御相伝已来／当山奉納也。／一、天台大師御自筆法華経。大師者薬王菩薩之再誕。法華／同聞衆也。仰而可信之。／一、弘法大師独鈷。空海和尚者、真言秘教之嚢祖。大権応／用也。具不能記之。／一、恵心先徳御自筆　両界曼陀羅。／一、同先徳御自筆法華経。此先徳者、西方久住菩薩。為衆生済度、仮列台嶺之徒、衆化縁年久、猶留筆跡於来□。／一、光明皇后御自筆法不華経。皇后者、十一面観音之垂跡。自御身放光、依之号光明皇后云々。／此他。／一、恵心御筆山越阿弥陀像。於阿弥陀嶺先徳御感見之／給被図之。／一、信忠自筆之十王。善心因縁経之説之儀也。／知恩寺。／山門西楽院（句読点筆者、／は改行）。

9 添状の全文は以下の通り。
「此尊影者法然上人御真筆云々雖為西光寺住時宗寿大徳相伝彼本堂為上葺離身之間東山新黒谷金戒光明寺売得之畢可為当寺永代常住物也／大永第四三月十三日／金戒光明寺本願理聖（花押）／当寺住務沙門称念（花押）」

10 髙間由香里「画像解析による法然上人御影の考察」（『印度學佛教學研究』第六十巻第一号、日本印度学仏教学会、二〇一二年十二月）参照。

11 『国史大辞典』第五巻（吉川弘文館、一九八五年二月）参照。

12 裏辻憲道「増上寺本法然上人繪傳考」（『美術研究』第六一号、美術研究所編集、岩波書店発行、一九三七年一月）参照。

13 真保亨『日本の美術　第九五号　法然上人絵伝』（至文堂、一九七四年四月）参照。

14 塚本善隆「四十八巻傳と知恩院」（『新修日本絵巻物全集　第十四巻　法然上人繪傳』、角川書店、一九七七年七月）参照。

15 田口栄一「当麻寺奥院本法然上人絵伝の研究（研究課題番号：０５６１００４７）」（一九九三年度科学研究費研究実績報告書、http://kaken.nii.ac.jp/d/p/05610047.ja.html）参照。

第二章　善導大師と浄土五祖の画像

第一節　知恩寺本善導大師画像

一人の僧侶が右斜め半身を見せつつ露台上に立ち、虚空を仰いで静かに合掌している。背景はやや沈んだ青色で塗り込め、遠山文と梅花文を散らす袈裟や、大理石模様をあしらう七宝の宝地も基調は青で、僧侶の淡紅色の肉身と、内衣の一種である金色の僧祇支とを一際鮮やかに浮かび上がらせている。こうした知恩寺所蔵重要文化財善導大師画像〈15－1〉の画面の四周には、これもまた青地の描表具を廻らせるが、宝相華唐草文様をあしらう上下の縁のうち、上側中央には大きな色紙型を二枚並べ、以下の讃文を記して、この僧侶が唐代浄土教の大家善導和尚（六一三～六八一）であることを示す。

「唐善導和尚真像／四明傳法比丘曇省讃／善導念佛　佛従口出／信者皆見　知非幻術／是心是佛　人人具足／歓必善導妙厳純熟／心池水静　佛月垂願／業風起波　生佛法廻／紹興辛巳二月一日」。

四明すなわち中国寧波の比丘曇省が、南宋の紹興辛巳（一一六一）に撰述したとするこの讃文に、「善導が念仏を唱えると、口から仏が出現する。信者たちは皆それを見たのであるから、幻術などではないことが知られる」とあるように、画面上部右側、善導の視線の先にはわずかながら金泥が残っていて、制作当初は、舟形光背を負って蓮華座に乗る五体の化仏が、虚空に漂っていたものと推察できる。

本図は、実測で縦一四三・一（四・七二）、横五五・一（一・八二）cm（尺）の一枚絹からなる著色画である。善導の頭頂部から左足底までの像高は八九・三cmで、像高がほぼ三尺を示すのも、後述のようにはなはだ興味深い。善導の肉身は〈15－2〉、まず若干の抑揚ある太めの墨線で下描きした後、鉛系白色顔料に朱を僅かに混ぜた淡紅色を画絹の表裏から塗っている。いかにも血色の良い明るい肌色であるが、X線写真によれば裏彩色をかなり厚く施しているにもかかわらず、下描きが消えてしまうほど絹表からもたっぷりとこれを載せている点は注目される。裏彩色を併用する場合、絹表からはまったく塗らないか、もしくは糸が染まる程度に抑えるのがむしろ一般的な技法であるから、この彩色方法はかなり特徴的といえよう。

次に、輪郭や目鼻立ち等を淡墨線で描き起こし、これに沿って地色とあまり見分けがつかないほどうっすらと朱具の暈を入れる。ほんのりとした彩色の微妙な変化によって肉身の凹凸を表現する技法は、例えば十二世紀中葉の仁和寺所蔵国宝孔雀明王像（註1）や、一二一〇～三〇年代の二尊院所蔵重要文化財浄土五祖画像〈16－1〉など、南宋仏画に類例を見出すことができる。ちなみに前者の肉身は、鉛系白色顔料の厚い裏彩色に加え、絹表からはそれを淡く施し、さらに藤黄の濃淡で暈取り、肌色が載って薄れた下描きに合わせて朱具で描き起こすのである。また、後者も白色の用法は同様で、絹表のそれには濃淡の藤黄や臙脂類をかけ、薄れた下描きの墨線をそのまま仕上げとして活かしている。

このように南宋仏画には、描く対象を線ではなく、微妙な色合いの変化によって浮かびあがらせようとする意識が強い。その点では、本図の善導も多少の影響を受けていることは間違いないのであろうが、南宋では色彩の重ね塗りによる繊細なグラデーションによって立体感を醸し出すのに対して、単純に具色を塗ってしまう本図には、もとよりその効果は求めがたい。

さらに問題なのは描き起こしの墨線の有様で、入念な賦彩をすべて終えた後に、わざわざ淡墨線を用いて仕上げていることである。控え目な線描という結果は同じでも、肌色を重ねた必然として薄れる南宋様式とは技法が決定的に異なる。本図は従来、曇省の讃文に引かれてか請来原本の忠実な模写と説かれる（註2）が、こうした表現が上辺の模倣にとどまっている限り、南宋仏画を直接の親本はおろか、祖本とすらしていない可能性を検討する必要に迫られよう。

それにしても、善導の肉身線には、ある程度の太さを維持して均一に引こうとする意識が強く働いている。その意味では、肖像画よりも理想型を追求する尊像画の範疇に納まる性質を有しているものの、画面に対して筆先を垂直に立てるのではなく、起筆の時点からすでに側筆を押しつけて、屈曲の度合いに合わせて手首を捻りながら引いていく。およそ尊像画らしからぬ描法であり、かといって絵巻物などにも類例を見出しえない、非常に特殊な線質を示している。その由縁に関する疑問はひとまずおくとして、続けて面貌表現を見ておこう。

両眼は、まず黒眼全体にベンガラを施し、その輪郭と瞳孔に濃墨を置いて虹彩にだけベンガラを残す。次に、白眼に絹表から厚く鉛系白色顔料を塗るが、この際黒眼との境界を更なる白線で整形している。彩色の段階で輪郭をなぞり、形状を整えるのは本図の画家の癖であるらしく、X線写真によれば上下の歯や衣服、欄干の縁など、随所に見出すことができる。それはともかく、目尻と目頭には臙脂や蘇芳のような赤紫色の有機色料を差して充血を表わし、最後に上下の瞼を濃墨線で仕上げるが、特に上瞼のそれは二重に引き重ねて太く拵えている。

口唇は歯を避けて全体に朱を彩るが、上唇の下縁のみを淡く暈し、喉の奥には淡墨で影をつける。しかし、歯はといえば上下とも白で一文字に塗り、各先端側の輪郭と歯同士の境界に墨線を入れるのみで、きわめて機械的であるがゆえにまるで入れ歯のような趣を呈している。こうした平板な表現もまた、本図の随所に窺われる特徴の一つである。

両眉は、うっすらと淡墨を掃いた上に太細二種類の墨線と白線とを重ね、白髪混じりの様子を表す。目尻の先に畳む小皺や、小鼻の上から刻む頬肉の皺線もまた、老相を示す要素なのであろうが、そうした皺の原因となるはずの肉の弛みがまったく描かれないため、血色の良い肌艶ばかりが目立つ違和感は、いかんとも拭いがたい。この独特の印象は、例えば前述の二尊院本浄土五祖画像の善導像〈16－4〉と比較するといっそう明らかに感取される。

また、二尊院本の場合には眉に下地の淡墨面がなく、淡墨線の毛筋に濃墨線のそれを描き足す方法を採るが、この相違は古く円珍の録外請来図像である大中九年（八五五）の園城寺所蔵国宝五部心観の完本と、これを平安時代後期に我が国で模写した前欠本とにも見出され（註3）、中国と日本との現実性の具現化に対する姿勢は時代を問わず一貫していることが判じられて面白い。

一方、色味としては目立たないが、鼻と耳は大きいことで各々の存在感を強調している。特に耳は、まるで頭部側面から

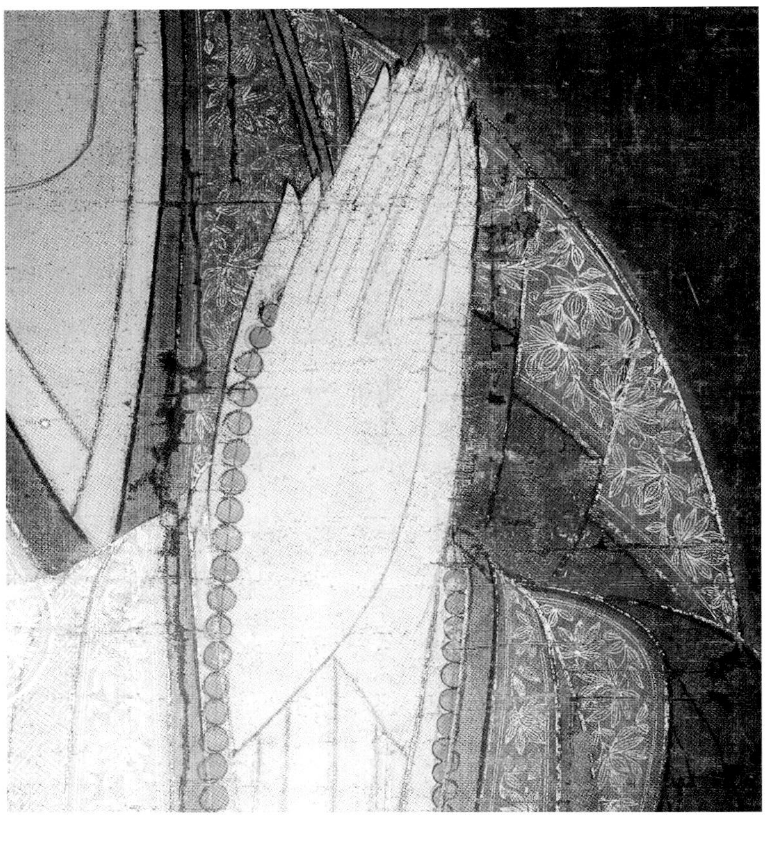

S11 **合掌手** 赤外線写真

S12 **団花文** 原寸大

見たところをそのまま貼り付けたようで、後頭部の輪郭からだいぶはみ出している上に、内耳の様子をも露わに見せている。注意すべきは、下描きでは耳殻内側上部から入り込む線が示されているにもかかわらず、描き起こしではこれを無視して縦の蛇行線に変えていることである。耳殻下側の厚みを意図したのであろう耳朶の短い弧線も、耳殻外側と気脈が通じていないためにはなはだ中途半端な描写といわざるをえない。

さらに、この耳の角度も問題となろう。本来、人の耳を横から見た場合、頂部から耳朶へ降りるほど、顔面との間隔がすぼまる角度についている。ところが、本図の善導の耳は、むしろ顎から遠ざかるように開いて表されているのである。すなわち、逆にこの耳の角度から類推すれば、善導の顔面はほぼ垂直でなければならない。

同様の指摘は、首の長さと角度についてもいいうる。顎を上げて虚空を見つめるのであるから、後頭部が背中に近接して後ろの首筋は隠さねばならないところ、本図の善導はこれを残す分、よけいに喉頸が伸びてしまっているのに加えて喉仏もなく、とってつけたような円筒形と化している。肌着や内衣の襟にも、自然な胸の起伏を感じさせるような膨らみがないので、その印象がよけいに増長されるのであろう。こうした造形上の破綻は、いったい何に起因するのであろうか。後述のようにその解明は、本図成立事情の考察にあたって重要な示唆を与えてくれるものと思われる。

加えるに、合掌する手指も作り物のように扁平で、赤外線写真に現れた指の下描きは親指を除いて五本あるものを、仕上げの段階で修正している〈S11〉。両手全体の輪郭に齟齬はないので、単純な不注意ともとれるが腑に落ちない。両手に掛けた長い数珠は、鉛系白色顔料を有機色料で染めた淡い紫色だけで彩っている。光の反射を示す白点や、手や衣服の起伏に併せた屈曲もないため、球体としての立体感に乏しい憾みが遺る。同じく両手首は、白色の肌着と濃紺色の内衣を重ねた袖先から出ているのであるが、筒状であるはずの袂が鋭くV字型に折れ返されていて、だいぶ固い印象を受ける。

ここで、善導の衣裳に目を移してみよう〈15－3〉。善導は、まず肌着と内衣、および金色の袖の長い僧祇支を順に羽織り、濃紺色の裳を穿いてから袈裟を纏っている。袈裟の裾は、背中から左肩に掛けて胸前に廻す紐、あるいは合掌手に隠れている態の紐の先に結んだ環で吊り、余りを右腕に掛ける。最後に右肩の袈裟をはずして偏袒右肩とし、僧祇支の右袖を引き出すのである。ちなみに、衣裳すべての輪郭と皺には、太目の切金を置いている。

その彩色法はさほど複雑ではなく、白色、金色、濃紺色の三色を基調とするが、X線写真によればいずれも画絹の表裏にきわめて厚く施している。まず、肌着の表裏、内衣・僧祇支・裳の各裏、沓の一部には、鉛系白色顔料だけを塗る。また、とりわけ長く垂らした金色の僧祇支には、淡い橙色とした丹具地に切金文様をあしらう。その文様は、斜め格子文と卍繋ぎ文を組み合わせた地に団花文を規則的に配するが、小振りの団花文を数多く散らすところに特徴がある。団花文自体も、二重の輪郭を持つ円の中心に原則として一つの宝相華を据え、周囲に同じ宝相華を鎖状につなげた環を作り、隙間を二、三枚の葉のモティーフで埋めるという、珍しい意匠である。

日本の古い仏画に普通に見られる団花文は、円の中央に真上からみた花を一輪置き、その上下左右に真横から見た花を添え、残る斜めの四方向には花や蔓草などをあてがって、整然と対称的かつ平面的な文様を形成する。これが南宋画では、典型例が登場する二尊院本の場合のように、各々の花を少し斜めに傾けることで奥行を表し、球の中心で絡み合った茎が表面に伸びて開花したような、あるいはちょうど花をあしらう手鞠のごとき立体感に富む団花文とする。このように日本でも南宋でも、二次元的か三次元的かの違いこそあるが、基本的な構成は中心から外側へと広がっていくのに対し、本図のようにループ状を意識した団花文〈S12〉は、管見の限り類例がない。

僧祇支の縁には蓮華唐草文を飾るが、細長く尖った、蓮弁とも唐草の葉ともとりうるモティーフを幾枚も蔓草から生やしたり、横から見た大振りの蓮華の形にまとめたりしている。まとめる際に、中央の蕾に擬した一枚の上部を、左右から伸びる二枚で蟹の鋏のように覆うのがことさらに興味を惹く。

ちなみに僧祇支の右袖裏は、全身を斜め左に振る状態では隠れてしまうはずであるが、袂を大きく開いて内側の衣褶線まで表している。背面へと回り込む袈裟の裾裏も、下から覗き込まない限りは見えない箇所であろう。

これら以外の内衣、裳、袈裟の表裏、沓の主要部には、地色として一様に群青を用いる。袈裟の条部の色調が異なるのは、この地色の上からさらに緑青を斑に施して寒色系のグラデーションを拵えていたものを、経年とともにその緑青の剥落が進行しているからである。条部には、金泥で遠山文、白色で五弁の梅花文を散らし、梅花文の周りには刺し子の表現と見なしうる白点をめぐらしている。幾筋もの細長く伸びる線で起伏を表す遠山文も、刺し子様の同心円状の白点も、南宋の陸信忠筆とされる相国寺所蔵重要文化財十六羅漢中に同様の例が認められるが、梅花文は中国の現存遺例には見当たらず、今のところ仏画では、明王院所蔵重要文化財不動明王二童子像（赤不動尊）における中尊条帛の類例を挙げうるにすぎない。柳澤孝氏は赤不動尊の梅花文を後補とする（註4）が、断定の決め手はなく、むしろ彼図の制作年代そのものが南北朝時代への下降を検討するべきであろう。

また、袈裟の葉部は表面に淡くベンガラを掃いて紫色としてから、僧祇支の縁と同じ蓮華唐草文を切金であしらい、袈裟の裏は、群青地全体に緑青一色を重ねている。

裳は、現状では群青の地色以外ほとんど見えないが、切金による雷文繋ぎを全面に施していたことが、所々の痕跡から推測できる。縁にはおそらく、僧祇支の縁や袈裟の葉部と同じ意匠の蓮華唐草文が廻らされていたものであろう。裳に比して袈裟の葉部の切金文様の残りが良好なのは、群青表層の剥落をベンガラの層が抑える役割を果たしているためと思われる。その規則的に畳む裳裾の襞に膨らみがまったくなく、襞同士を密着させているのは、一例を挙げれば園城寺所蔵国宝智証大師座像（中尊大師）に典型を見るごとく、絵画遺例よりも彫刻にしばしば見出される表現といえる。

衣服の彩色法における単純な原則は、実は本図全体に及んでいる。例えば大理石模様の磚を敷きつめた宝地は、袈裟の条部と同様に画絹の表裏から群青を塗り、絹表から適宜緑青を載せ、墨線と白線で流水とも雲ともつかぬ文様を描いて金泥で暈す。緑石の青色は、下から白群、白色を混ぜた群青、群青の順で塗り重ねる繧繝様彩色で、白群帯中央には白線を引く。交互に置く緑色もこれに準じるが、いずれも上層の濃い部分の剥落のため、現状では明るい印象を得るのである。

その上に立てる欄干の金色部分は、僧祇支と同様に表面を金泥で仕上げて輪郭に切金を施すが、下地は丹具ではなく鉛系白色顔料で作る。擬宝珠は独鈷杵の根に緑青で蓮華をあしらい、華脈等をやはり切金で飾っている。変わった意匠ではあるが、南宋画とされる誓願寺所蔵地蔵十王図にも登場し、これも大陸の影響といえるかもしれない。欄干の上段は虚空を透かし、下段は緑青による羽目板でふさぎ、その縁を鉛系の白色と朱で紅白に塗り分ける。上段の華奢な蕨手状装飾の繋がり具合も不合理で、欄干全体と善導との大きさにも整合性がない。要するに、善導がそこに立つ現実性とは遊離した象徴的な背景であって、芝居の書割のごとき平面性をも勘案すれば、本図の制作時にことさら付け加えられた要素としか考えられまい。

S13 **化仏** 赤外線写真

最後に、本図のかなりの部分を占める虚空に目を向けてみよう。虚空は濃紺一色とし、ほのかな淡紅色の肉身を絢爛豪華な衣裳で包む善導を、ひときわ効果的に演出している。その口中から出現した化仏を彩る金色は現在ほとんど剥落し去り、かろうじて五体という数と、舟形光背や蓮華座の輪郭を示しているにすぎない。

しかし、この度の調査で赤外線写真を撮影したところ、群青の厚い彩色を透過して下描きの墨線が明瞭に観察された。それによれば、善導の口付近から一筋の長い屈曲線を伸ばし、基本的には下段に二体、上段に三体の化仏の外郭だけを簡略に表している。そのなかできわめて注目に値するのは先頭の一体で、これにのみ、剃髪した比丘形が胸前で拱手を袖内に隠し、振り返りつつ座す姿がはっきりと描かれているのである〈S13〉。おそらく、他の四体は通常の如来形の化仏で仕上げればよく、煩瑣を嫌って下描きを省略したのに対し、特殊な先頭の一体は間違いなく姿を変えるべく、あらかじめ施主の要請があったものと思われる。

なお、描表具はすべて虚空と同じ群青地で、画面四周に巾三分から四分程度の一文字と柱とを切金の輪郭で示して天地を付す。縦巾は天が五寸四分、地が一寸程度であるが、後世の修理で切りつめられるのが普通であるから、制作当初はもう少し広かったであろう。天地にあしらう切金文様はいわゆる宝相華唐草で、花弁や唐草を緑青で彩る。鈴蘭の花のように膨れた蘂は、前述の二尊院本における曇鸞の椅子の装飾や、一二〇〇年前後の石山寺所蔵重要文化財仏涅槃図を飾る描表具などにも認められるモティーフであるが、本図の蘂はひときわ大きい上に、凹んだ部分には切金線を横に渡し、まるで巾着袋を縛ったかのような形状としている点には、形式化の進行が窺われる。この天に嵌め込んだ体裁の色紙形は、向かって右を鉛系の白色一色、左を朱具で塗り込め、所々に金泥で霞のような暈しを入れ、切金で界線を廻らせている。

ところで、本図の図様上の特徴の一つに「半金色」を挙げうるが、周知の通り、浄土宗には伝統的に下半身を金色とする、いわゆる「夢の善導」像がある。先学によってしばしば本図とそれとの関連が取り沙汰されてきたが、未だ明確な結論に達していない憾みがあるので、ここでふれておきたい。

すなわち、四十八巻伝巻七詞書に「上人ある夜夢見らく」として、

①「雲の中より一人の僧出て、上人の／所にきたり住す。そのさま、腰よりしもは／金色にして、こしよりかみは墨染なり。(中略) 我は是善導／なり、と。(中略) 汝専修念仏をひろむること貴かゆへに／来れるなり、との給とみて夢さめぬ。画／工乗台におほせて、ゆめにみるところを／図せしむ。世間に流布して夢の善導／といへる、これなり」(句読点筆者、以下同様)。

とあり、続く絵には、五色の雲に乗って法然と対面する善導像を表している。その姿こそ半金色の「夢の善導」と称されるもので、まず金泥を全体に掃き、腰から上にのみ淡墨を重ねているらしい。

裏辻氏(注2⑥)は、この説話の裏づけとして、『選択本願念仏集』(以下、『選択集』)第十六章に見られる、「願わくは夢の中に於いて、上の如きの所願の一切の境界諸相を見ることを得む。(中略) 毎夜夢中に常に一の僧有って、来って玄義科文を指し授く」という件を掲げ、これが法然の夢中に善導が出現した述懐であると言いなす。

ところが、確かに『選択集』は法然自身の撰述として唯一確実な文献ではあるが、「此の『観経』に要義を出だして、古今を楷定せむと欲す」とあるごとく、該当の箇所は善導が『観無量寿経疏』(以下、『観経疏』)の撰述に際して遭遇した奇瑞を、

その巻四奥書から引用したに過ぎず、法然は、「僧とは恐らくは、是れ弥陀の応現なり。しかれば謂うべし。此の『疏』は是れ弥陀の伝説なり。何に況んや大唐に相伝えて云わく、善導は是れ弥陀の化身なり。しかれば謂うべし。又此の文は是れ弥陀の直説なり」と続けて、『観経疏』を阿弥陀如来の説く経典とも見做し、さらに「本地（ほんじ）を討ぬれば、四十八願の法王なり。（中略）垂迹（すいじゃく）を訪らえば、専修念仏の導師なり」として、善導と阿弥陀とが本地垂迹の関係にあることを強調しようとするのである。

従って、この『選択集』の記事を「夢の善導」に結びつけるのは牽強附会（けんきょうふかい）と断ぜざるをえないが、その後の徳永弘道氏（註2⑩）や竹内尚次氏（註2⑪）もこれを踏襲している。そこで、本論では一切の先入観を捨てて、関連の説話をあらためて見直してみたい。

まず文献上では、成立の上限を公胤示寂の建保四年（一二一六）とされている次の二件がある。

②『醍醐本法然上人伝』

「奉値生身善導。従臍下者金色也。従腰上者如常人。」

③『源空上人私日記』（『西方指南抄』中末所収）

「暫伏寝之処、示夢想。（中略）于時登高山、忽拝生身之善導。自御腰下者金色也。自御腰上者如常」

これらに加えて、現存する絵伝関係の詞書として、次の五件を挙げうる。

④『本朝祖師伝記絵詞』（四巻伝、伝法絵）善導寺所蔵、四巻

「唐善導和尚、もすそ／よりしもは阿弥陀如来／の御装束にて現して、／さまさまの／ことをとき／てをしへ／給ける。」巻一

⑤『法然上人伝絵詞』（九巻伝、琳阿本）妙定院所蔵、九巻

「善導和尚、も／のすそよりしもは金色にて現しての給はく、（中略）われ爰にきたる。善導すなはち／われなり。」巻五

⑥『拾遺古徳伝絵』常福寺所蔵、九巻

「上は墨染、下は金色の／衣服也。予問て云。是為誰僧。答云。我是善導也。専修／念佛の法をひろめんとす。故に其證とならんか／ためにきたれる也、と云々。善導は則弥陀の化身／なれは、詳覈の義佛意に協けりとよろこひた／まふ。」巻三

⑦『法然聖人絵』（弘願本、黒谷上人絵）諸家分蔵、四巻

「雲の中に僧あり。上は墨染、下は金色の衣服なり。」

⑧『法然上人絵伝』増上寺所蔵、二巻

「善導和尚、御／こしよりしもは金色にて、夜な夜な／きたりたまひてのりをとき給を、／画師にあつらへて、影像をうつし／とゝめ給けり。」下巻

これらを一瞥すると、一様に善導の上半身と下半身とを墨染と金色とに分けているように思われるが、注意深く読むと以下のような分類が可能である。

まず上下の区切り方で、A裳裾、B上下、C腰の三種、次に何が異なるのかで、a装束、b衣服、c金色の三種に着目すると、各文章は四つの組み合わせに分けられる。

S14 頭部

S15 伝善導大師像（部分）頭部　聖衆来迎寺

S16 善導大師像（部分）頭部　善導寺（久留米市）

Aa　④
Ac　⑤
Bbc　⑥・⑦
Cc　①・②・③・⑧

これを実際の人物像に当てはめた場合、逸早く合理的に解釈できるのは、裳裾が阿弥陀の装束とする④であることに異論はあるまい。阿弥陀の裳は金色であるから⑤もこれに準じ、仮に上半身に墨染の袈裟、下半身に金色の阿弥陀の裳を穿くと考えれば、⑥⑦も十分可能である。これらに対し、腰を分岐点に上下を違える①②③⑧は現実にはありえない状態であり、従って内容的に最も成立の遅れる表現と考えることができる。なればこそ、高僧の感得した「夢の善導」であると主張されれば一言もないが、現に合理的な表現が他に行われている以上、右の結果を等閑視するわけにはいかない。

すると次に問題となるのは、この「夢の善導」像と知恩寺本との関係であろう。そこで再度、本図の僧祇支を思い起こしてみたい。その団花文は、一般的な相称性を重視した意匠と異なり、宝相華をループ状につなげた珍しい型であった。ところが、その構成要素を円から取り出して直線的に伸ばすと、例えば嘉元元年（一三〇三）頃制作の萬福寺所蔵重要文化財二河白道図〈45－1〉の阿弥陀釈迦二尊や、十四世紀第二四半期の知恩院所蔵国宝阿弥陀二十五菩薩来迎図〈32－1〉の中尊など、いわゆる皆金色の如来が纏う袈裟葉部の意匠と同じものであることに気づかされる。その地を飾る変わり卍繋ぎ文もまた、頻繁にこの種の如来袈裟条部に使用される文様であり、さらには、縁にあしらわれている蟹の鋏様の蓮華形も、現存遺例は十六世紀第一四半期と降るが、金戒光明寺所蔵重要文化財山越阿弥陀図屏風〈34〉の中尊の袈裟葉部に見出される。すなわち、知恩寺本善導像の僧祇支は、皆金色の袈裟を元に作られた、文字通り「阿弥陀如来の御装束」なのである。そして、もしこの装束を言葉で表現しようとすれば、上は遠山袈裟、「下は金色の衣服也」となるであろう。三次元的観点に立てば、衣裳の上下を上着と下着に分別するも何ら不思議ではない。従って、右の記述のうち最も原初的なのは、巻九に「元亨三歳（一三二三）癸亥十一月十二日／奉圖畫之／願主釋正空」の奥書をもつ⑥と、同じ浄土真宗系統に属する⑦と判じられる。絵の段の様式はとうていそこまで溯りえないとしても、詞書内容の成立時期までをも疑う根拠は現在の時点では特にない。

画像を言葉で説明するのと、その言葉に基づいて画像を描くのとでは、意味合いがまるで異なる。前述した団花文のように、画像に三次元的表現を込めるのはきわめて中国的発想であり、日本では、画像を見て重ね着の上下を理解することはできても、衣服の上下という言葉を聞いて奥行に思いを馳せることはむしろ稀であろう。そうして次第に曖昧となった上下の意味が、平面におけるそれに変容する過程で「下」が裳とされ、しまいには短絡的に腰で二分するに至った。知恩寺本の図様こそ、「夢の善導」説話を芽吹かせる種子であったと考えられるのである。

通説によれば知恩寺本は、南宋画を直接の原本としてこれを忠実に写し、その際「夢の善導」の意味づけを行うために半金色とした、鎌倉時代の作品ということになっている。しかし、前章において検証したように、知恩寺本の半金色のあり方もまた中国的である。ところが、本図の表現・技法上の諸特徴は、そのほとんどが南宋画はもちろん、原本とする絵画遺例の存在をすら否定する性質を有するものであった。そこで、この矛盾の解明に一つの仮説を提示しつつ、本図制作の背景について考察したい。

S17 **善導大師像**（部分）頭部　知恩院

S18 **善導大師像**（部分）頭部　善導寺（福岡市）　赤外線写真

ここで、様式上の特徴を一通り概括しておこう。

まず善導の頭部〈S14〉は、後頭部下の首筋の見え方や喉頸の長さから勘案すれば、本来は垂直に立てる、つまりまっすぐ前を向く態であったものを、本図の画家が敢えて虚空を振り仰ぐ姿に持ち上げたものであることが判じられた。これは、顔面に対する耳の角度からも証しえることである。しかも、内耳全体を見せる耳、内側を広く表す僧祇支の右袖、下方から覗き込む袈裟の裾など、個々の部分だけを取り上げればさほどの違和感はないものの、一歩引いて像全体を眺める時にははなはだ不自然で、整合性の乏しい描写が散見された。善導と欄干の大きさの不均衡も同様である。もし、本図が請来画、もしくは日本におけるその模本を親本としているならば、たとえ多少の写し崩れを考慮しても、かような統一感の欠如は生じなかったのではあるまいか。

また、衣裳における独特の質感も特筆に値する。すなわち、胸厚に頓着せず直線的に合わせた襟をはじめ、V字型に折り返す袂、鋭角に尖らす袈裟の角に加え、襞同士を密着させてしまう裳裾など、総じて布帛とは思えないほどの硬直感と重量感を有しているのである。

さらに本図には、一般的な仏画とは異質の技法が見受けられた。例えば、小手先の捻りで太さを均そうとする運筆や、裏彩色を併用しながら絹表からも厚く施す彩色、画像の大きさに比してバリエーションの少ない色遣い、などがそれである。こうした特殊性に鑑みれば、高価な群青を惜し気もなく使用するわりに、本図の画家はこの種の造形にあまり慣れていないのではないか、という疑いさえ抱かざるをえない。

このように本図は、通常の画像とはかなり様子が違うため、制作年代を考察するにあたって他の現存遺例と比較するべき要素がほとんどない。しかし、かろうじて宝地の文様を描き出す自由な線描に、その時代性が表れているといえよう。すなわち、運筆には勢いがあり、比較的長い線も柔らかさを保ちつつ縦横無尽に走らせている。金戒光明寺本地獄極楽図屏風〈46〉などに散見される、筆先だけを使った短い極細線は未だ認められず、その線質はむしろ、萬福寺本〈45－1〉の水河における波の線とよく共通することから、本図はこれにほど近い十四世紀初頭に置くのが最も蓋然性が高いと思われる。

その一方で「夢の善導」は、知恩寺本の図様を基に制作された説話と見なされる。絵伝類では半金色の有様を等し並に二次元的上下で分けるが、詞書の文章表現に着目すれば、本来は衣裳を身に着ける重なりとしての上下を表していたと解釈できるからである。

そこで注目されるのが、聖衆来迎寺所蔵伝善導大師立像〈18・S15〉である。像高四五・六㎝（一・五〇尺）とやや小ぶりながらも、微妙な起伏を見事に捉えた端正な面立ちは一見して意思の力に満ち溢れ、重ねた衣裳の下にも充実した肉の厚みを実感させる優品で、鼻孔ばかりか耳孔まで穿っていたり、尖った爪を持つ両親指がきつく余指を押して合掌手を膨らませていたりと、随所に写実味に富んだ造形が際立つ。胸元の下着や左腋下の袈裟に顕著なように、深い彫り痕を残しつつ鋭くエッジを立てた衣文、敢えて覗き込まなければ見えないような、袖口の奥や胴部側の袖にまで丁寧に施した彩色、台座から足を抜かない限り気づかれもしない、裳の内側に隠れた下着の裾など、ダイナミックでありながら自然な彫技の数々は、これが南宋からの請来像である可能性を十分に示唆している。

表面の文様は、僧祇支縁の花文、裳の海波文とその縁の花文入り亀甲繫ぎ文、袈裟の三重円文に重ねられた斜線等に補筆・補彩の存在が惜しまれるが、僧祇支の宝相華唐草文は当初で、軽いタッチでリズミカルに描写される花葉の先端は一枚ずつ裏側に巻き込んでいて、それらの有機的な絡み合いが巧みに三次元的効果を生み出しており、前述の二尊院本を彷彿とさせる。

しかも特に興味深いのは、三重円文の中こそ三弁宝珠ではあるが、この彫像もまた知恩寺本と同様に、淡く掃いた金泥地に濃い金泥で文様を表す金色の僧祇支の上に、群青地に梅花文を散らして見事な点綴を廻らす袈裟を纏っていることである。すると両像の最大の相違は、木像の面貌や体格が明らかに壮年である点に求められよう。

知恩寺本と同じく十四世紀初頭に遡る善導の彫像には、ほかに知恩院所蔵重要文化財善導大師立像〈S17〉と、筑後山本の善導寺（久留米市）所蔵重要文化財善導大師坐像〈19・S16〉とがある。この両像も僧祇支を金泥、袈裟を群青で彩っており、剥落のため不明な後者に比して、前者の袈裟には明らかに刺し子をともなう梅花文があしらわれていることは注目される。両像とも開いた口中に小さな穴があって、飛び出した化仏を支える細い棒を差し込んでいたことは容易に想像できるし、前者の像高は実測していないが、後者の頭頂部から像底までがちょうど九〇・一cmとほぼ三尺を示すことも、善導が阿弥陀の化身であることを具体的に表すという、知恩寺本と同じ意図を含んでいる証左となろう。

そこで、知恩寺本とこの両像の面貌表現を比較してみると、そこに共通する大きな特徴に気づかされる。先に、知恩寺本の面貌が幾本もの皺線や白髪によって老相を呈しながら、どこにも肉の弛みの表現がないことを訝ったが、それとまったく同質の困惑を筑後善導寺像にも覚えるのである。知恩寺像に至っては、頬に深い皺を刻むものの目元には何も入れていない。眼窩（がんか）をやや凹ませるのは年齢に関係なく人相の常であるから、これも頬の皺さえ除けば、むしろ壮年の肉づきといえる。この三者は、画像と彫像、立像と座像といった違いこそあれ、制作年代や内包する意図に加え、面貌表現における独特の印象までもが相似するのは、三像の制作に同じ基盤をも想像せしめるのである。

大胆な仮説かもしれないが、右に見た聖衆来迎寺像こそ、三像に共通する「南宋の原本」であったと考えることはできないであろうか。

知恩寺本の頭部が、原本の前向きから上向きに変えられたことはすでに指摘したが、立体像を使って個々の部分を観察したため、全体として見ると、視点の異なるパーツを組み合わせたような不統一な造形になってしまったのではあるまいか。衣裳に顕著な硬質感や重量感も、彫像の質感からの影響と考えれば首肯される。その一尺五寸の彫像を、阿弥陀の身長とされる三尺にまで倍増したがために、密度が薄く間延びした印象を現してしまったのである。

しかし、こうした造形上の欠点は、画家に明瞭な人体のイメージが確立していれば、十分に補える範囲にある。とすれば本図の画家は、ふだんから人物像や尊像にはあまり携わっていなかったと見なければならない。しかも、彩色法の特徴が絹本にも不慣れであったことを示唆しているとすれば、想定されるのは、木仏師の工房に所属して彫像の表面を専門に仕上げていた画家である。この時期の画像にしては、切金がだいぶ粗いことも理解できよう。とすれば、知恩寺本、知恩院像、筑後善導寺像が、同一工房の制作である可能性も考えられる。

試みに三像の皺を取り除いてみれば、聖衆来迎寺像を彷彿とさせる若々しい面貌が現れるのも、単なる偶然とは思われない。筑前福岡の善導寺所蔵善導大師立像〈S18〉は像高三〇・一cm（〇・九九尺）の愛らしい像で、時代は降るかも知れないが、袈裟の梅花文と刺し子の他、長い喉首などの特徴から知恩寺本を原本とする彫像と考えられる。その面貌が、童子をすら想起させるような若さに満ちていることも、この推測を裏づける。

面白いことに、筑後善導寺と筑前善導寺は、その本尊について寺伝を共有している。すなわち、両寺を通じて文献上最古の縁起は、元禄九年（一六九六）というかなり後世の奥書を有するが、後者に残る『蓮門精舎旧詞』である。

これを要するに、建暦年中（一二一一～一四）、中国から帰帆の船に便乗した一僧が博多に着岸するや木像と化して松原に降った。そのころ、豊前彦山で念仏勤行中であった聖光房弁長は、善導が博多に来着する霊夢を感じ、駆けつけて松原の樹下にこの木像を見出し、祀ったのであるという（註5）。建暦二年は法然の没年に符合して作為的のようでもあるが、次節に詳述する二尊院本浄土五祖像の例に鑑みて、南宋の善導像もまた鎮西派によって請来され、どちらかの善導寺に安置されていたとしても不思議ではあるまい。

宋戒珠撰『浄土往生伝』善導項には、「導乃自念阿彌陀佛。如是一聲。則有一道光明。從其口出。或其十聲至于百聲。光亦如之」とあり、これを知った唐高宗が光明の寺号の勅額を賜ったという。この時点で口から出るのは、「化仏」ではなく「光明」にとどまっている。一方、善導に並び日本で浄土五祖の一人に数えられる少康（しょうこう）項には、「衆見一佛從其口出。連唱十聲則有十佛」と明言されていて、「化仏」を出すのは少康であったことが窺われる。これが本図の曇省讃に至り、ようやく善導と化仏とが結びつくのであるが、『浄土往生伝』に少康は「後善導」とも呼ばれたともあり、次第に両者の説話が混同したものかもしれない。しかし、いずれにしろ比丘形の化仏については、文献上にも造像遺例にも類がなく、本図独自の図様と見てさしつかえない。そして、善導大師の口中から生まれる比丘といえば、法然上人としか考えられまい。

十四世紀初頭の浄土宗は、造仏の伝統をもたないがゆえに一流の画家との接点がない。しかし、輸入に頼らざるをえない高価な群青を惜し気もなく使用できる経済的裏づけを有する点で、本図には鎮西派、特に如空の関与が窺われる。時期的に知恩院像や筑後善導寺像もしかりであるが、知恩寺本だけが画像とされたのは、おそらく賀茂の河原屋に始まる同寺が、まだ浄土宗寺院としての体裁を調えていなかったためではあるまいか。彫像は、不要なときは小さく収納しておける画像と異なって、常設する聖なる空間が必要だからである。

聖衆来迎寺像を用いて制作した知恩寺本は、曇省の讃を付加することで、まぎれもない南宋からの請来原本と化した。幾多の法難を乗り越えて愈々（いよいよ）宗団としての独自性を発揮しはじめたこの時期、本図は『選択集』に、「大唐に相伝えて云わく、善導は是れ弥陀の化身なり」と称揚される善導大師の念仏が、虚空に放たれるや阿弥陀の化仏と変じ、さらには法然と化して善導と向き合う様子を一幅の画中に納め、善導＝阿弥陀＝法然という確固たる結びつきを顕示して浄土宗の正当性を高らかに謳い上げた金字塔として、重要な存在意義を主張しているものと考える。

第二節　二尊院本浄土五祖画像

二尊院は、承和年中（八三四～八四八）嵯峨上皇（七八六～八四二）の御願により、慈覚大師円仁（七九四～八六四）創建と伝えて現在は天台宗に属するが、法然上人の最古の肖像画である「足曳御影（あしびきのみえい）」〈1〉が伝来しているように、湛空

（一一七六〜一二五三）をはじめとする上人の遺弟たちが住した経緯があり、二尊院本浄土五祖像〈16－1〉（註6）も重源（一一二一〜一二〇六）入宋の折、上人の依頼に応じて請来したという伝承をもつ。

左右対称を基本とする縦長の画面の中央上寄りには、屏障のあるひときわ大きな椅子に、一老僧が正面を向いて端座する〈16－2〉。老僧は膝上で右手に払子の柄を緩やかに握り、左手ではその毛先を無造作に弄うており、足下の台には沓が置かれている。こうした峻厳とも評しうる静寂の佇まいを辛うじて破るのは、椅子の左右やや後方に合掌しつつ立ち並ぶ二人ずつの侍僧で、前方の二人は老僧を拝するが、後方の二人は片や正面、片や外側に視線を据えて、本図中唯一の動勢を示す。

これを上段とすると、老僧の前には中下二段にわたり、各二僧がやはり足下の台に沓を脱ぎ、背凭れと肘掛けのある椅子に端座して、それぞれ中央向きに斜め半身を見せる。中段向かって右側（以降の左右は画面に向かってを原則とする）の僧は胸前で両手を交叉しつつ親指同士を絡め、左側の僧は腹前で右掌の上に左掌を重ねる〈16－3〉。下段右側の僧は両手を包む内衣から左手指を一本だけ覗かせ、左側の僧は老僧を同じように右手に払子を執って左手は膝上に伏せる〈16－4〉。これらの四師は、かように手の形こそ種々あれども、椅子や沓置きの形から、姿勢や服制はおろか中肉中背の体格に至るまで、ほとんど顕著な相違のない点が注意されよう。なお、下段二僧の間には木製の足長の台上に、蓋に獅子をあしらう金色の香炉が置かれている。

本図は、古来浄土五祖像と篤く礼拝供養されたものとみえて、画面は燈明薫香の煤煙を少なからず被り、全体に暗く沈むも厳粛な雰囲気を醸し出す。五師は、上段中央を、菩提流支（?〜五二七）から『観無量寿経』（以下、『観経疏』）を授かるに及んで『浄土論註（往生論註・論註）』を著し、末法無仏の時代における浄土往生成仏を説いたとも、道場（道長、生没年不詳）の門弟にして四論仏性を究めたともいう曇鸞（四七六?〜五四二?）とし、下段右を曇鸞のかつての住坊石壁玄中寺でその碑銘を見るに及び、涅槃の講説を捨てて浄土教に回心したという道綽（五六二〜六四五）、左を、玄中寺で道綽から『観経』の講を聴き、ついに念仏三昧を発得し、『観経疏』等を著すほか浄土変相を多く図絵した善導（六一三〜六八一）、中段右を、善導に遇って三年の念仏の果てに三昧を証したという懐感（生没年不詳）、左を、貞元初年（七八五）長安の善導影堂で仏身に化した遺像から「我に帰依して衆生を利益」するよう命じられ、高声念仏の一声毎に口中から仏が出たとされる少康（?〜八〇五）に、それぞれ比定するのが通説であるが、蓮實重康氏（註6④）も指摘するように、法派の順によれば曇鸞の傍にこそ道綽・善導が座すべきで、竹内尚次氏（註6⑥）は下段と中段を入れ替えて考えている。いずれにしろどれが誰という確証はないわけであるが、本論では記述上の便宜のため、ひとまず通説に従っておきたい（註7）。

しかし、次に詳しく述べるように、本図の制作当初の意図を寺伝通りに浄土五祖像と考えるについては疑義が提出されている一方、南宋画を直に摂取した日本画の可能性を指摘する意見もあって、その歴史上における位置づけはとうてい確固たるものとはいいがたい。なお、本図は早くも明治四十年に旧法による国宝となり、現在では重要文化財に指定されている。

二尊院本の法量は、実測で縦一一四・二（三・七七）、横六一・六（二・〇三）cm（尺）の一枚絹による絹本著色画である。画絹の組成は、一cm²内の経緯が平均四十三本（二本引き揃え）×三十四越で、その交点である組織点は一四六二点を数える。糸数はさほど多くはないが、巾二尺を超える画絹を我が国の現存作例に照らせば、十三世紀後半以降の特徴といえる。日本における作画でも、輸入物の画絹が用いられることは決して稀ではなかったと想像されることから、この傾向は大陸でも同様なのではあるまいか。それはともかくとして本図の画絹の損傷は存外と少なく、両縁が修理の際に切詰めによって四師の椅子が若干消えているほかは、特に曇鸞、道綽の僧祇支と善導の袈裟、香炉の台など寒色系顔料に起因すると思われる画絹の剥落が目立つ程度にすぎない。

さて本図については、四十八巻伝巻六第八段に、以下のように登載されていることが知られている。

「震旦に浄土の法門をのぶる人師おほしといへとも、上人唐宋二代の高僧伝の中より曇鸞道綽善導懐感小康の五師をぬきいてて、一宗の相承をたて給へり。其後、俊乗房重源入唐のとき、上人仰られていはく、『唐土に五祖の影像あり。かならずこれをわたすべし』と。これによりて、渡唐の時あまねくたづねもとむるに、上人の仰たがわず、はたして五祖を一鋪に図する影像を得たり。(中略)当時、二尊院の経蔵に安置するは、かの重源将来の真影なり。」(句読点等筆者)

そしてこれに続く絵にも、庭前に満開の山桜が咲き誇る屋敷内で、本図に相似た画幅を前に法然が合掌礼拝する様子が描かれているのである。

右を根拠に、早く『日本國寶全集』(註6①)では二尊院本を、仁安二年(一一六七)から翌年にかけて入宋(『元亨釈書』巻一四)し、「入唐三度聖人(『泉福寺所蔵梵鍾銘』)」を自称する俊乗房重源による南宋からの請来本に擬すが、その後の研究は重源請来については否定的である。すなわち裏辻憲道氏は、法然の諸伝記を渉猟し、右の説話が正安三年(一三〇一)覚如撰拾遺古徳伝や琳阿本法然上人伝絵詞にまでしか遡らないことを指摘して、実際には善導からの面受も口決もなく法門を建てた曖昧な師資(しし)相承(そうしょう)に対する禅家の非難に対抗するための「後人の付会説」と見なし(註6②)「寧ろ禅風の祖師像であろうとの望月信成氏の見解」に賛意を示しており、蓮實氏や菊地勇次郎氏もこれに追随している(註6④⑤)。

一方竹内氏(註6⑥)は、本図を浄土五祖に見立てたのは法然であり、「重源将来本に近い南宋画であるか、または法然立宗以降のあまり遠くない時期に浄土宗教団によって作られ」たと予想し、次いで真保亨氏(註6⑦)は、「我が国からの註文に応じて、描き上げるくらいの態勢は、彼地の絵仏師ないしその工房に充分備わっていた」として、本図が日本の特注に応じた浄土五祖像であるとするのに対し、井手誠之輔氏(註6⑧)は、「各祖師が念仏門派の指標となる念珠を持たないことから、先行する何らかの図像が日本で浄土五祖に読み替えられた可能性」を指摘している。

こうした諸先学の研究を踏まえた上でいったんこれをおき、まずは二尊院本そのものの表現と技法について、肉身とそれ以外の部分に分けて検討を加えてみたい。前述のように本図の諸師を区別する個性があるとすれば、ほぼ肉身部に限るからである。

まず肉身の彩色は、絹裏から鉛系白色顔料を施して下地とし、絹表から、少康を除く四祖は藤黄を、少康のみ紫系有機色料をうっすらと塗って肌色を作る。暈取りはいずれも紫系有機色料であるから、少康の場合は日焼けした浅黒い肌の陰影を同色の濃淡で表現していることになる。暈は輪郭や皺の細い墨線に沿うように淡く入れており、茫洋とした翳りを駆使して肉の盛り上がりや皺の筋が自然と現れ出でるような技法はさすがといえよう。しかしその表現が、各祖の顔や筋肉や形に合わせたものではなく、やや形式化に陥っている点は、本図の性格を考える上で看過することはできない。

赤外線写真をも参看するに、これらの肉身は彩色後の描き起こしをせず、最初の墨線がそのまま仕上げの線として採用されている。この技法は、藤黄にしろ紫系有機色料にしろ、絹表から透明感のある有機色料のみをかけていることで可能とはなるが、本格的な肖像画として、最も重要であるはずの面貌をはじめとする肉身表現を、下描きもせずに決定していることには首を傾げざるをえない。こうした特徴は、曇鸞の左顎の輪郭や少康の左小鼻が、中途で引き直したために線が二重となってしまったにもかかわらず、顔料を上塗りするなどして修正した様子がないことにも相通じる。

次に目鼻立ちを見てみよう。その線質は、線描自体によって対象の実態を表現しようとする意識から離れ、暈などによる陰影で対象を浮かび上がらせるために置く単なる輪郭線へと変化している。同じ意識はすでに、例えば仁和寺本孔雀明王像に認められるところであるが、本図の場合はその傾向をいっそう推し進め、しかも耳や手には大きな打ち込みを入れて、速度をつけてためらうことなく引き切る一種の粗さが現れている。この点に関しては、後に着衣についても注目してみたい。

さて両目は、小さめの黒目全体をまず紫系有機色料で塗り込め、輪郭を太く墨で括り、瞳に小さく墨を点じる。これを避けて白目に淡く鉛系白色顔料を施すが、このときさっちりとは塗り潰さずに暈して、目頭と目尻を塗り残すため、ここに暈取りの紫色が及んで自然な影を生んでいる。最期に上瞼にのみ濃墨線を重ねてこれを強調するのは一般的であるが、充血を示すための朱などをあえて指すことはない。このように、描いた白目の縁の暈しに意外な現実味があるのは面白い。

また鼻孔や耳孔といった窪みの縁には、中央をやや膨らませた短い墨線を引き重ね、微妙な影を巧みに表しているほか、老相ゆえに特に曇鸞に顕著であるが、目の下や上唇の上に幾本も入れる細い皺線は、伸びる方向も長さも無造作なようでいて、かえって写実的ともいえる。さらに、歯を見せる少康以外の唇が、合わせ目の抑揚ある最初の墨線の下側に沿っては濃く、ほかは淡く紫系有機色料を施し、中央を残して口元まで墨線を重ねる点にも、同様の志向が窺われよう。長く伸びた爪も鋭く尖るだけではなく、先端にいくほど下向きに曲がる特性を的確に表現している。

加えるに頭部は、淡墨を掃いて剃髪した様を表すが、白髪混じりの曇鸞のみ極細い白線を描き加えており、単なる白色と墨との混色を平塗りするよりもはるかに立体感の表出に成功している。眉はさらに細かく、淡墨線の毛描きの上から、これより少し太めの濃墨線を加える。同じ技法は、古くは唐大中九年（八五五）の園城寺本五部心観完本巻末の善無畏像にも認められ、こうした徹底した現実主義の流れが本図にも見事に及んでいることは、はなはだ興味深い。ちなみに平安時代後期の五部心観前欠本や、前節で論じた知恩寺本善導大師像〈15－1〉など日本の遺例では、淡墨の線に代えて、面となっている。

このように細部を観察するにしたがい、本図の五祖の肉身部に中国の伝統に基づく現実主義の表出が至る所に息づいていることが判じられるのである。ところが、一歩退いて五祖全体を眺めるとき、誰もが驚くのはその意外な画一性であろう。整然と居並ぶ五人の祖師は、身体の比率に照らして頭部が大きく、いかにも登場人物それぞれの個性を尊重しているかのようではあるが、例えば、中・下段右側の二祖同士、左側の二祖同士の面貌を比べてみれば、眉目以外の要素の形状は、判で捺したようによく似ている。頭頂部の輪郭も、対角線上の二祖同士は同一なのである。この細部と全体との著しい懸隔こそが、本図を読解する上で最も重要な特徴なのではあるまいか。

なお、この五祖に対して四侍僧は、技法的にはさしたる相違はないものの線描に硬さや滞りがあり、造形力も稚拙でとうてい同じ画家の手になるものとは思われない。おそらく、副次的な存在ゆえに工房内でも比較的下位の画家に任されたものであろう。

五祖および四侍僧の服制は、上半身には下着、内衣、僧祇支を重ねた上に袈裟を偏袒右肩に纏い、余ったその端を左胸前に垂らす環に通して左腕に掛ける。下半身には裳を穿き、裾を袈裟と一緒に膝前に垂らしている。面白いのは襟元の表現で、左向きの諸師に特に顕著なように、首元で襟を立てて外側の肩の輪郭線をその奥にまで入れ込み、首の後ろにつながる奥行を際立たせている。細かな部分に垣間見られる立体感へのこだわりは、大陸仏画の特性を如実に示すものと思われる。ところが、こうした諸要素をまとめ上げるにあたり、一種機械的ともいいうる単純な法則性が表面化している点は、先ほど確かめた肉身部と同様なのである。

例えば、曇鸞の僧祇支は、石黄の地に群青、緑青を斑に配し、刺子のように白点を散りばめたいわゆる糞掃衣(ふんぞうえ)であるが、同じ意匠がちょうど左右対称的になるように、わざわざ道綽の僧祇支と善導の袈裟とに使用されている。この部分の画絹の傷みが特に激しいのは、石黄が含む砒素成分に由来するものと推測されるが、それはともかく、やはり同じように、道綽の袈裟の葉部と善導の僧祇支の縁とに宝相華唐草の文様をあしらう一方、曇鸞の座す椅子の布と少康の袈裟の葉部とに蔓草文を、善導の僧祇支と懐感の袈裟の条部に円文を、その円文の意匠も善導のは前述の宝相華、懐感のは善導の鳳凰というように、決して多くはない種類の意匠をいかにもバランスよく振り分けている。

むしろここで着目するべきは、それら金泥による暢達した文様の表現であろう。例えば善導の僧祇支に配される円文には七弁花をあしらうが、少し斜めから捉えることによって奥行を深めた三つの花を、まず三角形の頂点にあたる位置に付し、これと六芒星形になるように交錯させた三角形の頂点箇所には、横から見た半分の花を置く。花弁はいずれも丸味を帯びつつ反り返り、円の輪郭の外側にまで膨らみを保ったまま表されており、それらの茎は皆、円の中心で絡み合う。つまりこの文様は単なる団花文ではなく、球体が意識されているのであって、ちょうど手鞠の文様のように、球の中心から生えた九つの七弁花が等間隔に咲いて球面を形成しているわけである。日本の団花文は、十文字に並べた五つの花文と、対角線上に置く四つの側面花の平面的な組み合わせが一般的であり、本図のように如何にも球状を想起させる例を知らない。同様の姿勢は懐感の円文にも窺われ、湾曲する鋭い嘴をもった鳳凰の両翼先端を内側に折り曲げたり、長い尾翼の中央を深く沈める態を描いたりして、その三次元的効果に辣腕をふるっている。この点は清凉寺所蔵国宝十六羅漢像のうち、例えば第十三尊者因掲陀の衣の円文と比べればいっそう明らかであろう。彼図は宮崎法子氏（註８）により、北宋末の元来一具の遺例とされているが、異なる時期の作品が混在している可能性と、特に金泥による日本での少なからぬ補筆とを指摘しておきたい。

このように着衣に施された金泥文様は、衣文線(えもん)にかかる部分では皺の凹凸に合わせて歪めるなど、さらなる立体感を表出するが、善導の右手にかかる僧祇支の縁に認められるごとく、払子の柄の先端なりに縁取りを描いてしまっていたり、曇鸞・道綽・少康の袈裟の葉部では、皺にまで金泥の輪郭を付したりと、明らかに不用意な点も指摘できる。曇鸞の椅子の布は比較的広い面積の地が鮮やかな朱で、残りもよいために目を引くものの、間延びした印象は拭えない。先に見た五祖の頭部を担当した画家とも、四侍僧のそれともまた異なり、密度の濃い描写を得意とする別の画家の存在が浮かび上がるのである。

さて、面貌で見た本図の線描の特徴は、衣文線では一層顕著である。起筆では縦線なら横から、あるいはその逆というように、あえて直角方向から長めに打ち込んだり、描写の途中で緩急を強調したり、また浅くカーブを描く場合にも途中で一旦筆を沈ませたりして、独特の緊張感を醸成しようとしている。しかしこうした線描も、例えば泉涌寺所蔵重要文化財大智律師元照像や南山律師道宣像のそれにこもる、力強さや伸びやかさに比すれば、同一の意識下にはありながらやや

S19 曇鸞椅子屏障 赤外線写真

形骸化を免れず、全体におとなしくまとまってしまっている。井手誠之輔氏（註9）によれば彼二図は、泉涌寺の開祖俊芿（一一六六～一二二七）が入宋の折、嘉定三年（一二一〇）に義銛から贈られた由緒を伝える作品であるから、本図の制作年代を考える上で重要な基準を与えてくれよう。

なお肉眼では把握しがたいが、赤外線写真に明らかなように、曇鸞の椅子の屏障には松などの樹木が枝を伸ばす汀渚の景が描かれている〈S19〉。小さな画面にもかかわらず緻密とも評しうるほどに松の葉や岩の皴まで巧みに描きこんでおり、板倉聖哲氏（註10）によって「北宋時代（九六〇～一一二七）末に盛行し南宋画院に継承された小景画の典型的な作例」とされる台湾国立故宮博物院所蔵の伝劉松年筆十六羅漢図第三幅の画中画の伝統を彷彿とさせるものがある。また浮き彫り装飾の部分では、彫って凹んだ箇所は墨の輪郭線を太く入れ、群青で暈を取るのに加えて、輪郭の内側に沿うように白線でハイライトを引く。意匠としては道綽や善導の着衣と同じ宝相華唐草であるが、このような工夫の御蔭で草花がふっくらと盛り上がって見え、その引き締まった線質とも相俟った完成度の高さを誇っている。

以上、本図の詳細な表現・技法上の特徴を集約すると、次の三点にまとめることができよう。

第一に、本図には日本絵画には通常認められない表現が散見される。例えば眉や襟奥に代表される現実主義や、着衣に顕著な鋭利な線描、立体を意識した金泥文様や椅子の浮き彫りなどがそれである。深遠な画中画もまた然りと頷かれ、先行研究の一部のように日本作と疑う余地は微塵もない。

ところが、こうした細部への執拗なこだわりに反して、きわめて形式的な要素も少なくないことに本図の第二の特徴がある。すなわち、肖像画としては最重要課題であるはずの肉身表現に描き起こしを省略していることに加え、体格も服制も文様の配置も機械的で個性に乏しく、特に持ち物や衣文の皺に金泥の輪郭線を沿わせるなど不自然な箇所も確認できた。

さらに第三には、五祖の肉身や着衣、椅子の屏障などの主要部分における線描と、副次的な四侍僧における線描、そして金泥文様の線描というように、本図には最低でも三人の線描担当者が想定されることである。この点を第二の特徴と併せれば、本図は日本からも含めて特別な注文に応じた唯一無二の作品ではなく、描き慣れた構図に従って作業工程を細かく割り振った、効率重視の量産品と考えるべきであろう。

西陲（せいすい）の地とはいえ、仏教の一大聖地であった敦煌発現の布帛画には、信者の求めに応じてある程度自由に尊名を書き込めるように、短冊形を空欄とした遺例が多数存在する。また南宋時代の国際貿易都市である寧波では、市井の絵仏師たちの工房が軒を連ね、周辺諸国への輸出品としての仏画を制作していたことも知られている（註11）。本図もこうした工房で制作され、したがって五祖もあらかじめ特定の人物を想定したものではなく、元来礼拝者の裁量によって仮託することが可能な性質を有していたものと思われる。その制作年代は、比較するに好適な遺例に恵まれないものの、前述の嘉定三年（一二一〇）の基準作例である泉涌寺本を上限とする一方、衣文から窺われる線同士の有機的連関に若干の希薄性が否めない点に鑑みて、ボストン美術館所蔵の淳祐四年（一二四四）陳容筆九龍図巻を下限に設定することができるのではあるまいか。

ところで、『選択集』の一「道綽禅師、聖道・浄土の二門を立てて、聖道を捨てて正しく浄土に帰するの文」末尾には、「道綽・善導の一家に依て、師資相承の血脈を論せば」として、浄土門の血脈に次の二説を挙げている。「一には菩提流支三蔵・慧寵法師・道場法師・曇鸞法師・大海禅師・法上法師。已上、『安楽集』に出づ。二には菩提流支三蔵・

曇鸞法師・道綽禅師・善導禅師・懐感法師・小康法師。已上、『唐宋両伝』に出づ」

血脈については、『浄土五祖伝（類聚浄土五祖伝・五祖類聚伝）』や『阿弥陀経釈』、『法然上人御説法事』などをも根拠に、五師を上人自身が立てたとするのが一般的なようであるが、石上善應師（註12）が「法然はどれをとるということを特には明言していないけれども、記すところから推定して最後の説をとっているようである」と述べているように、虚心に見れば『選択集』においてすら明確な決定を避けていることは軽視するべきではあるまい。想い起こせば、鎌倉の光明寺所蔵重要文化財浄土五祖伝絵〈17〉巻末の金泥銘にも「嘉元第三暦林鐘中五日（一三〇五年六月十五日）終功畢」とあり、この五祖の定着が上人在世中には遡らないことを示唆している。

すなわち十三世紀後半、師資相承に関する禅家の論難等に対抗して血脈を確定する必要に迫られた浄土宗では、『選択集』記載の二通りの血脈のうち、唐・宋の高僧伝からあえて選出した六師に法然の意思を見出し、重源請来説話こそ開祖礼賛の具としても、大陸渡来の汎用性のある祖師像の人数に合わせて、菩提流支を除いた「浄土五祖」をこれに当てはめたものと思われる。すると本図が重源請来本ではないから四十八巻伝掲載の図とは異なるという従来の解釈は本末転倒で、むしろ、現に南宋の軸が存在している以上、遅くとも現在四十八巻伝巻六第八段に編入されている絵が描かれるまでには、本図こそが二尊院に「浄土五祖像」として安置されていたことは相違あるまい。

いずれにしろ二尊院の浄土五祖像は、南宋仏画の様式や制作事情の一端を窺うための稀少な縁であるのみならず、後述のように日本の浄土宗がその基盤を確固たるものとするまでの、幾多の苦難の歴史を如実に物語る証人として、その存在意義はきわめて高いといわざるをえない。

註

1　髙間由香里「仁和寺所蔵孔雀明王像について」（『密教図像学会第二九回学術大会』梗概集、密教図像学会、二〇〇九年十二月）参照。

2　本図に関する主たる論考・図版解説等は以下の通り。なお、【　】内は文中において提示された制作年代。
①歸鞍子「知恩寺の善導大師畫像」（『國華』第二九編第六册、國華社、一九一九年六月）【鎌倉中期】。②「善導大師像」（『日本國寶全集』第五一輯、日本國寶全集刊行會、一九三二年八月）【鎌倉中期】。③「図版解説　善導大師像」（『日本の仏教を築いた人びと—その肖像と書—』奈良国立博物館、一九八一年四月）【鎌倉時代（十三世紀）】。④若杉準治「作品解説　善導大師像」（『法然上人八百回忌　特別展覧会「法然　生涯と美術」』京都国立博物館編集・NHK、NHKプロモーション、京都新聞社発行、二〇一一年三月）【鎌倉時代　十三世紀】。
また、本図にも言及する主な論考・図版解説等は以下の通り。
⑤井川定慶「善導大師の生涯と其畫像攷」（『東洋美術』第九號、東洋美術研究會編集・飛鳥園発行、一九三一年四月）【鎌倉中期】。⑥裏辻憲道「善導大師像の一考察」（『佛教藝術』第六号、毎日新聞社、一九五〇年二月）【鎌倉初期】。⑦小林太市郎「高僧崇拝と肖像の藝術—隋唐高僧像序論—」（『佛教藝術』第二三号、毎日新聞社、一九五四年十二月）【鎌倉期】。⑧裏辻憲道「法然上人と重源上人（續善導大師像の一考察）」（『佛教文化研究』第十號、佛教文化研究所、一九六一年三月）【明記せず】。⑨岡崎譲治『日本の美術　第四三号　浄土教画』（至文堂、一九六九年十二月）【鎌倉時代】⑩徳永弘道「新発見・法然上人の「夢の善導像」」（『藝術新潮』第二四巻　第八号、新潮社、一九七三年八月）【明記せず】。⑪竹内尚次「続・浄土教の肖像画小稿」（『ＭＵＳＥＵＭ』二七八号、東京国立博物館、一九七四年五月）【十三世紀後半】。⑫伊東史朗「善導大師の肖像」（『善導大師研究』山喜房仏書林、一九八〇年三月）【鎌倉中期】。⑬成田俊治「善導大師像についての二・三の問題—特に半金色像を中心に—」（『佛教文化研究』第三八號、浄土宗教学院、一九九三年九月）【鎌倉時代初期】。⑭梶谷亮治『日本の美術　第三八八号　僧侶の肖像』（至文堂、一九九八年九月）【鎌倉時代】。

この他、善導大師像一般に関する主たる論考は以下の通り。⑮坪井俊英「傳法における半金色善導像の形成」（『佛教学研究紀要』第三六號、佛教大學學會、一九五九年三月）。⑯阿川文正「各種法然上人伝にあらわれた善導大師」（⑫所収文献に同じ）。⑰石田一良『浄土教美術　文化史学的研究序論』（特に第二章　法然教美術―半金色善導像―）（ぺりかん社、一九九一年三月）。

3 安嶋紀昭『石山寺の美術　―常楽会本尊画像の研究―』（法蔵館、二〇一二年四月）参照。

4 柳澤孝「赤不動」（高田修・柳澤孝『ブック・オブ・ブックス　日本の美術9　仏画』、小学館、一九七四年七月）参照。

5 八尋和泉「博多善導寺＝その由緒と草創のころ＝」（『九州の寺社シリーズ4筑前博多善導寺目録』九州歴史資料館編集、善導寺発行、一九八〇年三月）参照。

6 本図に関する主たる論考は以下の通り。①「浄土五祖像」（『日本國寶全集』第七輯、日本國寶全集刊行會、一九二三年七月）。②裏辻憲道「増上寺本法然上人繪傳考」（『美術研究』第六一號、美術研究所、一九三七年一月）。③同「善導大師像の一考察」（『佛教藝術』第六号、毎日新聞社、一九五〇年二月）、④蓮實重康「祖師像制作の意義と二尊院の浄土五祖像」（『重源上人之研究』南部佛教研究會、一九五五年七月）。⑤菊地勇次郎「源空と浄土五祖像」（『対外関係と社会経済』森克己博士還暦記念論集、一九六八年。『源空とその門下』法蔵館、一九八五年二月再収）。⑥竹内尚次「続・浄土教の肖像画小稿」（『ＭＵＳＥＵＭ』二七八号、一九七四年五月）。⑦真保亨「高僧と美術Ｉ　法然と浄土宗美術」（『月刊文化財』第二五八号、第一法規出版、一九八五年四月）。⑧井手誠之輔「浄土五祖像」（『仏教美術事典』東京書籍、二〇〇二年七月）。

7 五師の略歴については、①望月信亨『仏教大辞典』（仏教大辞典発行所）、②中村元ほか編『岩波仏教辞典』（岩波書店、一九八九年一二月）などを参照。

8 宮崎法子「傳奝然将来十六羅漢圖考」（『鈴木敬先生還暦記念　中國繪畫史論集』吉川弘文館、一九八一年十二月）参照。

9 井手誠之輔「大智律師元照像軸」（註6⑧所収文献に同じ）参照。

10 板倉聖哲「伝劉松年筆十六羅漢図軸（現存三幅）」（註2⑧所収文献に同じ）参照。

11 井手誠之輔「寧波仏画」（註6⑧所収文献に同じ）参照。

12 石上善應『日本の仏典3　法然　選択本願念仏集』（筑摩書房、一九八八年三月）参照。

第三章　来迎の諸相

第一節　有志八幡講本阿弥陀聖衆来迎図

日本に存在した九品来迎図の古きは、柳澤孝氏によって宝亀九年から天応元年（七七八～八一）唐から舶載されたと想定されている當麻寺所蔵国宝織成当麻曼荼羅下縁に織り出されていたことが疑いえないが、その転写本が制作されるようになる鎌倉時代初頭にはすでに損壊していて本来の図様を知ることはできない（註1）。しかしいずれにしろ当麻曼荼羅が浄土の様子を中心に描写したいわゆる観経変相であって、九品来迎図はあくまで付随的な要素にとどまったと考えられるのに対し、単独の来迎表現絵画化の成立は恵心僧都源信（九四二～一〇一七）に俟たなければならない。

すなわち『首楞厳院廿五三昧結縁過去帳』「前権少僧都源信」（以下『過去帳』と略称）には「往年自案経文。図弥陀來迎像。其中比丘衆多。菩薩衆少。有人問云。何故菩薩少。答望下品蓮也。問何敢不望上品。答計己分也。」と記されるが、この伝記は良源門下で後年源信に師事し、また結衆の一員でもあった覚超（九六〇～一〇三四）の撰述と考えられるから信憑性は高い（註2）。また三善為康が保安四年から保延五年（一一二三～三九）の間に編したと目される『後拾遺往生伝』巻中「鎮守府将軍平維茂」には「僧都贈極楽迎接曼陀羅一鋪。（中略）凡我朝迎接曼陀羅流布。始于此矣。」とあり（註3）、降っては承澄が文永十二年（一二七五）に大成した『阿娑縛抄』巻第五十三阿弥陀にも「迎浄土始恵心僧都以春日部恒則令画之云々」（『大正新修大蔵経図像』第八巻一〇九二頁中。以下『大正図像』Ⅷ一〇九二中のように略記）と述べられており、以来我が国において独自の発展を遂げることとなる。

さて、有志八幡講十八箇院所蔵国宝阿弥陀聖衆来迎図〈31－1〉は、同種の遺例中でも最大規模の画面を誇る。中央にはひときわ大きな偉容を示す阿弥陀如来が正面向きに座し、その前方左右に観世音・大勢至の二脇侍菩薩を先駆けに、また両横や後方で思い思いに讃嘆供養したり奏楽したりする数多くの菩薩聖衆等を率いて、今まさに拝する者の眼前に到着した瞬間を表わす。虚空の彼方から旋回しつつ降下する紫雲の有様や、聖衆の大小と姿勢・視線などによって遠近感を巧みに描出し、また向かって左下には美しく紅葉した闊葉樹や松樹の伸びる山を、下方一面には広やかな水面と洲浜とを配して雄大な景色を描写する。後述のごとき特異な伝来は、いつしかこの風景が琵琶湖を写したという浪漫的な伝承を生み、本図の神秘性にいっそうの趣を添えた。壮麗な表現と明澄な賦彩の評価も高く、往生の悦びを高らかに謳い上げる本図は来迎芸術の生んだ最高傑作とされ、早く明治三十九年には国宝（昭和二十六年新国宝）の指定を受けている。

それだけに従来美術史学はもちろんのこと、歴史学・仏教学といった分野の枠を超えて先学達によってさまざまに論じ

ⓐ汀の線	80.5	ⓖ紫雲の線	95.5	ⓜ紫雲の線	10.5
ⓑ欠損部	10.3	ⓗ紫雲の線	9.7	ⓝ欠損部	20.4
ⓒ紫雲の線	87.9	ⓘ汀の線	69.5	ⓞ紫雲の線	91.8
ⓓ欠損部	10.8	ⓙ紫雲の線	95.8	ⓟ紫雲の線	16.5
ⓔ紫雲の線	20.2	ⓚ欠損部	27.4	ⓠ欠損部	26.9
ⓕ欠損部	21.4	ⓛ汀の線	64.2	ⓡ汀の線	58.6

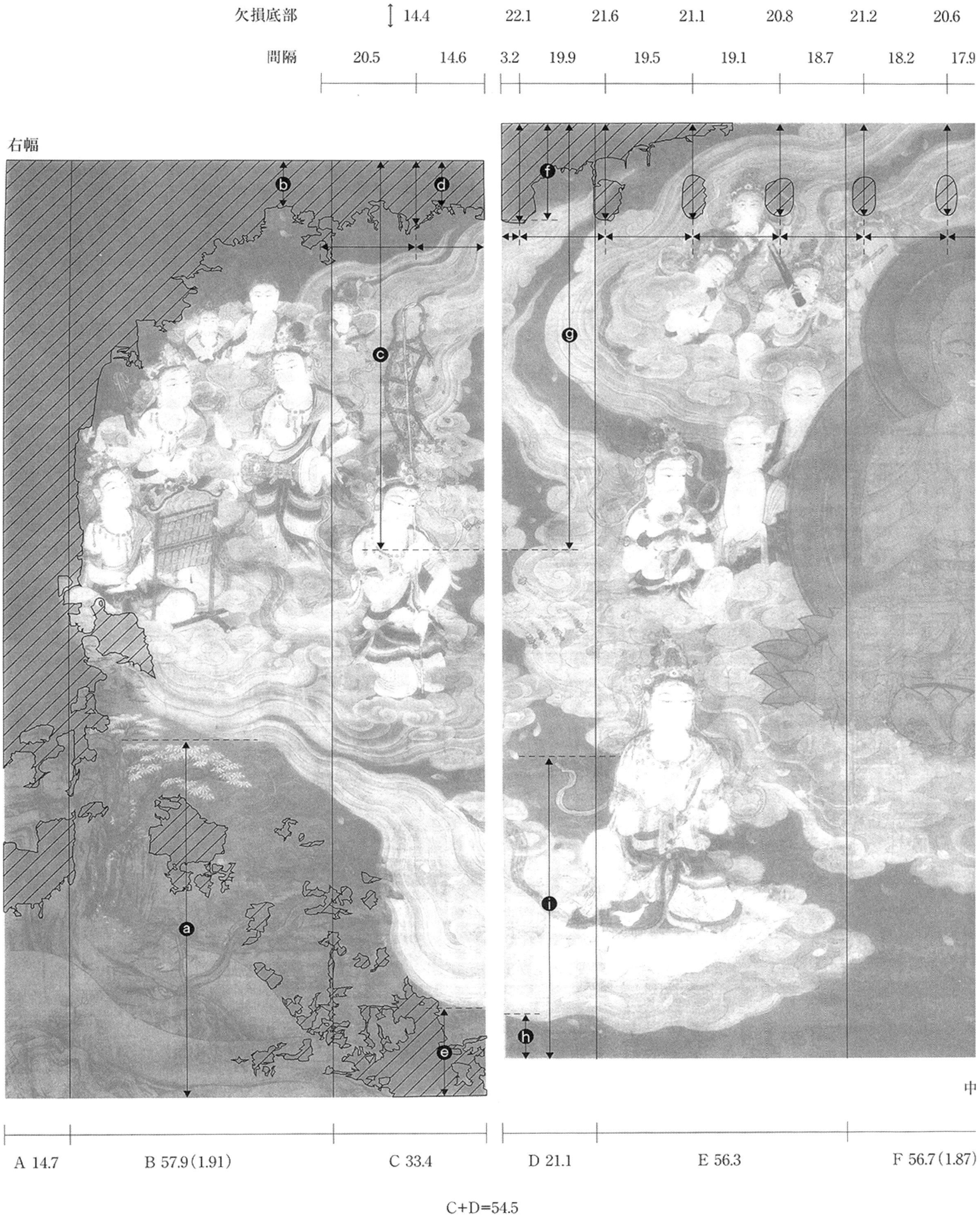

右幅　縦 211.1（6.97）×横 106.0（3.50）

中幅　縦 210.9（6.96）×横 210.7（6.95）

左幅　縦 211.2（6.97）×横 106.1（3.50）

画絹組成　経 44 本（二本引き揃え）×緯 40 本＝組織点 1760 点（三幅同質）

られてきた本図ではあるが、しかし例えば制作年代に関する近年の意見だけでも一一三六年ごろから十二世紀末葉までと諸説行われており、必ずしも明確な位置づけがなされているとはいいがたい（註4）。

現状の本図全三幅はいずれも掛幅仕立ての絹本著色画で、これらが一組となって一大画面を構成する。法量は実測図にまとめたので参照されたい［表1］。中幅が五副、右左幅（以下、本節での右左は原則として中尊にとっての方向を示す）が各三副でそれぞれ一鋪を成すが、一副の本来的絹巾はともに五六・三（一・八六）～五七・九（一・九一）cm（尺）とほとんど等しい。しかも、画絹欠損部を見渡せば、現在は補絹や補彩あるいは別の箇所で剥落（はくらく）した画絹を貼り込むなどして目立たなくなってはいるものの、特に中幅上部に一定の間隔をおいて縦長い不整形な楕円形の損傷（ないしはその底部の円弧）が連なっていることに気づかれる。それらは向かって右から少しずつ大きくなり、かつ規則的に間隔を広げ、前述の上下差を是正すれば右幅にまで続いているのである。このような損傷は壁画などのように平らな状態では起こりえず、画面が筒状に巻かれていたことを示唆している。

以上のことから本図は、制作当初九副一鋪（七副の両端に半副程度ずつを継いだもの）の巨幅であり、その大きさは中幅上端の紫雲や右幅の岩塊、左幅の紫雲等といった図様の途切れをも併せ考えれば、おおよそ縦七尺五寸×横一丈五尺にも及ぼうかと推測される。しかもその形態は松下氏の想定する壁画や中野玄三氏（註4㉛）の主張する屏風ではなく、光明寺所蔵国宝当麻曼荼羅縁起絵巻〈42〉などを鑑るに錦を総縁として上端に乳を付し、これに棒を通して吊り下げる掛幅形式であったと考えられる。平時は推定直径約一寸五分の軸を用いて左幅の端から横巻に収納し、この状態でおそらく火を被ったらしいことを楕円形の損傷は物語っている。特に右幅縦方向の欠損が広範囲にわたるのも、収納時に表面側となることで納得される。

一方現存部の彩色は、年月の経過とともに多少の剥落や褪色はもちろん免れえないもののすこぶる良好で、当初の明澄な色合いをほぼ直接看取できることは幸いである。拙い補筆や補彩も散見されるが、大方において画趣を損なうほど目立つものではない。なお最大絹巾が一・八五尺を越える画絹の使用や、組織点一七六〇点も主に鎌倉時代の特色として把えるべき要素といいうる。

次に本図の伝来については、三条西実隆（一四五五～一五三七）『実隆公記』永正六年（一五〇九）十月十五日条「終日念誦也、安楽谷本尊恵心僧都筆来迎阿弥陀廿五菩薩像三幅自御所可拝見之由被仰下之、結縁随喜者也。」（註5）が最も古い。安楽谷は、比叡山のいわゆる三塔十六谷二別所に照らせば横川飯室谷の南に位置する別所である。良源門下の源信は、横川において永観二年十一月から翌年四月にかけ『往生要集』三巻を撰述し、これに触発された横川の僧らが寛和二年（九八六）五月に「二十五三昧会」を発足して、源信は指導的立場に置かれることになる。またその念仏結社の縁起を書く予定であった入道内記は、同年四月に出家して寂心と号し、九月には二十五三昧会の『起請八箇條』（註6）を起草したと伝えられるなど、源信と親密な協力関係にあった慶滋保胤（一〇〇二寂）である。ここにようやく、本図が安楽谷に伝来する下地が形成されるのであって、その出発点に源信が深く関わっていることはまことに興味深い。源信はさらに長保三年（一〇〇一）華台院を建立し、少僧都辞任の寛弘二年（一〇〇五）にはここを隠居所とした。堂内には計三体の丈六阿弥陀如来像が安置されていたというから、そうとうに大きな建物であったと推測される。

また、『円通寺文書』一巻は、現在巻子に仕立てられ高野山霊宝館に保管されているが、もと本図の裏書と伝えられるものである。本図が安楽谷において平生勅封の上宝蔵に納められ、毎年七月十五日にのみ勅使がこれを開き、貴賤を問わず多くの参詣者が結縁していたこと。ところが元亀二年九月の織田信長による比叡山焼討の際、武勇逆徒に強奪されてしまったこと。しかし奇跡的に再び仏家末山のもとに帰したので、諸人に寸志を募って表具荘厳を施したこと等の内容は注目に値する。

押紙「(弥) 陀来迎像　恵心僧都真筆　山門安楽谷本堂」

主文「叡岳別所安樂谷大阿弥陀尊像二十五菩薩／同山越三尊化佛等以上卅三躰恵心僧都廿四歳秋（九六五）真筆／依為一天無雙之霊寳常者被付　勅封納／寳蔵之室従往昔已来當七月十五日佛歓喜／日有　勅使参降開之令利万機例年無替／一日之間貴賤参詣不知數四雲聳四方潤奇／瑞随念願新然元龜貳天辛未歳（一五七一）九月中二日澆／季時至山上山下破滅之刻不消堂塔焼失之／烟乍被奪武勇逆徒手中再集佛家末山／希代霊驗併為播濁世末法化導乎於戯／今奉遇此尊容譬似曇華出現盲龜浮／木頼哉喜哉可仰可信仍勧諸人寸志致表具／荘嚴勵無二懇篤凝往生修因冀者一結衆／臨終二十五菩薩來迎引接指掌无疑矣。而已／天正十五乙亥年（一五八七）五月十五日施主法印尊秀敬白。／表補衣師馬likely甚三郎秀昌」

その施主法印尊秀は、諸写本等を参看するに葉上流の流れを汲む台密僧であったが、こうして修復された本図は、文禄三年三月三日、豊臣秀吉が亡母の遺髪を納め三回忌の法要を営むべく登山した折り、高野山学侶方の青厳寺に施入された。

本図は最初に考察したとおり、本来横長一連の大画面であった。阿弥陀如来と聖衆の一行は中幅中央の後方彼方から、六つの紫雲に分乗し、屈曲を描きつつ水面を渡って此岸に飛来する。中央の一紫雲には阿弥陀如来①と、中尊を囲む僧形菩薩三体（火炎宝珠④・合掌⑤・拱手⑥）および供養菩薩二体（華籠⑦・蓮葉蓮華⑧）が乗り、前方のそれぞれ一紫雲には観世音②、大勢至③の両脇侍菩薩が求心的に配される。本図の中心を形成するこの一団を左右から取り巻くように下降するのは、まず左幅前方の一紫雲に持幡菩薩⑨と奏楽菩薩二体（箏⑩・琵琶⑪）が〈31－3〉、次の一紫雲に奏楽菩薩二体（竪箜篌⑫・羯鼓⑬）と供養菩薩四体（⑭・玻璃華盤⑮・未開敷蓮華⑯・開敷蓮華⑰）が、さらに中幅後方の一紫雲に奏楽菩薩九体（太鼓⑱・鉦鼓⑲・揩鼓⑳・簫㉑・㉒・横笛㉓・笙㉔・篳篥㉕・銅跋子㉖）が続く。一方右幅の一紫雲には持幡菩薩㉗・を先頭に奏楽菩薩三体（細腰鼓㉘・方響㉙・拍板㉚）が乗り、やや間を置いて小さめに化仏化菩薩三体（化阿弥陀㉛・化観世音㉜・化大勢至㉝）が現れている。奏楽菩薩が、管・絃・鼓・打に整然と編成されている点は注目される。

ここで、本図の諸尊や風景に関して、表現や技法上の特徴を摘記しておきたい。

正面向きに雄偉な姿を現わす中尊阿弥陀如来①は堂々たる二重円光を負い、蓮華座上に右足を外側にして結跏趺坐（吉祥坐）する〈31－2〉。両手とも第一・二指を捻じ掌を見せ、左手を左膝上に垂らし右手を胸前に挙げた、いわゆる来迎印を結ぶ。肉身の技法は原則として聖衆と同様で、まず下図を淡い墨線で描き、それに従って彩色し、やや太めの引き締まった朱線で明快に描き起こす。その線描は、仁平三年（一一五三）の持光寺本のころに定着した温雅で均質な筆線に飽き、新しい線質を希求するに際して、法隆寺金堂壁画にあるごときいわゆる鉄線描に新様を見出したものと位置づけられる。すなわち、それまでの線質に含まれていた柔らかさや軽さを敢えて捨て去り、たっぷりとした太めの線を長く均一に引き切ろうとしており、新時代の息吹を如実に感じさせる潑剌とした画像を生み出している。

また金色身は金泥をもって表すが、その際塗りの厚さに微妙な変化をつけることで暈（くま）を取り、立体感を醸し出している点は注意される。例えば若干面長な顔貌（がんぼう）では髪際や頬に沿って、あるいは眼窩（がんか）線の下側には特に巾広く、さらに三道では各線の外側を厚塗りとしてひときわ輝きを強調するのである。聖衆にも認められるこのような深い暈取りは、持光寺所蔵国宝普賢延命菩薩像や西禅院所蔵重要文化財阿弥陀浄土図〈41－1〉の諸尊とも共通する。後述の観世音菩薩②の横顔の描法とともに、本図の表現に平安後期の類型化から脱却しようとする意欲的な傾向が窺われることに注意したい。

なおこの金泥は、眉や眼を塗り残している点にも注意される。すなわち両眉は下描きの淡墨による輪郭中に直接群青を塗り、その下部四分の一ほどを残して二本の細勁な墨線で再度輪郭づけ、その間を墨で塡める。太くたっぷりとした眉を拵えるには効果的な方法であったろう。似た技法は、十三世紀初頭の法華寺所蔵国宝阿弥陀三尊及び童子画像のうち中尊上瞼にも確認できる。また両眼は淡墨で上下の瞼を下描きしているが、描き起こしの上瞼は目頭部で軽く角をつけ中央をやや凹ませ、釣り上がりぎみに引く。そのため縦巾が広がり見開いた印象があるとともに鋭さをも感じさせる。通常ならこれに基づき描き起こしの朱線を引き、最後に上瞼にだけ濃墨線を重ねてめりはりを与えるところではあるが、本図の場合朱線は下瞼にしか存在していないことがX線写真で判明する。一方、仕上げの濃墨線は下瞼の左右端にも入れられており、画家の合理的な作画態度を窺わせる。いっそう珍しいのは両眼に当初絹裏から金箔が施されていたらしいことで、白眼を裏箔特有の柔らかな輝きによって表現した感覚は管見の限り他例を知らない。また黒眼は若干紫がかったベンガラで虹彩（こうさい）を彩り、濃墨で瞳孔を点じている。

唇は朱で彩り、上下唇の境目には濃墨線を加えるが、中央に浅い雁金形を入れて写実味を加えている。注目すべきはこの境目から左右に延びて下方にはね、口元の凹みを表す表現で、一般的には境目に加える濃墨線をそのまま延長して描写するが、本図の場合ここには朱線のみを引いて濃墨線を口角で止めている。これは、建久二年（一一九一）東寺所蔵重要文化財甲本曼荼羅金剛界一印会大日如来や蓮華三昧院所蔵国宝阿弥陀三尊像〈38－1〉など、平安時代も末葉以降に急に類例を増す特徴である。

眉間上部の通常白毫が表される箇所には、現状で一辺一・二ないし一・四㎝程度の四角い画絹が貼り込まれている。この画絹は組成も金泥の彩色も如来肉身と同質で、補絹とは考えがたい。しかしいかにも不自然で、あるいは当初白毫に水晶等の薄片が施されていたなどの何らかの細工が失われ、後世の修理にあたって眉間の損傷を嫌い、他所（例えば右眉の上の欠損が大きさもちょうど合う）で剝落した画絹を補ったものとも想像される。ちなみに天元四年（九八一）、源信に『阿弥陀仏白毫観』の著作があり、これは『往生要集』執筆の四年前に初めて著した念仏の理念書である。

中尊は大衣をまず両肩に覆い、右腋下から腹前を通して縁裏を返しつつ端を左肩から紐で吊り、いったん右肩を抜いてから軽く掛け直す。特に、左下膊（かはく）に強く巻きつけているのが面白い。一方、蓮弁にまで大きく懸かっているのは裳裾で、臍前にその紐の結び目が見えている。衣裳はいずれも現在淡褐色の地色を呈しているが、随所に裏箔が残っていて当初の色合いを彷彿とさせる。輪郭や衣褶（いしゅう）線には墨線の下描き上に齟齬なく太い切金を置き、また文様は大衣の表に卍繫ぎ文、縁に小片による亀甲繫ぎ文、裏に四ツ目入り二重立涌文を、裳の表に米字入り変り七宝繫ぎ文、裏に斜め格子文をそれぞれ細い切金であしらう。これに対し吊紐は輪郭のみ切金で、縄目は金泥で描き込んでいる。

光背の地色は頭光・身光ともに現在淡褐色を呈するが、絹目に残存する顔料から推して前者の内区を緑青、外区を群青とし、後者はこの配色を内外逆転させていずれも絹裏から彩っていたことが判ぜられる。絹表からは、紫系有機色料を加えたものであろう。ここで興味深いのは、外区の周囲に金泥による外暈を平塗りしていることである。肉身の淡い金泥にしろ衣裳の裏箔にしろ、本図全体の鮮やかな色彩に比すれば意外と目立たず、まるでシルエットのように深く落ち込む印象すら抱かせるのに対し、この外暈はシルエットの輪郭を殊更際立たせており、非常に注目される。

蓮華座は、大衣と同様に地を裏箔とする。蓮弁はまず太い墨線で輪郭づけ、その内縁に沿って太い切金を置くが、先に見た大衣の場合切金が墨線上をなぞっていることを慮れば、蓮弁の墨線は下描きではなく、台座の存在を強調するために初めから仕上げ線として意識されたものと考えられる。

ここで目を下方に転じれば、中尊の前方左右、すなわち礼拝者に最も近い場所に、片や斜め横を向きうつむき加減に両手で蓮台を差し出さんとする観世音菩薩②が、片やほぼ正面向きに合掌讃嘆する大勢至菩薩③が、相称的位置を占める。しかし不可思議なことに、両脇侍はこのように各々の体勢こそ往生者を迎え摂ろうとしてはいるが、正面向きの中尊の前に座るといずれもがよそを向いてしまう。つまり往生者の居るべき三者の交点が、どこにも見当たらないのである。この問題についてはしばらくおくとして、表現上なにより特徴的なのは、三分の一ほど右に振った横顔を見せる観世音の輪郭の描法であろう。すなわち、髪際を起点とした筆は盛り上がった眉部を通り眼窩の凹みに至っていったん収め（第一線）、次に新たに右眼球の膨らみだけを一本の弧線で描き（第二線）、さらに眼窩の下側から三度目の筆を起こして頬を経由し顎際まで引き切るという（第三線）、写実性に配慮した描写が認められるのである。しかし、日本仏画における横顔での眼球と輪郭線との関係は、法隆寺金堂壁画以来上下瞼の間だけを避けるというものが一般的であった。金剛峯寺所蔵国宝応徳涅槃図や京都国立博物館所蔵国宝大治本十二天画像中の一部の尊像に見受けられる描法は、それを基本としながら通常の眼窩の線を短く添えたにすぎない。むしろ本図のように三本の線を引き継ぎ、しかも第二線で大きく眼球の膨らみを表す現存遺例は、奈良国立博物館所蔵国宝十一面観音像や同じく奈良博の重要文化財伝清海曼荼羅観世音菩薩、元興寺所蔵重要文化財板絵本智光曼荼羅両脇侍菩薩など、十二世紀末葉ごろから流行を見る。

また観世音の眼窩の弧線と鼻梁の線とを直結した表現も現実味に富むもので、右眼上から高い鼻梁を経由して鼻孔まで縦長の線を一息に引き、右眼下に短かく弧線を加えている。髪際はゆったりと大き目のウェーブを連ね、髻は丈高く三段に結い上げてなお余る豊かな髪を両肩に垂らし、これは肩口で三個の房に編む凝った髪形が珍しく、独特の魅力を作り上げている。そこでこの髪形の淵源を探ると、武藤家の胎蔵旧図様のうち毘盧遮那如来（『大正図像』Ⅱ―四八〇）に行き当たることははなはだ興味深い。現存本は建久四年（一一九三）に禅覚が模写させた第三転写本であるが、その原本は智証大師円珍（八一四～九一）が請来した台密の図像集である。

こうした密教的要素は、その他の聖衆においても、例えば菩薩⑫の演奏する竪箜篌に三鈷を付している点は同様の傾向を示すものと解せるし、さらに顕著な証左として宝冠を掲げることもできる。すなわち次の三種類である。

（1）頭上一杯の髻を幾本かの蕨手状の金環装飾が大きく包み込み、その上辺に小さな珠飾りを点々と置くもの。この形状を持つ宝冠は⑧・⑲・⑳の三体が被る。その原型ともいうべき八世紀後半に遡る唐代の類例がギメ美術館ペリオ・コレクション蓮華部八尊曼荼羅（EO.1131）多羅菩薩に認められるが、日本では胎蔵旧図様と同様に原本を円珍が請来した奈良国立博物館所蔵重要文化財胎蔵図像に見出される。

（2）同じく頭上一杯の髻を、一本の蕨手状の金環装飾が大きく包み込むもの。本図では⑨一体のみに見られる形状である。この類例は観智院護摩爐壇様の尊像にのみ登場する。これは奥書に「智証本批云／大中九年九月八日右街龍興寺浄土院居禅和上／房請左街長安青龍寺伝教法全和上本抄取并／勘定日本沙門珍記者」とあって、原本の一つはやはり円珍が請来したことの判明する図像集である。

（3）後頭部から後方へ伸びた蕨手状の金環が、下から手前へと小さく巻いて髻を包むもので、⑯・⑰の二体が戴く。これと全く同一ではないが、ペリオ・コレクションのうち、唐代（八世紀末から九世紀前半）とされる供物盤を持つ菩薩立像幡（MG.17652）には上から手前へと巻く形状が見出され、同じものが東寺所蔵国宝西院曼荼羅金剛界成身会地天や理趣会の欲触愛慢の四金剛女に確認できる。

このように本図に現れる特殊な形状の宝冠について検討してみると、すべてが天台密教、就中円珍を開祖と仰ぐ寺門派の図像に依拠していることに気づかれる。前述の観世音の髪形とも併せ、こうした台密の著しい影響は本図の大きな特徴の一つということができよう。また台密とは限定できないものの、本図にはほかにも密教色の濃い表現が用いられている。菩薩⑦が唯一身につける蕨手型の臂釧（ひせん）は、右の台密系図像の他神護寺所蔵国宝高雄曼荼羅や四種護摩本尊及眷属図像等東密系図像にも見出され、同じくこの菩薩特有の額の四筋の毛は神護寺所蔵十二天屏風梵天像に確認できる。さらに菩薩⑪の首を傾げた様子といい両眼を山型に作る特異な笑顔といい、あるいはこれも例えば西院曼荼羅胎蔵界中台八葉院文殊菩薩のような密教像にヒントを得た造形であるかもしれない。それにしても奏楽菩薩達の賑々しく楽しげな様子は印象深く、礼拝者をして自ずから歓喜の心を換び起こさせずにはおかない。しかも吹奏楽器を演奏する四体（㉑・㉓～㉕）を除き、口を結ぶのは⑬一体のみで他はすべて白い歯を覗かせている点は、ほかに類例を見ない本図の特徴といいうる。

ところで、阿弥陀聖衆が乗る紫雲は、風に押されて先端が内側に渦を巻くいわゆる霊芝雲で、それぞれ尾を長く棚引かせている。現在、見た目では白色と淡褐色とを呈する二つの箇所に大きく分類できるが、X線写真では両者ともに不透過を示すものの後者の透過度のほうが比較的高い。また画面を仔細に検すると、やはり両者ともところどころ有機色料の液体が溜ってこびりついた痕跡が確認できる。すなわち紫雲の技法は、まず下描きの墨線に鉛系白色顔料による輪郭線を重ね、これに合わせて同じ白色を塗る。その際陰影をあらかじめ考慮し、淡い紫に仕上げる箇所には白色を厚く施しておいて明度を上げる一方、濃い紫とする箇所は薄塗りにしたのである。最後に上から紫系有機色料をかけて上品な色彩を現出するが、その濃度でも両者に差を設けて、複雑に形を変える紫雲に的確な立体感をもたせて描き表している。

一方、湖面は褪色して現在淡い褐色にしか見えないが、当初はおそらく藍のような有機色料を刷いて水色としていたものであろう。洲浜はベンガラによる茶色とし、水草はまず緑青で茎や葉を描き、一部を除いて細く鋭い濃墨線で明確に輪郭づけている。懸崖や土坡（どは）はベンガラと緑青で陰影を際立たせ、力強く技を伸ばす闊葉樹は朱と丹の紅葉で濃厚な美しさを誇る。片や松樹は、剥落こそ著しいが緑青で常緑の葉を、白緑で点苔を表し、これにまつわる蔓をベンガラで引く。

満々と水を湛えた湖面上で静かにたゆたう波は、中央で屈曲する山形の墨線を引き重ねて表している。その線質は、秋山光和氏（註7）によって一一六〇～七〇年代と推定されている朝護孫子寺所蔵国宝信貴山縁起絵巻とも通じるが、彼図における柔らかさは本図ではすでに失われており、むしろ蓮華三昧院本に相近い感覚が認められる。

以上を概括するに、本図には新旧両様、換言すれば過渡期的様相を呈する要素が数多く含まれていることが明らかとなった。例えば描き起こしの線描には、打ち込みや肥痩こそ見られないものの引き締まった強さが内包されており、また切金文様も繊細さを残しながら生硬で深みに欠ける一面をも併せ持っている。紫雲や水波、懸崖といった風景表現も、その形態は平安後期の伝統に則っているにもかかわらず進行しつつある形式化の洗礼を免れているとはいいがたい。しかしこれらのことは、十二世紀も中ごろないしはやや降るころの諸作例と比べてこそ相違が目立つのであって、逆に十三世紀のものに比してはまだ柔らかさを保っていることも先に見た通りである。さらに太い眉、やや見開いた意志的な眼差し、口元の写実的な描写といった要素が作り上げる目鼻立ちのくっきりとした顔貌表現。中尊の肉身や光背、諸尊の着衣の文様等広範な使用が認められる金銀泥による表現。赤色と白色を多用した清新な趣ある賦彩による表現等。これらはいずれも張りのある線描と相俟って、完成された表現の踏襲から生じる類型化を脱し、新たな表現法を積極的に求めようとする本図の画家の意気込みを十二分に感じさせる要素であり、濃い暈取りや観世音菩薩の横顔に発見される復興的試みもその一環であったと考えられる。以上のようなことから本図の置かれるべき制作年代は、十二世紀も第四半期なかんずく王朝絵画が最後の余光を放つ平家時代の終焉後、すなわち鎌倉時代の劈頭とするのが最もふさわしいと思われる。なおこれは、最初に見た画絹の組成とも矛盾しない。

次に、本図の図様上の特徴に言及する。

右幅上方、聖衆の最後尾に各々上半身を覗かせる化仏化菩薩㉛〜㉝は、画面中の扱いは小さいながらも重要な位置を占める。すなわち『観無量寿経』（以下、『観経』）に

「下品上生者、或有衆生、作衆悪業。雖不誹謗、方等経典、如此愚人、多造衆悪、無有慚愧。命欲終時、遇善知識、為讃大乗十二部経、首題名字。以聞如是諸経名故、除却千劫極重悪業。智者復教、合掌叉手、称南無阿弥陀仏。称仏名故、除五十億劫、生死之罪。爾時彼仏、即遣化仏、化観世音、化大勢至、至行者前、讃言、善男子、汝称仏名故、諸罪消滅。我来迎汝。（中略）得聞仏名法名、及聞僧名。聞三宝名、即得往生。」

とあり、阿弥陀如来は下品上生の者に対し、化仏・化観世音・化大勢至の三体を来迎のために派遣することが説かれている。すると文字通り解釈すれば、中幅の三尊がこの三体に該当する可能性もないではないが、それにしては他の多くの供養・奏楽菩薩について経典は何らふれていない。しかもこれとほぼ同じ図様は天喜元年（一〇五三）国宝平等院鳳凰堂扉絵に描かれており、秋山光和・柳澤孝両氏は、来迎表現において他の扉絵とのバランスを崩さずかつ教義的意義をも視覚化する必要上、化仏化菩薩の姿を象徴的に配したものと解釈している（註８）。本図は単独の来迎図である点が扉絵と大きく相違するが、しかし下品上生の場面を華麗に描写する一方便として、こうした先例を援用したものと考えられる。

すると、ここで注意されるのは、前述のように本図における中尊阿弥陀如来①の賦彩が、光背の紫に包まれた鈍い金色で統一され、むしろ目立たない沈んだ色面を形成していることである。しかも、光背を縁取る金泥の外暈によって鮮やかに浮かび上がるそのシルエットは、巨大な未開敷蓮華を彷彿とさせる。翻って化観世音菩薩㉜の持物もまた、未開敷蓮華なのである。つまるところ中幅の阿弥陀は、礼拝者を迎え摂るために出現した化仏化菩薩の差し出す蓮華なのであって、礼

拝者はたちまち画中の主人公と化し、中幅両脇侍以下聖衆はこれを賛嘆供養する夢幻のごとき存在と見なすことができる。なればこそ、本図の前のどこに座しても観世音②の蓮台と向き合えるはずもなく、悲壮感や静謐といった雰囲気すら微塵もない道理である。かように記すとすぐに即身成仏と結び付けたがる向きも出ようが教義的にはあくまで下品上生であり、本図の典拠もまた天台の源信であるから、密厳浄土とは関係が無い。それにしても、かくも稀有壮大な来迎を構想する人物とはいったい誰であろうか。

それはともかく、重ねて想起されるのは冒頭に見た『過去帳』の記載であろう。すなわちある人が、源信の創案した来迎図に僧形が多く菩薩形が少ないことの理由を問いかけたところ、源信は自分は下品往生を望んでいるからであるという。なぜ上品（じょうぼん）を望まないのかと重ねて尋ねると、そこが自らの分に相応しているからであると答えた。さらにこの逸話には続きがある。

「又細尋彼臨終事。省病僧等云。近終焉日。令人読無量寿経下品上中二生文。其意同前。云々。今恐如彼願。得下品蓮敷。」

つまり臨終の近いことを知った源信は、『無量寿経』（あるいは『観経』か）のうち特に下品上生と中生の部分を選んで僧たちに読ませたというのであり、撰者覚超は、源信が今は願いのままに下品の蓮華に生まれているであろうと想像している。本図が九種類の来迎表現のうち、意図的に下品上生の相を描き出していることは先に指摘したが、その思想的根拠をこうした源信の一連の言動に求めることができよう。この点は、すでに知られているように法然が上品上生を願ったことと、好対照をなすものである（註9）。

本図の図相に現われた二番目の特徴は、中央で中尊を取り巻く七体の菩薩②～⑧の存在であろう。石田一良氏（註4⑭）は早くに僧形④・⑤をそれぞれの持物や印相から地蔵と龍樹にあて、阿弥陀三尊と合わせて横川楞厳三昧院のうち常行三昧堂内の尊像「安置観音勢至地蔵龍樹菩薩等像各一躯」（『山門堂舎記』）に一致すると説いた。以来美術史家においてもこれを採用する場合がある（註10）。しかし本図を虚心に眺めれば、僧形菩薩三体④～⑥と供養菩薩二体⑦・⑧はまったく平等に描かれていて、そこから二体のみを抽出できる差別的要素は微塵も感じられない。むしろこの七体一緒の出処を探れば、『往生要集』中之末「大文第六別時念仏、第二臨終行儀、次臨終観念」に「仏是医王。法是良薬。僧是瞻病人。」と譬えられるうちの「僧」として、以下のような七菩薩が明記されている。

「次応生随逐護念想。一心念僧。南無観世音菩薩。南無大勢至菩薩。南無普賢菩薩。南無文殊師利菩薩。南無弥勒菩薩。南無地蔵菩薩。南無龍樹菩薩。南無三世十方一切聖衆。南無極楽界会一切三宝。南無三世十方一切三宝。」

先に見た『観経』下品上生項末尾に「得聞仏名法名、及聞僧名。聞三宝名、即得往生。」とある内容にまさしく一致する点で注目されるが、本図では図像学的特徴が乏しく、普賢・文殊・弥勒の三体を比定できない点でこれのみでは不十分といわざるをえない。そこで試みに僧形が三体含まれる特徴だけに焦点をしぼれば、『過去帳』において源信が入寂の前日に語ったとされる次の秘事に思い当たる。すなわち

「我有所見。不語於人。年少僧等。数類来坐。或三人為一類。或五人為一類。容貌端正。衣服美麗。如此等事。閉目則見。」

とあり、源信には日ごろから三人ないし五人一組の、容姿も端麗で衣服も美しく調えた若い僧たちが、幾組か来て座っているのが見えたという。こうした組合わせの僧については右の「臨終行儀」にも、

「若刀風一至。百苦湊身。若習先不在。懐念何可弁。各宜同志三五。預結言要。臨命終時。迭相開暁。為称弥陀名号。願生極楽。

声々相次。使成十念。」

と記されていて、あらかじめ三人ないし五人の同志と臨終に備えて念仏を励まし合う約束を結んでおくよう勧めている内容とも対応するものである。本図の中心をなす一団も、こうした源信の諸思想を重ね合わせて構成されたとは考えられないであろうか。

ちなみに、知恩寺所蔵重要文化財当麻曼荼羅〈39〉下縁上品上生来迎中の聖衆に、比丘形が多く表されているとの誤った報告も先学によってなされているが、これは単に宝髻の群青の剥落に因るに過ぎない〈39－2・3〉。

さらに図相上第三の特徴として掲げうるのは、左幅上方に並ぶ四体の供養菩薩⑭～⑰である。供養菩薩が聖衆の後方を占めるのは鳳凰堂扉絵にも散見されて珍しくはないが、本図の場合二体が菩薩形にもかかわらず法衣を纏い、また二体が一風変わった宝冠を戴いてやや小さめに表される様子は、明らかに他の聖衆と扱いが異なるといえよう。前者の特徴は法隆寺金堂壁画六号壁阿弥陀浄土図上方に確認できるが、かの図では化生童子と同じく宝池中の蓮華上に坐しており、やはり化生を果たした後に成長した菩薩と見なされる。すなわち『観経』に、

「光明宝林、演説妙法。聞已即悟、無生法忍」（上品上生）、「経一小劫、得無生忍」（上品中生）、「経三小劫、得百法明門、住歓喜地」（上品下生）

とある。いずれにしろ本図の場合、もしも伝統的な供養菩薩に四童子の意味を含ませたと憶測するならばやはり『過去帳』が根拠となる。源信入寂の当日、遠方に住む弟子能救は夢に源信往生の様子を次のように看取するのである。

「夢見能救到僧都室。僧都欲遠行。其路左右。諸僧陳列。有四童子。形服甚美。左右相哉。列僧而立。大途似横川迎講儀式。僧都示云。以小童為先。以大童為次。云々。依命調立已了。向西歩行。（後略）」

四童子には大童と小童があり、西に向かう際には源信の指示に従って順序を変え、小童を先に大童がこれに続いたという。すると来迎の際には逆に大童が先行していたことになるが、本図の場合法衣を身につけることであえて小童と区別したと考えるのは、うがち過ぎであろうか。

以上のように本図の図相を特徴づける諸要素が、いずれも源信の思想を根底に置いてこそ説明可能であるという事実は、前項で考察した本図の伝来とも符号して甚だ示唆的といいうる。『過去帳』には、本図を彷彿とさせる逸話がもう一つ掲載されている。能救と同じように源信と師弟の契りを結んでいたある僧が、源信の生処を知りたいと数ヶ月祈念したところ、夢に源信に会うことができた。その問答において、源信は来迎の有様をこう語っている。

「聖衆雲集。囲繞仏時。我在最外。」

すると次に、この範囲の中で想定される本図制作の機縁について、一応考えてみなければなるまい。松下氏（註4⑮）は、いわゆる大原問答で有名な顕真（一一三一～九二）が文治二年（一一八六）に建立した念仏三昧道場五房のうち、いずれかの壁画として本図が制作されたと主張する。しかしこの五房とは元禄十五年（一七〇二）師蛮撰『本朝高僧伝』巻第十二「江州延暦寺沙門顕真伝」によれば、文治三年大原山中に建てたものであって安楽谷と直接のつながりはない。しかも法然に帰依した顕真ならば、本図のような源信の思想を背景とした図相には拵えなかったであろうと推測される。

そこで虚心に帰ってこれまでの検討結果をたどれば、制作当初の本図は九副一鋪という比類なき壮大な規模を誇る画像

であった。しかも永正六年には三条西実隆が「自御所可拝見之由被仰下之」と記し、また遅くとも元亀二年の時点で「勅封納寶蔵之室従往昔」の状態であった事実は、本図発願の背後に朝廷の存在をこそ窺わしめる。すなわち武家の台頭著しい十二世紀後半にあって、一時の中断もあるが二条から後鳥羽五代の天皇に係る三十余年間院政を敷き、公家権勢の維持に手腕を発揮された後白河法皇（一一二七〜九二）の関与を、真先に思い浮かべるべきであろう。

そこで法皇崇仏の跡をたどれば、嘉応元年（一一六九）六月十七日の御出家にあたっては第三十二世長吏覚忠を戒師としたほか、公舜・憲覚が唄師、尊覚・公顕が剃除、実慶・真円・源猷が雑役といずれも園城寺僧が奉仕しており、この有様を平信範（一一一二〜八七）は「皆為園城寺門徒、叡慮之所及、凡夫難知云々」（『兵範記』）と訝しむほどであった。またこのとき定められた法名行真も、受禅以来護持僧を勤めた第三十世長吏行慶（一一〇一〜六五）に因むものであったらしい（『寺門伝記補録』・『護持僧次第』）。このように法皇と台密寺門派とは常に親密で、熊野へは久寿三年（一一五六）以降だけでも三十度を数え、また石清水八幡宮（同十九度）、四天王寺（同十五度）と度重なる御幸も、これらの寺社が園城寺と深いつながりを有していたことと無関係ではあるまい。さらに承安二年（一一七二）十月には覚忠の奏によって一身阿闍梨となり（『皇代畧記』）、治承二年（一一七八）二月には園城寺で灌頂大壇に入る御希望を再三仰せられ、これは比叡山大衆の蜂起訴訟によって取り止めとなったが、文治三年（一一八七）八月二十四日、四天王寺において第三十五世長吏公顕から五瓶灌頂を受けていられる（『百錬抄』・『寺門伝記補録』）（註11）。本図に台密のなかでもことに寺門の図像が見え隠れしている点も、法皇の存在によって得心がいくのである。

一方比叡山との関係は、安元二年（一一七六）四月二十七日に第五十五世座主明雲から受戒され、日吉社御幸も三十五度に及び決して疎遠であったわけではないが、必ずしも良好とばかりはいえない状況にあった。すなわち遡って御出家の年の十二月、近臣藤原成親・政友と日吉神社神人との闘争事件に際しては、初め明雲の護持僧罷免等の措置を取るが二転三転の裁可を余儀なくされ（『百錬抄』）、また御受戒の翌年にはいわゆる「白山事件」も勃発して、五月五日首謀者として座主を停廃し伊豆国流罪に処したはずの明雲が、二十二日山僧によって途中大津で奪取される事態ともなったのである（『天台座主記』）。これらの背景には比叡山と協調関係を保つ平家一門の勢力が暗躍していたようで、平清盛は仁安三年（一一六八）二月出家の際明雲を導師とし、また治承四年（一一八〇）六月明雲の四天王寺別当着任も清盛の意向であった（『法中補任』）。しかし寿永二年（一一八三）七月二十五日の平家西走直前、法皇は三日間比叡山に避難され、ここにようやく両者の間に落ち着きが見られる。かような経過をたどり、文治三年（一一八七）八月十四日法皇は、「手自以草為筆。以石為墨。以禅定智水。一字三礼書写妙法蓮華経。」に則した「如法経」を自ら書写し、翌月比叡山に登って横川如法堂に奉納されるに到る。導師は法皇のかつての寵臣藤原通憲（信西）の息、澄憲（一一二六〜一二〇三）であった（『叡岳要記』）（註12）。

ところで、本図の図相は下品上生を表しており、九品の中からあえてこの往生を選択した意図に源信の思想的影響を見た。そこでにわかに重要な意味をもつのが『玉葉』文治三年四月九日における左の記事である。

「又近日有往生要集談議、澄憲法印已下五人学生預其事云々、法皇年来、曾不知法文之行方、況於義理論議哉、而臨此御悩時、忽然而有此議足為奇、是又物狂歟。」

つまり法皇は前月下旬から瘧（おこり）を病んでいたが、いきなり『往生要集』の談議を思い立たれたものらしい。それは兼実に「物狂」と評されるほど突拍子もないことであった。しかし政局も一先ず安定し、また病に心の弱られた法皇が、かねて念願の極楽往生をいっそう身近に感じ、教科書ともいうべき『往生要集』の内容に切実な興味を覚えられたとしても不思議ではあるまい。あるいは如法経の書写も、このような澄憲との関わりのなかで横川への想いを強くしていった結果かもしれない。すると本図は文治三年（一一八七）を上限とし、後白河法皇入寂の建久三年（一一九二）を下限とした数年の間に、法皇指導のもと描かれたと考えるのが最も蓋然性が高いのではあるまいか。

　さらに法皇が今様をはじめ、音楽に深い造詣を有しておられたことは周知のとおりである。その御撰『梁塵秘抄』巻第二には極楽歌が六首掲載されているが、うち往生に関する歌は二首あり、御自作でないことはもちろんのことながらいずれも下品を願っているのは象徴的といえる。すなわち

「十方仏土の中には、西方をこそは望むなれ、九品蓮台の間には、下品なりとも足んぬべし」

「浄土は数多有んなれど、弥陀の浄土ぞ勝れたる、九品なんなれば、下品下にてもありぬべし」（註13）

本図の奏楽菩薩達が揃って口を開くのも、あるいは往生祝福の悦びの歌声を、高らかに響かせているためかもしれない。

法皇臨終の御様子は、『玉葉』建久三年三月十三日に次のように記されている。

「十念具足、臨終正念、面向西方、手結定印、決定往生、更不疑云々。」

正しく、『往生要集』臨終行儀（註14）を彷彿とさせる。

第二節　蓮華三昧院本阿弥陀三尊像

深く、濃い青色の中、どこまでが水面とも判じがたい蓮池の上空に、燦々と光り輝く阿弥陀三尊が、静かに、滑るように来着する。その幻想的な一瞬の情景を捉えた高野山蓮華三昧院の国宝阿弥陀三尊像〈38－1〉は、寺伝に開基明遍（一一四二～一二二四）が法然（一一三三～一二一二）から付与されたともいうが、もとより確証はない。

　これを主たる対象とする論文はもちろん、『日本國寶全集』をはじめとして図版解説の類も少なくないが（註15）、概括するに、本図は複雑な阿弥陀浄土図から、三尊と天蓋や供物台を抜き出して描かれた作品と解釈され、特に、阿弥陀の印相や天蓋・供物台に配置された宝鳥、左右対称の両脇侍といった点から元興寺軸装本智光曼荼羅〈36〉との関連が指摘されてきた。また、浄土図的三尊を描くにもかかわらず紫雲が表されている点については、本図を帰り来迎の一種とする説（註15②）、紫雲を心の内に三尊が現れたことを示す観念表現とする説（註15③）、同じく仏の現前（＝来迎）を表すモティーフとする説（註15⑭）など、実にさまざまである。

　本図は実測で、縦一五四・〇（五・〇八）、横上辺一三四・四、下辺一三四・六（四・四四）cm（尺）の絹本著色画で、三副で一鋪を成す。各絹巾は、上方では向かって左から四二・〇、四八・二、四四・二、下方では同じく四三・一、四八・四（一・六〇）、四三・一cm（尺）である。絹継部は直線でほとんど歪みがないにもかかわらず、上下辺で両端の絹巾に一cm余も差が生じているのは、後述のように後世の修理時の裁断が意図的に図を傾けて施されたためと思われる。一㎠中の画絹組成は、

平均で経(たていと)四〇本（二本引き揃え）、緯(ぬきいと)四七越、すなわち組織点は一八八〇点を数え、最大絹巾とともに一般的な数値を示す。

その図様は、画面中央横一杯に黄金色の阿弥陀三尊を大きく配し、中尊の頭上には天蓋、前方には供物台を置く。三尊が乗る紫雲の尾は、尊像の背後から画面に向かって左へ、次に中央へ、さらに左上方へと長くたなびいており、屈曲する飛来の軌跡を窺わせる。下方すなわち礼拝者に最も近い場所は、大小の開敷・未開敷の蓮華と蓮葉とが伸びる蓮池で占める。三尊の浮く虚空とこの蓮池とはいずれも暗青色で、両者の区別は水面の細波とその上に薄く漂う紫の霞によるほかはない。こうした図様の表面には、積年の真摯な供養を彷彿とさせる薫煙の付着によって全体に黄味がかっているのと、上方に画絹の剥落が若干認められる以外に目立つ傷みもなく、保存状態はきわめて良好といえる。

さて、本図が伝来する蓮華三昧院は、建久六年（一一九五）ごろに明遍によって開かれ、その没後は念仏聖の中心地として栄えた高野山蓮華谷の古刹であり、現在は遍照光院がその名跡を併せ継いでいる。康治元年（一一四二）に藤原通憲（信西、一一〇六～五九）の子として生まれた明遍は、東大寺で敏覚に三論を、明海に密教を学び、保元三年（一一五八）に維摩会竪義、嘉応二年（一一七〇）に同講師、安元二年（一一七六）には同精義を務めて令名を得たが、敏覚が東大寺別当を辞した治承元年（一一七七）以後に東大寺を離れ、光明山に遁世する。さらに、同じく信西の子である醍醐寺の勝賢（一一三八～一一九六）がいた高野山に上り、ともに念仏生活を営んだといわれる。住房から十町ほどの場所には、東大寺大勧進重源（一一二一～一二〇六）の興したいわゆる新別所があって、南都所縁の両者の交流も十分に想定されよう。著書に『往生論五念門略作法』や『念仏往生得先義』があるとされるが、残念ながら現存しない（註16）。

一方、仁井田好古編『紀伊続風土記』（高野山之部巻十七寺家之七蓮華谷社院家）では、蓮華三昧院は名室の随一であり、『行状僧伝』によれば明遍にこの庵室を寄付したのは、宇治川先陣で著名な佐々木四郎左衛門入道高綱（一一六〇～一二一四）であるとする。さらに、慶長年間（一五九六～一六一五）住務の頼慶の記を引いて明遍の逸話を紹介するが、その大意は以下のようなものである。すなわち「明遍はある夜、壇上に蓮華が次第に伸びて光明を放ち、その中に無尽の荘厳があるのを見て初住三昧を得た。明遍の密蓮華三昧図は別にある。そこで僧房を蓮華三昧院と号し、院谷を蓮華谷というのである」と（註17）。また什宝に「阿弥陀絵像一幅」として、「恵信僧都の筆なり。明遍是を堂の後に西向に掛けさせ給ふ。是経行の時、引接の思ひをなさんか為なりと云。故にこれを引接の弥陀と云」（句読点筆者）とあり、実際、本図中尊阿弥陀如来が捻じる左手第一・二指の接点には、禅林寺所蔵国宝山越阿弥陀図などと同様に小さな穴が開けられている。制作当初のものとは考えられないが、おそらくここに五色の糸を通し、本図を文字通り「引接(いんじょう)の弥陀」として臨終行儀を行った時期があったことも想像される。

画面中央の阿弥陀は二重円光を負い、両手とも第一、二指を捻じて胸前に掲げ、右手はそのまま掌を表に、左手はこれに重ねるように返して甲を見せる転法輪印を結び、框をともなう蓮華座上に結跏趺坐(けっかふざ)する（吉祥座）〈38－2〉。赤外線写真を参看するに、本図全体に墨線による下描きが用意されており、彩色を施した後に描き起こすという、仏画に通有の描法が用いられているが、下描きは入念で仕上げも丁寧にこれを踏襲しており、相応の準備・制作期間が想定できる。

三尊に共通する黄肉身は黄土によるとするのが通説となっていたが、X線写真との照合の結果、まず絹裏から鉛系白色顔料を厚く塗り、次に絹表からも糸が染まる程度に同色を施して下地とし、さらにその表面に藤黄をかけて、制作当初はいっそう透明感の高い黄色を表していることが判明した。こうした肉身表現は平安時代後期から鎌倉時代初期にかけての金色身に好んで用いられたことが知られているが、本図の場合、肉身ばかりか着衣や光背・台座に至るまで、ほとんどすべてが同様に扱われている点が特異といえる。しかも、着衣は絹表からの白色を肉身よりも厚くして光沢に変化を与え、輪郭や襞に応じて分量を加減して暈取りをも表している。

面貌（めんぼう）は、上瞼に引き重ねる墨線が中央を凹ませることなく平坦で黒眼も大きいのが特徴的である。そのため、太く緩い弧状に群青を塗り、その上半分に墨を重ねて描く濃い眉と呼応して、表情に力強さを醸し出している。

肉髻珠（にくけいしゅ）が見られないのは、法隆寺金堂壁画やボストン美術館所蔵法華堂根本曼荼羅中尊など、奈良時代以来の古い表現と見做すことができる。こうした古様さは、横に大きく張り出した両耳や二本線で表す三道、髪際にまで描き起こしの朱線を及ぼす点でも窺われ、やはり本図の特徴の一つとすることができる。このうち、肉髻珠の不在は法華寺本阿弥陀三尊及び童子像中尊、髪際の朱線は奈良博本十一面観世音菩薩像にも共通するが、この二作例はいずれも南都出来と推測されており、本図も何らかの古い図様に依拠している可能性が高い（註18）。また卍花相文や掌の法輪、足相のような細かな描写が省略されていることも本図の原拠を考える上で興味深い。

さて、阿弥陀は大衣を偏袒右肩（へんたんうけん）に纏い、下半身には裳を穿（は）く。着衣方法は、まず一重目を左肩から背中へ回して右肩を抜き、これは背中でずり落ちないよう、最後にあらためて右肩に引っ掛けることとなる。二重目は腹前から左肩に回し、胸から肩にかけて縁を折り返し、裏地を見せる。次にその余りを左腕に巻いて袋状の袖を作りながら、先端は右足の下へと入れるのである。すると、大衣の一方の裾は右足の脹脛（ふくらはぎ）に及び、背中にめぐらしたほうの裾は、尻の下を通って蓮華座中央に裏地を出して垂れる。二重目の大衣は右太腿の辺りでたくし上げ、左下半身全体を覆って蓮華座へと垂らす。その一部が左膝下で蘂（しべ）に填り、一見不可解な三角状の皺を形成しているが、後述のようにこうした表現は、本図の本質に関わる重要な特徴と考えることができる。中尊の右足が大衣の左袖の流れを無視するように置かれている点も同様であるが、それはともかく、右膝から下は一重目の大衣であり、その内側に足に巻きつけるようにして裳を穿いているのである。裳を足に密着させる点も、法隆寺金堂壁画などにあるように古様といえよう。

こうした着衣の複雑な出入りは、例えば右太腿など生地が余ってだぶついている箇所の襞線は輪郭まで及ぼすのに対し、裳の膝部分などの布が張っている個所の皺線は単なる曲線で済ませるなど、明快な区別をつけることで表す。文様や色彩の違いに一切頼ることなく描き分ける本図の画家の技量は並ならず、尊像画に対する知識の深さ、驚嘆すべき精密さの一端を垣間見ることができる。

ところで、中尊の座す蓮華座は横巾こそゆったりと大きいが、視点が真正面に据えられているかのように上下の厚みに乏しく、一種扁平な印象を免れえないのは、上記の素晴らしい描写に比べていかにも不審といわざるをえない。

その蓮肉は緑青で彩り、鋭角に屈曲して並ぶ蘂の先端は、鉛系白色顔料で筋状に塗った後、墨線で一つ一つ細かく描き起こす。一ひらずつの蓮弁には膨らみがあり、大らかな気分は有志八幡講本阿弥陀聖衆来迎図〈31－1〉にほど近い。蓮台を支える上框は二段目が階段状に迫り出し、下框は一段であるが、両者の間に敷茄子がなく下框の上面が広く見えているのは、やはり一見不可解である。これらの側面は煉瓦状に区切るが、全体に藤黄をかけた後、一つおきに薄く臙脂のような紫系有機色料を重ねて紫金の台座としている。前述のように、肉身と着衣との濃淡は表からの白色の厚みによって違いをつけていたのに対し、框の場合は裏彩色の段階から彩色の量を変えていることに鑑みれば、あるいは最初は白色の差だけで表そうとしたものを、いっそうのめりはりをつけるために、仕上げの段階で紫色を加えたのかも知れない。輪郭に施す太い切金線は、框の重量感の表出に一役買っているといえよう。下框の下に広がる反花は大半が紫雲に隠れているが、盛り上がる蓮弁の膨らみは十分に感じ取れる。

その紫雲は、まず輪郭などを鉛系白色顔料で線描きし、次にこれに沿って白の暈(ぼか)しを入れ、最後に要所に紫系有機色料をかけて仕上げる。しかしこの際、白暈しをあくまで控えめにして背景の暗青色をなるべく透かせ、三尊の強調効果を妨げないようにしている点は注意される。

中尊頭上の天蓋は八稜形で、火炎宝珠（註19）や宝相華、蓮華等をふんだんにあしらう豪華な荘厳を施す〈38－4〉。垂幕内には下向きの蓮華が取り付けられているらしく、下から覗くように蓮弁の先が並んでいるが、中尊台座の框とは逆に階段状に迫り上がるも、まったく立体感に乏しい。

一方供物台は、最下部から順に、下框、上框、やや小さな開敷蓮華、華籠、宝相華唐草、小さな開敷蓮華、台上の宝珠と、こちらも幾重にも荘厳が積み上がる立派な造りを誇る〈38－5〉。框の上面は下框が丹具、上框が朱、煉瓦状の側面はいずれも臙脂らしき紫系有機色料と緑青を交互に彩るが、その区切りは中尊のそれが切金線であるのに対し金泥線として、輝きの度合いに差を付けている。濱田氏（註15③）や大西氏（註15⑭）の指摘するように、天蓋や供物台に宝鳥があしらわれているのは珍しく、元興寺軸装本〈36〉にしか認められない。供物台上框の三羽の宝鳥は、首を横に振って羽根を広げ、片足を少し挙げていかにも可愛らしい。首には切金線で表す繊細な造りの瓔珞(ようらく)を垂らし、朱具の胴と、群青や緑青で彩る羽根や尾の対比がことのほか美しい。興味深いのは尾羽の彩色で、向かって右端のが根元から緑青・群青を交互に置くのに、左端のは順序を逆にして変化をつけており、本図の画家が色彩においても細部に至るまで入念に計算していたことが窺われる。同様の配慮は、最下部の開敷蓮華から伸びる宝相華唐草の先端が、右側は緑の葉であるのに左側は赤い花というように、注意深く観察すれば本図の随所に確かめられることである。ちなみに中野氏（註15⑦）は、供物台の宝珠に舎利信仰の面影を求めているが、宝珠は上述の天蓋にも、一連の清海曼荼羅などにもあって、特殊なモティーフと断じることは難しい。

むしろここで問題なのは、この供物台の下框側面に、両側から唐突に宝相華唐草を伸ばす大きな開敷蓮華の奥側の蓮弁が癒着してしまっており、両者の位置関係がすべて不明なことであろう。

阿弥陀如来の左右に侍する観世音菩薩・大勢至菩薩は、ともに中尊のほうへやや身体を向けつつ首を少し傾げ、蓮華座に坐す〈38－3〉。これまで漠然と左右対称といわれていたが、体躯の描写で最も注意するべきは各両足の交差で、まるで足同士が貫通してしまっているかのように平面的な表現に終始している。

面貌表現は原則として中尊に準じるが、斜め横顔の鼻梁線を人中まで続けて引くのが、前述のボストン美術館本など奈良時代以来の伝統的表現であることは、しばしば先学の指摘することである。

着衣は、上半身に条帛と天衣とを着け、下半身には裳と腰衣とを穿く。赤外線写真によって下描きを確認すると、天衣に隠れて見えない肩部にも条帛をきちんと描いてその有様を確認しており、入念かつ緻密な制作態度に驚かされる。これらの衣装はあくまで黄金色であるが、白繒は鉛系白色顔料、臂釧のリボンは濃い朱でそれぞれ彩り、明快な色彩の対比を呈して単調になりがちな画面に抑揚を与えている。宝冠の裏箔はすでにおおかた剥落し、かつ画絹が焼けて茶褐色を呈するために判別しづらいが、赤外線写真によれば観世音の標幟である化仏は、本図の場合明らかに立像である。座像の阿弥陀の脇侍である観世音の化仏を立像とするものには、法隆寺所蔵国宝伝橘夫人厨子阿弥陀三尊像があり、独尊像では、七世紀末ごろとされる金銅仏の遺例が法隆寺に少なからずあり、阿弥陀のみか脇侍についても古い図様に依拠していることを窺わせる。また大勢至の宝冠の水瓶には注ぎ口が付属しており、類例に金戒光明寺所蔵重要文化財山越阿弥陀図〈34〉があるが、珍しい表現といえる。光背は両尊共に頭光のみで、蓮華座も含めて中尊と原則同様の表現をとるが、唯一、後述のように観世音の蓮華座に蘂を描かない点が注目される。

背景には紫雲の下地や蓮池も含め、全体に絹表から濃い群青をかけていたことが、散見される粒子やX線写真から判断できる。限りなく広がるような漠とした虚空には、どこからともなく、美しい暖色の蓮弁がはらはらと舞い散っている。蓮弁は白地に朱や丹具の暈しを入れ、その暈しと同色で輪郭を描き起こすが、特に二枚の蓮弁がまるで蝶々の羽のようにつながっているものや、これに数本の蘂を付したものは類例が見当たらず、本図特有の面白い表現といえる。

水面は肉眼ではほとんど確認できないが、赤外線写真によれば、その水位は向かって左から四番目にある未開敷蓮華の下端あたりであることがわかる。花々の蓮弁は、鉛系白色顔料の地に朱の暈しを入れて鮮やかに彩色し、まるで夜に浮かび上がる柔らかな照明のように見える。蘂も丹具を用いて細かく描き込み、先端を鉛系白色顔料による点描で表すなど可愛らしい。

本図の特徴の第一として挙げられるのは、その卓越した線描である。本図の三尊は、肉身及び着衣、蓮華座に至るまですべて黄金色に彩色し、その輪郭を濃い朱線で描き起こしている。三尊の着衣には一切文様を描かず、きわめて簡素な表現といえるが、それにもかかわらず三尊が圧倒的な存在感を誇りうるのは、本図の画家の線描力の賜物といえるであろう。特に阿弥陀の大衣に施された秀逸な衣文線には、無文の簡素さを補ってあまりある美しさが感取される。

このように本図の美しさの根源とも見做される線描を、試みに他の仏画遺例と比べてみれば、遍照光院所蔵重要文化財一字金輪曼荼羅や根津美術館所蔵重要文化財八十一尊曼荼羅のそれが、すでに張りを失い、特に弧線での無意味な肥痩が散見されるのに対し、本図は太く均一な線をしなやかに引き切って見事である。前者は巻留部の墨書銘のとおり、深賢が成賢から伝領した承久二年（一二二〇）までの、後者は旧軸木銘を転写した旧腹背押紙の銘文にあるごとく、検校した忠快の没する嘉禄三年（一二二七）までの制作とそれぞれ信じられ、これらを本図の下限とすることに間違いはない。むしろ、力強く引き締まった線質は、有志八幡講本〈31－1〉や建久二年（一一九一）制作の東寺甲本両界曼荼羅にこそ相通じる特徴が認められ、したがって本図の制作年代は、一一九〇年代前半に置くのが最も蓋然性が高いと思われる。

しかも、例えば状態に応じた襞線の区別や、両脇侍の天衣に隠れる条帛の下描きなどに代表されるように、本図の描写は著しく緻密かつ正確で、下描きや裏彩色の技法も含めて周到な準備のもとに制作されている。また、奈良時代以来の古様な表現にも精通していたことが窺われ、本図の画家が、当代随一の筆力を有していることは疑いえない。

ところが、実際に本図を懸用しようとすると、なぜか大変に落ち着きが悪く、ちぐはぐな印象が否めないのである。そこでその原因を探ったところ、中尊の白毫から鼻筋を通り、唇の中央を結ぶ延長線にある画像自体の正中線に対して、現状の本紙が左に傾いていることに気づかされた。すなわち画像の正中線は阿弥陀頭上の天蓋中央と、香炉上の宝珠の中心を正確に通っており、蓮池の水平線に対しても垂直を保っている。また、画絹が歪んでいるわけではないことは、絹継部が正中線と完全に並行していることで確認できる。つまりは、現在の表具がわざわざ本来の正中線を左に傾けて仕立てられていることが問題なのであり、制作当初は、正中線も絹継部も垂直に通っていたはずなのである。冒頭に見た画絹法量実測値の齟齬は、この表具の現状に起因していたわけである。

そこでこの正中線をまっすぐな状態に戻してみると、阿弥陀の座す蓮華は正中線に対して水平であるのに対し、今度はその框と前方の供物台が極端に右下がりになる。おそらく後世の修理の際、この傾きを緩和しようと画面全体を反時計回りにずらして表装したため、正中線が斜めに曲ってしまったのであろう。制作時の框や供物台の傾きは、一見写し崩れとも受け取れるが、絹継部と平行な正中線を取れる画家が、台座や供物台をまっすぐに描けなかったとはとうてい考えられない。

さらに、両脇侍の寸法は、頭光の高さが阿弥陀の肩の高さで一致しているにもかかわらず、頭光から蓮華座までの寸法は、観世音四五・八cm、大勢至四七・〇cmと、観世音菩薩が一・二cmも小さくなっている。はたして本図の画家が、四分にも及ぶ寸法の差をやすやすと見逃すものであろうか。むしろ、画家には何らかの意図があり、あえて画面の均衡を崩したと考えるべきであろう。

ところで、しばしば問題として提起しておいたように、本図にはまた立体感や奥行の表現において、一見しただけでは理解しがたい箇所が散見された。例えば、中尊左膝下大衣の三角状の皺、右足と左袖の関係や厚味に乏しい蓮華座、鋭角に屈曲する蘂の並び、階段状に迫り出す二重框や押し潰したような垂幕と内部の蓮弁などである。ことに、供物台下框と一体化しているように見える開敷蓮華は、有機的関連が完全に失われている。このように、一流の画家の手になる本図において、あえて目立たせるが如き画面上の不均衡や立体感の欠如は、いったい何に起因するものなのであろうか。

ここで興味深いのは、長谷寺所蔵国宝銅板法華変相図に見られる、反花のついた宝塔の表現である。この宝塔の各層は、かなり俯瞰した視点から階段状に迫り出すように盛り上がりをつけて造形されているが、これはモティーフの立体感を表出するばかりでなく、その出し加減によってそれぞれの前後関係をも現出する、レリーフ特有の様式といえる。そこで試みにこの宝塔の輪郭に沿って線を引き、二次元化してみると、本図の阿弥陀の框に驚くほど相通じる形状をとることに気づかされる。

逆に、本図の供物台と開敷蓮華とをレリーフの状態に置き換えて想像してみると、迫り出した下框の下に、かなり高い位置から俯瞰した蓮肉がまた迫り出すのであるから、奥側の蓮弁はむしろ不要で、しかも両者の突出に従った前後関係、すなわち供物台の前方手前に大きな開敷蓮華が咲いている状態が明瞭となる。本図の場合、そうしたレリーフをまったくの平面に写したがゆえに、一見不思議な描写となってしまっているわけである。この場合、宝塔各層の左右から唐突に垂れ下がる風鐸（ふうたく）も、本図の開敷蓮華左右から飛び出す宝相華唐草の有様を如実に想起させる。

加えてレリーフには、浅いとはいえ凹凸があり、それに応じた陰影もつく御蔭で、さほど不自然にはならない表現も、いったん線描だけを抽出したデッサンとなると、そうした三次元的要素が消滅し、押し潰したような一種扁平な表現に化してしまう。本図中尊の左足と右袖との関係や、両脇侍の貫通したような両足における立体感の欠如もしかりである。さらには、本図の中尊大衣の皺が蓮台の蘂上に三角形に落ち込んでいるのも、屈曲するその蘂の並びも、そして蓮華座内周の蓮弁のうち左右端が横向きにならないのも、絵画としては穏当な表現とはいえないが、後方のモティーフを左右に広げて出すことによって奥行きを示すというレリーフの特徴を、ほぼ忠実に踏襲した結果と考えれば首肯できる。

要するに蓮華三昧院本は、レリーフをその親本としているとしか考えられないのである。

しかも、画家はこうした立体感の欠如に対し、成さんとすれば簡単に施せるであろう何らの修正も加えず、あくまで親本を忠実に写し取っている。つまり、画家の目的は単なる図様の援用ではなく、レリーフのもつ雰囲気までも写し取ることにあったと考えられるのである。三尊ともに、肉身から着衣・光背・台座に至るまで黄金色で文様がないことも、全体に金箔を施して仕上げる押出仏や塼仏、あるいは浅浮彫の板図などの特徴によく通じる。

さらに本図中には、レリーフ的特徴を有しない箇所も存在する。画面下部の蓮池がそれで、そこに生える二つの開敷蓮華と、供物台前方のそれとを比べてみれば、彼我の相違は歴然としている。すなわち、後者が上述のように高所から俯瞰しているのに対し、前者二輪の視点は低く、蘂や蓮肉も丈高いばかりか、蓮弁もぐるりと一周それらを廻っている。つまり、この下部の蓮池についてはレリーフの影響をまったく受けておらず、したがって親本にはなかったものを、本図制作時にあえて付け加えたことと判じられるのである。この事実はいったい何を意味するのであろうか。

冒頭に述べたように、従来、本図の主題に関する論争を巻き起こしてきた問題点は、きわめて浄土図的三尊でありながら、紫雲に乗るという特徴をも有していることにあった。しかし、レリーフを元にした浄土的三尊や、それと一括りの天蓋、供物台、開敷蓮華に対し、新たな要素である下部の蓮池とは、元来性格を異とすると考えられる。要するにこの蓮池は、浄土の「宝池」ではなく、あくまで現世の「蓮池」なのである。となれば乗雲の三尊は、蓮池の手前に存在する者、すなわち本図の礼拝者のもとに、浄土から来迎した三尊にほかならない。にもかかわらず、本図の中尊は転法輪印を結び、観世音も蓮台を捧持しないという、通常の来迎図とはかけ離れた姿態を採用しているということは、レリーフ的表現の踏襲とともに、よほどその親本に重要な意味があったとしか思われない。

ところで、本図の様式年代は、一二〇〇年前後に置くことができた。それはあたかも、明遍が高野山に上る時期に符合する以上、本図の制作に明遍の関与は疑いをさしはさむ余地はあるまい。一方、三尊等の有様に鑑みれば、本図の親本は浄土図であったとするほうが蓋然性が高い。そして、それをよすがとする観想が目的であったならば、親本に何らの改変も加える必要はなかろうし、智光に代表される三論系浄土教の伝統を想えば、浄土の観想を来迎のそれへと進展させるべき積極的理由も見当たらない。一方、当初から来迎図の制作を目的とするならば、それにふさわしい三尊を別に求めることも難事ではあるまい。

すると、現世の蓮池に、浄土の三尊等が来迎するという矛盾した要素の併用を可能ならしめるためには、明遍の宗教的体験を契機とする図様、すなわち感得像としか考えられないのではあるまいか。それが、高野山隠棲の前か後かは不明ながら、日ごろから身近な蓮池を眼前に、観想念仏の修行怠りなかった明遍が、あるとき浄土の三尊等の来迎を感得して往生の確信を得た。

思い起こせば、円珍の感得像として著名な金色不動明王も、実際に画像として制作するためには、造形上のさまざまなモティーフの請来を俟たなければならなかった。明遍の場合も、画工に命じて造形という作業を経るにあたり、定めて記憶との照合が必要であったろう。そして、明遍にとって最もしっくりとする来迎仏こそ、本図の親本たるレリーフであったと思われる。それが智光曼荼羅「正本」であったことは、次章において詳しく述べたい。

第三節　知恩院本阿弥陀二十五菩薩来迎図

春爛漫と咲き誇る山桜が、そこかしこに匂い立つ山並の、その急峻な稜線をなぞるかのようにして、紫雲上で皆金色に輝く阿弥陀如来と二十五体の菩薩たちが、八軸の経巻を前に端座する僧形の老人のもとへと、今まさに到着したところである。如来が虚空に放つ光明の中には、化浄土と数多の化仏という上品上生の奇瑞が現れており、聖衆の先頭を切る観世音、大勢至、持天蓋菩薩の三菩薩を間近く迎えた老僧は、もはや揺るぎない往生の確信を得てただ静かに合掌している。

若干横長とはいいながら、ほぼ正方形をなす画面一杯に広々とした山水を描き、これを大きく斜めに横切って阿弥陀聖衆と往生者とを配する。その構図は大胆かつ斬新で、来迎引摂の劇的瞬間を美しくかつインパクトをもって現出するがゆえに、知恩院の阿弥陀二十五菩薩来迎図（あみだにじゅうごぼさつらいこうず）〈32－1〉は、世に「早来迎図」（はやらいこうず）の通称をもって親しまれ、日本浄土教絵画屈指の名品と謳われている。

明治三十三年旧法により、昭和三十年現行法のもと国宝に指定され、学界でも『日本國寶全集』や『國華』に早くから紹介されて、図版解説の類も枚挙に暇がないほどであるにもかかわらず、これを主題とする論文は意外に少ない（註20）。通説では、平等院鳳凰堂扉絵九品来迎図の系譜を引きながらも、鎌倉時代後期の代表的知恩院流来迎図と位置づけられているが、後述のごとく伝来未詳で、なによりも往生者が『法華経』護持を標榜する図様は、専修念仏とは直接は結びつきがたいという問題も未解決である。

本図は、実測で縦一四四・六（四・七七）、横一五四・六（五・一〇）cm（尺）を示す、一枚絹からなる絹本著色画である。日本古代中世の標準的な絹巾が、一尺四寸から一尺六寸五分程度であるのに比べれば、五尺以上というのはきわめて特殊で、実際に類例も見当たらない。これを織りうる機の調達まで必要なことを併せると、むしろ輸入物である可能性が高いかもしれない。画絹の組成は、一㎠内に二本引き揃えの経三十六本、緯二十一越、すなわち経緯の交点である組織点は七五六点と、かなり低位を示すのに加え、経が非常に細いのも大きな特徴といえる。ちなみに、同様に極細の経を用いた遺例としては、組織点八五一点を有する根津美術館の重要文化財愛染明王像を挙げうるが、彼図は後醍醐天皇（一二八八～一三三九）御宸筆の偈文を有し、これが絵画様式とも一致して、鎌倉末期から南北朝初期の制作と考えられる。

また、本図の保存状態は、阿弥陀如来後頭部のわずかな墨の補彩と、右頬から胸にかけて若干認められる画絹の剥落が惜しまれる以外は、虚空の群青が黒化して画面にやや沈んだ印象を与えていたり、山桜の花弁の鉛系白色顔料がところどころ茶味がかっていたりなどの経年による変色がある程度で、概して良好というべきである。

ところで、本図が制作当初から知恩院に伝来していたか否かについて、残念ながら明確な資料はない（註21）。渡邊一氏

阿弥陀二十五菩薩来迎図 トレース図

（註20③）は、「知恩院史編纂所の調査によれば寺傳に或は後奈良天皇御臨終に際して當院第廿五世超譽存牛上人本圖を掲げ奉つたと云ひ、或は又桂昌院が本院に寄進せるものと傳へるといふ」としているが、その四年後に刊行された『知恩院史』に桂昌院云々は別段記載なく、『二水記』を引いて、大永六年（一五二六）四月七日、後柏原天皇（一四六四～一五二六）御臨終にあたり超誉（一四六九～一五四九）を善知識として御十念称名あられたことを記し、昭和十七年当時同院の来迎図に左記の裏書があったことを載せている。すなわち、

「此一鋪者、先皇　號後柏原天皇　御持尊也、今般為御臨終知識之間、去月廿日從當今所被附下知恩院超譽上人也、依彼住持所望加裏書畢／大永六歳次丙戌年五月二日甲申／遍照無量金剛（花押）親王記之」

とあり、これに従うならば、後柏原天皇の念持仏を四月二十日に後奈良天皇（一四九六～一五五七）から超誉が賜り、五月二日に青蓮院尊鎮法親王（一五〇四～一五五〇）が裏書を加えたことになるが、この裏書の所在は現在のところ不明である。

さらに、渡邊氏が指摘するように、寛政四年（一七九二）の幕命によって柴野彦助・住吉内記が編纂した『寺社宝物展閲目録』にも、早来迎図はふれられていないことから、すべては未詳といわざるをえない。

さて、本図を向かって左上から右下への対角線で二分すると、おおむね斜め右側が、来迎の聖衆と如来の放光に照らし出された虚空および往生者のための空間、斜め左側が自然景のための空間と見做すことができる。阿弥陀は、画面の中心からやや左上に佇み、両手とも掌を外側に向けて第一、二指を捻じ、左手を左膝前に差し出し、右手を胸前に挙げるいわゆる来迎印を結んで踏割蓮華上に立つ〈32－2〉。上半身の背景を虚空とすることで皆金色も一際目立つ、大きな存在感を確立しているといえよう。

一方菩薩衆は、中尊の前方、左手側、後方の三集団に大別される。前方では、左足を立てて跪座し蓮台を捧げ持つ①観世音をはじめ、合掌しつつ祝福する②大勢至、蓮台上に天蓋を差し掛ける③持天蓋といった、往生者に直接働きかける三菩薩が一塊となり〈32－4〉、やや間を空けて④舞踊、⑤奏指鼓、⑥奏細腰鼓が、お互いの激しい動勢を邪魔せぬよう、輪になって楽しんでいる〈32－5〉。後ろを向いて片足立ちし、片腕を真横に伸ばす④舞踊が、踏割蓮華を聖衆中唯一反花としているのは、その姿勢の親近性をも含め鳳凰堂柱絵の舞踊菩薩を彷彿とさせて興味深い。

中尊左手側は、⑦奏角笛、⑧奏簫、⑨奏箏、⑩奏拍板の四菩薩が横に並び、その後ろに⑪奏羯鼓、⑫奏磬（けい）、⑬持幡の三菩薩が続く。

後方では、⑭奏銅跋子と⑮奏琵琶、⑯奏方響と⑰奏横笛、⑱奏笙と⑲奏篳篥というように、まず二尊ずつ組になって三列をなし、大太鼓を挟んで⑳奏大太鼓、㉑奏鉦鼓、㉒奏竪箜篌が連なり、間を置いて最後尾は㉓合掌、緑の宝珠を載せた赤蓮華を左掌で受ける㉔地蔵の僧形菩薩二体と、左手に華盤を捧げつつ右手で来し方を指差して浄土の在処を教える㉕持華盤が締めくくる。

阿弥陀の像高は、頭頂部から右足先までがちょうど一尺で、頭光の直径は四寸五分とする。ちなみに①観世音から⑥奏腰鼓までのそれは二寸二分、⑦奏角笛から⑬持幡までが二寸、⑭奏銅跋子から⑲奏篳篥までが一寸七分、⑳奏大太鼓から㉒奏竪箜篌までが一寸五分、㉓合掌以降が一寸二分というように、像高ばかりでなく頭光の大きさも、後方に向かうほど規則的に縮めていく。

一番近い位置にいる⑭秦銅跋子のおよそ二倍の像高を誇る中尊は、しかしその割に頭部が小さめで、極端な撫で肩をしている。両肩のラインにだけ注目すれば、光明寺本当麻曼荼羅縁起絵巻の来迎〈42－3〉の場面に登場する阿弥陀と驚くほどよく一致するが、本図の場合は往生者がかなり下方に存在するために頭部が傾いて前に迫り出し、猫背となり、左手も膝に沿うように近づく分、左肩が落ちた印象を強く受ける格好となったのである。それにしても、筋骨の逞しさに裏打ちされた恰幅のよさとは異なり、若干面長ながらふくよかで、いかにもおっとりと上品な姿である。頬や耳にも膨らみがあるのに加え、ことにおちょぼ口が可愛らしい雰囲気を助長している。

像容の描法は、まず墨線で下描きし、これに基づいて肉身と着衣との区別なく画絹の表裏から鉛系白色顔料を全体に塗り、さらに絹表から肉身部には金泥、着衣部には黄土を重ねて黄色味の明度に差をつけ、輪郭や目鼻立ち等を朱線で描き起こして仕上げるという入念な手順を踏んでいる。この基本的な技法は菩薩衆も同様であるが、特筆すべきはこの時の朱線の色合いで、菩薩衆が鮮やかな赤色を呈しているのに対し、中尊のみは鈍い赤茶色を用いているということである。同様の表現は、萬福寺所蔵重要文化財二河白道図釈迦・阿弥陀二尊〈45－2・3〉にも認められるほか、一三〇〇年前後の禅林寺所蔵国宝山越阿弥陀図では、ベンガラを使うことで同じ効果を狙っている。その淵源をたどれば、十二世紀半ばに南宋の宮廷内で制作されたと考えられる仁和寺所蔵国宝孔雀明王像の、白色が被った淡い墨色に淡い朱を重ねた鈍い赤色に遡るものと思われ、このことは禅林寺本の他の諸特徴に南宋様式の強い影響が指摘できる事実とも矛盾しない。

面貌表現を見れば、眉と髭は全体に緑青を引き、各々の上辺に細い墨線を重ねる。伏し目がちな両眼は、両瞼を描き起こした朱線の中を鉛系白色顔料で埋めて白眼とし、上瞼、黒眼の輪郭と瞳孔を墨で表してから、黒眼全体を灰色がかった白群で淡く彩る。上瞼も同じ白群でなぞるが、仁和寺本では目尻にかけて薄墨を掃き、睫毛による陰影をつけていることに鑑みれば、あるいは睫毛を表す意図なのであろうか。いずれにしろ、この白眼を塗る際にはみ出した箇所を、再び金泥で覆い隠している点は注意される。鼻梁線もまた、いったん引いたものを金泥で塗り消して修正を図っている。本図全体を見渡したとき、中尊に限らず菩薩衆から往生者に至るまで、描き起こし線を必要に応じて何度も引き重ねながら造形を調えていることをも考慮すれば、これらは仏画よりもむしろ絵巻物における「つくり絵」技法に直結した特徴であり、本図の制作背景を考える上で見逃せない。なお、中尊の眼窩線は、通常目頭でつながるはずの上下の弧線が離れ離れで、菩薩衆では本来の眼窩の位置とずれている場合もあり、かなり大雑把な表現に終始している。この事実も、仏画らしからぬ要素といえる。

少々四角張った鼻と、ぷっくりと円い唇との間の人中は、逆松葉型とする。両唇の合わせ目に墨線を入れるのは普通であるが、境目に沿って下唇にうっすらと金泥の暈を取るのは珍しい。暈によって自然な唇の盛り上がりを表す類例は、仁和寺本のほか、北宋末の清凉寺所蔵国宝十六羅漢像のうち大迦葉〈49〉などの中国宋代絵画に認められる。ただし、それらにおいては唇の地色自体を薄くして肉色を透かせているのであって、本図のように肉身の色を重ねることで唇の朱を薄めるものではない。しかし、わずかではあるが中尊両足の爪に鉛系白色顔料を施し、光沢を表現していることも仁和寺本に通じる特徴であり、本図の阿弥陀如来に、宋代絵画が意図する表現に対するこだわりがしばしば見出されることは否定できない。

次に注目されるのは、本図の中尊も菩薩衆も、細い縦線を一本引くことで耳朶の穴を示すことである。このような表現は、鎌倉初期の有志八幡講本阿弥陀聖衆来迎図〈31－1〉中の僧形合掌菩薩に一体だけ認められるのを嚆矢（こうし）とするが、前述した当麻曼荼羅縁起絵巻では、二十五菩薩のうち大勢至など十四尊がこの型式である。

肉髻は地髪と区別がつきがたいほど低く、かなり大ぶりの扇形で表す朱色の肉髻珠は、ほとんど髪際に及ぶ位置にある。髪は墨を混ぜた暗い群青で塗り、髪際には緑青線を引く。肉髻珠の弧の中央には、金泥で小さな球を中心とした三重の同心円を置いて光の反射を表しているが、その早い例を萬福寺本の二尊に見出すことができる。

服制は、まず僧祇支（そうぎし）を着け、裳を穿いて腹前に廻した紐でこれを留め、上から袈裟を偏担右肩に纏って、その端を左肩に掛けている。これらにあしらわれている文様はすべて切金で、僧祇支の表は麻葉繋文、縁は四重の波文に凹凸文。裏は目の細かい斜め格子文とする。裳は、格子文と斜め格子文を重ねた意匠で、縁は七重の波文とする。袈裟の表は、条部が四重の雷文入り斜め格子文、葉部は輪郭を二重に縁取った内側に宝相華文をつなげ、裏は駕籠目文である。いずれの文様も丁寧で整然と並んではいるが、萬福寺本がより緻密であるにもかかわらず柔らかさを保っていることに較べると、形式化を認めざるをえない。むしろここで重要なことは、裳を紐で締める着衣法が、成菩提院所蔵釈迦諸尊集会図や奈良円照寺所蔵観経序分義変相図、満願寺所蔵三仏諸尊集会図といった南宋絵画に多く見出されることである。

菩薩衆は、阿弥陀如来と同様に皆ふっくらと丸味を持った体型で、各々の姿態は身体のほどよい柔軟性を想わせる。しかし、中尊でも見たように、当麻曼荼羅縁起絵巻の来迎がほぼ水平方向であるに対し、本図では急角度での右下方向という制約が、両脚を揃えた菩薩衆に一様に前屈みの姿勢を取らせることとなり、⑦奏角笛や⑨奏箏に顕著なごとく、膝を折る分だけ腰が引けて間延びした印象を免れないという表現上の破綻も現れている。

像容の描法は原則として中尊に準じるが、肉身の描き起こしには通常の仏画と等しい明るい朱を用いている。また、僧形の㉓合掌、㉔地蔵は鉛系白色顔料による白肉身とし、頭部には白緑を淡く掃いて剃り跡を表す。面貌表現で面白いのは、尊像であるにもかかわらず必ずしも厳格ではないことで、例えば斜め左向きの顔では、左の眉や眼が顔の輪郭から大きく飛び出していたり、人中の有無に規則性がなかったりなど、かなり自由といえる。④舞踊と⑫奏磬では、宝髻の輪郭を緑青で縁取るというのも珍しい。本来、髪際の緑青は額際に薄く生えている産毛を表すもので、眉の墨線に群青ではなく緑青を引き重ねることがあるのもそのせいであるから、宝髻の輪郭では意味をなさない。そうしたなか、正面向きの⑥奏細腰鼓と⑯奏方響に鼻梁線を加えている特徴は、仁和寺本と相通じる南宋様式の影響を窺えて興味深い。

僧形の二尊を除く菩薩衆の服制は、上半身には薄く透けたいかにも軽やかな条帛と天衣とを纏い、下半身には裳を穿いた上から腰衣を巻いて、これを長く足下にまで及ぶ緑の紐で止める。衣裳にあしらう文様は一見豊富なようであるが、煩を厭わず分類してみると、麻葉繋文、四つ目入り七宝繋文、駕籠目文、雷文繋文、波文、宝相華文の六種類のみで、これらを巧みに組み合わせて変化をつけていることが判じられる。㉑奏鉦鼓のみ腰衣の内側に上裳をも重ねているように見えるのは、単なる不注意であろう。

それはともかく重要なのは、衣裳の輪郭にこそ切金を用いるものの、中尊と異なって文様はすべて金泥描によることである。従来、本図の文様はすべてが切金のように喧伝されてきたのは、この金泥が謹直なまでに細かく丁寧であるためと思われるが、その先例を探すならば、やはり北宋末の清涼寺本にたどり着かざるをえない。その大迦葉の着衣の表には、白群地に銀泥で蓮華唐草文が散らされているが、筆とは信じられぬほどに均一かつ高硬度の線質を用いて銀切金と見紛う表現力を誇っている。仔細に検すれば、打ち込みも溜まりも抜きも認められて筆線には間違いないのであるが、一瞥の限りでは工芸的な効果を強く演出する宋代の技法が、本図にも援用されたと見るべきであろう。それを阿弥陀にまで及ぼさなかったのは、肉身と着衣の色合いにおける配慮と同じく、切金と金泥という材質の相違が、中尊と菩薩衆との間に微妙な煌めきの差をもたらすことを期待したものと考えられる。頭光も、下描きの墨線に沿って内側に金泥でうっすらと暈しを入れた後、中尊の切金とは異なって、金泥の輪郭としている。

ところで、本図が早来迎図とも呼ばれる由縁は、聖衆の乗る紫雲の表現にその大半を負っているものと思われる。この紫雲は、鉛系白色顔料の裏彩色を全体に施し、絹表からは同色を輪郭に濃く置いて内側に暈し、そこに紫系有機色料を重ねている。『國華』（註20①）誌上以来、解説類ではいずれも紫雲の速度感が強調されてきているが、落ち着いてよく観察すれば、長く尾を引く雲脚の勢いは、本図に先行する有志八幡講本〈31－1〉や十二世紀末葉の蓮華三昧院本〈38－1〉にすでに認められるように、他の来迎図と大差がない。確かに、本図を図録等の写真で見ると、対角線上に伸びる紫雲全体を一気に目にすることになるため、傾斜ばかりが強く意識されてしまう嫌いがあるが、実際に現物を前にすれば、礼拝者の視線は⑩奏拍板を先頭とする紫雲の水平方向への広がりをも追って、穏やかな風情を感取することができる。

雲頭や縁にやや隙間を空けて二重の輪郭を描く例も、瀧上寺所蔵重要文化財九品来迎図の上品上生幅に見られるが、彼の来迎もまた特に早さを意識したものではあるまい。むしろその淵源をたどると、当麻曼荼羅縁起絵巻では紫雲を銀泥と紫系有機色料で彩るが、その周縁部にやや間を置いて紫の輪郭を加える表現に行き当たる〈42－2〉。つかみどころのない雲の周縁は、いっそう水滴や氷晶の密度が淡い。本来は、これを暈しによって表そうとした工夫と知られるのである。延慶二年（一三〇九）の御物春日権現験記絵十第七段、維範阿闍梨往生の場面ではさらに本図に親しいが、影のように仄かに施す暈の入れ具合がより自然な描写であることを考慮すれば、これを上限と見なすことも可能と思われる。

すると、本図における紫雲の速度感は、何によって生じているのかが問題となるが、それは急な角度で直線状に伸びている点に尽きるといえよう。鳳凰堂扉絵にしろ瀧上寺本にしろ、背景を全面的に山水で埋めた遺例においては、数多い聖衆もその添景といえるほどの比較的小さな範囲を占めるにすぎない。一方、有志八幡講本をはじめとして聖衆をクローズアップする図では、逆に山水は添え物扱いとなる。本図のように、画面上における両者の比率がほぼ半々という構図はむしろ珍しいのである。なぜこのような斬新な構図が発想されたのか。本図の本質を解く鍵は、そのあたりに求められるのではなかろうか。

それについてはひとまずおくとして、画面右上隅に五色の雲上の化浄土が出現しており、その周辺に雲母を掃くことで漠とした白光を表現しているのは、前述の禅林寺本における海原と共通する技法といえる。

水面を見渡す西側の扉を大きく開け放ち、御簾を巻き上げた家屋の内部は畳敷きで、往生者は板材を横遣いとする榑縁（くれえん）の際に、八軸の経巻を並べた経机と平台に乗せた三脚の香炉を置いて端座し、数珠をかけた両手を合わせつつ静かに来迎の聖衆を出迎えている〈32－3〉。その肉身は絹裏から鉛系白色顔料を、絹表から黄土を薄くかけて肌色とし、細い淡墨線を幾度も引き重ねて頭部をつくり上げている。衣裳は、襟元から判じるに下着を二枚着け、その上に僧祇支と袈裟とを纏うが、その端は左肩から提げた環で留めるいわゆる吊り袈裟とする。僧祇支は墨を少量混ぜた鈍い群青、袈裟は黄土でそれぞれ彩っているが、文様や装飾は一切ない。一見質素ながら墨染一色とはせず、香炉も金泥で彩っており、檜皮葺の屋根に唐破風を戴く住まいの豪華さとも併せて、この往生者が単なる出家遁世の行者ではなく、貴顕の人物であることを窺わせる。住まいの北側には明かり障子の向こうに欄干を付す榑縁が覗かれ、これは背後の室につながるのであろう。南側は蔀の内に御簾を下ろす。庭には上辺に白い草を葺いた垣根を二重に設えてあり、さながら湖畔の瀟洒な別荘といった趣を呈している。

背景の山水は、画面の半分余りを割いて大きく表されているが、その構図は数ある来迎図の遺例中でも、特異な存在であることにはすでに言及した。すなわち向かって左方は、岩山を上辺まで幾重にも畳む丈高い山岳で占められ、下方には、山中から何段かの滝を経て流れ落ちる岩水を湛えた静かな水面が広がり、右方対岸の往生者の住まいはまた、その背後に山が廻るようである。

岩山はいずれも柔らかな太めの墨線で描き出され、懸崖ですら丸味を帯びた形状と相俟って穏やかで優しい景色となっている〈32－6〉。それでも、岩肌の突兀（とっこつ）とした部分の描写には細かく蠕動（ぜんどう）するような屈曲線を用いているが、例えば当麻曼荼羅縁起絵巻の類似の表現に比べると彼図の自在な緩急は失われ、ゆっくりと一定の速度を保った運筆となっている。

彩色はまず全体に紫系有機色料をかけ、その濃淡と墨暈によって凹凸を表すが、興味深いのはその上から随所に、緑青だけではなく金銀泥をも掛けていることである。一方、山に銀泥を掃いたものとしては、石山寺所蔵重要文化財仏涅槃図が最も早いが、これは石光山の珪灰石を示すためと思われる。萬福寺本では州浜等に白群と銀泥の混色があり、同様の色遣いが正安二年（一三〇〇）の重要文化財湯木美術館本や同じころの石山寺本のそれぞれ春日宮曼荼羅における霞にも認められるが、前者は浄土と化した穢土、後者は浄域の境内というように聖性を可視化する意図に基づくのに対し、本図の場合は単なる山肌や地面の色合いにそこはかとない煌を添える手段として加えられている。その淵源をたどるならば、やはり当麻曼荼羅縁起絵巻に逢着しよう。ただし彼図では、金銀を並行させたり、金に銀を重ねたりときわめて自由な趣を呈する泥を、あくまでも皴法（しゅんぽう）における墨暈の代わりに用いるのであって、本図のように面的に塗るわけではない。その点で本図は、むしろ十四世紀第二四半期の金戒光明寺所蔵重要文化財地獄極楽図屏風〈46－1〉に近く、制作年代を考える上で参考になる。なお、岩山に群青を使った形跡がまったくないのは、虚空との峻別を図ったためであろう。

さて、画面左辺に沿って山間に見え隠れしつつ落ちて行く水流は、まず絹表からすべてを白群で彩り、墨線を避けつつ各々の流れの上部や縁に鉛系白色顔料を重ね、奔流の泡立ちを表現している。下方ではさらに蕨手状の跳ね返りや点々とした飛沫を加えるが、淵ではすっかり流れもおとなしくなって、緩やかに岸に打ち寄せるにすぎない。赤外線写真を参看しても、この岸辺以外には水面に墨線による波は一切なく、ときおり思い出したように白線を引いてたゆたう有様をほのめかすのみで、これが海や川ではなくして湖沼であることを示している。

次に、樹木に目を移してみよう。金銀泥で仄かに輝くものの、赤紫色を基調とする岩山に鮮烈な彩りを添えるのは、なんといっても山桜であろう。花は、筆にたっぷりと鉛系白色顔料を含ませて、丁寧に重ね塗りしている。その一々は盛り上がるまでに厚く、朱の新葉との対比も好もしい。山桜にはまだ花が咲かず、新葉だけのものもある。すっくと立つ杉は、葉叢全体に墨を施した下地に緑青の短い線を引き重ね、その先のほうに白緑を載せるものと白群にするものとに分けて、色合いが単調に陥るのを防いでいる。これが枝を広げる松では、葉叢の下地の墨自体に濃淡の差をつけ、上に重ねる緑青の色調に変化をつけているのが、赤外線写真によって確かめられる。楓の葉はまだ緑色で、緑青による葉の先端に丹を差す。

このように花葉には工夫を凝らすものの、樹幹となると樹種に関係なく画一的で、下描きの墨線に合わせて濃く紫系有機色料を塗り、ところどころに山肌と同様の点苔を付す。

こうした木々は、下から、阿弥陀如来、㉒奏竪箜篌菩薩のそれぞれ足下付近までを近、中景としているらしく、後者では樹木の丈を約三分の一に縮小しているが、描法には特に変化がない。しかしそれより上の遠景では、墨の下地に緑青や鉛系白色顔料で太く短い弧を積み重ね、僅かに覗く幹を墨線で加えている。同様の葉の表現は、正安元年（一二九九）の清浄光寺（遊行寺）所蔵国宝一遍聖人絵伝巻五白河関や、春日権現験記巻十第七段などにも見出されるが、大きさに対して本図よりも密度が濃い。

これまで本図の表現・技法をつぶさに検証した結果、それらの要素を以下の三つの特徴に集約できることが判明した。特徴の一つは、尊像表現において中国北宋末期から南宋初期にかけての絵画遺例に、多くの共通点が認められることである。例えば阿弥陀如来の肉身を描き起こす鈍い赤茶色の朱線や、唇の合わせ目に沿って入れる金泥の暈、両足の爪に加える鉛系白色顔料、裳を紐で締める着衣法がそれであり、菩薩衆の着衣の文様に切金と見紛う金泥線を用いていることも見逃せない。正面向きの⑥奏腰鼓、⑯奏方響の両菩薩にある鼻梁線もそうである。このうち特に肉身線については、我が国では十二世紀中ごろの松尾寺所蔵国宝普賢延命菩薩像に単発的に見出されるが、当時の美意識のもとでは受け入れがたかったらしく、一三〇〇年ごろの禅林寺本や萬福寺本以降になって流行する。

さらに、この時期の作例との類似点は、宋画の影響と断じられる要素ばかりではない。すなわち、阿弥陀の肉髻珠の光輪は萬福寺本に、諸尊の耳朶の穴を一本線で表すのは十三世紀中ごろの当麻曼荼羅縁起絵巻に、⑬持幡菩薩の持つ幡頭の竜頭型装飾は家原寺本に、化浄土周囲の雲母の使用は禅林寺本に、それぞれ共通する。

ところがその一方で、この時期にまで遡りえない要素も本図には散見される。これこそ、もう一つの特徴である。例えば中尊着衣の切金文様は、萬福寺本に比すれば円やかさに欠け、遠景樹木の葉の描法も、一遍上人絵伝や春日権現験記絵の緻密さには及ばない。また、乗雲の輪郭を二重に表すのは当麻曼荼羅縁起絵巻や春日権現験記絵でも行われているが、程度の差こそあれ両本とも暈の入れ方にいっそう自然な趣を残している。さらに、岩肌の震えるような屈曲線も、やはり当麻曼荼羅縁起絵巻に先例があるが、本図ほどにはパターンの繰り返しがなく自在である。

加えて、巻末に嘉元三年（一三〇五）の金泥銘をもつ光明寺所蔵重要文化財浄土五祖絵伝中、道綽の場面を見れば〈17−2・3〉、柔らかい墨線を滑らかに運んで山の稜線や滝の水流を描き、生動感溢れる画面を展開しているのに対し、本図では停滞こそ皆無ながら運筆が遅くなり、穏やかながらやや硬さが表面化してきている。これが観応二年（一三五一）を上限とする西本願寺所蔵重要文化財慕帰絵詞巻二になると、緩慢の度合いが一気に進行し、失われた造形力を渇筆の多用で補おうと努めるようになるのである。

こうして形式化の度合いを列挙してみると、本図の制作年代は春日権現験記絵までは上がらず、慕帰絵詞よりは少し遡るあたり、つまり金戒光明寺本と同様の十四世紀第二四半期に置くのが、最も妥当であると考えられる。岩山に金銀泥を面的に併用する感覚が、金戒光明寺本と同種であるという点もこれを裏づける。

さて第三の特徴は、本図の聖衆や往生者を描く技法が、一般的な尊像画とは著しく異なる「つくり絵」に拠っていることである。眼窩線の位置に頓着しないことや、一本線による耳朶穴の多用、宝冠装飾の形態が崩れていることも、本図の画家が尊像画に不慣れであることを物語っている。この特徴は、何を意味するのであろうか。

ここで、本図の山水に着目したい。前章で、山水風景の近・中・遠景を区別する判断材料を樹木に求めたが、これらをすっかり取り払ってしまうと、岩山にも水流にも遠近による大小の相違がほとんどなく、一切を正面から極間近で見るような迫力にとらわれる。しかし、来迎図における山水は、鳳凰堂扉絵をはじめ遠景を俯瞰するのが普通であり、本図のように眼前の岩や滝をそのまま積み重ねたかのような描写は珍しい。このような景色はむしろ、ある程度の距離をとって全体を見渡す壁画や掛幅画よりも、腕の長さ以上には遠ざからぬ、文字通り手元で鑑賞する絵巻物にこそしばしば登場する表現なのではあるまいか。そう考えると、様式の比較検討にあたり、結果的に仏画よりも絵巻物に多くの対象を求めざるをえなかったことにも納得できる。

しかも、化仏や散華の配置、桜花や葉叢の色彩などから汲み取れる卓抜したバランス感覚は、当代一流の手腕を想起させる上、巨大な一枚絹の使用や往生者の優雅なたたずまい、菩薩衆の瓔珞などに見られる優美な装飾性に、施主の並々ならぬ身分の高さが窺われることから、本図の画家が、日常的には絵巻物を専門とする宮廷絵師であることを十分に想定させよう。

絵巻物の画面は、縦の法量にはおのずから制約があるが、横には思い通りに延ばすことが可能である。それに比べて本図の画面は、ほぼ正方形ともいえるほど縦が長い。そこで試みに本図を上下に二分してみると、ちょうど往生者の住まいの屋根上から、③持天蓋の天蓋が柄頭に付した火炎宝珠をかすめ、岩山にあって最も丈高い杉の頂を通って、上から二段目の滝壺に到達する直線で区切られる。さらに下段を左右に二分すると、右半部は岩山の横に生える山桜を含んで、往生者と①観世音ら三菩薩との対面の場面となる。下段右半部を上段の右に、左半部を上段の左にずらしたとき、その構図が当麻曼荼羅縁起絵巻さながらの、横長の来迎図になるのははたして偶然であろうか。

聖衆の不自然な姿勢、すなわち阿弥陀如来の極端な撫で肩や猫背、両膝を曲げた菩薩衆の間延びした体躯は、本来は水平方向であった来迎を無理に下方に仕立て直したことによるものであり、同様に真横に流れるはずの紫雲も斜めの一直線に変わって、「早来迎」が誕生したと私考するのである。

本図に向き合って真っ先に気づかされることは、一幅の絵画としての完成度の高さであろう。来迎と山水とを、そのどちらもが主題であるかのように整然と画面の中に共存させている。そこに輝くのは、尊像ばかりではない。山肌に反射する金銀泥の光も、虚空に散りばめられた雲母や金泥も、先進的な技法を随所に織り込みながら節度を失わず、あくまで優美かつ上品な感性が活きている。明度の高い聖衆では、装身具や楽器などに細かいが濃い彩色を施し、ともすれば沈みがちな山水には桜花の白色を加える。こうした点描がまた３Ｄ写真のような立体感を与えて、拝する者の心を奪い、自然と画中に誘い込むのである。高い美意識に支えられた本図の施主は、絵巻物を得意としながら宋画にも強い関心をもつ気鋭を秘めた宮廷絵師を起用し、来迎の観念よりも夢想の法悦を造形化しようと意図したのであろう。

それはいったい、いかなる人物であったのか、本論を閉じるにあたりひとつの可能性にふれておきたい。

十四世紀第二四半期の宮中において、稀に見る学識を有しておられたのは花園天皇（一二九七～一三四八、在位一三〇八

〜一八）であった。以下、岩橋小弥太氏のまとめた伝記を参照して、その御信仰の一端を抄出してみたい（註22）。

花園天皇は、康永元年（一三四一）に離宮を関山慧玄に賜って妙心寺の礎を固められたことから、ことに臨済禅への傾倒が喧伝されるが、御譲位の後に本格化された仏道修行は顕密を問うものではなかった。すなわち密教では、曼殊院慈厳から元亨三年（一三二三）十八道加行、翌年胎蔵界念誦作法を受けられたほか、仁和寺宮寛性親王に広沢流を、園城寺増基に寺門流を伝受せられ、元弘元年（一三三一）には自ら五大虚空蔵法を修せられるに至る。

また、顕教に関しては、元応元年（一三一九）止観を天台の忠性から受講され、昼夜を問わず観法を凝らされたという。『法華品釈』と恵心流の『七箇法門口決』は御撰とも伝えられている。また、平素極楽往生のことを祈請しておられたところ、文保元年（一三一七）と翌々年の二度にわたって「感応あるべし」、「往生速やかなるべし」といった夢告を得、『花園天皇宸記』に「是れ心中の本望なり」、「是れは已に其の期の近きに在るか、感悦極まり無し」と遺された。ただ、浄土宗嵯峨流の本道や鎮西流の如空から御聴聞になった法文については、「朕殊に真言・天台の両宗を興さんと欲ふ。而るに五祖三密の観行猶未だ成らず、止観中道の智定力未だ発らず、故に暫く念仏を以て往生の業と為し、弥陀に遇ひ、甚深の法を行ずべきなり。然り而して全く練行を捨てず、観念若し成らば念仏を捨すべし」として、専修念仏は一時の方便であることを強調なさっている。もちろん、その間禅僧にも帰依され、元応二年（一三二〇）日野資朝に紹介された妙暁（長福寺月林道皎）から翌年受衣せられたが、建武二年（一三三五）御落飾の戒師は法勝寺の天台僧円観慧鎮（一二八一〜一三五六）であった。

その一方、正和二年（一三一三）蓮華王院宝蔵の絵をご覧になった際、「予幼年の時より絵を好む者なり。仍て万事を抛ち之れを見る」、「予絵事を好むこと法に過ぐ」と記されているが、その域は単なる鑑賞に留まらず、元徳元年（一三二九）後深草天皇妃玄輝門院洞院愔子の百ヶ日法要では本尊として普賢十羅刹女像を描くなど、しばしば親しく彩管を握っては曼殊院慈厳に開眼供養を命じられたようである。

宗派を問わず仏道に傾倒し、あくまで三密や止観の観行を成就せしめて往生を願った花園天皇は、当代随一の知識人であるとともに、絵画にも精通した文化人であられた。その理想を具現化しようとすれば、本図ほどふさわしい造形はないのではあるまいか。いずれにしろ、本図が宮廷内で制作されたことは疑いようもないとすれば、いつ知恩院に施入されたかが問題となるが、西本願寺所蔵国宝『三十六人歌集』が天文十八年（一五四九）、やはり後奈良天皇から証如（一五一六〜五四）が下賜されている往時の状況に鑑みれば、先に触れた裏書にあったという内容も、ただちに捨て去るわけにはいくまい。

註

1 柳澤孝「織成当麻曼陀羅について」（『大和の古寺2 当麻寺』岩波書店、一九八二年三月）参照。

2 『首楞厳院廿五三昧結縁過去帳』（①『恵心僧都全集』第一、比叡山図書刊行所、一九二七年七月所収）参照。またその成立年代については、②速水侑『人物叢書源信』（吉川弘文館、一九八八年十二月）参照。

3 『後拾遺往生伝』（『大日本仏教全書』第六十八巻 史伝部七、財団法人鈴木学術財団、一九七二年三月）。またその成立年代については菊池勇次郎「後拾遺往生伝」（『国史大辞典』第五巻、吉川弘文館、一九八五年二月）参照。

4 本図に関する主たる論考・図版解説等は以下の通り。なお、【 】内は文中において提示された制作年代。
① 「二十五菩薩」（『國華』第八二号、國華社、一八九六年七月）。②「高

野山の恵心僧都筆と伝ふる聖衆来迎図」(『國華』第二三二號、國華社、一九〇九年九月)。③中井宗太郎「藤原時代の絵画　特に聖衆来迎について」(『歴史と地理』第一巻第七号、史学地理学同攷会編集、大鐙閣発行、一九一八年五月)。④水原堯榮「阿弥陀来迎図の高野入山に就て—比叡山破滅と該山伝来霊宝の高野這り—」(『國華』第三九一號、國華社、一九二二年十二月)。⑤堀田眞快「巡寺八幡講所蔵二十五菩薩来迎図に付いて」(『密教研究』第十三号、高野山大学密教研究会、一九二四年六月)。⑥「阿弥陀如来廿五菩薩来迎図」(『日本國寶全集』第二九輯、日本國寶全集刊行會、一九二七年六月)。⑦源豊宗「高野山の聖衆来迎図に就いて」(『仏教美術』第一六冊、仏教美術社、一九三〇年六月。『日本美術史論究　四　藤原・鎌倉』思文閣出版、一九八二年十月再収)。⑧「高野山聖衆来迎図」(『東洋美術』第七号、東洋美術研究会編集、飛鳥園発行、一九三〇年九月)。⑨望月信成「日本浄土教芸術の概観　四　来迎芸術」(『仏教考古学講座　第十二巻』雄山閣、一九三七年九月)。⑩佐和隆研「阿弥陀来迎図考—九品来迎図と二十五菩薩来迎図について—」(『密教研究』六七号、高野山大学密教研究会、一九三八年九月)。⑪「聖衆来迎図(大円院蔵)」(『国宝』第三巻第六号、国宝社、一九四〇年六月)【鎌倉時代の次第に近づきつつある頃】。⑫大串純夫「来迎芸術論」(『國華』第五九五・六〇一・六〇四・六〇五・六〇八號、國華社、一九四〇年八月・十二月・一九四一年三月・四月・七月)このうち特に第九節。⑬下店静市「聖衆来迎図に見たる日本的性格」(『美術新報』第二十一号、日本美術新報社、一九四二年四月)。⑭石田一良『浄土教美術』(平楽寺書店、一九五六年。ぺりかん社、一九九一年三月復刊)。⑮松下隆章「高野山阿弥陀聖衆来迎図」(『MUSEUM』六八号、東京国立博物館、一九五六年十一月)【文治二年(一一八六)】。⑯田中一松「阿弥陀聖衆来迎図」(『日本美術大系　第三巻　古代絵画』講談社、一九六〇年十一月)【十二世紀前半】。⑰石田尚豊「阿弥陀聖衆来迎図」(『MUSEUM』一六二号、東京国立博物館、一九六四年九月)。⑱村山修一「高野山の二十五菩薩来迎図」(『浄土教芸術と弥陀信仰』至文堂、一九六六年十二月)。⑲濱田隆「高野山〝聖衆来迎図〟の歴史的背景—常行三昧から聖衆来迎へ—」(『MUSEUM』一九一号、東京国立博物館、一九六七年二月)【保延二年(一一三六)に近い時期・十二世紀前半から中頃】。⑳佐和隆研「阿弥陀聖衆来迎図」(『秘宝　第七巻　高野山』講談社、一九六八年四月)。㉑秋山光和「阿弥陀聖衆来迎図」(『原色日本の美術7　仏画』小学館、一九六九年十一月)【十二世紀後半】。㉒岡崎譲治『日本の美術　第四三号　浄土教画』(至文堂、一九六九年十二月)。㉓石田尚豊「仏画に内在する不連続性—曼荼羅を中心として—」(『重要文化財8　絵画Ⅱ　付録5』毎日新聞社、一九七三年七月)。㉔柳澤孝「阿弥陀聖衆来迎」(『ブック・オブ・ブックス　日本の美術9　仏画』小学館、一九七四年七月)【十二世紀後半】。㉕山本興二「阿弥陀聖衆来迎図」(『浄土教絵画』京都国立博物館、一九七五年三月)。㉖山本智教「阿弥陀聖衆来迎図」(『ブック・オブ・ブックス　日本の美術47　高野山』小学館、一九七六年六月)。㉗「阿弥陀聖衆来迎図」(『原色版国宝5　平安Ⅲ』文化庁編集・毎日新聞社発行、一九七六年十一月)【十二世紀中葉】。㉘関口正之「阿弥陀聖衆来迎図」(『名宝日本の美術8　東寺と高野山』小学館、一九八一年十一月)【十二世紀後半】。㉙有賀祥隆「絹本著色阿弥陀聖衆来迎図　三幅」(『和歌山県の文化財』清文堂出版、一九八三年六月)【十二世紀前半から中頃】。㉚須藤弘敏「迎摂の夢(上)・(下)」(『佛教藝術』第一五七・一五八号、毎日新聞社、一九八四年十一月・一九八五年一月)【十二世紀中葉】。㉛中野玄三「概説　第二章九品来迎図の伝統　第五節天台宗の正面向き来迎図」・「各個解説　国宝　阿弥陀聖衆来迎図　三幅」(『来迎図の美術』同朋舎出版、一九八五年五月十日)【十二世紀最末期】。㉜中野玄三「阿弥陀聖衆来迎図」(『国宝大辞典1　絵画』講談社、一九八五年五月二十八日)【十二世紀最末期】。㉝柳澤孝「平安の仏画十選⑩　阿弥陀聖衆来迎図」(『日本経済新聞』一九八八年四月二十日朝刊)。㉞濱田隆『日本の美術　第二七三号　来迎図』(至文堂、一九八九年二月)【⑲に同じ】。㉟宮島新一「阿弥陀二十五菩薩来迎図の成立と高野山阿弥陀聖衆来迎図の伝来について」(『芸術の理論と歴史』京都大学美学美術史学研究会編集・思文閣出版発行、一九九〇年三月)【十二世紀末】。㊱井筒信隆・吉武貢「高野山阿弥陀聖衆来迎図の基礎研究と一試論」(『密教図像』第一二号、密教図像学会、一九九三年十二月)【十二世紀中頃からやや降るころ】。㊲須藤弘敏『絵は語る3　阿弥陀聖衆来迎図—夢見る力』(平凡社、一九九四年五月)【十二世紀後半】。㊳原田聖士「阿弥陀聖衆来迎図」【平安時代後期】・井筒信隆「高野山の如来像」【十二世紀後半】(『高野山の如来像』高野山霊宝館、一九九六年七月)。㊴安田治樹「平安後期仏教絵画の諸相—日本的仏画の完成と変容—」(『仏教の聖画』根津美術館、一九九六年十月)【十二世紀中頃】。

なお、本節は安嶋紀昭『国宝阿弥陀聖衆来迎図』(高野山霊宝館、一九九七年八月初版・一九九八年三月改訂版)からの抄出に、若干加筆したものである。

5　『実隆公記』(続群書類従完成会、一九三八年十二月)。『大日本史料　第二編之十一』(東京大学史料編纂所、一九五七年十一月)各参照。

6　『横川首楞厳院二十五三昧起請』(註2①文献所収)。

7　秋山光和「絵巻物」(『ブック・オブ・ブックス　日本の美術10　絵巻物』小学館、一九七五年二月)参照。

8　秋山光和・柳澤孝「第一篇　扉絵と柱絵、第五章　下品上生図(南面扉)、第二節　来迎表現」(①『平等院大観　第三巻　絵画』岩波書店、一九九二年一月)参照。

9 源信撰とされる『観心略要集』に「我既呑円頓教法之鉤。定速登菩提涅槃之岸。況真正菩提心為因。即往生安養浄土。重聞一實圓頓旨。叶初住無生之位。今以此圓乗結縁。殊欣求上品三生。但以不肖身期上品。雖似非分之所望。以於第一義心不驚動。発菩提心。為其因之故也。」、長久四年（一〇四三）頃成立鎮源撰『大日本国法華経験記』巻下「源信伝」や元亨二年（一三二二）虎関師錬撰『元亨釈書』第四「釈源信」に「我以一乗善根廻極楽勝業。上品下生我当取之。」と、あたかも源信が上品往生を願ったかのような記述がある。しかし前一者については偽撰説もあり、後二者の内容も『過去帳』を敷衍したに過ぎない（註2②）。

10 濱田隆氏（註4⑲・㉞）は論をさらに進め、化仏化菩薩㉚～㉜を除いた本図の構成が、この阿弥陀五尊と、『往生要集』下之本「大文第七念仏利益、第五念弥陀益」に『十往生経（十往生阿弥陀仏国経）』を引用して登場する二十五菩薩との組合せであると主張する。しかし同書によれば、二十五菩薩とは観世音・大勢至・薬王・薬上・普賢・法自在・師子吼・陀羅尼・虚究蔵（虚空蔵か）・徳蔵・宝蔵・金蔵・金剛蔵・光明王・山海恵・華厳王・衆宝王・月光王・日照王・三昧王・定自在王・大自在王・白象王・大威徳王・無辺身の各菩薩であり、最初の二尊が阿弥陀五尊と重複して明らかに矛盾する。その点望月氏（註4⑨）の言うように、中尊①・化仏化菩薩㉚～㉜・供養菩薩⑭～⑰を除いた二十五菩薩をこれらに充当することは不可能ではないが、僧形三体を何尊に該当せしめるのか等の問題も残る。いずれも旧裏書に示された「大阿弥陀尊像二十五菩薩同山越三尊化佛等以上卅三躰」に引かれて生じた説であるが、必ずしも後世の付会に拘泥する必要は無かろう。

11 『兵範記』（『増補　史料大成』臨川書店、一九六五年十一月）。『寺門伝記補録』第十三「長吏高僧略伝巻上　行慶」・第十四「長吏高僧略伝巻下　公顕」（『大日本仏教全書』仏書刊行会、一九一五年十月）。『護持僧次第』（『続群書類従』第四輯上補任部巻第九十三、続群書類従完成会、一九六三年二月）。『皇代畧記』（第四輯上帝王部巻第八十二）。『百錬抄』第八（『新訂増補　国史大系』第十一巻、国史大系刊行会、一九二九年十二月）各参照。

12 『天台座主記』（『続群書類従』第四輯上補任部巻第百）。『法中補任』（同巻第九十四）各参照。なお『天台座主記』では横川における如法経奉納の件を文治四年九月十五日とするが、『玉葉』に当日、法皇は八条院と共に四天王寺における如法経十種供養に御幸されていることが記されており、ここでは文治三年説を採る。『叡岳要記』下（『群書類従』第二四輯釈家部第四百三十九、続群書類従完成会、一九六〇年四月改訂三版）各参照。

13 『梁塵秘抄　狂言歌謡』（『新日本古典文学体系56』岩波書店、一九九三年六月）より引用。なお『梁塵秘抄口伝集』全十巻は、巻一から巻九までが嘉応元年（一一六九）までに成立し、巻十が治承三年または同四年から文治元年（一一八五）に成立したとされ、『梁塵秘抄』もこれと相前後して成立したと考えられている。『日本古典文学大辞典』第六巻（岩波書店、一九八五年二月）参照。

14 『往生要集』巻中之末、大文第六、第二臨終行儀（註2①所収）に「行者等。若病不病。欲命終時。一依上念仏三昧法。正当身心。廻面向西。心亦専注観想阿弥陀仏。心口相応。声々莫絶。決定作往生想。華台聖衆。来迎接想。（中略）臨命終時。迭相関暁。為称弥陀名号。願生極楽。声々相次。使成十念。」とある。

15 本図に関する主たる論考・図版解説等は、以下のとおり。なお、【　】内は文中において提示された制作年代。
①「阿弥陀三尊像　蓮華三昧院」（『日本國寳全集』第四十九輯、日本國寳全集刊行會、一九三二年三月）【藤原後期】。②佐和隆研「信好成就阿弥陀三尊図（蓮華三昧院）」（『佛教藝術』第二八号、毎日新聞社、一九五六年六月）【鎌倉初期】。③濱田隆「蓮華三昧院伝来「阿弥陀三尊像」と明遍をめぐる浄土教」（『佛教藝術』第五七号、毎日新聞社、一九六五年三月）【一一七九～九五＝明遍の光明山寺在住時代】。④関口正之「阿弥陀三尊」（『原色日本の美術7　仏画』小学館、一九六九年一一月）【十二世紀末】。⑤石田尚豊「解説　阿弥陀三尊像」（『日本絵画館　第四巻　鎌倉』講談社、一九七〇年三月）【鎌倉初期】。⑥柳澤孝「阿弥陀三尊」（『ブック・オブ・ブックス　日本の美術9　仏画』小学館、一九七四年七月）【十二世紀末期】。⑦中野玄三「阿弥陀三尊像」（『日本の仏画』第一期四巻、学習研究社　一九七六年六月）【一一九五～一二二四＝明遍の高野山時代】。⑧有賀祥隆「南都の藤原仏画」（『日本の美術　第二〇五号　平安絵画』至文堂、一九八三年六月）【十二世紀】。⑨中野玄三「明遍による蓮華三昧院本阿弥陀三尊来迎図の感得」（『来迎図の美術』同朋社、一九八六年五月）【⑦に同じ】。⑩「図版解説　阿弥陀三尊像一幅」（『平家滅亡八百年・町石建立七百年記念第六回霊宝展　源平の時代と高野山』高野山霊宝館、一九八六年九月）【鎌倉初期】。⑪濱田隆「平安時代の正面向き坐像系来迎図」（『日本の美術　第二七三号　来迎図』至文堂、一九八九年二月）【明記せず】。⑫葛西涼子「解説阿弥陀三尊像」（『第十六回高野山大宝蔵展　高野山の菩薩像』高野山霊宝館、一九九五年七月）【鎌倉初期】。⑬河原由雄「阿弥陀三尊像」（『日本の国宝』〇三八、朝日新聞社、一九九七年十一月）【鎌倉前期（十二世紀）】。⑭大西磨希子「蓮華三昧院所蔵阿弥陀三尊像の主題と明遍の思想」（『南都佛教』第七十四・七十五合併號、南都仏教研究會編集・東大寺図書館発行、一九九七年十二月）【鎌倉初期】。⑮井筒信隆「解説　阿弥陀三尊像」（『第二十三回高野山大宝蔵展高野山の信仰と子院の秘宝』二〇〇二年七月）【平安時代（十二世紀）】。⑯松原茂「阿弥陀三尊像　一幅」（『弘法大師

人唐一二〇〇年記念　空海と高野山』京都国立博物館他四館編集・NHK大阪放送局他発行、二〇〇三年四月）【鎌倉時代（十二〜十三世紀）】。

16　明遍の伝記等については、井上光貞『新訂　日本浄土教成立史の研究』（山川出版社、一九五六年九月初版・一九七五年二月新訂版）および坂本正仁「明遍」（『国史大辞典　第一三巻』吉川弘文館、一九九六年九月）参照。

17　「頼慶の記云上人住定中其夜檀上所観蓮花漸々相舒光明爀如開眼見唯大蓮花中有無盡荘厳也上人心魂廓然感動暫有而後蓮花漸収復本従夫而得初住三昧云云其後時々亦如是一山中斯事不穏諸国随聞上人密蓮花三昧図別在仍僧坊号蓮花三昧院谷名蓮花谷云云」

18　応徳涅槃図中尊も髪際の朱線を有するが、菩薩たちには全く表されていない。しかもその朱線は、螺髪に沿うものと額上の太いものとの二種が併用されていることから、扁平になりがちな横臥像の面部を強調するための工夫であって、本図の表現とは性格を異にするものと思われる。

19　火焔宝珠のうち、向って右から二番目の宝珠が逆様なのは、後世の修理の際の誤りであろう。

20　本図に関する主たる論考・図版解説等は以下の通り。なお、【　】内は文中において提示された制作年代。
①「知恩院阿弥陀聖衆来迎図」（『國華』第二三三號、國華社、一九〇九年十月）。②「阿彌陀二十五菩薩来迎図」（『日本國寶全集』第二十一輯、日本國寶全集刊行會、一九二五年十二月）【鎌倉時代】。③渡辺一「阿弥陀廿五菩薩来迎図（早来迎）」（『美術研究』第十六号、美術懇話会、一九三三年四月）。④藪内彦瑞編『知恩院史』（知恩院、一九三七年三月）【鎌倉初期】。⑤佐和隆研「知恩院の佛畫」（『佛教藝術』第四六号、毎日新聞社、一九六一年三月）【鎌倉時代中期】。⑥上場謙澄「来迎絵画考―特に知恩院聖衆来迎図（早来迎図）について―」（『大谷史学』第八号、一九六一年十一月）【鎌倉時代後期】。⑦関口正之「阿弥陀二十五菩薩来迎図」（『原色日本の美術7　仏画』小学館、一九六九年十一月）【十三世紀後半】。⑧岡崎譲治『日本の美術　第四三号　浄土教画』（至文堂、一九六九年十二月）【鎌倉後期】。⑨高田修「阿弥陀二十五菩薩来迎（早来迎）」（『ブック・オブ・ブックス　日本の美術9　仏画』小学館、一九七四年七月）【十三世紀後期】。⑩中野玄三「阿弥陀二十五菩薩来迎図」（『日本の仏画』第二期第一巻、学習研究社、一九七七年六月）【十三世紀末から十四世紀のごく初期】。⑪濱田隆『日本の美術　第二〇六号　鎌倉絵画』（一九八三年七月）【十三世紀後半】。⑫中野玄三「概説」「国宝　阿弥陀二十五菩薩来迎図」（『来迎図の美術』同朋舎、一九八五年四月）【十三世紀末から十四世紀初頭】。⑬濱田隆『日本の美術　第二三七号　来迎図』（至文堂、一九八九年二月）【明記せず】。⑭山川道子「知恩院蔵「早来迎」についての一考察」（『美術史研究』第三八号、早稲田大学美術史研究会、二〇〇〇年十二月）【室町期に置ける可能性が十分にある】。⑮同「知恩院蔵「早来迎」の図様に関する一考察―その思想的背景と室町絵画的要素について―」（『美術史研究』第四五号、早稲田大学美術史学会、二〇〇七年）【室町期】。

21　『院史』および三田全信・香月乗光・藤堂恭俊「知恩院の歴史」（註20⑤所収文献に同じ）参照。

22　岩橋小弥太『人物叢書　花園天皇』（吉川弘文館、一九六二年十一月）参照。

第四章　浄土曼荼羅の諸相

第一節　智光曼荼羅

和銅三年（七〇九）に生まれ、光仁帝の御世（七七〇～八一）に入滅した智光は、元興寺流三論宗の学匠として名高いが、彼の感得と伝えられる智光曼荼羅関係説話は、二百年以上後の寛和年中（九八五～七）になって、慶滋保胤撰『日本往生極楽記』にようやく登場する。すなわち、その大意は、

「元興寺の智光と頼光（礼光）は少年時より同室で修学していたが、晩年の頼光は、数年に及びまったく会話をするということがなくなった。頼光入滅後二、三ヶ月の間、智光がその受生の場所を案じていたところ、夢に頼光の住む極楽に至ったが、すぐ帰るように促された。そこで智光が往生の因縁を問うと、頼光は『人事を捨て言語を絶し、多年ひたすら阿弥陀の相好と浄土の荘厳を観じた功であり、汝の善根は微少にして浄土の業因となすには不足である』と答えた。智光は悲泣やまず、頼光に伴われて仏前に詣で、この土の荘厳は微妙広博で凡夫の心眼及ばぬことを哀訴すると、阿弥陀は右手を挙げ、その掌に小浄土を現じられた。夢覚めた智光は、すぐに画工に命じて夢に見た浄土の相を図せしめ、生涯これを観じて往生を得た」というものである。

智光曼荼羅「正本」は宝徳三年（一四五一）の火災で焼失してしまったとされる（『大乗院寺社雑事記尋尊一』）が、元興寺に現存する古本には、板絵本〈35〉（重要文化財）、厨子入本〈37〉（重要文化財付）、軸装本〈36〉の3件が著名で、『覚禅鈔』巻第七阿弥陀下所収の淡彩画も重要視されている〈S20〉。ただ、それらの図様に二種あり、『覚禅鈔』には「普通本」の存在も記されていることから混乱を生み、諸先学の疑義の種となってきた（註1）。そこで本節では、この問題に終止符を打つとともに、「正本」の復元を試みる。

まず、右に挙げた代表的遺例の概要を確認しておきたい。

横長の板九枚を上下に連ねた板絵本は、実測で縦二〇九・九cm、横一九二・三cmを示す大画面の著色画である〈35－1〉。永年の礼拝による薫香が表面を覆っており、肉眼での観察は難しいが、赤外線写真によって詳細な図様を確認することができる。すなわち、画面中央に阿弥陀三尊と菩薩衆を配し、上方は宝楼閣と虚空、三尊の手前から下方は宝池とし、その中央と左右に露台を張り出して互いを橋でつなぐ。注目すべきは中尊の印相で、両手の第一指・五指のみを合わせる、一見変わった合掌印を結んでいる〈35－2〉。また、橋の上に智光と頼光の二比丘を描くのも〈35－3〉、他の浄土図にはな

S20 智光曼荼羅（『覚禅鈔』巻第七阿弥陀下所収）

い特徴である。また、次節で詳述するように、露台の縁を稲妻形とするなど、その形に変容を加え出すのは中唐期（七八一～八〇）の特色で、すると板絵本の図様は智光在世時に遡らない。

これとほぼ図様を同じくする厨子入本は、描表具も含めて縦五三・〇cm、横五〇・四cmの額装で〈37－1〉、高さ九二cm程の厨子に安置されている。『大乗院寺社雑事記尋尊百七十一・百七十四』によれば、法橋清賢が明応六年（一四九六）九月六日から翌年六月二八日にかけて智光曼荼羅を制作しており、厨子入本がこれに当たると考えられている。

これらに対して軸装本〈36〉は、縦二〇七・一cm、横一五六・三cmの一枚絹に描かれた縦長の著色画で、中尊は両手とも胸前で第一・二指を捻じる転法輪印を結び、二比丘も登場しない。また、左右対称の姿勢を取る両脇侍や、供物台上と天宝鳥を配するなどの表現が、高野山蓮華三昧院伝来の国宝阿弥陀三尊像〈38－1〉とよく通じることが指摘されている。

さて、覚禅鈔本には次のような裏書がある。

「元興寺以極楽房正本図之。後白河院御宇。元興寺別当藩玄時僧都自彼経蔵進覧之件本。板図之。長一尺。広一尺　寸也」。「普通本。中尊合掌也。正本不然」（『大正新修大蔵経　図像篇』第四巻）。

これについて諸先学の見解は、覚禅鈔本は「（板絵なる）元興寺極楽坊の正本をもって図したもの」（註1②）であり、「後白河院の頃元興寺を訪れた覚禅がこれを拝する為に経蔵から出して貰」った（註1③）という内容でおおむね共通している。

さらに、「普通本中尊は合掌なり。正本は然らず」とあるのを踏まえ、前述の二種の図様のうち、いずれが正本系統なのかという議論が行われてきた。覚禅鈔本が正本を写したにもかかわらず、中尊は明らかに両手を胸前でそろえているからである。そのため、「裏書に言う通り、両掌の間を離して（中略）注意して描いた」（註1②）とか、「覚禅鈔本の認識には誤認がある」として、転法輪印を結ぶ軸装本を正本系統と見做す（註1⑧）など、さまざまに混乱を来している。

しかし、ここで虚心に裏書を眺めれば、その冒頭部は「元興寺は、極楽房正本をもって之を図す」と読むのが正しい。つまり、「之」とは覚禅鈔本ではなく、覚禅が直接見て写した元興寺制作の転写本を指しているのである。次に、「進覧」とは「すすめて御覧に供する」意の尊敬語であるから、覚禅が自らに用いるのはいかにも不都合で、「後白河院の御時に、元興寺別当範玄僧都が、極楽房正本を経蔵から取り出して院の御覧に供した」と解釈しなければならない。要するに覚禅は正本を見ていないのであるから、諸先学が問題とする印相に関する矛盾は、それ自体がはじめから生じない道理で、覚禅鈔本は、文字通り普通本の写しであると結論づけられる。

ここで、板絵本、厨子入本、軸装本の制作年代についてふれておこう。

板絵本中尊の三道に認められる柔らかく穏やかな線質は、建久六年（一一九五）頃の蓮華三昧院所蔵国宝阿弥陀三尊像〈38〉と相通じるが、彼図がもつしなやかさが、板絵本では弱さへと移行しつつある。一方で、嘉禄三年（一二二七）を下限とする根津美術館所蔵重要文化財八十一尊曼荼羅（金剛輪寺旧蔵）のような、萎縮した硬さは未だ認められない。すなわち板絵本の制作年代は、十三世紀第一四半期とするのが最も蓋然性が高いと考えられる。周知の通りこの時期の極楽房は、百日念仏講の流行にともなって何度も僧房の改造が行われており、画面に付着した燻煙の厚さに鑑みれば、板絵本がその本尊として制作された可能性ははなはだ大きいと見なければならない。

次に厨子入本は、先に触れた絵仏師清賢唯一の基準作例として、長禄二年（一四五八）の裏書を有する植槻八幡宮所蔵春日赤童子画像と比較し得る。彼図と厨子扉絵の四天王像〈37－2〉は、打ち込みや抑揚をつけるわりには立体感に欠けるおとなしい線描が良く共通する一方で、生動感の表出と張りにおいて植槻本がはるかに勝れるという時代差を免れないが、約四十年の隔たりを考慮すれば、むしろ同一画家としてさしつかえないであろう。

むしろ問題は智光曼荼羅そのもので、尊像ばかりか衣文線まで、極めて細く消え入るような弱さのみが看取され、とうてい清賢の筆とすることはできない。線質に鑑みるに、おそらく十七世紀以降の模本であろうが、その場合でも図様は親本に忠実と思われる。

また、四天王像の線描に認められたおとなしさに加え、張りつけたような硬さも持ち合わせる軸装本は、厨子扉絵よりやや降る十六世紀第一四半期に置きうる。ただ注意すべきは、板絵本にしろ厨子入本にしろ、その時代の一流の絵仏師を起用しているのに対し、軸装本は顔料の質も画家の技量も決して高いとはいいがたく、また尊像の肉身を、朱ではなく墨で描き起こすのも異例で、これらとは制作背景が異なっていることが窺われる。

ところで、軸装本と蓮華三昧院本との強い関連性については、前章第二節ですでにふれた。例えば中尊左膝下大衣の三角状の皺や、鋭角に屈曲する蘂、階段状に迫り出す二重框、押し潰したような天蓋の垂幕と内部の蓮弁など、立体感や奥行の表現において、一瞥の限りでは不可解な箇所が散見される。そこで原因を考察した結果、彼図の親本が、長谷寺所蔵国宝銅板法華変相図のごときレリーフであったためであることが判明した。とすると、彼図と図様に共通点が多い軸装本の源流にも、同じ親本の存在が想定されてしかるべきであるが、軸装本にはレリーフ的要素がまったく認められない。例えば、二重框の間にはもう一段、敷き茄子様の框を加えるなど、原本を共有しつつも、軸装本は積極的に絵画的要素を加味した図を親本としている。

すると、これまでは軸装本の親本から宝楼閣や宝地等を省略して、蓮華三昧院本が構成されたといわれてきたが、むしろ逆に、軸装本の方が他の浄土図からさまざまなモティーフを援用して作成されたとしなければならない。つまるところ、蓮華三昧院本こそ、レリーフ、すなわち板に図した親本の構成を、より忠実に保っていると考えられるわけである。

さらに、蓮華三昧院本では、供物台前方の開敷蓮華が高所から俯瞰して奥側の蓮弁も欠くのに比べ、蓮池の開敷蓮華は視点が低く、蘂や蓮肉も丈高いばかりか蓮弁もぐるりと一周廻っている〈38－5〉。すなわち、彼図中、下部の蓮池にだけはレリーフの影響がないことから、親本には表されていなかった蓮池を、敢えて付け加えたことが判じられる。三尊は、紫雲に乗って礼拝者に向かってきているから、この蓮池は極楽浄土の宝池ではなく娑婆世界の蓮池であり、見方を変えれば、蓮池が存在しない親本には、移動性を強調する紫雲は不要ということになる。蓮華三昧院本の親本は、阿弥陀三尊とこれに付随する天蓋、供物台、その前方の開敷蓮華という、きわめて単純な構成であったと知られ、画面もさほど大きい必要はない。

蓮華三昧院本において、上辺から開敷蓮華下までの縦の法量は一二七・七cmであるのに対し、横巾は一三四・六cmで、仮に縦を一尺に換算すると、一尺〇寸五分となる。覚禅鈔本裏書にある「長一尺。広一尺　寸也」との符合は、もはや単なる偶然とも思われない。また、「之を図す」板は、現存する板絵本に惹かれ、漠然と木の板に筆で描いたものという先入観に囚われがちであるが、軸装本とモティーフを共有する蓮華三昧院本に、レリーフの要素が色濃く残っている以上、慶滋保胤も覚禅も実見していない正本が、長谷寺本のような「銅板浄土変相図」であったとしても、特段の不思議はないのである。

従来、智光曼荼羅の合掌については「未敷蓮華合掌」と呼ばれるなど、一般的な合掌印とは異なると認識されてきた。その原因の一つに、覚禅鈔本裏書の誤解があったことはまぎれもないが、はたして本当に特殊な印相なのであろうか。

まず、実際の合掌手を正面から観察すると、はっきりと全体を確認できるのは第五指と手の甲にすぎず、これに第四指の側面がおよそ半分、第三指のそれがさらにその半分という具合に、次第に手前の指の陰に隠れてしまうことがわかる。そこで、各指を一本ずつ明瞭に示そうとすれば、仁和寺所蔵国宝孔雀明王像に見られるように、指先を合わせたまま親指側を開かざるをえず、おのずから掌は大きく膨らむことになるのである。

覚禅鈔本はラフ・スケッチとはいえ、第二〜五指が親本にきちんと表されている事実を重視したものと考えられる。また厨子入本は、五指すべてを描こうとして、親指側を全開にしてしまったのであろう。最も詳細な描写が見られるのは大画面を誇る板絵本であるが、第一指と第五指、二本の指先のみを付け合わせ、他の三本を交互にやや開いている。覚禅鈔本等と大きく異なる特徴は、その結果、指同士に奥行きを示す間隙が生み出され、縵網相を描き込むことが可能となった点と、本来なら決して見えない第一指をも、違和感なく表せる点である。それこそ、合掌表現におけるこの画家独自の工夫であり、また、百日念仏講の参加者をことごとく救済する象徴であったかもしれない。いずれにしろ、これら普通本の印相は、絵画としての表現上の相違こそあれ、いずれも通常の合掌印と認めてさしつかえないものと判断できる。

すると最後に問題となるのは、普通本ではなぜ、中尊の印相までをも合掌としたのか、その改変の意味である。合掌が本来意味するところは、仏菩薩等への帰依や、行者等への敬意とされるが、それでは普通本の阿弥陀如来は誰に対して合掌しているのであろうか。

ここで、智光と頼光、二比丘の存在に注目したい。覚禅鈔本では、向かって左側の比丘が、顔の右側面の目・鼻・頬・耳を見せる後ろ姿で中尊に向かっている。一方、阿弥陀の顔や視線は、これに応えるように比丘を見つめているのである。加えるに向かって右側の比丘も、明らかに左の比丘へと合掌している。板絵本では、中尊は念仏講の人々を意識してか正面向きであり、二比丘もお互いに向き合うとされてきたが、例えば童子でさえも視線を的確に捉え、登場人物相互の有機的な連繋を表す技量をもつ覚禅は、これに親本の意図を十分に反映させたと見るべきであろう。

すなわち、最初の智光曼荼羅普通本は、正本のごとき個人的な観想念仏の縁でも、阿弥陀が右掌上に現じた小浄土でもなく、また智光感得説話の絵画化ですらない。阿弥陀の教えに従い、多年ひたすらその相好と浄土の荘厳を観じた善根によってようやく往生を遂げた智光を、阿弥陀や頼光が合掌して出迎える、いうならば往生譚変相として成立した図であり、これを礼拝する者は、往生の先達としての智光を崇敬し、結縁を願ったのであろう。

成立の時期は、法事に智光曼荼羅を懸用したという『時範記』康和元年（一〇九九）や、極楽房に智光曼荼羅が安置されているという『七大寺日記』嘉承元年（一一〇六）などの記事から推せるように、元興寺が智光曼荼羅を宣揚して復興を図る、十一世紀末ごろと考えられる。

その後、百日念仏講の隆盛とともに、阿弥陀が大勢の参加者を掬い取る大型の板絵本が拵えられ、正本焼亡からおよそ半世紀を経て、図様は普通本であるにもかかわらず、大きさは正本に近い厨子入本が制作される。ここには、普通本を正本と見なす積極的な意図が汲み取れるが、酉誉聖聡が拝見したという秘仏正本（『当麻曼荼羅疏』巻四）も、焼失以前の応永三十四年（一四二七）の事項ながら、「中尊弥陀は小宮殿の中に在す」との特徴は厨子入本の図様を彷彿とさせる。厨子入本は板絵本に比しても三尊段の奥行きに乏しく、主殿内部と宝地を同じ金泥で彩るため、暗い室内では内外の区別がつきづらいのである。また、大きさも「一尺二寸量」と覚禅鈔裏書に異なるとすれば、焼けた「正本」とは、智光所持の銅板図からすでに普通本へと替えられていたことも想定せねばなるまい。

第二節　西禅院本阿弥陀浄土図

西禅院所蔵重要文化財阿弥陀浄土図〈41－1〉は、この種の現存遺例中にあって制作年代も古く、保存状態もかなり良好で、当初の美しい彩色を十分に窺うことのできる優品であり、昭和三十三年には重要文化財に指定されている。その図様は、智光、当麻、清海のいわゆる浄土三曼荼羅とはもちろん、他に一致する作例は見られず、諸先学の指摘どおり大陸から請来された別本を原拠とすると考えられる（註2）。なお、文中の中国における時代区分は、［表2］凡例（247頁）を参照されたい。

本図は、掛幅仕立ての絹本著色画である。法量は、実測で縦一五六・〇、横一三九・三（五・一五×四・六〇）cm（尺）を示す。三幅一鋪で、絹巾は向かって右から四五・六、四七・九（一・五八）、四五・八cm（尺）。画絹の組成は、一cm²内に平均で経四十五本×緯五十越、すなわち組織点二二五〇点を数えるきわめて緻密な組成をもつ。

さて本図の伝来については、江戸時代の記載ながら、表装裏に貼られた二枚の旧裏書に墨書銘がある（註3）。すなわち、慶長十年（一六〇五）に宣永なる人物が購入し、約百年後の元禄十四年（一七〇一）、榮融によって修復された。仁井田好古編『紀伊続風土記』（高野山之部巻之三十二山主検校次第之三）によれば、後に高野山第二八七世寺務検校を務める榮融は、「兼て五智宝塔の両院に住」しており、西禅院に転じたのは修補銘より三年後の元禄十七年であるから、本図は『続風土記』宝塔院の項（高巻之十四寺家之四谷上院堂社院家下）に寺宝として記載される「仏掌浄土曼荼羅」一幅（院譜に「元興寺智光夢感光之圖也云云」とある）に該当すると思われる。その宝塔院は、高野山絵図によれば明治二十二年（一八八九）から二十五年の間に西禅院に合併された（註4）。

ちなみに西禅院は、金剛峯寺の支院で高野山谷上に位置する。開基は永久年間（一一一三〜一一一八）明寂阿闍梨（『院譜』）とも、承久年間（一二一九〜一二二二）泉勝阿闍梨（『続風土記』巻之十三寺家之三谷上院堂社院家上）とも伝えられている。泉勝は称名念仏を怠らず、親鸞はその徳望を聞き傍らに阿弥陀院を営んだとされる（『大日本寺院総覧』明治出版社、大正五年）が、『続風土記』は親鸞の由緒について「其実追尋へきなり」としている。また西禅院の院号について『続風土記』が、僧名帳には天正十九年（一五九一）以下に見られるとするのに対し、『総覧』は慶長年間（一五九六〜一六一五）、阿弥陀院を併せて一院とし、西禅院に改めたとする。

さて、本図の図相は、当麻曼荼羅に倣うと上から、虚空・宝楼閣・三尊・宝樹・舞楽・宝池の会や段から成立している。その図様は、縦長の画面に、左右相称を原則として極めて安定の良い構図を採っており、礼拝者の目はおのずから中尊阿弥陀如来へと向けられる。これは画面が、左右の広がりばかりか奥行きをも兼ね備えており、諸尊像が控えめにかつまとまり良く描かれていることにも因ると思われる。こうした左右相称的、求心的構図法もさることながら、本図が一見して古様な印象を与えるのは、基づく祖本の存在を想起させよう。

三尊段は、画面中央に広がる横長の露台上に、阿弥陀三尊とそれを囲繞する十八体の菩薩形、四体の比丘形とが描かれる（註5）が、各尊の間には適度の空間が設けられて、奥行き表現を強調する一助をなしている。諸尊は上半身に比べて膝張りが狭く、撫肩で優しげな印象を与えるが、これは後述のごとく本図が制作された時代の好尚の反映である。

中尊は二重円光を負い、蓮台上に左脚を外側にして結跏趺坐する〈41－2〉。両手はともに第一、四指を捻じ、掌を外に向けて胸前に立てる転法輪印を結ぶ。肉身の技法は原則として諸菩薩と同様で、下図をまず墨線で描き、それに従って肌色を塗り、下描き線とほぼ齟齬なく朱線で描き起こして仕上げとする。肌色は鉛系白色顔料に藤黄をかけた明るい黄色で、丹で暈取りを施す。惜しまれることに、左眼を通って胸まで縦長の亀裂が走り、後世の拙い補筆や補彩が中尊の顔貌を損ねているが、諸菩薩のそれから当初の温容を想像されたい。

偏袒右肩に纏う朱の大衣にも補彩があるが、右脇下より左肩にかけて見せる裏地は、白群と群青を帯状に重ねる寒色系で彩っており、初・盛唐の伝統をとどめる（註6）。

華麗な二重円光の光背は、頭光を三区に、身光を四区に分かち、それぞれを細やかな文様で仕上げている。ことに四重の同心円からなる身光は、内区を緑青一色で塗り、次の文様帯は五弁ずつの半花形を相互に覗かせる。半花形は花心部を緑青として、花弁の内区を赤系、青系の繧繝にするものと、逆に花心部を群青として、花弁の内区を紫系、緑系の繧繝にするものの二様である。これと相似た文様を日本の遺例に求めると、前節でふれた元興寺の板絵本〈35－1〉に逢着する。最外区のうねりを見せる火炎文様帯も同様であり、さらに中区の白色地に蕾形を魚鱗状に重ねていく文様は、やはり元興寺板絵本や奈良国立博物館所蔵伝清海曼荼羅に認められるほか、敦煌では古く第二二〇窟南壁阿弥陀浄土図（六四二年）脇侍身光に見出される。光背におけるこうした花文の使用は、敦煌では初唐から盛唐前期に多く、天宝期を過ぎるあたりから図案化された抽象的文様へと変化を遂げるから、本図の祖本の制作年代を考える上で興味深い。

一方、台座で特徴的なのは蓮弁の彩色法である。例えば、受花の各弁は四重の花文で構成しているが、上段の外区は青系の三段ないし四段繧繝と赤系の小型花文帯、内区は緑系、紫系の各三段繧繝の組み合わせであるのに対し、下段では、青系と赤系、緑系と紫系とを内外区反対に用いている。つまりこの受花は、一定の組み合わせを上下交互に配することによって、複雑な装飾的効果を狙っているのである。その組み合わせこそ、七世紀後半から最も流行をみる「紺丹緑紫」（註7）と呼ばれる彩もので、本図全体を支える彩色原理といいうる。

三尊段の右半に目を移せば左脇侍菩薩は、宝冠に化仏を戴いた観音菩薩である。観音は中尊のほうに少し体を向けて、左足を前に結跏趺坐する。ちなみに初唐期における敦煌の阿弥陀浄土図を見ると、脇侍はほとんどが半跏像であり、結跏趺坐する例は、管見の限りでは第二二〇窟南壁およびデリー博本(No. 499, Ch. xlvii. 001)を認めるにすぎない。第四四五窟南壁(開元期)、第一七二窟南・北壁（天宝期）はなお半跏像であり、第一四八窟東壁（七七六）も倚像であることから、結跏趺坐像が主流を占めるようになるのは、八世紀後半以降と思われる。

顔貌表現で面白いのは眼窩線の長さで、上側が眉のほぼ中央過ぎまで、下側が虹彩の眼頭側の端に達するか否かのあたりまでという、いくぶん短かめの表現となっている。法隆寺所蔵国宝橘夫人厨子扉絵、東大寺大仏蓮弁陰刻華蔵世界図、ボストン美術館所蔵法華堂根本曼荼羅、東大寺戒壇院厨子扉絵（ただし白描模本、高山寺旧蔵巻子本『仏教図像集古　戒壇院扉絵』による）など、日本の八世紀前半から中頃の遺品に類例が多く見出されることから、祖本の伝統を継いだものと思われる。また、上下唇を分かつ墨線は端を上げて鉤型にはね、口元の締まりを表すとともに、頬のふくらみをも暗示しているが、唇の中央付近にごく小さなアクセントをつけていて、菩薩にいっそうの生気を与え、より親しみやすい尊像とすることに成功している

一方中尊の左に坐す菩薩は、宝冠の前立として金切箔地に朱線で水瓶を表現しており、勢至菩薩と知られる〈41－3〉。両脇侍とも目鼻立ちは総じて小造りで、しかも均衡よく的確に配され、菩薩の気品にあふれた温雅な表情を描き出している。極彩色に金色を加えた胸飾り、瓔珞、臂釧、腕釧などの装身具も典雅なもので、瓔珞の主要装飾である臍前の大きな金環も含め、仁平三年（一一五三）の持光寺所蔵国宝普賢延命像（ただし銀環）や松尾寺所蔵国宝本普賢延命像、東京国立博物館所蔵重要文化財准胝観音像など、十二世紀中ごろの作品によく通じる。

三尊段の諸菩薩でまず特記すべきは、肉身と暈取りの彩色上の関係であろう。それには、三尊と同様に黄肉身に丹暈を施すものと、白肉身に濃い朱暈を加える二種があり、前者が三尊を含めて十一例、後者が十四例と、ほぼ半々としている。技法は、眼窩線の下側に大変幅広く施すかわりに、小鼻から下や頬の輪郭線の内側にはあまり手を加えないというもので、日本の尊像表現において多く認められることに注意しておきたい。

次に、着衣の襞の表し方にも二種ある。一つは朱地に金泥の襞とするもので、もう一つは丹地に太い帯状の朱暈で襞を表すものである。菩薩形の場合、前者を条帛に用いる時は後者を裳に、あるいはその逆という具合に使い分け、さらに寒色系の着衣をも交えて変化をつけている。ただ、請来本の直模と考えられる東寺所蔵国宝西院曼荼羅や、奈良国立博物館所蔵重要文化財伝清海曼荼羅などにおける類似の表現に比べるといっそう形式化が進んでおり、西禅院本の制作までには幾度かの転写が行われた可能性を示唆している。

第三の特徴は、頭光の表現法である。すなわち朱、丹、緑青、紫のうち一色を外側に向けて明るく暈し、輪郭を朱あるいは丹で括る。この際、輪郭の内側に沿って二本の白線を入れ、菩薩から輝き出る光の輪を柔らかく強調している。類似の作例は、敦煌では早く莫高窟第二二〇窟（六四二年）西壁龕頂北側仏説法図に認められ、遅くとも初唐以来の表現と知られるが、西禅院本の場合、輪郭には伝統的な色線を使いながらも、内側の二本の白線はハイライト効果を補助しており、その繊細さはむしろ大治二年（一一二七）の京都国立博物館所蔵国宝十二天画像の脇侍頭光に近似し、この時期の特色を示すものと思われる。

宝樹段の宝樹は二本の金の幹をもつ双樹で、葉叢の間には宝楼閣が現出している〈41－4〉。このような宝樹における宝楼閣の描写は、当麻曼荼羅をはじめとして絹絵類には散見されるものの、敦煌絵画には今のところ見出しえない。その花は、白い点で蘂を表した花心部を二枚の大きな萼が包み込むようにし、その周囲を七枚の小花弁帯で囲む。花の下には九枚ないし十一枚の細長い葉が広がっている。このような花葉の描写は、敦煌では莫高窟第四五窟北壁や第四四五窟南壁など開元期ごろに多く見られる。

ところで、本図全体を眺めわたすと、露台やそれらを結ぶ橋などの縁には勾欄がめぐらされているが、注目すべきは勾

S21 宝池・洲浜　赤外線写真

欄の平桁と地覆との間にはめられた羽目板である。これは和様建築に例を見出すのは困難で、むしろ唐様建築の特徴と思われる。しかもそこに表された文様は、緑青地に群青と白群とで対角線文を入れ、その中に群青で輪郭づけた白緑の半花文を描くものと、群青地に白群で華麗な唐草文様を描き出したものとの二種があって、これらを交互に配している。天宝期以降の敦煌絵画では、例えば莫高窟第一七二窟北壁観経変相などのように卍崩し文がほとんどであり、美しい花葉文類をあしらうのは第四五窟南壁など、それ以前の好みと知られるのである。

また、舞楽会で目立つのは〈41－5〉、長方形の敷物上に襪を履いた片足で爪先立ち、身体を大きくしならせ、天衣を翻して激しく踊る二童子や、その両側でそれぞれ楽器を手にして立っている四体ずつの童子であり、上下の瞼を膨らませた大きな眼に少年らしい生き生きとした表情をとらえることができる。こうした童子たちの裳に、繧繝彩色を用いた彩り豊かな縦縞文様が用いられているが、同種の文様は、アスターナ第一八七号墓出土の囲碁士女図中の童子にも見出される。この図は金維諾・衛辺両氏（註8）によれば、開元期前後の中原の作風に相近いとされ、やはり大陸的要素の一つに数えることができるのである。

目をさらに画面下方に転じれば、広々とした宝池が見渡され、洲浜が描かれ、また龍頭鷁首の船上では童子たちによって船楽が催されている。各露台をめぐる宝池には、蓮華上で合掌するなどしている化生童子が、現在確認されるだけで計十一体表される。宝池は補絹が多く若干鈍い印象を与えるが、当初は鮮やかな群青で覆われていたことが各所に残る顔料から判断される〈41－6〉。水面からは所狭しとばかり多数の蓮華や蓮葉が伸び出ており、ことに蓮葉は剥落のため現在は目立たないが、大きく開いた葉が意外に数多いことが、赤外線写真によって明瞭に浮かび上がる〈S21〉。蓮華上の童子でことに注目されるのは、向かって左の二体、すなわち緑の未敷蓮華中に、蓮弁を透かして見える合掌の童子と、朱の半開敷蓮華から今まさに半身を見せて浄土に顔を出した童子とである。その図相の典拠は『無量寿経』系所説の胎生思想か、あるいは『観無量寿経』（以下、『観経』）所説の九品往生思想に求めうるのであろう（註9）。しかしいずれにせよ、当麻曼荼羅等に見られる説明的表現に対して、浄土に生まれ出づる経過を二様の描写でのみ表し、むしろ宝池の自然な趣の中に控えめに配したことは、本図の一つの特徴といいうる。

さらに、西禅院本の宝池段を大きく特徴づけるのは、銀色に輝く洲浜の存在であろう。輪郭はなだらかな曲線で汀の屈曲を描き、ふっくらとした盛り上がりを見せる洲浜は、緑に臙脂のような有機赤色をかけて、群青の宝池に自然に溶け込むよう配慮されている。

まず中央の洲浜へは、舞楽会の露台から、華麗な敷物を敷いた橋掛かりがのびている。洲浜には両翼を広げた一羽の孔雀をはじめ、計十四羽もの鴨や鴛鴦などの水鳥たちが遊ぶ。各々の描写は実在の鳥とは相違するものの彩色は入念で、冷たい銀泥を用いた洲浜に彩り豊かな賑わいを与えている。さらに空想的な草花が、浄土とはいえ自然景の中に身を置くような安らぎを礼拝者にもたらす。画面左下の洲浜の奥の岸辺には孔雀が一羽おり、手前には三羽の鳥が羽を休めるが、注意を惹くのは、緑の天衣をまとった一体の化生童子が、一羽の鴨と戯れていることである。柔らかな前髪を残した童子は、透けた丹の腰衣と、白群の裳を着ける。尻を地面につけ、膝を前に立てて鴨を抱き上げようと腕をのばしている。極楽世界における、このような微笑ましい情景描写もまた、本図の特徴の一つである。

宝池にはまた、右左から一艘ずつ、龍頭鷁首の船が中央へとゆっくり進む様子が表される。船尾では各一体の童子が、丹、朱、白で彩られた長い棹を池に差し、剣巴文をあしらった船縁の下から垂れた白い水引き幕が、船の速度に合わせて静かに波間に漂う。船中では両船とも、童子たちが笙(しょう)や横笛を奏し舞っている。船上の敷物は両船とも黄色の地に、丹の六ツ目を入れた緑青の亀甲文繋ぎであり、似た文様は国宝平等院鳳凰堂仏後壁の舞楽会の敷物に見出されるのをはじめとし、神護寺所蔵釈迦如来台座など、十一世紀から十二世紀にかけて広く用いられたと思われる。龍頭鷁首船は絵巻物類に散見されるが、なかでも久保惣記念美術館所蔵重要文化財駒競行幸絵巻、東宮行啓の段に描き込まれた船は、形状はもちろん、繧繝彩色を用いた配色法までよく似ている。久保惣本は、制作年代が十三世紀末葉から十四世紀初頭に降るとはいえ、『栄華物語』駒競の巻を絵画化したものであり、盛儀は万寿元年（一〇二四）九月、関白藤原頼通が自邸高陽院で催したものである。秋山光和氏（註10）はこの場面について、古く同様な図の作られていたことを予想しており、西禅院本の龍頭鷁首船が平安後期の船楽のありさまをこそ、浄土図に採り入れたものであることが十分に推測される。

ここで、目を上方に転じてみよう。宝楼閣段は、三棟の重層入母屋造の建物と二棟の六角堂とが、屈曲する廻廊によってつながれている。同様の屈曲を示す廻廊は莫高窟第四五窟北壁の阿弥陀浄土図（開元期）にあり、本図の建築は廻廊も含めて、祖本に忠実に拠ろうとしたものであることが推測される。また、各宝楼閣は軒を仰視して描き、他の部分を見下ろすように処理するが、同様の表現法を敦煌に求めれば、莫高窟第三二九窟南壁や第二一七窟北壁といった初唐期阿弥陀浄土図に登場している。柱は、内柱を丹、外柱を朱で塗り分けるが、この彩色法も神龍二年（七〇六）に描かれた懿徳太子（李重潤）墓、墓道壁画の宮闕図中楼閣に見出され、古様なものと判ぜられる。しかし、転写の際の崩れと目される部分もないわけではない。すなわち廻廊は複廊であるが、中柱の壁はすべて塞がって内外の連絡が不可能なばかりか、各宝楼閣とのつながりや、屈曲した部分の廻廊自体のつながりなども自然とはいいがたく、やはり祖本からの複数回の転写を窺わせる。

最後に虚空段を見ると、上空から飛来する二体の化仏の乗雲は、濃淡の青、朱、緑、紫を用いた極彩色で、仏の後方から上方へと大きく弧を描いた雲脚を長く引き、遠方から飛び至った様をよく表している。その描写は、やや扁平ながら霊芝形で、唐代を通して敦煌絵画にしばしば類例を見出すことのできる大陸的表現といえる。

以上、本図の図様、表現や技法上の特徴となすべき点について一通り考察を加えた。その結果、本図が大陸からの請来本を原拠とした作品であることを実際に裏づける、いくつかの要素を示しえたと思われる。そこで次に、本図の構成法について考察するにあたり、まず中国の阿弥陀浄土図の流れの中にあって、西禅院本の構図がいかなる位置を占めるかを検討しておきたい。すなわち、絹絵類をも含めた百三十例あまりの敦煌唐代阿弥陀浄土図のうち、実査や写真などで現在構図の判明する六十余例について、ことに舞楽菩薩たちの配される露台の扱いを基準として分類を試みたところ、次のような時代的変遷が認められることが判明した［表2・3］（註11）。

（一）初唐期（六一八～七〇四年）

初唐における構図上の共通点は、舞楽会を表す露台が画面下辺、左右一杯に一基のみ描かれることである。

これを大きく二種類の型式に分ければ、三尊段のための露台が設けられずに、仏菩薩が宝池から伸び出る蓮華上に坐すもの（初唐Ⅰ）と、三尊段露台が画面中央に描かれるもの（初唐Ⅱ）とになる。Ⅰ①二二〇窟は貞観十六年（六四二）の造窟と知られ、初唐Ⅰ型は初唐以降には見出せず、唐代で最も原初的な型式と考えられる。また初唐Ⅱ型は、画面上方に宝楼閣を描く（初唐ⅡＡ）か、幅広く虚空段を表す（初唐ⅡＢ）かによってさらに細分することができる。

初唐Ⅰ型の類型として、わが国の遺品では法隆寺金堂第六号壁阿弥陀浄土図が挙げられよう。すなわち金堂壁画は阿弥陀三尊の周囲に供養菩薩や化生童子を配するが、彼らはいずれも宝池から生じた蓮華上にいる。

（二）盛唐期（七〇五～七八〇年）

盛唐期は、初唐Ⅱ型を基本として、その後の唐代の構成法を方向づける二つの大きな型式へと発展する時期である。

すなわち、画面下辺に描かれる露台が、一基から三基以上へと増加する構図（盛唐ⅡＡ）。および三尊段を描く露台の前方が、広くテラス状に張り出し、そこに舞楽会が置かれる構図（盛唐Ⅲ）である。さらに盛唐ⅡＡ型は、天宝期に入るころから、より複雑かつ有機的な構成をもつようになり、舞楽会の露台の左右や下方にいくつもの露台を配する型式（盛唐ⅡＢ）へと、展開を遂げる。また宝池中の洲浜は、開元期ごろより登場する。盛唐Ⅳ型は、不明な箇所多く構図が判然としないもの。

ちなみに当麻曼荼羅は、画面中央の三尊段露台と下辺の舞楽会などの露台との間に、左右縁になお一基ずつの露台を設けて仏説法会を表す、複雑でありながら各モチーフに緊密な結びつきを誇るこの構図は、盛唐ⅡＢ型に分類されよう。

（三）中唐期（七八一～八四七年）

この時期は、表現上も前代とは顕著な相違が見出されて興味深い。つまり阿弥陀三尊を含めた諸尊が、盛唐期では数多く、しかも各尊が小さめに描かれて画面中に浄土の広がりを感じさせたのに対し、中唐期では、比較的少ない尊像が、それぞれ大きくクローズアップして捉えられるのである。画面も、殊に壁画において縦長の構図が主流となり、それにともなって宝楼閣段が二段に描かれるなどの特徴が現れる。

構成法としては、盛唐ⅡＡ型（中唐Ⅰ型）はそのまま残るものの、盛唐ⅡＢ型の複雑ながらもきわめて安定した構図は影をひそめ、むしろ盛唐Ⅲ型（中唐ⅡＡ型）が主流と化して発展を見せる。すなわち三尊段と舞楽会が同一露台上にあり、その下方にさらに三露台が配される構図（中唐ⅡＢ）や、下方の露台を二基とし、それらに挟まれた中央の宝池中に洲浜を描く構図（中唐ⅡＣ）が中心となる。

また、Ⅰの⑤、ⅡＢの①や⑤等のように、露台の縁を稲妻形とするなど、従来台形が原則であった露台の形に変容を加え出すのも、中唐期の一特色といいうる。

我が国の遺例中、諸尊をはじめとする各モチーフが大振りに扱われるものに、奈良博本伝清海曼荼羅がある。この図は、画面横いっぱいに広がる三尊段露台の下に、三つの舞楽会の露台が大きく配置され、中央露台に接して洲浜が広がる。つまり基本的には盛唐ⅡＡ型の構成法をもつが、諸尊の扱い、および露台の外側の縁を稲妻形にするなど、中唐期に多い特徴を備えている。この稲妻型が元興寺板絵本にも見られることは、前述の通りである。また、中唐ⅡＢ型に参考として呈示したデリー博本（№．51, Ch. liii.003）は、ウエーレーの「敦煌絵画目録」（註11③）では観経変相とされているが、ウィットフィールド氏の解説（註11④）にあるとおり、薬師浄土変相に比定されるべき作品である。

（四）晩唐期（八四八～九〇六年）

晩唐期は、従来の型式を踏襲しつつ繁雑化の傾向を示し、著しい形式化の道をたどる時期である。

［表2］

(1) 略称

阿＝阿弥陀浄土図
観＝観経変相
断＝断簡
Lo＝James Lo氏撮影写真
P＝Pelliot 図録
M＝"Mission Paul Pelliot" XV
S＝"Serindia"
T＝松本栄一『敦煌畫の研究、圖像篇』（東方文化学院東京研究所、昭和十二年）
H＝『中國石窟　敦煌莫高窟』三～四
K＝『西域美術』I

(2) 時代区分（Hより）

隋　開皇元年（五八一）－皇泰元年（六一八）
唐
　初唐　武徳元年（六一八）－長安四年（七〇四）
　盛唐　神龍元年（七〇五）－建中元年（七八〇）
　　開元年間（七一三－七四二）
　　天宝年間（七四二－七五六）
　中唐（吐蕃時代）　建中二年（七八一）－大中元年（八四七）
　晩唐　大中二年（八四八）－天祐三年（九〇六）
五代　後梁開平元年（九〇七）－後周顕徳六年（九五九）
北宋　建隆元年（九六〇）－景祐二年（一〇三五）
西夏　大慶元年（一〇三六）－宝慶二年（一二二六）
元　成吉斯汗二十二年（一二二七）－至正二十八年（一三六八）

〈莫高窟壁画〉

石窟番号 敦煌文物研究所	壁	Pelliot	張 大千	種別	時代	参考図版	備考
004	南			阿	五代		
005	南			阿	五代		
006	南			阿	五代		
007	北	167A	156	観	中唐	Lo	
008	西		155耳	観	晩唐		
012	南	166	154	観	晩唐	H	咸通10（869）
015	南	164	152	観	北宋		
018	南	162	150	観	晩唐	Lo	
019	南	161A	149	観	晩唐	Lo	
020	南	160A	148	観	晩唐		
022	北			阿	五代		
023窟頂	北	138A	121	阿	盛唐	Lo	
024	西		121耳	阿	晩唐		
044	北	122	107	阿	盛唐	Lo	
044	南	122	107	観	中唐	Lo	
044	東	122	107	観	中唐	Lo	
045	北	100G	106	観	盛唐	H	開元頃
055	南			観	北宋		
061	南			阿	五代		
066	北	114	073	観	盛唐	Lo	
071	北			阿	初唐		
076	南	102	067	観	北宋		
078	南	099	065	阿	初唐		
085	南	090	060	観	晩唐	Lo	咸通8（867）
088	南	088	058	阿	西夏		
091	南	086	056	観	中唐	Lo	吐蕃期以降完成
092	南						但、無量寿仏一鋪、及び、十六観（東）、未生怨（西）
098	南			阿	五代		
100	南			阿	五代		
103	北		284	観	盛唐	Lo	開元頃
107	北			阿	晩唐		
108	南			阿	五代		
111	南	048	037	観	晩唐		
112	南	046	036	観	中唐	H	
113	南	044	035	観	盛唐	P	
116	南	040A	033	観	盛唐		中唐完成
117	南	038	032	観	中唐		
118	南			観	北宋		
120	南	034	029	観	盛唐	Lo	
122	北	030	027	観	盛唐	Lo	
123	南	028	026	阿	盛唐	Lo	
124	北	026	025	阿	盛唐	Lo	
126	北	022	023	観	中唐	Lo	
126	南	022	023	観	中唐		建中2（781）以降完成
128	北	018G	021	阿	晩唐	Lo	
129	南			観	中唐		
132	南		002	観	晩唐		
134	西		003	観	中唐		
136	南		004	阿	北宋		
136	北		004	阿	北宋		
138	南	001	005	阿	晩唐		
140	南	002	006	阿	西夏		
140	北	002	006	阿	西夏		

石窟番号 敦煌文物研究所	壁	Pelliot	張 大千	種別	時代	参考図版	備考
141	南	003	007	観	晩唐		
142	南	004	008	阿	西夏		
142	北	004	008	阿	西夏		
144	南	006	010	阿	晩唐		
145	南	007	011	観	晩唐	Lo	但、五代、宋初の重描
146	南			阿	五代		
147	南	009	013	観	晩唐		
148	東	010	014	観	盛唐	H	
150	東	012	016	阿	晩唐		
151	南	013	017	阿	西夏		
151	北	013	017	阿	西夏		
154	北		018耳	観	中唐		
155	南	015	019	観	中唐		
156	南	017Bis	300	阿	晩唐	H	大中6（852）
158窟頂中央		019Bis	301	阿	中唐		
159前室	南	021Bis	302	阿	中唐	Lo	
159	南	021Bis	302	観	中唐	H	吐蕃期前半
160	西	021Ter	302耳	観	晩唐		
164	南	021	298	阿	西夏	Lo	
164	北	021	298	阿	西夏		
165	南			阿	西夏		
167	南		296耳	阿	晩唐		
171	北	031	293	観	盛唐	Lo	
171	南	031	293	観	盛唐	Lo	
171	東	031	293	観	盛唐		
172	南	033	292	観	盛唐	H	天宝頃
172	北	033	292	観	盛唐	H	
173	西		292耳	阿	晩唐		
176	南			観	盛唐		
177	西		290耳	観	晩唐		
180	北	041	289	観	中唐		
180	東	041	289	観	中唐		
188	南	051	281	観	中唐	Lo	
188	北	051	281	観	中唐	Lo	
191	西		280耳	観	中唐		
192	南			阿	晩唐		
194	北			観	盛唐		
195	西			観	晩唐		
196	南			阿	晩唐		
197	北	053A	280	観	中唐	Lo	
199	北	053B	279	観	中唐	Lo	
200	南	057	278	観	中唐	Lo	
201	南	059	277	観	中唐	Lo	
201	北	059	277	観	中唐	Lo	
202	東	061	276	阿	中唐		
205前室	西			観	五代		
205	北	071	273	阿	初唐	Lo	
205	南	071	273	阿	盛唐	Lo	
208	南	075C	261	観	盛唐	Lo	
211	南	075E	262	阿	初唐		
211	北	075E	262	阿	初唐		
215	北	075D	265	観	盛唐	Lo	
217	北	070	268	観	盛唐	H	景雲年間（710～711）造窟
218	南	066A	269	観	盛唐		

石窟番号 敦煌文物研究所	壁	Pelliot	張 大千	種別	時代	参考図版	備考
220	南	064	270	阿	初唐	H	貞観16（642）
224	南	060	271耳	阿	西夏		
227	南		272耳	阿	晩唐		
231	南	081	047	観	中唐		
232	南	082B	048	観	晩唐	Lo	
234	南	085	050	阿	西夏		
234	北	085	050	阿	西夏		
236	南		052	観	中唐		
237	南	084	053	観	中唐		
238	南	026	257	観	中唐	Lo	
240	南	089	256	観	中唐	Lo	
258	北	109	244	観	中唐		
306	東			阿	西夏		
306	西			阿	西夏		
320	南	139	125	阿	盛唐	Lo	天宝頃
320	北	139	125	観	盛唐	H	
321	北	139A	126	阿	初唐	H	貞観頃
322	北	139B	127	阿	初唐		天宝頃
329	南	144	132耳	阿	初唐	H	貞観頃
331	北	145	133	阿	初唐	Lo	
334前室	北			観	五代		
334	北	148	136	阿	初唐	Lo	
335	南	149	137	阿	初唐	Lo	垂拱2（686）造窟 北壁＝聖暦年間（698－700） 西壁＝長安2（702）
337	西		137耳	観	晩唐		
341	南	157	141	阿	初唐	Lo	
343	東		142耳	観	晩唐		
351前室	南			阿	西夏		
351前室	北			阿	西夏		
358	南	166D	170	観	中唐		
359	南	166B	169	阿	中唐	Lo	
360	南	166A	168	観	中唐		
361	南	165B	167	阿	中唐	Lo	
369	南	162E	173	阿	中唐		
370	南	162D	174耳	観	中唐		
372	南	160H	175	阿	初唐		
379	南	158C	181	観	盛唐	Lo	
386	南	156	186	阿	中唐	Lo	
390前室	西			阿	五代		
393	西			阿	隋		
400	南			阿	西夏		
418	北			阿	西夏		
431	北			観	初唐		
431	西			観	初唐		
431	南			観	初唐		
445	南	120Y	223	阿	盛唐	H	開元頃
446	南			観	盛唐		
449	南	120L	225	観	北宋	Lo	
452	南			阿	北宋		
454	南			観	北宋		
468	南			観	五代		
471	南			阿	中唐		
473	南			観	晩唐		

〈絹絵類〉

『敦煌絵画目録』(Waley) 番号	"SERINDIA"(Stein) 番号	種別	時代	参考図版	備考
大英博物館所蔵					
XXXV	Ch.lvi.0034	観	中唐～晩唐	K	
XXXVII	Ch.00216	観断	中唐	K	
LXX	Ch.xxxiii.003	観	中唐	K	
CCXXII	Ch.00457	観断	晩唐	K	
ニューデリー国立博物館所蔵					
CCXCV	Ch.0051	観	晩唐		
CCCXVIII	Ch.00104	観			
CDXXVII	Ch.v.001	観	晩唐		
CDXLVII	Ch.xxii.005～7.12～14	断簡			
CDXCIX	Ch.xlvii.001	観	初唐	T	
DI	Ch.liii.003	観	中唐	S	薬師浄土変相
DXXII	Ch.lv.0033	観	中唐		
DXXVIII	Ch.lv.0047	観	中唐		
DXXXVII	Ch.lvi.0018	観			
DXLVI	Ch.lviii.0011	観			

ギメ美術館収蔵番号	種別	時代	参考図版	備考
EO1128	観	中唐	M	
MG17669	観	中唐	M	
MG17672	観	中唐		
MG17673	観	晩唐	M	
EO1130	断簡	中唐	M	
EO1171	断簡	盛唐	M	

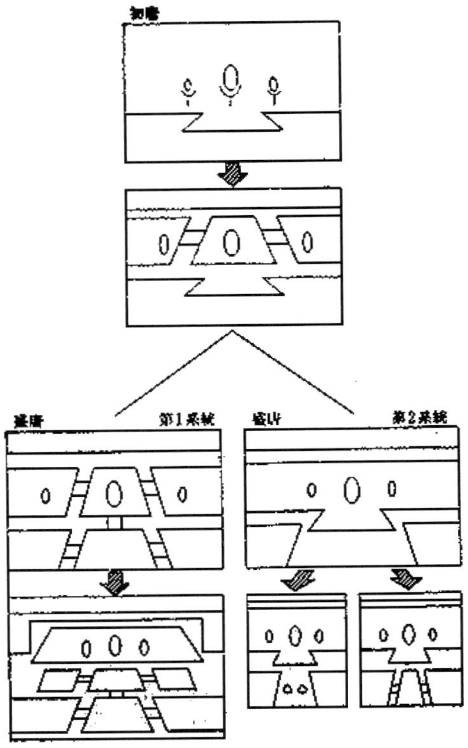

初唐

I

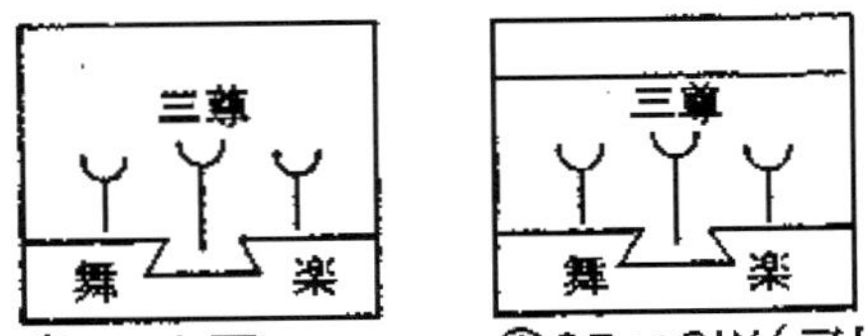

①220南阿　②CD×CIX(デリー)

II A

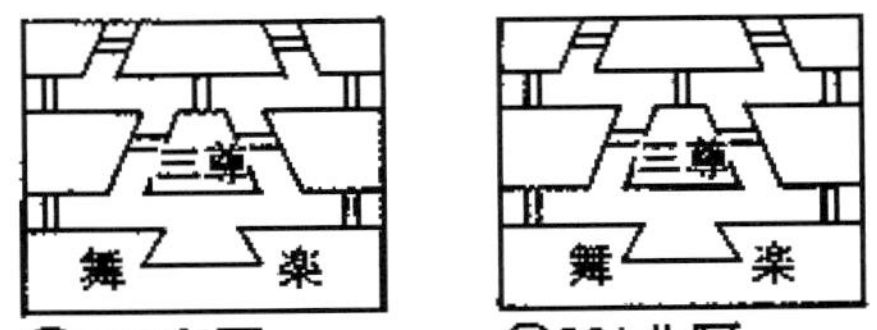

①329南阿　②331北阿

II B

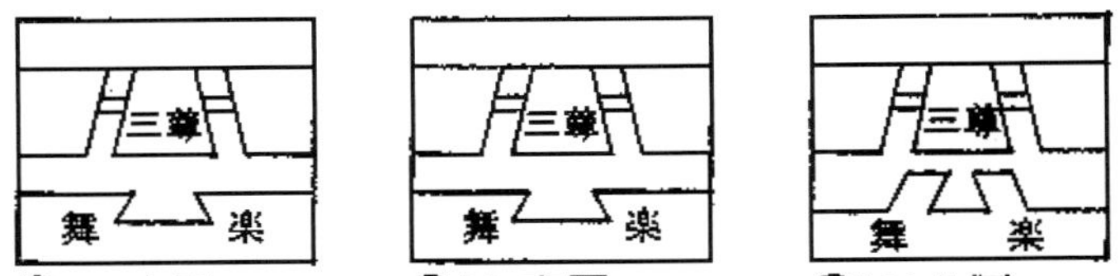

①335南阿　②341南阿　③321北阿

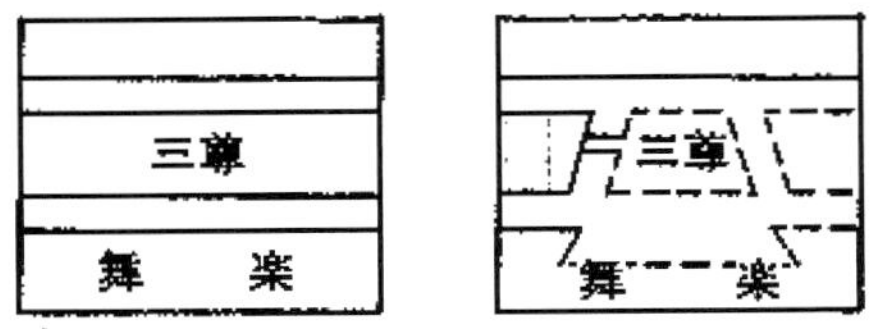

④334北阿　⑤205北阿

盛唐

I

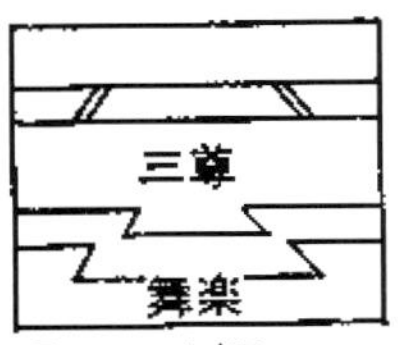

①122北観

II A

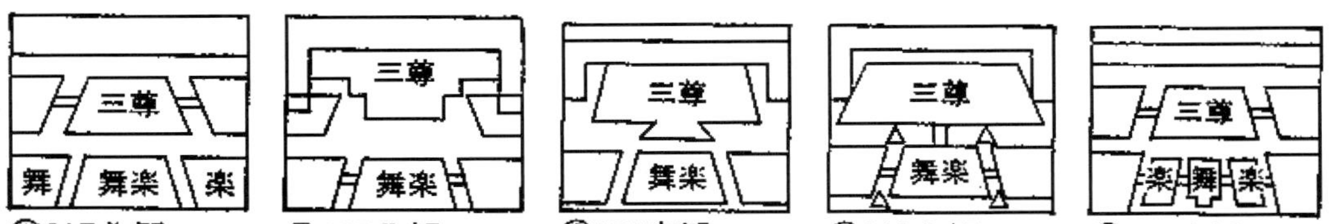

①217北観　②215北観　③172南観　④320北観　⑤113南観

II B

①172北観　②148東観

III

①066北観　②120南観　③379南観　④171南観　⑤171北観　⑥445南観　⑦045北観

IV

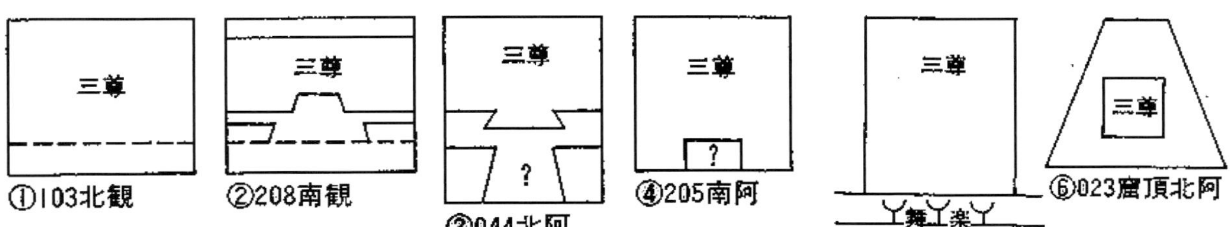

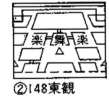

①103北観　②208南観　③044北阿　④205南阿　⑤320南阿　⑥023窟頂北阿

中唐

I

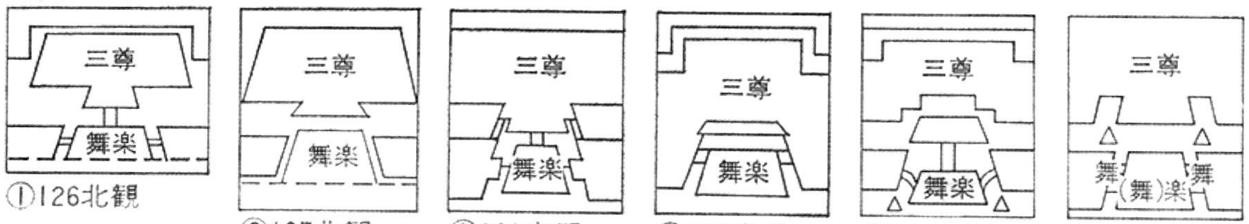

①126北観 ②197北観 ③201南観 ④200南観 ⑤007北観 ⑥238南観

II A

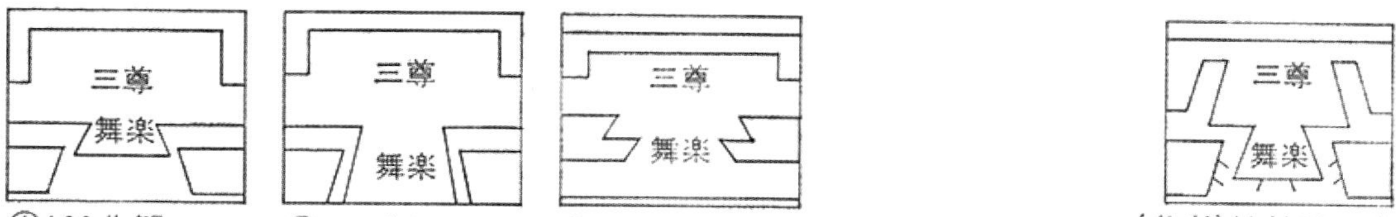

①199北観 ②091南観 ③188北観 (参考)楡林窟25南観

II B

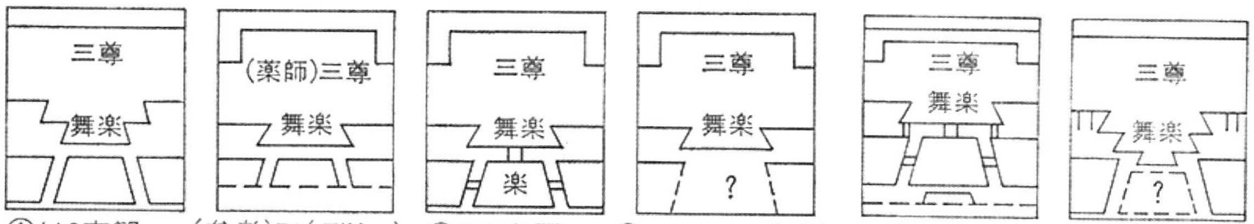

①112南観 (参考)DI(デリー) ②386南阿 ③MG17669(ギメ) ④159南観 ⑤×××V(大英)

II C

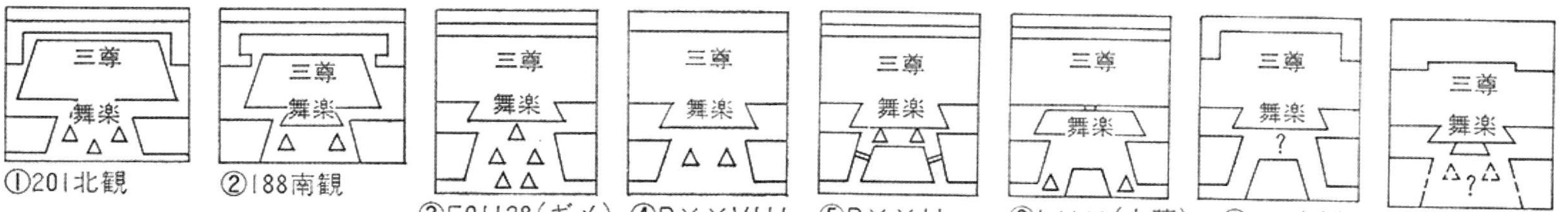

①201北観 ②188南観 ③E01128(ギメ) ④D××VIII (デリー) ⑤D××II (デリー) ⑥L××(大英) ⑦044南観 ⑧MG17672(ギメ)

晩唐

I

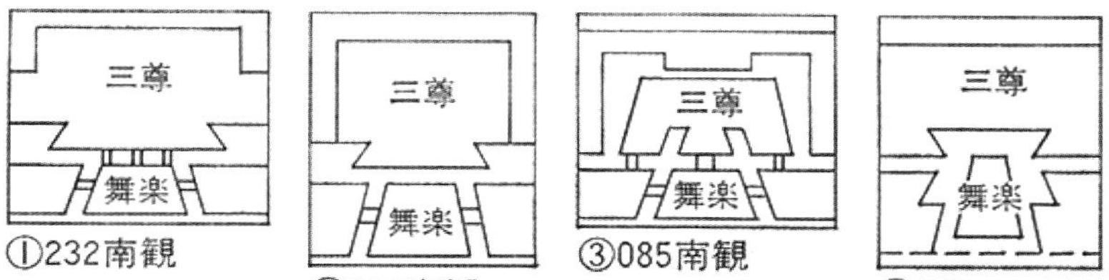

①232南観 ②018南観 ③085南観 ④CD××VII (デリー)

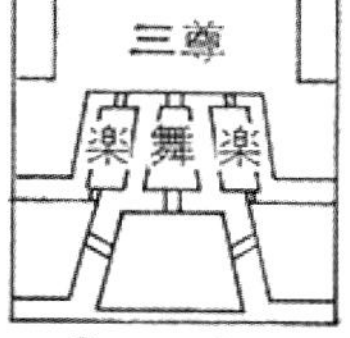

⑤156南阿

II A

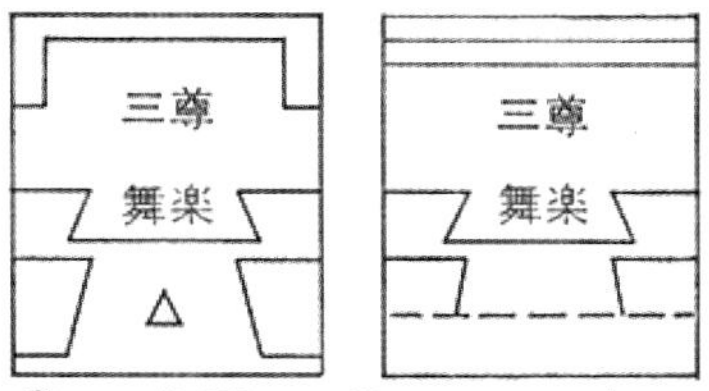

①128北阿 ②CC×CV(デリー)

II C

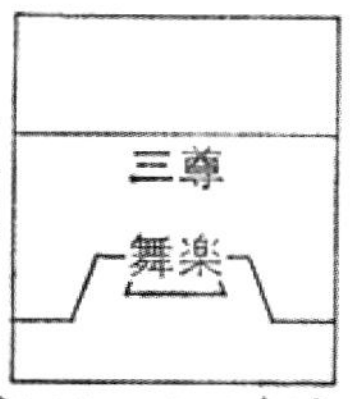

①MG17673(ギメ)

II B

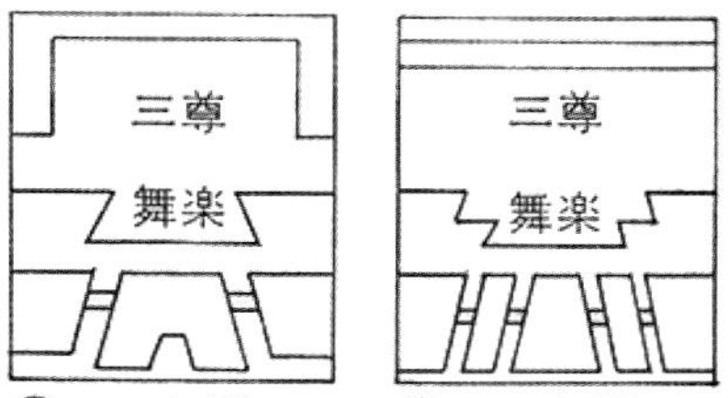

①145南観 ②012南観

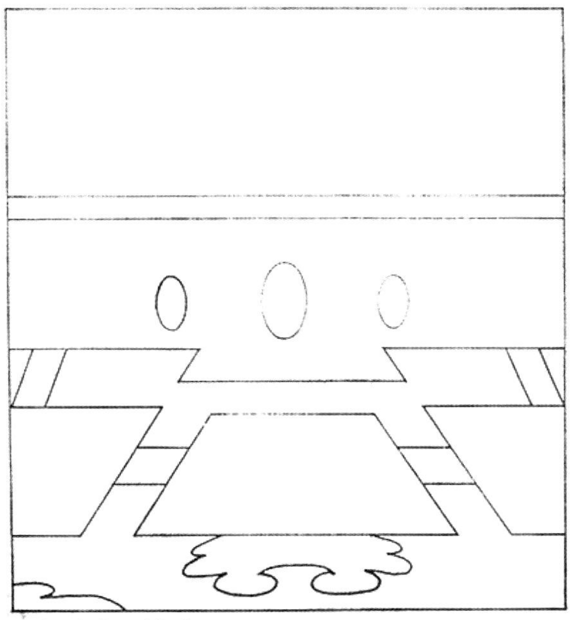

西禅院本の構成

以上を概括すると、初唐期において舞楽会の露台は、画面下辺横いっぱいに広がるものであったのが、盛唐期に遷り二つの系統に分化する。一系統はその露台が三基に分かれるものであり、もう一系統は舞楽会が三尊段の露台前方をテラス状に張り出した場所に吸収されてしまうものである。その後も基本的には、この二系統の構図からいくつかの型式に応用される。

西禅院本は画面中央に三尊段露台を置き、背景として虚空段や宝楼閣段を描く。そして前景に三つの露台を配して、舞楽菩薩や童子たちを表している。すなわち西禅院本の構成法は、基本型の一つである盛唐ⅡA型であるといえよう。この型式は、早くは景雲年間（七一〇〜七一一）制作の第二一七窟北壁観経変相に見られ、また降れば、天宝期に比定されている第一七二窟北壁や大暦十一年（七七六）の造窟である第一四八窟東壁観経変相といった、その発展型式である盛唐ⅡB型が登場する。同じ型式は中唐期にも見られる（中唐Ⅰ型）が、中唐期では諸尊の一体一体が大きく取り扱われるようになる変化が生じ、本図の祖本は中唐期には降りえない。しかも本図のような基本型式に近い構成法は、盛唐も開元に遡るころの祖本に拠っていることが、十分に考えられるであろう。

ところが、注意すべきは、このように本図の構図が開元期頃の型式に忠実であるにもかかわらず、その宝池段の内容は敦煌絵画とはかなり異質のものであるということである。勿論敦煌絵画にも宝池は描かれ、化生童子が配されもする。しかし、そこに表される洲浜は、いずれも鳥が一羽か二羽とまれる程度のきわめて小さなもので、むしろ小島や岩のような描写が多く、西禅院本のように下辺に広々と描くものは見られない。また宝池に龍頭鷁首の船が浮かぶ図も、見出しえない。とすれば、祖本においてもこうした広い洲浜や船の描写のなかったであろうことは、十分予想される。すなわち西禅院本の大きな構成要素の一つである宝池段の描写は、日本の画家による大胆な構図上の付加、変容と考えることが可能なのではあるまいか。

これまでの個々のモティーフについての詳しい考察によって、本図には敦煌における天宝期以前の諸窟に、対応する要素が多いことが判明した。例えば、中尊光背の文様や宝樹の花葉の描写、勾欄の羽目板の文様や建物の描法等々である。また、中尊の印相や坐法、諸尊の着衣の襞の表現法なども、古様な点として挙げうる。なかでも、本図の随所に確認できる「紺丹緑紫」の豊麗な彩色原理は、唐代絵画様式のなかで西禅院本の祖本の年代を考える上に、重要な示唆を与えてくれる。すなわち八世紀初頭の莫高窟第二一七窟北壁観経変相は、その原理を画面全般に生かしているという特色において、本図と趣を一にしていると思われるのである。このようなことから、本図祖本の制作年代は、この壁画を上限として、表現の上からも構成法の上からも、盛唐も開元のころ、つまり八世紀前半と推定されよう。井上光貞氏（註12）によれば、奈良時代にはわが国においても多くの阿弥陀浄土図が制作されており、この時期に大陸から祖本が請来された可能性は、大いにありうることとしなければならない。

次に検討すべき問題は、西禅院本そのものの制作年代である。前述のように本図諸尊の装身具や光背には、繊細かつ穏やかな表現が用いられており、わが国十二世紀の好みによく応じているように思われる。それにも増して諸尊の表現のうち、眼窩線の下側に幅広く施すにもかかわらず、小鼻から下にはあまり用いないという特色ある暈取り法は、仁平三年（一一五三）の持光寺所蔵国宝普賢延命菩薩像をはじめとして、奈良国立博物館所蔵国宝十一面観音像や有志八幡講本阿弥陀聖衆来迎図〈31－1〉など、十二世紀中ごろから末ごろにかけて多く見られるものである。また、諸尊の撫肩で穏やかな像容も、例えば奈良国立博物館所蔵重要文化財普賢菩薩像など、やはり十二世紀中ごろの作品に相通ずるものと思われる。

さらに洲浜の表現についてみれば、形態こそ類似するものはあるものの、長寛二年（一一六四）ごろとされる厳島神社所蔵国宝平家納経に見出される洲浜ほどには形式化したものではなく、より自然な描写を見せている。

このように和様と思われる表現の一つ一つを検討し帰納してみると、本図の制作年代は、十二世紀も中ごろと考えるのが最も蓋然性が高いのではあるまいか。しかも、建造物の描写や諸尊の着衣の表現に、前記のごとく写し崩れが見出されることは、本図が八世紀前半の祖本をそのまま転写したのではなく、何度めかの写本であることも推測できる。

本図は、当麻曼荼羅諸写本のように大陸の図様のみを忠実に写し伝える系統とは大きく違い、また平等院鳳凰堂仏後壁に見られる、自然景としての洲浜の上に浄土を現出する系統とも趣を異とする。基本的には大陸伝来の図様を踏襲しながらも、その浄土の光景に日本の好みを積極的に反映させた早期の作例として、以降の日本における阿弥陀浄土図の展開に一つの指針を与えたと見なされるのであり、まことに注目すべき優品といわなければならない。

第三節　光明寺本当麻曼荼羅縁起絵巻

鎌倉光明寺所蔵国宝当麻曼荼羅縁起絵巻は、奈良の當麻寺創建の由来や本尊当麻曼荼羅の織成譚、横佩大臣の姫君の極楽往生を精緻な表現で美しく描き上げた縁起絵巻の代表的遺例であり、早くも明治四十一年には旧法により、昭和三十年には現行法によって国宝の指定を受けている（註13）。

当然、これに関する論考も数多く発表されているが（註14）、その主眼は説話内容成立時期の検討に偏っていた嫌いが否めない。すなわち、当麻曼荼羅の縁起を載せる数々の古文書との比較から、光明寺本の制作年代は十三世紀半ばとされ、背景には仁治元年（一二四二）から翌年にかけて行われた當麻寺曼荼羅堂厨子修理のための勧進、及び当麻曼荼羅信仰の宣揚があったとされている。

また、光明寺本の箱蓋裏には、延宝三年（一六七五）に大壇越内藤義概の寄進によって当寺に入った旨の墨書（註15）があるが、それ以前の伝来は不明である。しかし、説話内容や制作背景から、制作当初は當麻寺に伝来して教化や布教に使用されていたものが、室町時代の寺運衰退期に流出し、現在に至ったと考えられている。

このように、詞書の内容に関する検証のみが先行する一方で、絵自体の表現や技法に関する詳細な考察は、未だなされていない。そこで本節においては、本絵巻研究の端緒として、特に当初形態と制作目的に焦点を絞って論じることとする。

光明寺本は上下二巻からなり、縦の法量は上下巻とも五一・六cm（一・七〇尺）、全長は上巻七七九・一cm、下巻六九一・一cmを示す紙本著色画である。各料紙の寸法は、［表4］に記載した。

現在では顔料の剥落や銀泥の黒色化、有機系色料の透明化といった経年変化が全体に亙って少なからず進行しており、観察には相応の注意が必要である。剥落の最大の原因は、頻繁な使用による摩擦と考えられるが、有機色料を多用した著彩

［表４］
単位cm、ゴシック体は絵

上巻
縦51.6（押界上1.4　下1.4）横77.9＋18.9

	紙数	紙巾	〈折皺〉	｝折皺同士の間隔
1段	1	30.7		
	2	30.8		
	3	**30.3**	**〈13.2〉**	｝32.4
	4	**32.5**	**〈15.3〉**	｝33.7
	5	**33.0**	**〈16.5〉**	｝32.6
	6	**32.2**	**〈16.1〉**	｝31.4
	7	**30.9**	**〈15.7〉**	
2段	8	30.0		
	9	31.6		
	10	30.5		
	11	**30.6**	**〈14.9〉**	｝31.5
	12	**31.6**	**〈15.8〉**	｝31.8
	13	**31.6**	**〈16.0〉**	
3段	14	32.2		
	15	30.2		
	16	**31.1**	**〈14.6〉**	｝32.1
	17	**32.7**	**〈1.9、15.6〉**	｝31.7
	18	**31.5**	**〈1.2、14.6〉**	｝32.7
	19	**31.9**	**〈2.6、15.8〉**	｝31.4
	20	**31.9**	**〈2.9、15.3〉**	｝32.7
	21	**32.5**	**〈3.5、16.1〉**	｝31.4
	22	**30.8**	**〈2.8、15.0〉**	

下巻
縦51.6（押界上1.4　下1.5）横691.1

	紙数	紙巾	〈折皺〉	｝折皺同士の間隔
1段	1	30.2		
	2	31.8		
	3	25.4		
	4	**31.2**	**〈17.2、30.6〉**	
2段	5	30.5		
	6	31.8		
	7	28.0		
	8	**31.1**	**〈15.1〉**	｝33.6
	9	**32.3**	**〈17.3〉**	｝31.5
	10	**32.2**	**〈16.5〉**	｝32.8
	11	**32.5**	**〈17.1〉**	｝32.8
	12	**32.3**	**〈17.4〉**	｝33.3
	13	**32.8**	**〈18.4〉**	
3段	14	30.9		
	15	32.0		
	16	**31.1**	**〈14.6〉**	｝31.6
	17	**31.6**	**〈15.1〉**	｝33.0
	18	**32.7**	**〈16.5〉**	｝31.5
	19	**32.1**	**〈15.3〉**	｝33.0
	20	**32.7**	**〈16.2〉**	｝33.3
	21	**32.7**	**〈16.8〉**	｝32.0
	22	**32.7**	**〈16.1〉**	｝31.5
	23	**31.5**	**〈14.9〉**	｝32.2
	24	**31.8**	**〈15.6〉**	｝29.5
	25	**28.3**	**〈13.3〉**	

のバランスを考慮すれば、元来無機顔料の層もさほど厚いものではなかったと考えられる。

さて、諸先学も指摘するとおり、光明寺本の大きな特徴の一つとして、通常の絵巻であれば横使いにする料紙を縦に用い、天地を広く取った大画面を現出している点が挙げられる。こうした異例の体裁に加え、絵の部分の料紙には、縦方向に折り目のような皺が入っているのも見逃せない。一方で、詞書の部分にはこうした皺はまったくないのも不可解とされ、この点について従来の研究では、光明寺本は詞書と絵が別々に保存されていた時期があり、しかも絵の部分は折本であったとか、両端を折っていた（註14⑧）との指摘がなされている。

しかし、画面の皺を詳細に検討してみれば、こうした考察に矛盾があることは明瞭である。まず、上巻第二段の絵第二紙と、同じ段の絵第六紙を比べれば明らかなように、料紙によって皺の深さが異なるのである。次に、上巻第二段の絵第二紙や第三段の絵第四・五紙などでは、太い皺に沿うように短い皺をも確認でき、上巻第一段や下巻第三段の絵に至っては、料紙の中央のみならず紙継付近にまで深い皺が複数本存在する。こうしたさまざまな皺の有様は、均等な力加減と巾とで料紙を畳む折本や、単純に両端のみを折っていた痕跡とはとうてい見なしがたく、別形式での保管方法を想定しなければならない。

そこで試みに、一旦詞書を切り離して絵の部分だけを取り出し、これを皺の通りに画面両端から中央へと折り畳んでいくと、最終的にすべての場面を約三十余cm、つまり、一尺程度の幅に収めることができる。こうすると、画面中央に近いほど、折り込む際には既に畳んだ料紙の厚味をも巻き込むことになるから、その折り位置には若干のずれが生じて、先ほど確認したような短い皺も刻まれる道理である。

すなわち、遺例の現状に従えば、光明寺本の皺は各場面を独立した絵画として享受する形式の名残りとするのが最も妥当なのである。下巻第三段の絵は上下巻を通して皺の数が最も多いが、物語中最も華やかな場面であるため鑑賞される頻度が高く、結果的に皺の傷みが高じ、いつしか折り位置を変更したことに起因するのであろう。光明寺本ほどの大画面を有する作品となれば、長い物語の見たい場面のみを簡単に取り出すことができる折り畳み方式のほうが、鑑賞者にとっては巻物よりはるかに利便性に富んでいたに違いなく、これをその当初形態と考えることができるのである。

一方で、まったく皺のない詞書は、絵とはもともと別仕立てであったとするのが自然であろう。十二世紀の徳川美術館や五島美術館などに分蔵される国宝源氏物語絵巻のうち、東屋一には物語絵を楽しむ浮舟の様子が描かれており、鑑賞者本人は絵のみを眺め、詞は傍らで読み聞かせる方法があったことが知られる。光明寺本も本来は、このような鑑賞方法によっていたものと考えられる。

するとここで問題となるのは、光明寺本が詞書でも天地を広くとっている理由である。なぜなら、絵と別仕立てである以上、詞書の大きさまでも絵に左右される必然性はなく、むしろ大きすぎる紙面や文字は鑑賞の妨げになる可能性が高いからであるが、この謎の解明はいったんおき、光明寺本の表現と技法の検討を行って、制作年代の再考を試みておきたい。

光明寺本における人物表現は、大きく二通りに分類できる。一つは、姫君など貴顕の人物、もう一つはそれ以外の一般庶民である。

主要な登場人物である姫君らの肉身は、現在ではほとんど顔料が剥落して下描き線が露呈しているが、僅かに残った部分から察するに〈42－1〉、その技法は、墨で丁寧に下描きした上から白色や肌色を全面に施し、最後に目鼻を細い墨線で描き起こしている。いわゆる引目鉤鼻、ふっくらとした頬、三角に尖った後頭部などが特徴的で、国宝本源氏物語絵巻のほか、大和文華館所蔵国宝寝覚物語絵巻などに登場する姫君達とも良く通じている。また、衣の輪郭に沿って銀泥の暈（くま）を入れる手法も、源氏物語絵巻に類例が認められる。

一方、これと好対照をなすのが、一般庶民の人物表現である。彼らの肉身には下描きがなく、最初の線描をそのまま決定的な仕上げ線としているが、小気味の良い運筆と柔らかな線質は、この画家の本来の力をよく表している。

このような卓越した線描に加え、侍女らが蓮糸をたぐる手つきや、化尼の立て膝姿、蓮の束を抱えて足で扉を開ける下男の姿勢など、難しい体躯表現を誇張なく的確に描写し、幅一、二cm程度の小さな面貌（めんぼう）をも破綻や無理なく描き切る技量に鑑みれば、本図の画家が当代一流の絵師であったことは間違いない。

ただ、右のような表現上の諸特徴は、伝統的な物語絵の手法を踏襲しているものの、十二世紀の絵巻物と比べると若干の形式化を免れていないことにも留意しなければなるまい。貴顕の人物は、光明寺本では顔や身体がやや痩せ気味で衣服の厚味も薄く、この類の女性像の醍醐味の一つと言える髪の流れにさえ、ぎこちない硬さを帯びていることは否めない。また、頭部の下描き線を見れば、何度も引き直して修正を加えているのが認められる。これが「つくり絵」に基づくとしても、本図の場合は明らかに修正や躊躇の要素が見受けられるのである。

また、職人や下女が忙しく立ち働くような場面ですら、人々の表情や動作がどこか淡々としていて、沈滞化した雰囲気を漂わせており、例えば朝護孫子寺所蔵国宝信貴山縁起絵巻の人物描写に認められるような、一種の遊びの効いた軽妙さは乏しいと言える。

最後に登場する阿弥陀如来二十五菩薩〈42－2〉の肉身は、下描きの上からうっすらと施した白色を下地に、上から藤黄を施して金色身を表し、輪郭を墨で描き起こして仕上げとする。

聖衆のうち、図様から尊名が確定できるのは、阿弥陀・観世音・大勢至・地蔵・龍樹・文殊の六尊である。文殊を除いた五尊については、比叡山横川常行堂の本尊の構成と一致し、その系統を踏襲したものと考えることもできるが、文殊の存在に疑問が残る。この点について佐伯英里子氏は、本図に表されるのが来迎の場面には珍しい「五髻の文殊」であることに着目し、文殊菩薩の示験によって八歳の龍女がたちまち菩提心を起こし、男子に変じて成仏を遂げたという『法華経』題婆達多品中の説話と関連づけて、光明寺本の制作背景に文殊信仰をもつ高貴な女性の存在を推測されている（註14⑨）。

しかし、楽器や幡以外の持物を有する菩薩のうち、先頭集団で天蓋を捧げる聖衆を普賢、阿弥陀の後ろで華盤を持つ聖衆を弥勒に充てれば、阿弥陀以外の七体はまさしく源信筆『往生要集』中之末「臨終観念」に登場する七菩薩に一致するのである。加えて面白いのは、観世音・大勢至・普賢に随従して、浄土宝池の蓮上に上品上生（じょうぼんじょうしょう）の化生を果たした姿を彷彿とさせる、三体の小さな菩薩が描かれている点である。同種の尊像を描くものには、やはり源信系の来迎図として名高い有志八幡講本阿弥陀聖衆来迎図〈31－1〉があり、したがって光明寺本の思想的背景には、伝統的な天台系浄土教思想があると考えて間違いないであろう。

ただ、こうした図像学的な意味合いとは次元が異なるのではないかとすら思われるほど、本図の聖衆の表情は皆一様に柔和で親しみやすく、全体が大らかで、一種の無邪気さに包まれている点は見逃しがたい特徴である。説話内容ともからんで、これまでは勧進や布教の縁と捉えられてきた光明寺本であるが、このような表現上の特質は、本図制作の意図が、むしろ

S22 樹木 赤外線写真

伝統的な物語絵にあったことを示してはいないであろうか。それは前章で確認した当初形態の有様とも矛盾しないのである。

光明寺本には、細かい突起と大きな節穴をもつ幹に、苔のような植物を墨で細かく表すという、とても特徴的な樹木が登場する〈S22〉。この類例は、管見の限り平安時代以降の作品には見出しがたく、むしろ、奈良時代の正倉院宝物鳥毛立女屏風中の樹木とよく共通している。物語の舞台は八世紀の奈良であるから、画家は古様なモチーフを画面に点在させることで、当代の雰囲気を演出したのかもしれない。

このような古様な表現を用いる一方で、山水における最大の特徴は、山肌や地面の随所に金銀泥を用いる点にある。先行研究では、特に比較資料等の根拠を提示せぬまま、自明の理として、金（銀）泥の使用を十三世紀中ごろの様式としている。しかしここで、前述の寝覚物語絵巻のほか、長寛二年（一一六四）頃の厳島神社本平家納経、大和文華館等所蔵国宝扇面法華経冊子などを参看すれば、やまと絵的山水表現における金銀泥の併用は、すでに平安後期には広く行われていたのである。ただ、これらの場合は、切箔や砂子、野毛など、強い光で存在感を強調する工芸的な趣向の一環として副次的な役割を担うにすぎなかったのに対し、光明寺本では輝きの程度を巧みに調整した金銀泥と墨線とが融合して、それまでにはない筆の躍動感と華やかさとを表出しているところが、きわめて新しい感覚と言える。山肌の輪郭を柔らかく穏やかな墨線で取り、これに抑揚のある幅広の線を縦横無尽に施して陰影や土坡を表す。その幅広の線が、ときには淡墨であったり、金泥や銀泥であったりするわけである。

最後に、来迎の場面に描かれた水面の波の線描を見てみると、例えば一二〇〇年前後の作である石山寺所蔵重要文化財常楽会本尊画像の波が、柔らかさを保ちつつ躍動感のある墨線によって生き生きと描かれているのに対し、本図のそれは、穏やかさのなかに沈滞した重さも含んでいることから、これを上限と見なすことができる。

また、本図には、墨線を無造作に重ねたような特徴的な岩石が登場するが、貞永元年（一二三二）頃の制作といわれる高山寺所蔵国宝華厳宗祖師絵伝の義湘絵第二巻中の太湖石にも同様の表現が認められることは、はなはだ示唆的である。同じような形態ながら、高山寺本に認められるきわめて早い運筆は本図には未だ登場せず、これを下限とすることができるであろう。

以上の検証から、光明寺本の絵の部分の制作年代は、十三世紀第一四半期とするのが最も蓋然性が高いと考えられる。

これまでの考察をふまえ、今一度光明寺本を眺めれば、有機色料を多用した水彩画のスケッチのような爽やかな色彩と、卓越した線描を主軸とし、随所に金銀泥が煌めくという、極めて格調高い大画面が現出する。しかも、そこに展開するのが美しい姫君の物語となれば、本図の本質が寺院の権威づけや勧進を目的とした縁起絵巻とは一線を画することは明白で、一流の画家による伝統的絵巻物の手法を踏襲した表現・技法や、当初形態から窺われる鑑賞方法などにも思いをめぐらせれば、その制作に宮中の関与を想定することは容易である。

とすれば、その制作年代に照らして、建久九年（一一九八）以降、土御門、順徳、仲恭と三代にわたって院政を敷いた後鳥羽上皇（一一八〇〜一二三九）の周辺で発注された可能性は十分に考えられる。すると本図制作の下限は、承久三年（一二二一）の承久の乱となるであろう。

さて、従来の研究によれば、光明寺本の詞書は、建長五年（一二五三）の銘と當麻寺曼荼羅堂厨子修理の勧進帳であったとの奥書をもつ仁和寺所蔵『当麻曼荼羅縁起』とよく合うことがしばしば指摘され、これが光明寺本の制作年代推定の根拠ともなってきた。しかし、絵の制作年代が通説より四半世紀以上も遡ることが判明したからには、現存の絵と詞書が当初から対であったとするのははなはだ疑問が残る。これに先に提起しておいた詞書の大きさの問題をも加味すれば、各段ごとに折り畳んで保管していた光明寺本の絵を、巻物形式に仕立て直すにあたり、同寸の詞書をあらためて付け加えたと考えることも、一概に荒唐無稽と退けることはできない。その改変の時期は、詞書の成立する十三世紀中ごろであろう。

光明寺本は十三世紀第一四半期、後鳥羽院あるいはその周辺の発案によって宮中で制作された稀有壮大な物語絵であったものが、承久の乱を経て、當麻寺勧進事業などにからんで絵巻物として体裁を整えられ、後に光明寺に施入されたと考えられるのである。

註

1 智光曼荼羅に関する主たる論考・図版解説等は、以下の通り。
①望月信亨「元興寺智光の浄土曼陀羅」(『寧楽』一〇、寧楽発行所、一九二九年七月)。②亀田孜「智光変相拾遺 付智光伝及び智光曼荼羅関係資料」(『東北大学文学部研究年報 二』東北大学、一九五一年十二月)。③濱田隆「智光曼荼羅について—元興寺極楽坊板絵本を中心として—」(『美術史』第二五冊、美術史学会、一九五七年七月)。④岩城隆利「第四章 智光曼荼羅の歴史」(『智光曼荼羅』元興寺仏教民俗資料刊行会編集・学術書出版会発行、一九六九年三月)。⑤岡崎譲治『日本の美術 第四三号 浄土教画』(至文堂、一九六九年十二月)。⑥濱田隆「智光曼荼羅図」・「智光曼荼羅図(厨子入)」(『大和古寺大観 第三巻 元興寺極楽坊 元興寺 大安寺 般若寺 十輪院』岩波書店、一九七七年六月)。⑦河原由雄『日本の美術 第二七三号 浄土図』(至文堂、一九八九年一月)。⑧岩城隆利「第一章 浄土三曼荼羅の歴史 第一節 智光曼荼羅と庶民信仰」。⑨藤澤隆子「第二章 三曼荼羅の図像的研究 第一節 智光曼荼羅図図像の系譜とその成立—正本・流布本・異相本—」(⑧⑨ともに『日本浄土曼荼羅の研究』元興寺文化財研究所編集・中央公論美術出版発行、一九八七年十二月)。

2 本図に関する主たる図版解説等は、以下の通り。
①岡崎譲治『日本の美術 第四三号 浄土教画』(至文堂、一九六九年)。②高田修「阿弥陀浄土変相」(『原色日本の美術7 仏画』小学館、一九六九年)。③「阿弥陀浄土曼荼羅図」(特別展目録『浄土教絵画』京都国立博物館、一九七三年)。④柳澤孝「阿弥陀浄土変相」(『ブック・オブ・ブックス 日本の美術9 仏画』小学館、一九七四年)。⑤山本興二「浄土教絵画」及び「阿弥陀浄土変相」(『浄土教絵画』京都国立博物館編・平凡社発行、一九七五年)。⑥山本智教「阿弥陀浄土曼荼羅図」(『ブック・オブ・ブックス 日本の美術47 高野山』小学館、一九七六年)。⑦中村興二「西方浄土変の研究⑫」(『日本美術工芸』五〇二、一九八〇年七月)。⑧「阿弥陀浄土曼荼羅図」(『解説版新指定重要文化財1 絵画』毎日新聞社、一九八〇年)。⑨中村興二「わが国の浄土変相と敦煌」(『中國石窟敦煌莫高窟3』平凡社、一九八一年)。⑩「阿弥陀浄土曼荼羅図」(特別展目録『浄土曼荼羅—極楽浄土と来迎のロマン』奈良国立博物館、一九八一年)。⑪「阿弥陀浄土曼荼羅図」(展覧会図録『高野山浄土の美—願いと祈りの世界』高野山霊宝館、一九八一年)。
なお、本節は安嶋紀昭「西禅院所蔵阿弥陀浄土図について」(『仏教芸術』一六九号、毎日新聞社、一九八六年十一月)からの抄出である。

3 旧裏書(1)(現巻留部貼付、絹本墨書)
「浄土曼荼羅 〔元興寺〕智光御筆爲妙休(信女菩提)〔慶長十年十二月十五日〕宣永求之/爲阿闍(梨)○○第三回忌追善修覆之〔元禄十四年辛巳暦七月二十六日〕當院廿九代榮融」
旧裏書(2)(表装裏面下辺貼付、紙本墨書)
「紀州紀三井寺村/奉加 修覆之/爲法橋良忍第三回/忌追善也施主岩崎清太郎/爲散雪了闇童子/爲法橋良仁菩提/ 爲法橋良疊菩提/良林逆修/~(この間、五十六人の名)~/已上施主五十九人/本願/右久右衛門清太郎/両人ハ親子也/爲二世安樂也/元禄十六〔癸未〕年/八月十九日施入銀/持参依之總名/書付置者也」

4 高野山大学蔵『高野山畧圖』(明治二十二年発行)に見える宝塔院の名は、持明院蔵『高野山現今實細全圖』(明治二十五年発行)には既に見出せない。

5 敦煌の阿弥陀浄土図中、聖衆に四比丘形を描くものは今のところ、莫高窟第一九九窟北壁観経変相・ギメ美術館蔵観経変相（MG 17673）・ニューデリー国立博物館（以下デリー博と略称）蔵観経変相（No.528. Ch. lv. 0047）の三例見られる。また阿弥陀浄土図以外でも、第一一二窟南壁金剛経変相・同窟北壁報恩経変相・同壁薬師浄土変相・第二三七窟北壁天請問経変相・ギメ美術館蔵十一面観音及諸菩薩図（MG 23080）・大英博物館蔵報恩経変相（No. 12, Ch. liv. 004）・同館蔵薬師浄土図（No.32, Ch. xxxvii. 002）・デリー博蔵薬師浄土変相（No.500, Ch. liii. 002）など殊に中唐期以降、多くの作例を挙げることができる。このことから聖衆中の四比丘という図様は、変相図における一つのパターンとして阿弥陀浄土図に限らず広く行われたことが推察される。ところが、これらの図がいずれも、中尊すぐ両脇に比丘形を二体ずつ配するという単純なものであるのに対し、西禅院本の比丘形は、両脇侍を斜め前後から挟むような位置に置かれている。その特徴的な配置は奈良国立博物館蔵伝清海曼荼羅にも見出され、三尊段聖衆の有機的な構成に大きな役割を果たしている。

6 秋山光和氏は、如来の赤色の法衣の裏地に寒色系彩色を用いる唐様式絵画の例として、ボストン美術館蔵法華堂根本曼陀羅の他、法隆寺金堂六号壁、莫高窟第二一七窟北壁観経変相、大英博物館蔵樹下説法図（No.6, Ch. liii. 001）、ギメ美術館蔵阿弥陀浄土図（EO 1171）などを挙げる。秋山光和「法華堂根本曼陀羅の構成と表現」（『美術研究』第三二三号、一九八三年）参照。さらに、唐代莫高窟壁画においてはほとんどが青の濃淡を用いているが、中唐期以降黄色や橙色などとする作例が出現する。例えば第一一二窟南壁観経変相、同壁金剛経変相は黄色、第一五八窟東壁金光明経変相は橙色、第一一二窟北壁報恩経変相、第三六〇窟東壁維摩経変相仏国品は現状で灰白色。

7 「紺丹緑紫」については、秋山光和「平安絵画の色彩構成—特に紫色とその顔料—」（『平安時代世俗画の研究』吉川弘文館、一九六四年）、同「慈尊院弥勒仏像台座蓮弁の装飾文様」（『美術研究』第二八三号、東京国立文化財研究所、一九七二年）参照。

8 金維諾・衛辺（「唐代西州墓中的絹画」『文物』一九七五年第一〇期）参照。

9 『無量寿経』系のうち、唐の菩提流志訳（長寿二年～開元元年＝六九三～七一三訳出）「大宝積経無量寿如来会第五之二」（『大正蔵』巻十一、一〇〇中）には、「若有堕於疑悔。……雖生彼國於蓮花中不得出現。彼等衆生処花胎中、猶如園苑宮殿之想」の一説があり、疑心を生じた者は浄土に生まれても、宮殿のような蓮華中にあって、そこから出ることができない旨が最も明確に記述されている。一方、畺良耶舎訳（劉宋元嘉元年～一九年＝四二四～四四二訳出）『観経』（『大正蔵』巻十二、三四〇下～三四六中）に説かれる九品往生では、浄土に往生してから蓮華の開花まで、九つの段階別に必要な時間が相違することは周知のとおりである。なお本図と同じ二童子の描写は、古くはフリーア美術館蔵の南響堂山石窟第二洞阿弥陀浄土図浮彫（北斉、六世紀後半）にも見られる。

10 秋山光和「駒競行幸絵巻」解説（『ブック・オブ・ブックス 日本の美術10 絵巻物』小学館、一九七五年）参照。

11 〈表2〉におけるデータは原則として、莫高窟壁画については①「敦煌莫高窟内容総録」（『中國石窟 敦煌莫高窟』5付篇、平凡社、一九八二年）に、また絹絵類については、②Sir Aurel STEIN: "SERIN-DIA" vol. II, IV (Oxford, 1921. 復刻 Delhi, 1981) ③Arthur WA-LEY: "A CATALOGUE OF PAINTINGS RECOVERED FROMTUN-HUANG BY SIR AUREL STEIN" (London, British Muse-um, 1931)。④ロデリック・ウィットフィールド『西域美術—大英博物館スタイン・コレクション—一敦煌絵画I』（講談社、一九八二年）および⑤Nicolas-VANDIER : "MISSION PAUL PELLIOT,BANNIERES ET PEINTURES DE TOUEN-HOUANG CONSE-RVEES AU MUSEE GUIMET" (XIV catalogue descriptif, XV planches, Paris, 1976) にそれぞれ拠った。

12 井上光貞『新訂日本浄土教成立史の研究』（山川出版社、一九五六年初版、一九七五年新訂版）参照。

13 各段の詞書内容の要約は以下の通り。

上巻

①第一段：当麻寺は、用明天皇（在位五八五～五八七）の第三皇子麻呂子親王によって創建された後、役行者（六三四？～七〇一？）の旧跡に移された。大炊天皇の御宇（七五八～七六四）、横佩大臣の女は発心して『称讃浄土経』一千巻を書写し、当麻寺に奉納した。

②第二段：天平宝字七年（七六三）、落飾して生身の如来に見えなければ寺門を出ないという誓願を立てたところ、化尼が訪れて、蓮茎百駄を集めさせ、蓮糸を取った。

③第三段：井戸を掘って糸を浸すや、五色に染まる奇瑞が起きる。そこは昔、天智天皇の御宇（六六八～六七二）、夜な夜な光る石が仏の形を成していたので弥勒三尊を彫り、精舎一堂を建立した場所であったが、この井戸の縁により「染寺」と名付けられた。役行者が植えた一本の桜樹は、種生え替わりして今もある。

下巻

①第一段：天女の如く雅やかな化女が来て、藁二把を油二升に浸して灯火とし、戌刻から寅刻（午後八時～午前四時）頃に及んで一丈五尺の曼荼羅一鋪を織り上げ、節の無い竹でこれを掛けてから、五色の雲に乗り消え去った。

②第二段：化尼が曼荼羅の深義を説くと、本願の尼（横佩大臣女）は、これこそ生身の如来を拝み、極楽の荘厳を見るに他ならないと感涙に噎

んだ。化尼は自分は阿弥陀であり、織女は観音であると明かすと、西方に去った。

③第三段：宝亀六年（七七五）、本願の尼は思い通りに極楽往生した。

14 光明寺本に関する主たる論考・図版解説等は、以下の通り。なお、【 】内は文中に提示された制作年代。

①「當麻曼荼羅絵巻」（『日本國寶全集』第一一号、日本國寶全集刊行會、一九二四年二月）【鎌倉中期】。②裏辻憲道「當麻曼陀羅縁起攷（上）・（下）」（『畫説』第七・八號、東京美術研究所、一九三九年七月・八月）【正嘉元年（一二五七）から弘長二年（一二六二）に至る間】。③「當麻曼荼羅絵巻」（『日本國寶全集』第八一号、日本國寶全集刊行會、一九三八年六月）【記述なし】。④田中一松「當麻寺縁起に就いて」（『史蹟名勝天然記念物』第十六集第八號、史蹟名勝天然記念物保存協會、一九四一年八月）【鎌倉中期】。⑤小山清男「建築の表現からみた當麻曼荼羅縁起」（『美術』、日本美術新報社、一九六四年八月）【十三世紀、鎌倉時代前半】。⑥宮次男「当麻曼荼羅縁起絵巻」（『原色日本の美術8　絵巻物』、小学館、一九六八年八月）【十三世紀中頃】。⑦秋山光和「当麻曼荼羅縁起絵巻」（『ブック・オブ・ブックス　日本の美術10　絵巻物』、小学館、一九七五年二月）【十三世紀中期】。⑧白畑よし「西行物語絵巻と當麻曼荼羅縁起について」（『新修日本繪巻物全集　第12巻　西行物語繪巻　當麻曼荼羅縁起』、角川書店、一九七七年五月）【十三世紀後半】。⑨佐伯英里子「「当麻曼荼羅縁起絵巻」の製作背景に関する一試論」（『美術史』第一〇六冊、美術史學會、一九七九年二月十二日）【仁治三年～寛元元年（一二四二～一二四三）頃】。⑩河原由雄「「当麻曼荼羅縁起」の成立とその周辺」（『日本絵巻大成24　当麻曼荼羅縁起　稚児観音縁起』、中央公論社、一二七九年二月二八日）【正嘉元年（一二五七）を下限とする】。⑪名児耶明「「当麻曼荼羅縁起」の詞書書風について」（⑧に同じ）【十三世紀半ば以降、十三世紀終わりごろまで】。⑫小松茂美「「当麻曼荼羅縁起」と「稚児観音縁起」―その成立事情を推定する―」（『続日本の絵巻20　当麻曼荼羅縁起　稚児観音縁起』、中央公論社、一九九二年八月）【仁治三年（一二四二）】。⑬成原有貴「「当麻曼荼羅縁起絵巻」の制作意図をめぐる一試論」（第六十五回全国大会研究発表要旨）（『美術史』第一七三冊、美術史學會、二〇一二年十月）【十三世紀中頃】。

15 墨書銘の全文は、以下の通り。

「相州鎌倉天照山光明寺珍蔵当麻曼荼羅縁起二巻／伝前摂政太政大臣藤原良経公後京極殿真翰図画工土佐将監／延宝三之秋大壇越内藤左京亮従五位下義概以披誦之次更加修飾令寄附畢／現住四拾六世貴誉萬重天爾」

第五章　二河白道と地獄極楽

第一節　萬福寺本二河白道図

縦長の画面上方約三分の二を占める濃く深い青色が、萬福寺本では一際印象的である〈45－1〉。燦然と輝く阿弥陀・釈迦二如来の金色身は、その神秘的な静寂に包まれた空間を背景にして、画面中央に鮮やかに浮かび上がっている。向かって左側で来迎印を結ぶ阿弥陀は乗雲の立像、右側の施無畏・与願印の釈迦は豪華な蓮華座上の座像で、両者の温かな眼差しの先には、合掌しつつ歩み行く一人の女性が表される。一方下方三分の一では、向かって左側の荒れる波濤と右側の渦巻く火炎とが礼拝者の心を騒がせるが、なぜか知らん水火からは幾本もの蓮茎が伸びて色とりどりの清浄なる花を開く。またかろうじて横に広がる下辺の陸地からは、水火の境に一筋の細い道が斜めに通って、前述の女性の揺るぎない足取りを支えている。

主題がいわゆる二河白道図（にがびゃくどうず）であることは瞭然ながら、後述のように光明寺本等に親しんだ者には、本図の図様の特異性は若干のとまどいを覚えるを禁じ切れない。本図はこれまで、展覧会にもほとんど出陳されず、主たる対象とした論文も発表されていないが（註1）、明治三七年古社寺保存法による国宝の指定を受け、文化財保護法下に重要文化財と読み替えられて今日に至る優品であり、その良好な保存状態には目を瞠るものがある。掛幅仕立ての絹本着色画で一枚絹から成り、法量は実測で縦一一〇・六（三・六五）、横四二・〇（一・三九）cm（尺）を示す。ただしこのうち、画面四周には一・二cm程度の緑青を施した枠を設け、上下にはそれぞれ一四・〇、一〇・一cmの蓮華唐草をあしらった描表装を付しているから、実際の画面は八四・一×三九・六cm、つまり縦横比およそ二対一の長方形となる。また一㎠内における絹糸の経緯は平均四十四本(二本引き揃え)×四十二越で、組織点一八四八点を数える。

「西に向かって行こうとする旅人がある。道程は長く険しいが、途中忽然として二つの河が現れる。一つは火の河で南に、また一つは水の河で北にあり、その河巾は百歩ばかりだが、深さは測り知れず、南北への広がりも果てしがない。その二河のちょうど中間に、道巾四、五寸ほどの細い一本の白い道があるが、あるいは波浪が被って道を濡らし、また火炎が覆って道を焼いている。水火の交錯すること絶え間のない様子である。

ところで、この旅人が人っ子一人いない空漠たる広野にさしかかると、彼が一人だけなのを知って群賊や悪獣が我先にと襲ってきて殺そうとする。旅人は恐れ戦（おのの）いて一直線に西に向かって走ると、前方にこの大河があるではないか。

旅人は、『この河は南北限りなく、中間に白道があるがきわめて狭小である。東西の両岸は近いといっても、どうして渡ることなどできようか。今日間違いなく死ぬに違いない。来た道を引き返そうとしても、群賊悪獣が次第に迫ってくる。南北に逃げようとしても、悪獣や毒虫が競い合うように向かってくる。かといって西に活路を求めようとしても、おそらくは水火の二河に落ちてしまうであろう』と恐怖に打ち震え、そして、『今、戻っても死ぬ。止まっても死ぬ。前に行っても死ぬ。どうやっても死ぬのを免れないのであれば、むしろこの白道をたどって、前進してみよう。道はあるのだから、きっと渡れるであろう』と思い定めたのである。

こうして決心したそのとき、東岸で『汝は、ただひたすらにこの白道を行きなさい。絶対に死の難に遭うことなどない。もし止まったらたちまち死んでしまうであろう。』渡河を勧める声が聞こえた。また西岸からは、『汝は一心不乱にこちらにやってきなさい。私が護ってあげよう。水火の二河に落ちるかもしれないなどと恐れてはならない』と呼ぶ声がした。旅人は、勧める声と呼ぶ声とを聞いたおかげで、身も心も迷うことなく決心してただちに白道を進み、疑い怯えあるいは萎縮する心を起こすことがなかった。

旅人が白道に足をかけはじめると、東岸の賊らが、『戻ってらっしゃい。その道は険悪で、渡ることなど無理だ。きっと死んでしまう。我々は悪心など抱いてはいませんよ。』と呼び戻そうとする。旅人はそれに耳をかさず、振り向くこともせず、一心にまっすぐ白道を思って進み、すぐに西岸に達して永久に諸難を免れ、善き友達と相見えて、楽しみを享受し続けたのであった」（註2）

いわゆる「二河譬」が、中国唐代に浄土教を大成した善導（ぜんどう）（六一三〜六八一）の著作『観無量寿経疏』（以下、『観経疏』）中の散善義に、「今更爲行者説一譬喩、守護信心、以防外邪異見之難」として説かれることはいうまでもあるまい。内容も周知のとおりであるが、現代教学のフィルターを通すと歴史を誤る恐れがあるので、一応右に大意を示した。この譬喩を絵画化したものが二河白道図と呼ばれる仏画で、中国の遺例は見当たらないが、日本では現存作品も少なくない。

そのうち、右の経説を忠実に表した典型的な作例の一つに、線質から十四世紀第二四半期の制作と考えられる光明寺本がある（註3）。その画面は上下にほぼ五等分され、これを便宜的に最下段から眺めてみれば、まず秋景に管弦を楽しむ貴族の館（向かって左）と団欒に耽る武家の屋敷（右）という、善導が東岸に譬えた「娑婆之火宅」の様子が見てとれる。加須屋誠氏（註4）によればその間の暴れ馬もまた、衆生の抑えがたい煩悩を象徴しているという。次にその上の段には、『観経疏』によれば「衆生六根六識六塵五陰四大」を表す群賊・悪獣・毒虫に追いつめられ、「常隨悪友、不値眞善知識」ることを象徴する無人の広野を必死で西に逃げる旅人の後姿がある。旅人の行く手いっぱいには水火の二河が横たわり、向かって右側の水河の際には、夫婦とその子供らしい三人が種々の宝物を前に寛（くつろ）ぐ様子があって荒れ狂う波のごとき衆生の貪愛を、また左側の火河の端には、互いに刃物で刺し殺しあう二人の姿が見えて燃え盛る炎のごとき瞋憎を、それぞれ表現している。

一方、画面中央で水火の二河に挟まれた白道はあくまで細く、頼りがいなさげに見受けられる。それは「衆生貪瞋煩惱中、能生清浄願往生心」ながらも、貪瞋の強さに対する善心のいかにも微かな様子を窺わしめる。さらに、白道に片足をかけて渡りはじめた旅人を火河の手前で引き返すよう差し招くのは、武器武具を脱いだ賊の一味と一比丘形であるが、これは妄りに見解を説く「別解別行惡見人等」と判じられる。さらにときとして水火白道を覆うのは、「愛心常起、能染－汚善心」

し、「瞋嫌之心能焼功徳之法財」くからである。

こうした数多の障碍（しょうげ）に惑う旅人に対して、前進を督励するのは東岸の釈迦如来であり、滅後ゆえその姿に見えることはできないが教法の声に発遣され、今まさに白道を無事渡り終えた旅人は、片や西岸で州浜の張り出す宝池の上に浮かび来迎印を結ぶ、阿弥陀如来の出迎えを受けえたのである。画面上方二段分には、説法印の阿弥陀と観世音・大勢至の二菩薩が、宝楼閣・宝樹・宝池に囲まれて鎮座する極楽浄土のありさまを大きく描き出している。

以上のような大まかな図様は、香雪美術館本〈44〉や奈良国立博物館本、清涼寺本〈43〉など、他の二河白道図においても大同小異で、斜め構図になったり諸要素の出入りがあったりはするものの、娑婆世界と極楽浄土、それらを隔てる二河とをつなぐ白道という組み合わせは一致している。これらの同主題の作例に鑑みて、本論に取り上げる萬福寺本の図様の特異性ははなはだ注目に値しよう。

ここで時宗における「二河譬」の取り扱いを顧みれば、にわかに想起されるのは一遍聖絵巻第一第三段である。時宗の宗祖一遍（一二三九〜八九）の伝記を描いた国宝一遍聖絵（清浄光寺（遊行寺）・歓喜光寺・東京国立博物館等分蔵）は、「正安元年（一二九九）己亥八月廿三日西方行人聖戒記之畢」の奥書を有するが、一遍の弟とも伝えられ、その修行にも随行し、臨終に際しては最も傍近く看病をした聖戒（一二六一〜一三二三）が、師の入寂後十年にして制作した絵巻物であるから、内容は信頼に堪えると思われる。

これによれば文永八年（一二七一）春、一遍は信州善光寺に参籠する。そこは修行の末に本願成就した阿弥陀如来が、本願どおりの来迎を示してわが国に影向した天竺の霊像が祀られており、参詣者は必ず往生できるという比類ない霊場であった。一遍は宿縁の深さに感謝しつつ参籠日数を重ね、「己/証の法門を顕し、二河の本尊を図」したという。すなわち、一遍自身が開いた悟りに基づく二河白道図を図したのである（註5）。

続く第四段には、

「同年秋のころ、豫州窪寺というところに青/苔緑蘿の幽地をうちはらひ、松門柴戸の/閑室をかまへ、東壁にこの二河の
本尊/をかけ、交衆をとゞめて一人經行し、/万事を投げ捨てゝもはら稱名す。四/儀の勤行さはりなく、みとせの春穐を
/をくりむかへ給ふ。彼の時己心領解の/法門とて、七言の頌をつくりて、本尊の/かたはらのかきにかけ給へり。其詞云、
/十劫正覺衆生界　一念往生弥陀国/十一不二証無生　国界平等坐大会。/この頌のおもむき、義理をつくしてより同じ
よりく/示誨をかうふりき」

とあり、一遍が同年秋には幽邃の地窪寺に閑室を構え、この二河の本尊を東壁にかけ、人との交わりを絶って三年の間念仏三昧に入ったことを記すが、その折り、悟りの内容を七言の頌に作って垣にかけていたことを伝える。

試みに頌の大意の義理をつくせば、「阿弥陀如来は、十劫の昔に四十八の本願を成就され、すでに仏となられた。それ故、生死の迷いの世界に沈む者たちが我執を捨てて称える念仏（一念）は、そのまま阿弥陀国への往生の実現なのである。ところで、十劫の昔の成仏も只今の一念の往生も同じく悟りの境涯に入っているのだから、阿弥陀国と衆生界の区別はなく、もはや浄土の法筵に参加しているのである」となろう。続く絵には、閑室の中央に懸けた軸を挟み、向かって右に指差ししながら説明する一遍と、左に合掌しつつ聞き入る聖戒が描かれる（註6）。残念ながら軸の画面は空白で直接的に図様を知ることはできないが、これを想像するにあたっては「己心領解の法門」を表す頌が、重要な鍵を握ると思われる。

一遍は臨終にあたり「所／持の書籍等、阿弥陀経をよみて手つから／やき給」（一遍聖絵巻第十一第四段）うたので、自身の教法を書き残したものはないが、弟子達による覚書に頌の深意を探ることは無意味ではあるまい。そこで「一遍上人播磨御渡りの時御法門聞書」で始まる『播州法語集』に目を通してみると、門外漢にも一遍の名号や念仏、来迎や往生に対する考え方が朧げながらも浮かんでくる。

煩を厭わずに引用すれば、まず念仏を、「南無は始覚の機、阿弥陀仏は本覚の法なり。然ば、始本不二の南無阿弥陀仏也。称すれば頓に迷悟をはなるゝなり」、あるいは「能所の絶する位に生死はやむなり。いづれの教も、この位に入りて生死を解脱するなり。今の名号は能所一体の法なれば、声の中に三世をつくす不可思議の法なり」というように、南無阿弥陀仏が衆生と阿弥陀仏とが一体になった法であると分析し、それゆえに名号は過去・現在・未来にわたる生死の迷妄を断つとする。

そして念仏と往生の関係については、「往生は初一念なり、最初一念といふも、尚機に付ていふなり。南無阿弥陀仏は本より往生なり。往生といふは無生なり。此法にあへる所をしばらく一念とはいふなり。三世裁断の名号に帰入しぬれば、無始無終の往生なり。臨終平生と分別するも、妄分の機に付いていふなり。南無阿弥陀仏には、臨終なし、平生なし。三世常恒の法なり。出息入息をまたざるゆゑに、当体の一念を臨終と定る也。然ば、念々往生なり。故に『廻心念々生安楽』と釈せり。凡仏法は、当体の一念の外には断ぜざるなり。故に三世即一念なり」といい、「往生においては、一切の功能は皆仏力・法力なり。只今の念仏の外に臨終の念仏なし。臨終即平生なり。前念は平生となり、後念は臨終と取るなり」ともいって、南無阿弥陀仏は本来往生そのものであるから、この法に遭遇した時点、つまり最初の一念ですでに往生は成就している。念仏にはそもそも平生や臨終の区別はないが、儚い一生ゆえにただ今の一念を臨終と定め、一念ごとに往生するのであると説く。

また来迎については、「称名の位が実の来迎なり。称名即来迎としりぬれば、決定あるべき来迎なれば、かつてまたるゝなり」、とか「行者の待によりて、仏は来迎し給ふとおもへり。たとひまちえたらんとも、三界の中の事なるべし。（中略）一切事実といふは南無阿弥陀仏なり。たとひ往生を願ふ志切なりとも、名号を称せすんは往生すべからず」というように、念仏それ自体が実は確実な来迎そのものであるとする。

一遍にとって、名号や念仏は来迎や往生と直結するものであった。であるからこそ、「名号酬因の功徳に約する時は、十界無差別なり。娑婆の衆生までも極楽の正報に列するなり。妄分に約する時は、浄穢も格別になり、生仏も差別するなり」といって、名号が往生を決定するという阿弥陀の本願の前では、たとえ娑婆の衆生であっても極楽の存在と同列で浄土と穢土との別はなく、「他力称名の行者は、此穢身はしばらく穢土にありといへども、心はすでに往生をとげて浄土にあり」とまで言い切るのである。

一方浄土については、「浄土を立るは欣慕の心を生じ、願往生の心をすゝめんが為なり。欣慕の心を勧る事は、所詮、称名の為なり（中略）願往生のこゝろは、名号に帰するまでの初発の心なり」ともいって、『観無量寿経』（以下、『観経』）で釈迦が浄土のすばらしい有様を説くのは、念仏を勧める方便に過ぎないことを断言し、「苦楽のやみたる所を無為と称す。無為といふは名号なり」とし、相対的な苦楽のない所が悟りの世界であり、それこそが名号であり、すなわち来迎であり、また往生であるとする。

こうした一遍の教法をわきまえた上であらためて萬福寺本を拝するとき、その特異な図様がむしろ一念の深意を余すところなく伝えていることに気づかれる。ここであらためて、本図と一般的な二河白道図との図様上の大きな相違点を整理すると、以下の四点が挙げられる。

①本図には、此岸の娑婆世界や群賊・悪獣、彼岸の極楽浄土に関する具体的な描写がない。

②本図では発遣・来迎の釈迦・阿弥陀二如来が、横並びに置かれる。

③本図では水河が向かって左側、火河が右側に配され、他の図様とは逆転している。

④本図では水火の二河に、蓮華蓮葉が生じている。

『播州法語集』のなかで一遍は、「中路の白道は南無阿弥陀仏なり。水火の二河はわがこゝろなり。二河におかされぬは名号なり」とも解説する。一方『観経』において「称南無阿弥陀仏」は、下品下生の者が、臨終時に縋る唯一絶対の善行である。たとえその肉体が今生の娑婆に留まっているとしても、ただ今の一念は常に臨終の一念であるから、娑婆世界と極楽浄土の境界はもはやなく、一念の衆生は名号に掬い取られて来迎され、すでに極楽に往生しているのである。名号酬因の功徳に与れば、①迷妄の尽きない娑婆を振返ることも、方便としての極楽を観想する必要もなく、そもそも穢土と浄土との区別すらない。したがって②釈迦も阿弥陀も同じように一念の生界に在るのである。③煩悩の二河は「すでに往生をとげて浄土にあ」る「わがこゝろ」なれば、蓮華蓮葉の咲き誇る浄土の宝池と化す。その浄土は西方にあるから、往生者にとっては二河も白道も東方にあり、④西方から東方を眺めれば北の水河が左に、南の火河が右に位置するのは当然であろう。一遍は窪寺の閑室において、「東壁にこの二河の本尊をかけ」た。その理由としては今井雅晴氏は、「これは伊予国から見た信濃善光寺の方向」と解し、また加藤善朗氏は「東壁に掲げると、齟齬が生じ、ために二河が左右反転した」と推測しているが（註7）、そうした物理的な要因ではなく、一遍感得の二河白道図は、その独自の教法上、東壁に懸用してこそ意味が生じたのである。萬福寺本はその特異な図様において、まぎれもなく一遍の二河白道図である（註8）。

群青の細かな粒子が厳かな煌きをたたえるその虚空に、阿弥陀と釈迦はともに眩い皆金色の姿を大きく現している〈45－2〉。立像の前者は頭頂部から右足先までが三〇・〇（〇・九九）、後者は座像であるから蓮華座中央上端までが一四・七（〇・四九）cm（尺）とほぼ二対一を示す。とはいえ頭光の直径は一一・七（〇・三九）に九・〇（〇・三〇）cm（尺）と約四対三で、体躯も一回り阿弥陀が大きい。また周囲に放射される光芒はいずれも十三組ながら、前者が二本、三本各一組を交互にかつ画面いっぱいに長く伸ばすのに比べ、後者は二本一組を控えめに放つなど、扱いに若干の差があるのは主題のしからしめるところであろう。

阿弥陀如来は、左手は膝前まで伸ばし、右手は胸前に上げてそれぞれ大指・頭指を捻じ、斜め左下を向いて白雲上に立つ〈45－3〉。この印相は現今では上品下生にあたるが、本図の場合は典拠となる「二河譬」が『観経疏』の「上品上生位」中にあることを慮れば、上品上生印と見ることもできよう。同じ印相ながら知恩院所蔵国宝阿弥陀二十五菩薩来迎図〈32－1〉は上品上生、有志八幡講十八箇院所蔵国宝阿弥陀聖衆来迎図〈31－1〉は下品上生というように、中世以前における九品往生印の異同は今日ほど固定化したものではない。

阿弥陀の立姿は頭、躯幹、四肢の均衡に優れ、特に両肩における自然な張りのある表現は注目される。本図の二尊の堂々たる体躯や、下頬のたっぷりとした四角張った斜め向きの顔貌は、醍醐寺の太元帥法本尊図や浄土寺の両界曼荼羅図における諸尊を想起させるが、前者は、赤松俊秀氏によれば古くは法琳寺太元堂にあり、現存図は正和二年（一三一三）の消失にともなって賢信が描いたものであり、後者は軸木内刳面に文保元年（一三一七）二月、金剛界幅画絹裏に同二年正月の墨書銘があって、益円の筆と知られる作品である（註9）。もとより画面の大きさも異なるが、これらの諸尊が本図に比してやや生硬な嫌いもあることを考慮すると、下限をこのころに置くことができよう。要するに本図の様式年代は、正安元年前後から十年程度の間を想定できる。その制作期を慮ればあるいは元仏画の影響を想定してもよいかもしれない。

描き起こしに用いられる線描は細く誇張もないが、流麗で力が漲り、迷いも破綻もない。ただ、内耳や掌の皺のような副次的な箇所になると、起筆における打ち込みが見られるのは、時代の趨勢といえる。両手の指はすっきりと長く、掌の大きさとの均整も美しい。阿弥陀の左手のみ、ちょうど捻じた二指の腹に小さな穴が穿たれているのは、ここに五色の糸を通し、禅林寺や金戒光明寺の山越阿弥陀図〈34〉のように往生者との結縁に供した時期があったことを物語っている。

服制は、まず下半身に裳を巻き、次に上半身には僧祇支を通肩に纏った上に、袈裟を偏袒右肩に着ける。頸部で確かめられるように裳の表の主文様は卍繫文、縁は側面から見た花弁を九枚つける茎付の菊花文を散らし、隙間を小さな花弁で埋める。裳は腹前にも覗いているが、本来卍繫文になるべき主文様が籠目文に替えてある。縦巾が二㎜もない箇所なので、あるいは卍繫文は形成しようがなかったのかもしれない。なお、裏地は見当たらない。また僧祇支は右肘下に明らかなように、表の主文様が麻葉繫文で縁は波文とし、裏は全面斜め格子文とする。袈裟は表の主文様が条に雷文、葉に花弁十枚程度の茎付側面菊花文をあしらい、裏は全面網文である。輪郭や折皺などの衣文は巾〇・六㎜程度、文様はさらに細く〇・二五㎜程度の切金を用いながらその緻密な構成にまったく破綻がなく、試みに知恩院本と比べても、菊花文は一々の花弁の中央にさらに一本加えていたり、雷文も彼の図が一個十三辺に対して本図は十五辺と屈曲が増えていたりするにもかかわらず、線同士の間隔や曲直に一段の冴えが感取される。さらに驚嘆すべきは釈迦の僧祇支表の主文様で、一口に麻葉繫文とはいうものの、ここでは六枚の葉が輪郭を共有せずに各々独立してあたかも雪の結晶のごとく、したがって葉の中心に交わる切金線は通常十二本のところ十八本となっているのである。その精緻かつ洗練された感覚は、本図が中央における当代一流の画家たちによって制作されたことを確信させる。ちなみに釈迦の尊容は阿弥陀に準じ、衣裳も腹前に垣間見える裳表の縁が斜め二重格子中に各一個ある四菱を上下にも連繫させた複雑な文様、袈裟表の条が卍繫文であるほかは阿弥陀と同じである。

ところで本図は、原則として下描き、彩色、描き起こしという仏画に通有の技法で描かれているが、阿弥陀の踏割蓮華座や水河など、裏彩色が主体の部分では下描きの墨線をそのまま活かす方法も採られている。現在この蓮弁が茶褐色に見えるのは裏彩色が剥落し、顔料焼けを起こした画絹の地色が目立つからで、左足下に残る明るい白緑が当初の色合いを彷彿とさせる。濃い緑青による蓮肉上には、これも切金で種子の輪郭を輝かせている。

阿弥陀の乗雲もやはり下描きに合わせて絹裏から鉛系白色顔料を塗るが、さらに表から金泥と銀泥を併用して暈を取り、輪郭を白色で描き起こした上から細かな雲母の破片を引いて、尊容とは別種の落ち着きのある煌きを工夫している。小さな渦をいくつも固まりにして表す雲は、浄福寺や新知恩院の阿弥陀二十五菩薩来迎図のほか、画中の色紙形に徳治二年（一三〇七）図絵の年紀のある西寿寺の阿弥陀六地蔵十羅刹女図などに登場する（註10）。

次に、視線を画面下方に転じてみよう〈45－4〉。右の蓮華座の周囲には炎の固まりがいくつかあって、釈迦が煩悩に満ちた娑婆世界に在ったことを暗示する。風を呼んで渦を巻く炎は、阿弥陀の乗雲のそれと同じように、細いが張りのある強い描線で描かれている。火河は全体に鉛丹を刷いてから下描きに即して朱線を引き、炎自体には朱を、その周囲には鉛丹を厚塗りする。また必要に応じて鉛系白色顔料を絹裏から加えて明度を上げ、猛火の燃え盛り変転するありさまを巧みに演出している。この火河は巾狭いが上方に開けるに対し、水河は下方を大きく取ることで、両者の均衡はよく保たれる。

一方水河の手前の波は高く荒く、阿弥陀に近づくほど小さくなって果てしない煩悩の深奥を示す。これらの波は下描きをそのまま仕上げの線とし、現在はだいぶ失われて目立たないが、やや青味の強い白録の裏彩色をほぼ全面に施している。さらに表からはところどころ群青を暈取り風に塗り、鉛系白色顔料で幾本かの波線を引き重ねる。上部を尖らせた山型の波は、一遍聖絵中、例えば巻第八第二段などに類例を求めうる。

さて、一般的な二河白道図と本図との大きな相違点の一つに、二河に生じる蓮華蓮葉があった。『観経』に説かれる蓮華は周知のごとく、来迎にあたって観世音菩薩に抱かれたり日輪のごとく出現したりして往生者のもとにもたらされ、彼らを乗せると蓮弁を閉じて浄土の七宝の池中に運ぶ。この蕾の開花に要する時間は、上上品の「弾指頃」から下上品の「七七日」まではさほどの較差もないが、下中品で六劫、下下品に至ると十二大劫かかるとされ、一連の当麻曼荼羅図でも下下品だけは未開敷蓮華で表される。本図の蓮華が合計九本を数え、かつ西禅院所蔵重要文化財阿弥陀浄土図〈41－1〉と同様に半開敷と未開敷の二本だけが他とはやや距離を置いて描かれているのも、ゆえなきことではあるまい。ことに未開敷のみ金色としたのは、『観経』が五逆・十悪の愚人にこそ、臨終の称名を勧めているからに相違ない。一遍にとって「廻向心の諸善は、名号諸具の諸善と、衆生自力の諸善と、一味に成とき、随喜するもの」(『播州法語集』)である。

また水河中、向かって左下の岩を形作る墨線は、むしろ太めで柔らかい。ベンガラと緑青とで金泥の暈取りを施すが、皴法による凹凸感の表出に難点があるところは、本図の画家が絵仏師である証左といえようか。同様の表現は、軸木内剳面に乾元元年（一三〇二）の紀年銘を有する金剛寺の如意輪観音像にも見出される。水河中にはほかにも中ほどに州浜があり、画面下辺には先の岩のある平らな陸地が横いっぱいに広がっている〈45－5〉。此岸の向かって右端の近くからは、細長い一筋の白道が左斜め上方へと伸びて、阿弥陀の乗雲へとつながるのである。現状ではやや黒っぽさを含んで見えるが、これは銀の変色によるもので、仔細に検すれば銀泥に少量の白群を混ぜて絹裏からは厚く、表からは糸が染まる程度に薄くかけていることが判じられる。同じ混合色が、十四世紀初頭頃と思われる石山寺の春日曼荼羅図の参道にも使われていることは、この大地に清浄な性質をもたせたことを想像させる。

さて、この白道の半ばを過ぎたあたりを、まさに今一人の女性が合掌しつつ歩んでいる。上空を振り仰ぎ、大きく見開いた彼女の目は阿弥陀如来としっかりと視線を合わせて揺るぎない。髻を包む布は朱、宝冠と沓は金泥、上衣は白群、大袖は朱具、鰭袖と裳は緑青、緑はいずれも群青とし、随所に金泥で文様を入れる。わずか二寸に満たない像ではあるが、その念入りな仕上げにこの人物の重要性が窺われよう。河原由雄氏（註11）は、彼女を韋提希夫人としたが、『観経』の悲劇の主人公として、また凡夫の代表として（註12）、本図の最もふさわしい配役と私も賛同する。

ところで萬福寺を時宗に改めた呑海は、『七条文書』奥書を信じれば正安三年（一三〇一）、第二代遊行上人真教が京都七条仏師から定朝の邸宅跡を寄進されたのを機会に都に派遣され、七条道場金光寺の建立に勤しむ。「御住十九年」とあるから文保三年（一三一九）までここに住し、途中正和五年（一三一六）真教から「弘通念仏の摺形木」を送られて賦算による念仏勧進を許された。また『呑海上人御法語』に「文保之此、於因州継之有阿弥陀仏」とあるから文保三年には第三代智徳から正式に遊行上人位を相続し、六年余の遊行の後、正中二年（一三二五）安国に護法して、相模国俣野荘地頭であった実兄所縁の藤沢の地に清浄光院を創建する。後の清浄光寺（遊行寺）である。寺伝では萬福寺を訪れたのが正和二年（一三一三）となっているが、右の経緯に照らせばもう少し後のことかもしれない。

しかしいずれにしろ、萬福寺が当代一流の絵仏師の手にかかり、しかも上質の顔料や精緻な切金などから経済的基盤も確かであったと推測されて、これが中央作であることに疑問の余地はない。とすれば本図は呑海在京時代、特に金光寺内に西光院以下塔頭六院を建てたという嘉元元年（一三〇三）ごろの制作と考えるのが、最も蓋然性が高いのではあるまいか。呑海は、「先師二代は南北に限て利生し、中聖はひんかし夷域をさかふ。いま此代に西州を巡畢」、あるいは「既四代相貌雖異化益は不二而五十餘年也」とあって、三代までが足を延ばさなかった西国教化の使命感に燃えていたことがわかる（註13）。その一拠点となすために、萬福寺の前身である安福寺に本図をもたらしたのではあるまいか。

萬福寺本は、光明寺本や清凉寺本のように聖道門に対する浄土門の正当性を説明したものでもなく、また一般的な二河白道図から、単純に遣迎二尊の間を抜き出して強調しようとしたものでもない。時空を超越した無生の世界を濃く深い青色で表し、そこで皆金色に光り輝く阿弥陀・釈迦二尊に見えるための一念を、銀青色の一本の白道で教える。名号には始めも終わりもなく、一切世界を済度する功徳そのものであるから、我執を捨てた念仏に平生・臨終の区別はなく、一念にして穢土・浄土の垣根も消え、煩悩の二河に九品の蓮華が咲き誇り、西方に往生を遂げるのである。本図は二河白道図の形式に則りながら、実は一遍の法門における名号自体を絵画化したものであり、時宗の要諦を一目に示す無類の優品として、まことに注目すべき遺例といわねばならない。

第二節　金戒光明寺本山越阿弥陀図及び地獄極楽図

幾重にも霞たなびく奥深い山並みの向こう、白雲に乗じて薄暮の空に忽然と巨大な上半身を現す阿弥陀三尊は、文字通り無量の光を放射して今際に怯える信者に確かな迎摂の奇瑞を覚知させる。この山越阿弥陀図（やまごえあみだず）〈34〉に対して地獄極楽図（じごくごくらくず）〈46－1〉は、横長の画面中央を巾広く、左右に果てしなく続く雄大な海で割き、その手前に現世と地獄、彼方に極楽浄土を配して細かな説明的描写を丹念に描き込んでいる。早くも明治三十年には旧法による国宝指定を受け（現重要文化財）、中世の浄土教絵画を代表する優品として高く評価されている金戒光明寺所蔵山越阿弥陀図及び地獄極楽図は、いずれも屏風仕立てで大きさもそろっており、臨終行儀に資する一具の遺例として伝えられてはいるものの、このように見る者にまったく異なる印象を与える画像なのである。

『黒谷誌要』（註14）によれば金戒光明寺は、比叡山を下りた宗祖法然房源空が、師の叡空（一一七九年入滅）から譲り受けた西塔黒谷別所付属の所領に庵を構えたのを濫觴（らんしょう）とする。第二世信空、第三世湛空（嵯峨門徒派祖）と円頓戒を伝えるように、天台との縁が深い寺でもある。第五世恵顗（一三〇一年入滅）に至って寺観が整えられ、法然がここで紫雲と光明とを感得したという伝説に基づいて紫雲山光明寺あるいは金戒光明寺と号した（註15）。その後、応仁の乱でことごとく灰燼に帰するも、永正年間（一五〇四～二一）には第十七世極譽理聖（一五二八年入滅）が出て復興を遂げた。理聖は天台座主も務めた青蓮院門跡尊応の庇護を受け、堂舎の整備とともに寺宝の充実も図ったようで、大永四年（一五二四）には法然自ら鏡を見つつ修正を加えたといういわくつきの肖像画、いわゆる「鏡之御影」〈5〉を購入している（註16）。

さて、山越阿弥陀図については、中尊の両手指に五色の糸の残欠が垂れていることから、枕辺に置いて臨終者に糸の端を握らせ、阿弥陀三尊との結縁を実感させて極楽往生を確実なものになさんとする本尊画であることに疑問の余地はない。一方地獄極楽図は、単にこれの付随的な道具として用いられたと見做され、『日本國寶全集』以降、当初から一具として鎌倉時代に制作されたというのがほぼ定説化している（註17）。

しかし、意識が朦朧（もうろう）としているであろう瀕死の者にとって、地獄極楽図の描写は微細にすぎないであろうか。極楽はともかくも、地獄の説明はかえって不安や恐怖を呼び起こすことにはならないであろうか。また地獄極楽図が、現世と地獄とを陸続きとし、これらに正対する極楽とを荒々しい外海によって分け隔てている特殊な構図を採用しているのに対し、山越阿弥陀図は山並みの彼方に阿弥陀三尊のみを表すきわめて単純な構図をとるにすぎない。さらに地獄極楽図には、来迎の聖衆が舟で帰るという特殊な描写が認められるにもかかわらず、山越阿弥陀図では著名な類例である禅林寺本に見出されるような背景の海がまったく意識されていない。冒頭に述べた両図の印象の相違は、具体的に観察すればするほど深まるのであり、両図を本来一具とすることには大いに躊躇せざるをえないのである。

山越阿弥陀図の論考で特徴的なのは、その興味が図様の源に集中していることである。例えば豊岡益人氏（註17②）は、日没の夕日を見て来迎を観ぜんとする日想観とし、大串純夫氏（註17③）は、阿弥陀と山の端にかかる満月とを同一視する月輪観にあるとした。また中野玄三氏（註17④）は、密教僧が妙曼荼羅を用いて行う阿字観に求めた。これらのうちいずれかが正しいのかは決め手に欠けるが、共通しているのは、世に山越阿弥陀図と称される遺品を一纏めにして論じている点である。しかし、阿字や四天王、持幡童子を付加する禅林寺本は真言系浄土教の思想に裏打ちされていると考えられるし、京都国立博物館本は自然景としての山々が多少強調されたにすぎず、一般的な来迎図の範疇で捉えうる。このように、形の上では同じ名称を冠せられながら、個々の作品はまったく異なる思想的背景をもっているのであり、安易に図様を体系化することは、むしろ本質を見失うことになりかねないと思われる。

一方、地獄極楽図は山越阿弥陀図の付随品と捉えられており、大串氏は「全く同じ描法の地獄極楽図屏風一隻が附属しているが、此処では論述の便宜上、其図に関する考察は省略する」とし、中野氏は「往生要集に準拠して作られたもの」と指摘するにとどまる。制作年代についても両図同時とするのが普通で、豊岡氏の鎌倉中期が一人早く、ほかは後期あるいは末期とするなか、岡崎譲治氏（註17⑦）のみ画絹や描法の違いから、地獄極楽図の制作年代がやや降るとしている。

これらを踏襲し、はじめて地獄極楽図の図様にも踏み込んだのが加須屋誠氏である（註17⑩⑫）。すなわち、これが平安以来の天台浄土思想を基盤としつつ、悪人も臨終の念仏によって極楽往生を遂げ、たとえ地獄に堕ちた者でも地蔵菩薩の救済に与（あずか）るという悪人往生思想を表しているとし、看病に当たる者や善知識としての僧侶が、臨終者を励ましたり説法したりするための道具と位置づけたのである。ここに至り、はじめて両図の総合的考察がなされたかに思われるが、冷静に見れば拭いきれない一つの疑問点に逢着する。

山越阿弥陀図は、色紙形に源信の願文が記されていることからも、恵心流臨終行儀に則る遺例であることに間違いはあるまい。にもかかわらず、地獄極楽図では何故殊更に地蔵の救済を標榜するのであろうか。源信が下品往生を望んだことは、『首楞厳院廿五三昧結縁過去帳』に見られるとおりであり、ひとまずこの矛盾をおくとしても、専修念仏の一大拠点としてようやく確立しつつある鎌倉後期の金戒光明寺で、なぜ恵心流念仏の影響下にこそ置かれるべき作品を制作する必要があるのであろうか。

さて、実測の結果、両図各扇の本紙法量は、縦がいずれも一〇〇・八cmで統一されている。横は、観音開きの山越阿弥陀図（三曲一隻）中央が四二・一cm、左右は二〇・三cm、二〇・五cmであり、地獄極楽図（二曲一双）はすべてが四二・一cmである。損傷の程度には両図で差があり、前者は大きな画絹の剥落が観世音菩薩下部の山並みにある以外、おおむね良好な状態を保っているのに対し、後者は地獄の一部に認められる同様の剥落に加えて、各扇の四周の傷みが図様を断絶する程に著しい。加須屋氏（註17⑫）は、これを制作当初から屏風形式であった根拠とするが、常に平面の状態で保存する屏風で端だけが傷むとは考えにくく、むしろ軸装における絹継部であったと想定するほうが自然であろう。絹継部は通常、解れ（ほつ）を予防するために二重とするので、軸の開閉にともなう負担により損耗の度合いが大きいからである。しかもこれを裏づけるように、地獄極楽図右隻の屈曲部、小高い丘の描写のあたりには絹継の縢り（かが）糸の残欠が確認された。当初から一扇一枚ずつの屏風に仕立てられたのであれば、画絹を継ぐ必要はないはずであり、この図は本来四副一鋪の大画面であったと想定できるわけである。現状は同じ屏風形式でありながら、両図の保存状態に明らかな相違が生じている原因の一つといえよう。

また、画絹の組成を精査すると、山越阿弥陀図が一㎠内の平均で経（たていと）四十五本×緯（ぬきいと）四十五越、これらの交点である組織点二〇二五点と非常に詰んだ布質を示すのに対し、地獄極楽図は経三十五本×緯三十六越、組織点一二六〇点と大きな開きがある。しかも、後者が経を二本引きそろえる仏画に通有の画絹であるのに比べ、前者はごく一般的な平織絹であることが判明した。

このように、装丁方法も下地の素材もまるで異なる両図を、同一構想のもとに制作したとするのはいかにも無理がある。作品に即せば、ある時期に、元来別個のものを一具として体裁を合わせたか、一方の作品に体裁を合わせて他方を拵えたか、いずれかの可能性が高いと考えられるのである。

ここで、両図の制作年代について検討しておきたい。前述のように先行研究では、図様の考察はあっても様式についてはほとんど言及されておらず、ただ漠然と鎌倉時代後半あたりに置かれているにすぎないからであり、形態も画絹も違う以上、この際両図を仔細に見る必要があろう。

山越阿弥陀図は、両手とも第一指、二指を捻じ、掌を見せつつ胸前に掲げる転法輪印を結んだ阿弥陀如来が中央に大きく描かれる。その頭光からは二筋一組の光明が均等な間隔で十五組放たれ、やや単調ながら臨終者に届けとばかりに画面一杯に伸びている。左右には、蓮台を捧げ持つ観世音、合掌する大勢至の二菩薩が、中央にやや体を傾けるようにして配される。

三尊の下半身は、幾重にも重なるなだらかな稜線で隠され、画面下方すなわち臨終者に最も近い部分には霞が引かれていて、三尊の大きさと距離感を強調するかのようである。はなはだ簡素な図様であるが、それだけに紺碧の背景に浮かび上がった金色の三尊はきわめて印象的で、この屏風を立てた際には左右の扇が内側に若干入り込むのであるから、臨終者は定めて枕辺に出現した三尊に囲まれ、虚空に吸い込まれるが如き迎摂（こうしょう）の安心を得たことであろう。なお左右上方には色紙形が置かれ、源信の讃が記されている（註18）。

本図でまず気になるのが、三尊から受ける膨らみのない平坦な印象である。三尊の面貌（めんぼう）は、肉薄の頬によって面長が強調され、間延びした表情になってしまっている。同様に身体も厚みに乏しく、特に中尊の肩から腕にかけて輪郭が急に下がるため、痩せた印象を与えている。その肉身は、厚く白色顔料を塗った上から金泥をかけ、輪郭や目鼻立ちを赤茶色の線（ベンガラか）で描き起こす。唇も同色である。至徳元年（一三八四）の作例である高野山宝寿院所蔵重要文化財祐円筆地蔵菩薩像が、極細ながらわずかに張りを残す描線で、面貌表現などを上品にまとめ上げるのに比べると、本図の両家の造形力にはかなり落差があるといわざるをえない。手や指に顕著な接続部の遊離や力のない線質は、むしろ永正十年（一五一三）ごろ以前とされる（註19）ボストン美術館所蔵狩野元信（一四七六～一五五九）筆白衣観音像の肉身線に相通じる。

衣の彩色も肉身に準じるが、衣文（えもん）線と文様には切金を施す。中尊左半身の大衣などの切金文様が茶色く変色しているように見えるのは作為的なものではなく、上から押さえた接着用の膠（にかわ）の変色と思われる。あるいは、この部分のみ切金師が異なるのかもしれない。ちなみに稜線も筋状に茶色く変色しているが、この部分には顔料がなく、やはり膠の痕跡と見られる。制作当初は箔か糸のようなものが山並みの輪郭に沿って貼りつけてあり、後世剥落したものと推測されるが、こうした手法はとうてい鎌倉時代の美意識に沿うとは思われない。いずれにしろ切金文様はきわめて硬く、大勢至菩薩の条帛の表に施された、鱗文を格子で囲ったような文様も例を見ず不可解である。硬いながらも極細の切金を繊細に散りばめている十四世紀後半の元恩寺所蔵岡山県重要文化財阿弥陀三尊像に対しても、細さや整合性の観点でとうてい及ぶとはいいがたい。

さらに、本図の三尊には鼻の下のくぼみ、いわゆる人中がない。この特徴は、元興寺軸装本智光曼荼羅〈36〉や前述のボストン本白衣観音像にも見出され、本図の制作年代を考える上で示唆的である。軸装本では、観世音菩薩の裳に特色あるZ字型の衣文線が用いられているが、本図の中尊右腕部分にもよく似た形状があるのも注目すべき点である。しかし、軸装本の中尊の三道が各々太さが異なり、間隔もまちまちであるのに対し、本図では弱いながらも均一な線が等間隔に引かれ、統一性を保っている。また、天文元年（一五三二）を下限とする桑実寺所蔵重要文化財桑実寺縁起絵巻上巻巻頭の料紙に施された金泥文様が、直線的で躍動感に欠けるのに比し、本図色紙型の花鳥文は、柔らかさを含んだ穏やかな表現を残している。このように、本図の表現・技法を逐一検討していくと、帰納される制作年代は通説の鎌倉後期からははるかに遅れる、十六世紀第一四半期に置かざるをえないのである。

これに対して地獄極楽図では、延慶二年（一三〇六）の御物春日権現記絵に登場する人物描写が、比較的柔らかな筆使いで軽快さも含んでいるのに較べると、打ち込んだ線描をさらに引き放つ傾向が目立つわりには、動勢があまり感じられない。しかし、応安七年（一三七四）を上限とする東寺所蔵重要文化財弘法大師行状絵詞の鬼の身体や人物の衣の輪郭に散見される、ぶよぶよと摑みどころのない線描は本図にはまだ現れていない。

また波の描写では、萬福寺本二河白道図〈45－1〉の輪郭線が硬いながらも勢いがあり、狭い間隔にも臆せず淀みなく

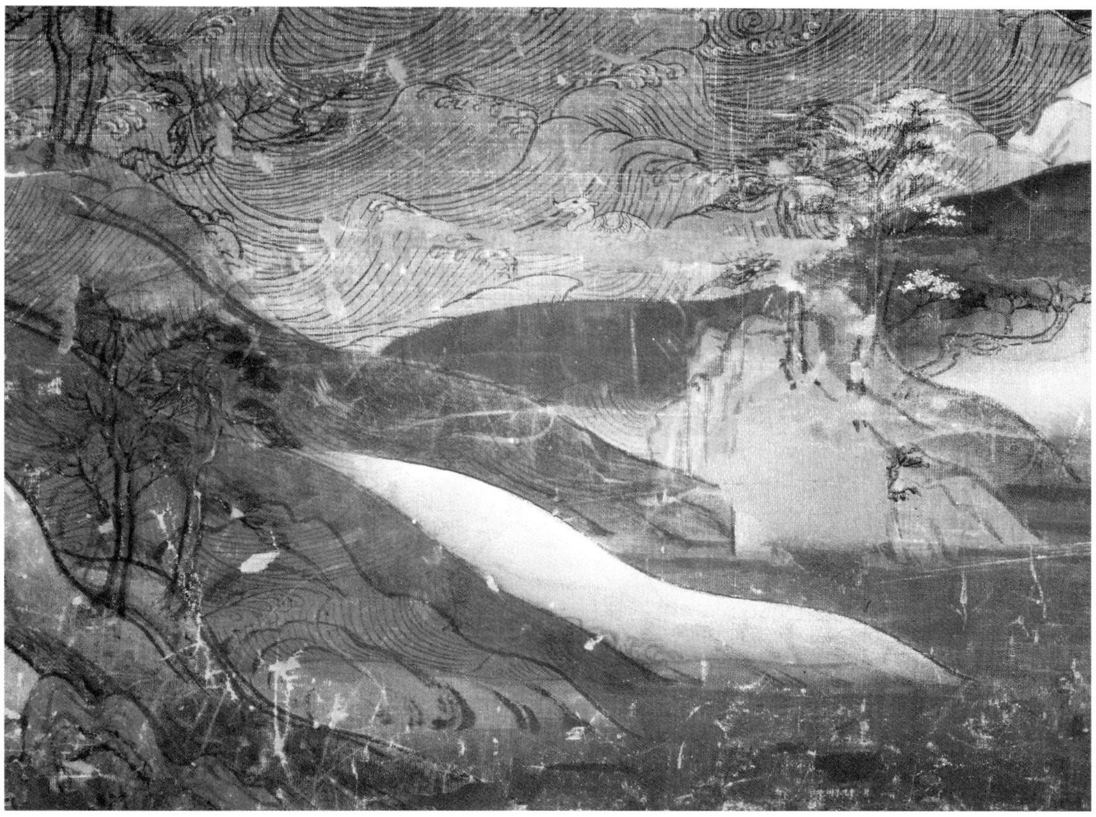

S23 現世と地獄をつなぐ山塊 赤外線写真

引ききるのに比し、本図では弱々しく震えも目立つ点で、十四世紀中ごろの五坊寂静院所蔵重要文化財不動明王三童子像に近い。

さらに、本図の山並みはおおむね穏やかで丁寧な描写でまとめられているが、地獄で僧侶を打ち据えている赤鬼左手後方には、速度はあるが力のない墨線で描かれた、山とも岩とも判然としない曖昧な表現が認められる。同様の表現は、観応二年（一三五一）の西本願寺所蔵国宝慕帰絵詞巻六の松島の景色全面に登場するが、本図ではまだ部分的な使用にとどまっている点で、これを下限の目安とすることができよう。以上のことから本図の制作年代は、十四世紀第二四半期とするのが妥当と思われる。

すると山越阿弥陀図と地獄極楽図は、当初形態や材質のみならず、制作年代さえも二百年近く隔たりがあることとなる。では、これほどにかけ離れた両図が一具とされた機縁は奈辺に存するのであろうか。

ここで注目されるのが、金戒光明寺に伝来する、いわゆる五色の糸に関する一通の由緒書である。文書には、糸が恵心僧都源信に由来することや入手の経緯などが明記され、末尾には永正三年（一五〇六）存海の署名と花押がある（註20）。渋谷亮泰編『昭和現存天台書籍綜合目録 補増版』（註21）によってこの存海の事跡を窺えば、比叡山東塔の神蔵寺円鏡院や横川首楞厳院帝釈寺に住した天台僧で、生没年は定かではないが、明応二年～永禄十二年（一四九三～一五六九）に比叡山で活躍していたことは確実で、由緒書にある永正三年には首楞厳院にいた。周知のとおり、首楞厳院は円仁の開いた横川の中心地で、天台浄土教の一大拠点である。先に表現・技法の諸特徴によって結論づけた山越阿弥陀図の制作年代が十六世紀第一四半期であったことに鑑みれば、おそらく糸を入手した存海が、内裏に運上されてしまった屏風にかえて本図を制作したことが想定できる。

これまで一具として考察されてきた両図が、実は元来別個に成立したものであること、しかも山越阿弥陀図が室町後期に比叡山上で調製されたことが明らかになった以上、地獄極楽図の制作目的が臨終行儀にあったという通説は、当然考え直さなければならない。赤外線写真によれば、本図の現世と地獄をつなぐ山塊部分は、下描き段階では海波が描かれており、これらも極楽に対するのと同様に海原で隔てられていたことが判る〈S23〉。浄土教関連の絵画で、例えば香雪美術館本〈44〉や清涼寺本二河白道図〈43〉では、空間構成が説明的に下から上、つまり穢土から浄土へと積み重ねられていくが、本図ではこの大海によって、浄土への奥深いつながりを水平方向をも含めて巧みに表しているのであって、海洋に対する画家の思い入れの深さをいっそう感じさせるのである。

現世の自然景としての山海を越えて往来する来迎表現は、国宝平等院鳳凰堂扉絵をはじめとして決して珍しくないが、本図のように現世と極楽とを明確に海原で隔絶する思想には、西門が極楽の東門と正対すると信じられた四天王寺（註22）や、眼下の海が観世音の補陀落浄土につながるとされた補陀落山寺（註23）など主に天台系の浄土教が想起され、本図の思想的背景を考える上での示唆を与えてくれる。この点は、阿弥陀三尊をはじめとする仏菩薩衆、宝楼閣、宝地と州浜を結ぶ橋に至るまで、本図の極楽の様相がすべて、現世ではなく地獄の方向を正面としていることからも窺える。穢土と浄土との対比よりも、極楽に対しての悪趣の代表としての地獄を強調する傾向は、『往生要集』やこれに基づく聖衆来迎寺所蔵国宝六道絵など、やはり天台浄土教の影響下に置くことができよう。

それはともかく、画面右下の現世には、寺院への寄付、ひいては造寺造仏といういわゆる作善の象徴と、釣り、牛や鶏の屠殺、合戦や強盗における殺人といった諸悪行の様子が描写される〈46－2〉。また三棟の家屋は通説では上中下の三輩を表したもので、このうち特に俗人とのみ悪行を関連づけ、善知識の介助で臨終の十念を唱えればたとえ悪人でも往生できるという、下品の往生を示すとされてきた。確かに『観経』は、下品下生に金蓮華が来迎すると説いており、俗人の頭上には日輪中のそれがきらきらと輝いている。しかし素直に見れば本図では、舟で大海に乗り出したこの金蓮華が、浄土ではなく地獄にたどり着いているのである〈46－3〉。

ここで、目を他の来迎にも向けてみよう。上品の往生では、山中の庵に住む僧侶の眼前に、雲に乗った阿弥陀聖衆が今まさに飛来している。それに対して、中品往生とされている庵の軒先では、鋭い嘴（くちばし）と羽を生やす天狗が、笑いを含んだような表情で中の様子を窺っているのである。加須屋氏（註17⑫）はこの天狗が僧侶に手を出していないことから、この僧は「真摯な信仰ゆえに心を清浄に保ち魔に取りつかれる隙をみせなかった」のであり、「往生を遂げるべき人物であることをここに暗示」しているとされた。しかし、本図が伝統ある浄土宗寺院に伝来しているというフィルターをはずし、純真な気持ちで見つめるならば、この場面は、僧侶が心待ちにしているであろう来迎のかわりに、明らかに天狗がやって来ているのである。天狗は、例えば永仁四年（一二九八）の天狗草紙に、偽来迎を演じて僧侶をいずこへともなく連れ去ってしまうという逸話が登場するように、人を騙す異形の生き物の代表格とすることができる。一方は阿弥陀の来迎、もう一方は天狗という相違は、いったい何によるのであろうか。

本図を仔細に眺めれば、まず山上の僧侶の礼拝対象が阿弥陀浄土図であることに気づかされる。そこにおける、阿弥陀と上品往生の功徳によって不退位の菩薩の姿を得た者とが対面する場面は、当麻曼荼羅をはじめとするほとんどの浄土図に描写されるものであり、この僧侶が、日常的に伝統的な観想念仏を修していることがわかる。それに対して山腹の僧侶は、小振りの阿弥陀立像に向かい、山上の僧侶の持たない数珠を手繰っている。こうしたいわゆる三尺阿弥陀の彫像は、快慶などが盛んに造立したように専修念仏の本尊としてこそ大いに流行するものである。すなわちこの二棟の庵は、観想念仏による往生の確実性と、専修念仏による不可能性とを如実に対比したものであって、従来のような上品と中品という解釈は、あるいは本図の制作者が狙った陥穽に見事に落ちたものと考えられるのである。

さらに、数珠を手繰って臨終の十念を勧めるこの僧侶の存在にもかかわらず、地獄へと連行された悪人は閻魔王の前の漆塗りの高台に端然と構える僧侶のとりなしによってようやく罪を許され、極楽から伸びる一筋の光明に照らされつつ往生を遂げる。加須屋氏（註17⑫）はこの僧侶を地蔵とするが、何ら持物を持たず、印を結ぶかのように布で手元を隠すことから、密教に通じた聖道門の僧侶と見做すほうが自然である。本図において、現世における悪行が皆この裸形の者の仕業として集約されるならば、善行もまた同じ者の一面と捉え得る。念仏では救われなかった悪人も、伝統的な作善を証明してくれた密教僧のおかげで往生を遂げる。制作者が意図したであろう、「見る者」が見ればわかる本図の真意は、天台礼賛にこそあったというべきであろう。

ここで、本図から以上のような過激ともいえる内容を読み取ることの妥当性を、他の作例に照らして補強しておきたい。本図とほぼ同時期の制作と考えられる香雪美術館本二河白道図は、法然の私淑して已まない善導の『観経疏』中の二河白道の譬えを主題とすることから、これまで浄土宗系の作品とされてきた。前節で述べたように、通常の二河白道図の図様とは二河譬のごとく、西に向かう旅人を殺そうと悪獣や毒虫、あるいは群賊が迫る。逃げる旅人の眼前には、煩悩を象徴する火と水の二つの河が逆巻き、間に細く頼りなさげな一本の白い道が伸びているばかりである。勇気を奮って専修念仏を表す白道を渡れば、すぐ向こうには極楽が待っているというわけである。

しかし香雪本の場合、悪獣の一体であるはずの巨象が、他の猛獣達の前に立ちはだかって牙を振るい、まるで旅人たちを背後に庇うかのようである〈44－2〉。よく見れば、その牙は六本あり、これが『法華経』信者を擁護する普賢菩薩の乗御する、いわゆる六牙の白象であることがわかる。するとこの図における白道は、決して専修念仏ではなく、天台に「朝題目夕念仏」と称される伝統的浄行としての念仏を示しているとしか考えられない。その点は、この図の旅人があくまで僧尼中心で最後尾の俗人男女は、武器武具を隠して親切ごかしに引き返すことを促す群賊の一味に耳を傾けていることからも窺えるであろう。また、憎悪を示す火の河に描かれる武士の手に、皮肉にも数珠が掛けられている点も、専修念仏への批判的態度を表しているものかと思われる〈44－3〉。

清涼寺本〈43〉では人物こそ俗形一人しか描かれないが、火河の端に経机を置き、その上に『法華経』と思われる八巻本を載せる図様が加えられている〈43－3〉。その位置は旅人にとって悪獣の後方にあたるから、称名念仏に対する余行を腐していることは明らかであろう。

浄土宗側の画像に、密教行者には阿弥陀の光明が届かない「摂取不捨曼荼羅」があったと伝えられている。これは現物が全く遺っていないが、香雪本と画題を一にする光明寺本では賊の一味と聖道門の僧侶とを、清涼寺本では『法華経』と悪獣とを、それぞれさりげなく同列に配するなど、専修念仏による聖道門批判はかなり過激なものであったことがわかる。

金戒光明寺の地獄極楽図は、十四世紀第二四半期、知恩院などの拠点が整備されていよいよ盛んになる浄土宗の攻勢に対抗し、天台浄土教が巻き返しを図る有様を如実に語る歴史の証人である。山越阿弥陀図が比叡山上の産物であるならば、本図もまた山上に伝来した可能性は高い。掛軸装として伝わっていた地獄極楽図を、存海が山越阿弥陀図制作に際してこれに法量を合わせ、一具の屏風として仕立てたものが、いつしか恩讐を超えて金戒光明寺に入った。まことに数奇な運命をたどった作品と考えられよう。

註

1　本図に関する主たる図版解説等は、以下の通り。
①有賀祥隆「二河白道図」（『浄土曼荼羅─極楽浄土と来迎のロマン─』奈良国立博物館、一九八三年四月）。②「重要文化財（絵画）絹本著色二河白道図」（『益田市─生涯教育プログラム─』益田市教育委員会社会教育課、一九九〇年三月）。③有賀祥隆「二河白道図」（『一遍─神と仏との出会い─』佐野美術館、一九九二年十月）。④谷口耕生「二河白道図」（『女性と仏教いのりとほほえみ』奈良国立博物館、二〇〇三年四月）。
なお、本節は安嶋紀昭「萬福寺所蔵二河白道図について」（『仏教文化研究』四七・四八号、浄土宗教学院、二〇〇三年三月）からの抄出である。

2　「譬如有人欲向西行百千之里。忽然中路見有二河。一是火河在南。二是水河在北。二河各闊百歩。各深無底。南北無邊。正水火中間有一白道。可闊四五寸許。此道從東岸至西岸。亦長百歩。其水波浪交過濕道。其火焔亦來燒道。水火相交常無休息。此人既至空曠迥處。更無人物。多有群賊惡獸。見此人單獨。競來欲殺此人。怖死直走向西。忽然見此大河。即自念言。此河南北不見邊畔。中間見一白道。極是狹小。二岸相去雖近。何由可行。今日定死不疑。正欲到迴群賊惡獸漸漸來逼。正欲南北避走惡獸毒蟲競來向我。正欲向西尋道而去。復恐墮此水火二河。當時惶怖不復可言。即自思念。我今迴亦死。住亦死。去亦死。一種不勉死者。我寧尋此道向前而去。既有此道。必應可度。作此念時。東岸忽聞人勸聲。仁者。但決定尋此道行。必無死難。若住即死。又西岸上有人喚言。汝一心正念直來。我能護汝。衆不畏墮於水火之難。此人既聞此遺彼喚。即自正當身心。決定尋道直進。不生疑怯退心。或行一分二分。東岸群賊等喚言。仁者迴来。此道嶮惡不得過必死不疑。我等衆無惡心相向。此人雖聞喚聲。亦不人迴顧。一心直進念道而行。須臾即到西岸。永離諸難。善友相見。慶樂無已」(『大正蔵』三七巻二七二頁下)。

3 本節に取り上げた二河白道図諸例のデータは、以下の通り。

①光明寺本　重要文化財　絹本着色　縦一一九・〇、横六一・五cm　十四世紀第二四半期／②香雪美術館本　重要文化財　絹本着色　縦一一六・六、横六二・六cm　十四世紀第二四半期／③奈良国立博物館本　重要文化財　絹本着色　縦七〇・九、横二六・五cm　鎌倉時代／④清凉寺本　絹本着色　縦一六六・〇、横六六・九cm　十四世紀第一四半期／⑥清浄光寺甲本　絹本着色　縦一一四・〇、横五二・三cm　十六世紀第一四半期／④清浄光寺乙本　紙本着色　縦一〇六・二、横三九・三cm　江戸時代。

4 加須屋誠「二河白道図試論―その教理的背景と図様構成の問題―」(『美術史』一二七冊、美術史学会、一九九〇年三月。『仏教説話画の構造と機能』中央公論美術出版、二〇〇三年二月に再収）参照。

5 橘俊道・梅谷繁樹『一遍上人全集』(春秋社、一九八九年十一月）によればこの「己証の法門」とは、『観経』の韋提希夫人が最下の凡夫でありながら最高の往生を遂げたのは、阿弥陀の本願力によるとする善導の主張を指すが、この時に図した二河の本尊が次段の窪寺での本尊であるならば、「己心領解の法門」と同義と考えるべきである。『播州法語集』に「名号は諸仏己証の法なり」、「本分といふは諸仏己証の名号なり」、「是を無上功徳といひ、是を他力の称名、万行の情本、諸仏己証といへり」など、一遍は己証という語を一般名詞としての悟りの意味で用いている。

6 小松茂美編『日本の絵巻20　一遍上人絵伝』(中央公論社、一九八八年十一月）では左の人物を旅の僧とするが、この時期に頌の趣旨を「義理をつくしてよりより示誨をかうふ」るとすれば、愛弟子聖戒を措いて考えられない。「交衆をとゞめ」たとはいえ、聖戒は次段の菅生の岩屋にも一人随逐している。また同書は「二河白道の大仏画を懸け」と解説する。確かに一遍の膝張りから換算すれば巾一mを超える大幅となるが、言うまでもなく重要なモティーフを強調して描くのは絵巻の常套手段であり、短絡的に実際の大きさとする訳にはいかない。

7 今井雅晴『一遍辞典』(東京堂出版、一九八九年九月)、同『歴史文化ライブラリー61　捨聖　一遍』(吉川弘文館、一九九九年三月)、加藤善朗「一遍における二河白道図―絵画と儀礼とのかかわり―」(『密教図像』第一九号、二〇〇〇年十二月）参照。

8 一遍の教学と時宗の歴史については、個別に註したもののほか、以下の諸文献を参照した。①石田瑞麿『往生の思想〈サーラ叢書16〉』(平楽寺書店、一九六八年十月)。②望月華山『時宗年表』(角川書店、一九七〇年一月)。③金子大栄『金子大栄随想集4　二河譬』(雄渾社、一九七二年十二月)。④金井清光『一遍と時宗教団』(角川書店、一九七五年三月)。⑤橘俊道『時宗史論考』(法蔵館、一九七五年三月)。⑥大橋俊雄『歴史新書172　一遍と時宗教団』(ニュートンプレス、一九七八年十月)。⑦岡本貞雄「『一遍聖絵』研究上生じたる問題点について」(『印度學佛教學研究』第二八巻第一号、日本印度学仏教学会、一七九七年十二月)。⑧河野憲善『一遍教学と時衆史の研究』(東洋文化出版、一九八一年九月)。⑨大橋俊雄『人物叢書　一遍』(吉川弘文館、一九八三年二月)。⑩橘俊道・今井雅晴編『日本宗教史論集　第十巻　一遍上人と時宗』(吉川弘文館、一九八四年十二月)。⑪栗田勇編『思想続本　一遍』(法蔵館、一九八七年二月)。⑫大橋俊雄「初期時衆教団の展開」(『佛教藝術』第一八五号、毎日新聞社、一九八九年七月)。⑬梅谷繁樹『捨聖・一遍上人』(講談社現代新書、一九九五年一二月)。⑭上田良準・大橋俊雄『浄土仏教の思想11　証空　一遍』(講談社、一九九二年三月)。⑮岡本貞雄「一遍の教学と時宗」(『印度學佛教學研究』第四二巻第一号、日本印度学仏教学会、一九九三年十二月)。⑯石田善人『一遍と時宗』(法蔵館、一九九六年五月)。⑰竹村牧男『親鸞と一遍』(法蔵館、一九九九年八月)。⑱大橋俊雄『一遍聖』(講談社学術文庫、二〇〇一年四月)。⑲高野修『一遍上人と聖絵』(岩田書院、二〇〇一年六月)。⑳高野修『時宗教団史』(岩田書院、二〇〇三年三月)。㉑今井雅晴編『遊行の捨聖　一遍』(吉川弘文館、二〇〇四年三月)。

9 醍醐寺本については、①赤松俊秀「醍醐寺太元師法本尊の筆者に就いて」(『畫説』第六八号、一九四二年八月)、浄土寺本については、②柳澤孝「文保元年の軸銘ある新出両界曼荼羅図」(『佛教藝術』第一一〇号、毎日新聞社、九七六年十二月)、③中島博「修理報告　浄土寺蔵絹本著色両界曼荼羅図」(『学叢』第七号、京都国立博物館、一九八五年三月）参照。

10 西寿寺の年紀銘は肉眼ではほとんど見えないが、赤外線写真によって次のように判読できる。

「此尊像寺并全山蓮／化亭宅行者如教依／拝見夢想所奉圖絵／如斯願感應有験利／益無窮而已于時徳／治貮年五月晦記之」。

11 河原由雄「観経曼荼羅図」(『國華』一〇一三號、國華社、一九七八年六月)

参照。

12 正木晴彦「善導の浄土教学」(『講座大乗仏教5　浄土思想』春秋社、一九八五年一月)参照。

13 『七条文書』、『呑海上人御法語』については、『定本時宗宗典』(時宗開宗七百年記念宗典編集委員会編集・時宗宗務所発行、一九七九年十二月)参照。

14 浅井法順編『黒谷誌要』(『浄土宗全書』第二〇巻、浄土宗開宗八百年記念慶讃準備局、一九七一年八月)参照。

15 『黒谷誌要』に、金戒の二字は第八世運空(一三八二年入滅)の付加ともいう。

16 現在は所在不明ながら、鏡之御影には以下の添状が付属していたことが、『黒谷誌要』に見える。「鏡之御影添状／此尊影者、法然上人真筆云々。雖為西光寺住持宗嘉大徳相伝、彼本堂為上葺離身間、東山／新黒谷金戒光明売得之畢。可為当寺永代常住物者也。／大永第四三月十三日／金戒光明寺本願理聖(花押)／当寺住務沙門称捻(花押)」(／＝改行、句読点筆者)。

17 両図に関する主な論考・図版解説等は以下の通り。なお、【】内は文中で提示された両図の制作年代。
①「山越阿弥陀像及地獄極楽図」(『日本國寶全集』第二三輯、日本國寶全集刊行會、一九二六年五月)【鎌倉時代】。②豊岡益人「山越阿弥陀図考」(『美術研究』第四九号、美術研究所、一九三六年一月)【鎌倉中期】。③大串純夫「来迎芸術論(五)」(『國華』第六〇八號、國華社、一九四一年七月)【鎌倉後期】。④中野玄三「山越阿弥陀図の仏教思想史的考察」(『佛教藝術』第四四号、毎日新聞社、一九六〇年十月)。⑤真保亨「山越阿弥陀図」(『古美術』三彩社、一九六八年六月)【鎌倉後期】。⑥関口正之「山越阿弥陀図」「地獄極楽図」(『原色日本の美術7　仏画』小学館、一九六九年十一月)【十四世紀前半】。⑦岡崎譲治「阿弥陀来迎図」(『日本の美術　第四三号　浄土教画』至文堂、一九六九年十二月)【山越阿弥陀図＝鎌倉末期に近い、地獄極楽図＝山越阿弥陀図よりやや下る】。⑧濱田隆「鎌倉様式の成立」(『日本の美術　第二〇六号　鎌倉絵画』至文堂、一九八三年七月)【鎌倉時代最末期】。⑨濱田隆「山越阿弥陀図の登場と来迎図の終焉」(『日本の美術　第二七三号　来迎図』至文堂、一九八九年二月)【鎌倉時代最末期】。⑩加須屋誠「金戒光明寺所蔵山越阿弥陀図と地獄極楽図屏風について」(『美学』一六五号、美学会、一九九一年六月)【鎌倉後期】。⑪加須屋誠「臨終行儀の美術―儀礼身体・物語―」(『芸術論究』第二六編、帝塚山学院大学美術史研究室、一九九九年。なお⑩掲載書に再録)。⑫加須屋誠「金戒光明寺所蔵地獄極楽図屏風試論」(『仏教説話画の構造と機能―此岸と彼岸のイノコロジー―』中央公論美術出版、二〇〇三年二月)【鎌倉時代後期】。

18 色紙形の全文は以下の通り。
【右扇】「弟子天台僧源信／正歴甲午歳冬十二月謹図／阿弥陀化導衆生之相／渇仰恋慕発願而言／仏光照燿聖衆来迎／上品蓮台願得往生／上求下化万徳究竟／□文殊願如普賢行」
【左扇】「久慕西方素無弐／弥陀誘引有時行／光芒忽自眉間照／音楽新発耳界驚／永別故山秋月送／遥望浄土夜雲迎／宜乗願力吾先去／便導衆生尽往生」

19 山本英夫「白衣観音像　元信筆」(『室町時代の狩野派―画壇制覇への道―』京都国立博物館編集、中央公論美術出版発行、一九九九年四月)参照。

20 全文は以下の通り。「抑々此イトハ、僧都楞厳院ニテ七日加持／アッテ、一日二一筋宛ヨリ給フ。而ルニ、此起ハ、僧／都御母臨終を悲タマヒシニ、僧都西方二向ヒ、／母ノ往生ノ得否ヲ祈座ス処二速二来迎アリ。ヤカテ、／ソケンノ御袖ヲ解図シタマヒ、自讃ヲ筆シ、／大和國二送ラルトカヤ。其後□□ノ□、／御信仰不疎、其以後、僧都ノ御手二座ス。而ルニ／一代ノ御門、此屏風御本尊来迎体ヲ拝見座。カン／ルイ肝二銘シ、山門エ尋給シニ、僧都門弟内裏エ／運上アリ。而テ、殿上二九代御臨終奉タマヒ畢。／此、記録三通二委ク見エタリ。此糸ハ行□法印／愚禿ト仏道ノ契約不浅。而ルニ其シルシト号シテ、／自ニタヒシテ、一度此御本尊ヲ拝ミ、此糸ヲ手二取納ト、／忽ニ三垢消滅シテ、菩薩ニ進事疑無者也。／為後代、是ヲ記畢ヌ。糸長七尺二寸。／于時永正三十月廿日存海(花押)」(／＝改行、句読点筆者)。

21 渋谷亮泰編『昭和現存天台書籍綜合目録　補増版』(法蔵館、一九七八年)中で、存海の名を確認できる文書は五七例ある。詳細は、髙間由香里「金戒光明寺所蔵山越阿弥陀図及び地獄極楽図について」(『中国四国歴史学地理学協会年報』第五号、中国四国歴史学地理学協会、二〇〇九年三月)中註16を参照。

22 井上光貞「四天王寺念仏」(『新訂日本浄土教成立史の研究』第三章第二節第四項、山川出版社、一九七五年二月)参照。

23 根井浄『補陀落山渡海史』(法蔵館、二〇〇一年十一月)参照。

第六章　浄土宗寺院に伝来する彫刻

法然上人坐像

木造　像高七六・四㎝　重要文化財　　　奈良・葛城市　當麻寺奥院

當麻寺奥院本堂の厨子内に安置される法然上人坐像〈7－1〉である。頭部を円頂とし、頭頂を扁平にする。面相部は額に四条の皺を表し、玉眼を嵌入して瞳孔を墨彩、虹彩を薄墨彩としている。口は閉口とするものの、両端をやや上げ気味にしてかすかな笑みを含む慈顔の表情を表している。体部は内衣を二層に着し、その上に僧綱襟のある法衣を纏って左胸前に結び目をもつ吊り袈裟を表す。両腕は胸の前で右手を上に数珠を執る。衣褶はやや煩雑なほどに直線的に刻みだしている。側面観は頭部・体部ともに奥行を深くとり、やや猫背気味に表していることから、老年の上人像である。

現状では全体に黒色を呈しているが、首部に肉色が残ることから当初は彩色仕上げであったと思われる。

ヒノキ材による寄木造で、頭部は左右二材に寄せ、さらに面相部をマスク状に一材を寄せて、挿首とする。体部は中心部を前・後二材で成形し、さらに側面各一材を寄せ、両手首を指している。背面は正中で割矧いだ二材を寄せて奥行を造り出して、膝前は横木一材を寄せている。頭・体部に比べて脚部の量感が少し薄いが、全体感の丸味を結果として強調する造形となっている。

永享八年（一四三六）酉誉の撰にかかる『当麻曼荼羅疏』巻四十六に、本像が京都・知恩院から當麻寺へ遷座された記事が見られ、また寺伝に知恩院十二世の誓阿が知恩院の上人真作の遺像を當麻寺往生院に遷座して往生院を建立したという。本尊光背の慶応三年（一八六七）の修理銘には遷座の時期を応安元年（一三六八）としているが、この銘文は何によるものかは定かでない。

両脇に大きな刳り込みを表し、着衣の全体に鎬だった大きな直線的な衣褶は、応安五年（一三七二）銘をもつ神奈川県宝戒寺惟賢和尚像等に衣褶表現が近いということから、南北朝期の肖像彫刻に類例が見られるとして、現行では十四世紀の作例と見るのが通例である。

頭頂部を扁平にした温和な面相は、二尊院等に伝来する法然上人画像〈1－1〉と共通するものであり、慈悲の人法然上人の面影を伝えると考えられる。寄木造りで内刳りを施し、内部を丁寧に漆塗り仕上げとするなど、荘厳を加えている。

制作年代の確定には困難がともなうが、今次の調査から衣文表現に立体としての矛盾や形骸化した衣褶線など、絵画表現の彫刻的写しが散見され、法然像の絵画的規範が成立した後の作例ではなかろうか。したがって制作年代は室町時代後期と考えられる。

法然上人坐像　木造　像高八一・二㎝　京都市　知恩寺

知恩寺御影堂の中央厨子内に本尊として安置される法然上人坐像である〈8〉。

頭部をやや俯け、背中を丸めて身を乗り出す壮年の僧形。円頂。瞳を墨彩する。鼻孔を穿ち、閉口。耳穴を穿つ。両手（右手上）で胸前にて数珠を執る。下衣一層の上に大衣と吊袈裟を着す。下衣、大衣はそれぞれ左を外に打ち合わせ、大衣は右襟を二段に表す。袈裟は右脇下を通って腹前をわたり右膝半ばまでを覆い、左臂あたりで切り込みを作り左体側に垂下する。袈裟の吊り紐を左胸前にて結ぶ。下半身に裳を着し坐す。面部は、広い額に穏やかな目を刻み、口元を引き締めて厳しい表情を示す。

左胸前で吊り袈裟の紐を結ぶ着衣法や、両手で数珠を取る姿は二尊院や知恩院などに伝わる絵像と共通しており、これらの絵像をもとに造立されたものとみられる。しかし、左臂の立体把握や、膝部の薄く広い造形、脚部に刻まれた波状の概念的な衣文などにはやや写し崩れの様相がうかがえ、年代の下降を感じさせる。

ヒノキ材の寄木造で、玉眼が嵌入されている。もとは彩色像であったが、現状では彩色が剥落し、黒色を呈している。頭・体は別材製とする。頭部は耳の前後にて前・中・後の三材を寄せ、首下にて挿首とする。体幹部は前・後それぞれ一材製とし、左右の両体側にそれぞれ前後二材製の体側材を矧ぐ。脚部は横木一材製。両前膊衣部、手先、両袖先、裳先をそれぞれ別材製とする。像底には前後二材製の蓋板を当てる。

肉身部は白土地の上に肌色彩色を施し、着衣部では下衣を白彩し、大衣・袈裟は黒彩を施す。像底部は墨塗りとする。

本像は京都国立博物館内の文化財保存修理所美術院において、昭和五十七・五十八年に解体修理が行われ、像内から文書をはじめとする納入品が確認された。

［像内納入品］

・納入文書　八通

1. 梵号包紙
2. 敬白文
3. 梵漢名号
4. 百万遍念仏数帳（在判）
5. 百万遍念仏数帳（無判）
6. 清水寺千手観音印仏
7. 百万遍千手観音念仏数帳
8. 上人御骨（包紙）

・上人御骨、御頭髪

これらの史料に大永三年（一五二三）の年紀が記されており、本像の表現との一致から造立年代がほぼ確かめられる。頭部の内刳り内に、「上人御骨」と記された紙片に包まれた数粒の骨片とみられるものが納められていた。知恩寺は法然上人の高弟である源智の創建にかかる寺院であり、源智は法然の遺体を護持する立場にあった。そのため本像の像内に納められた骨片が法然上人のものである可能性はきわめて高い。なんらかの形で伝来していた遺骨を本像の造立にあたって納入したものと考えられ、本像が祖師・法然信仰の一端として大きな位置づけをもって造立された経緯がうかがえる。

善導大師坐像

木造　像高六四・五㎝　重要文化財　　久留米市　善導寺

頭部は円頂として、顔をやや仰ぎ気味とする。面相部は玉眼を嵌入し、目じりには皺を刻み、また額や側頭部の一部に血管を表現するなど、総体として老相に表している。口唇を少し開いて念仏を称える。事実、開いた口唇から窺える喉元に径約2ミリの孔が開けられ、おそらく六体の阿弥陀仏を針金に着装した口称念仏の様が表現されていたものと推察される。体躯は背中を丸めて、やや上を仰ぐように正面を向いて合掌して曲彔(きょくろく)に坐す善導(ぜんどう)像である〈19－1〉。左肩から袈裟を吊るし、胸前を通った袈裟は膝前に垂れる。

頭・体幹部はそれぞれ前後二材に寄せ、頭部は前面材を襟元に沿って、また後頭部材は首付け根の線でいったん割放ち、内刳りを施し玉眼を嵌入して成形している。膝前は横木一材を寄せ、さらに着衣垂下部としてもう一材を寄せている。体部には全面に布張りが施され、丁寧な仕上げとなっている。肉親部には当初と思われる彩色が残る。

善導大師は七世紀中国の僧（六一三～六八一）で、曇鸞(どんらん)にはじまる浄土五祖の一人であり、曇鸞―道綽(どうしゃく)―善導―懐感(えかん)―少康(しょうこう)と続く血脈である。法然の浄土宗開宗の決意は特に善導の著した『観無量寿経疏』（略して『観経疏』）に大きな影響を受けたものとされる。法然は恵心僧都源信著『往生要集』を通じて、善導の念仏思想に出会ったとされている。即ち、善導は徹底した「末世」の認識と凡夫の正行(しょうぎょう)としての称名念仏を説き、称名念仏だけで往生ができるとした。法然は善導の思想に出会うことによって開宗の決意に至ったといわれる。

さて、善導像には立像と坐像が存在するが、後者の坐像は京都・二尊院の浄土五祖像〈16－1〉に依拠する。ただし、二尊院本を浄土五祖図とするには若干の疑念もあるが、わが国では五祖図として流布したらしく、善導を坐像として表現する作例も見られ、善導寺像もその遺例である。また立像としては知恩院像が著名であるが、伝として當麻寺奥院像・大津市聖衆来迎寺像〈18－1〉がある。特に後者像を善導像とすることは蓋然性が高いが、小品ながら作域が優れるとともに、宋代彫刻の可能性もある貴重な作例である。

聖光上人坐像

木造　像高七四・二cm　重要文化財

久留米市　善導寺

浄土宗鎮西派の祖、聖光上人の肖像彫刻〈20〉である。

聖光上人は応保二年（一一六二）に現北九州市の地に生まれ、当時の受戒制度に基づき、大宰府の観世音寺で僧となった。字は弁長という。また鎮西上人ともいう。当初は天台教学を学んだが、三十六歳ごろ法然の浄土教と出会い、筑後・善導寺を拠点に九州中・北部に浄土念仏を布教した。久留米・善導寺は当地域の在地領主として大きな勢力を有していた草野氏を大檀越として創建された寺院である。草野氏は山本郡一帯を地盤とし、源平争乱に際して草野永平が源氏に加担して活躍し、『吾妻鏡』によれば、文治二年（一一八六）頼朝から筑後在国司および押領使の両職に安堵された。中世の大宰府は一種の貿易センター化し、在国司としての草野氏の蓄財を基盤に、周辺に多くの寺院が創建されている。在国司の草野氏を大檀越に迎えた弁長は大きな後ろ盾を得て、浄土宗鎮西派を形成した。

本像は善導寺の三祖堂に祀られ、正面を向いて胸前で念珠をまさぐる像容で、面相は無骨ながら像主の強い意志を感じさせる。広い肩幅や正三角形に近い正面観は拝む者に強烈な安定感を与えている。体の幹部材は前後二材に寄せて挿首とする。両肩先には左右各一材を寄せ、膝前に二材を寄せて成形している、ほぼ等身の肖像彫刻である。膝前材内刳り部に文亀四年（一五〇四）の修理銘がある。

制作年代は両脇に見られる形式化した衣文が見られるものの、面貌表現に写実性が見られ、上人没後それほど時間の経過していないころに想定するのが妥当であろう。ただし、福岡市の善導寺にも聖光上人像が伝えられているが、像容にかなりの開きがあり、やや不信とするところである。

阿弥陀如来立像

木造　像高九八・九cm

京都市　知恩寺

知恩寺御影堂後陣右脇壇に安置される、いわゆる三尺の阿弥陀立像である〈24－1〉。両手とも第一・三指を捻じて来迎印を結ぶ安阿弥様の作例で、今次の調査で新たに見出されたものである。

螺髪は旋毛形を現さず、粒状で地髪部を五段、肉髻部を九段に彫出している。額中央でわずかに髪際線が下方にカーブする。後頭部の髪際線では二段の螺髪が整然と並び、その上部に均整のとれた二等辺三角形状に螺髪が配されている。肉髻珠及び白毫には水晶を嵌入しており、肉髻珠には朱・白毫珠には金色で伏せ彩色を施している。面相部はふくよかな丸顔で半眼閉口して、やや小さめに鼻梁および鼻翼を表して鼻孔を穿っている。耳朶はやや外へ開き気味で環状にして貫通して、耳孔を穿っている。耳輪の輪郭を力強く刻出し、耳珠の出をくっきりとさせ、さらに対珠とによって表される窪みが縦に長い。三道を彫出。

体部は偏袒右肩に着した衲衣と覆肩衣で胸を広くU字形に開け、左胸に表された紐座から二条の紐で吊った袈裟を纏い、

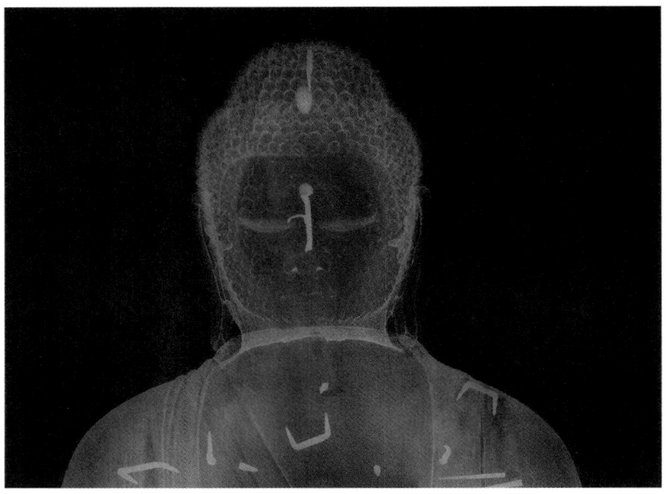

S24 阿弥陀如来立像（京都・知恩寺）X線写真

袈裟上端部が折りかかって腹前にかかる。

右手は屈臂して掌を前面に向けて第一・三指を捻じ、左手は体側に沿って垂下して肘でやや前方に曲げて同じく第一・三指を捻じている。残念ながら左手先以下は後補であるが、右手先は当初と見られることから中品下生の印相を伝えるものと判断される。

下半身には背後左寄りに打ち合わせて裙をつける。左足を半歩踏み出して蓮台上に立つ。

衣文表現は、衣褶線が収斂する右脇腹のたくし込みの箇所や衲衣の端を左前膊にかける箇所では、松葉状衣文ないしは笹の葉状の衣文が見られる。腹前以下の衣褶表現は衲衣の折り返し部に条の孤状の衣褶を配し、縁をわずかに波状に表現する。さらに下方に都合七条のU字状の衣褶を表しているが、それぞれの衣褶線に表現の変化をもたせている。すなわち、微かに鎬線を見せるもの、断面が丸みをもって受け形を示すものや、上部の布が下部の布に少し被さるような表現を組み合わせている。下半身の正中線を基軸にして左右対称にシャープな円弧線を配している。

品質構造は表面観察とX線透過撮影によれば、一木割矧ぎ造で、頭髪は白群彩で髪際線に沿って白緑を彩色している。目は玉眼とし、黒眼を朱彩で輪郭を取る。肉身は丹地に金泥彩、着衣部は丹地金泥彩に截金にて各種の文様を表現する。袈裟の表の四周には截金で花唐草文を、条および堤に亀甲繋ぎ文を表現している。裏は変わり立湧く文を截金で飾っている。衲衣は四周に亀甲繋ぎ文、地に卍字繋ぎ文を配す。裙は下端を三菱繋ぎ文、地には四角花文を表している。

頭体の幹部材は木心を像前方に外した竪一材より木取りし、三道よりやや下で割首としている。頭部は両耳後ろを通る線で前後に割放ち、体部は体側中央の線で前後に割放ち、内刳りを施した後、接合する。右体側は肩で竪一材を雇い枘で寄せ、上膊・前膊・袖までを刻出して、背面右脇に遊離部一材を伐り矧ぎで補う。左体側部は左前膊及び袖先・袈裟垂下部までを含んで竪一材を雇い枘で寄せる。両手首以下、右前膊内側の袈裟遊離部、左足先にそれぞれ別材を寄せている。

本像のX線透過撮影〈S24〉を試みたところ、頭部から三道の内刳り部にかけてかすかな影が認められた（幅約四cm、縦約二十五cm）。また胸部中央に構造上意味のない鎹が影写されたことから、納入品を像内部に留めている鎹と思われる。各矧ぎ目の下地漆は切れておらず、新しい釘の使用も認められないことから、本像は一度も解体されたことがないと思われる。造像当初の納入品であることは間違いなく、造立願文の可能性もあろう。また、足枘の赤外線撮影によれば、残画のような墨痕が認められるものの、文字か否かの判断はできなかった。

台座および光背は後補。肉身部金泥は後補。

本像の制作年代および作者の検討にあたって、図版からも推測されるように、足枘に「功匠アン（梵字）阿弥」の墨書があり、快慶のアン阿弥陀仏署名時代の作例中でも前半に属す京都・遣迎院阿弥陀如来立像（以下、遣迎院像と略記）と、奈良・西方寺阿弥陀如来立像（以下、西方寺像と略記）を中心に比較検討するのが妥当と考えられる。着衣法が異なるものの、全体の印象としては建久五年（一一九四）から正治元年（一一九九）の間に制作された遣迎院像に近似することが理解されよう。その印象は頭部の奥行や体部の量感の把握に共通する要素によっているものである。さらに両像の面相部の表現ではやや短めの鼻梁線や張りの少ない鼻翼を中心に小さな唇を表し、豊かな頰や肉づきのよい顎をもって、太い頸部へ連なる表現は、厳しさのなかに未だ平安後期の気分を色濃く残していると感じられる。作家の個性が強く残る耳の彫法においては、耳輪の強い捲き込みや対耳輪の上脚と下脚の造る角度に快慶作前半期の特徴が見出され、耳珠を中心に対耳輪が作るカーブにも明確に快慶の特徴を示している。

また、衣褶表現についても多くの共通性を指摘することができる。腹前に表現されるU字形の衣褶の構成は遣迎院像とまったく同一であり、折り返し部を除いて、下方に少し鎬を見せるU字形衣文を一条、さらにその下方に向かって太い衣文三条と上の布が下方の布に被さるような衣文一条を配し、そして微かに鎬立つ一条の衣文と太い衣文一条で構成されている。下半身には左右対称の双曲線各三条を配しているのも共通する。ただ、双曲線で形つくられる股間の中央の面が、知恩寺像では凸面、遣迎院像では凹面になっていることが異なる。西方寺像は凹面で、大阪・八葉蓮華寺の阿弥陀立像、奈良・安養寺の阿弥陀立像、東大寺俊乗堂の阿弥陀立像等は凸面となることから、快慶はこの期の作例では多様な衣褶表現を用いたことが知られる。

西方寺像は快慶作阿弥陀立像としては左胸前から袈裟を吊るす確かで唯一の作例であるが、三角巾の上部に結び目を表す知恩寺像に対して、西方寺像は結び目を表さず、また左前膊の外側に垂下する衲衣のたたみ方に若干の相違があるものの、肘部に鋭い笹の葉状の衣褶を配し、縁を幅広く折り返して緩やかにカーブさせるその表現は軌を一にする写実的表現と考えられる。

鎌倉時代の代表的な仏師の一人、快慶の約四十年に及ぶ造像活動は、総じていえば、量塊的な作品から線条的な作品へ移行することが指摘されているが、このシェーマ（形式）に従えば、西方寺像より遣迎院像や知恩寺像がやや先行すると考えられよう。したがって、知恩寺像は建久年間の快慶の作例と考えて大過ないと思われる。遣迎院像が快慶の作例中やや孤立の感があったと思われるが、その類例作品が見出されたことは重要であろう。

【法量】　単位　cm

像高	九八・九	髪際高	九二・八	頂—顎	一八・六
面長	一〇・四	面幅	一〇・二	耳張り	一三・五
面奥	一三・八	胸奥（左）	一六・五	（右）	一五・七
腹奥	一八・二	臂張り	三二・〇	袖張り	二五・〇
裾張り	二三・四	足先開き（内）	九・四	（外）	一七・九

［参考文献］
水野敬三郎「快慶作品の検討」（『美術史』四七号、昭和三八年）、後に水野『日本彫刻史研究』所収
毛利久『仏師快慶論　増補版』（平成六年）
拙稿「京都・知恩寺蔵快慶作の新出阿弥陀如来立像について」（『就実表現文化』二号、平成一九年）

阿弥陀如来立像

木造　像高九九・〇㎝　重要文化財　浄土宗（玉桂寺旧蔵）

昭和四十九年文化財集中地区特別総合調査で、滋賀県旧信楽町の真言宗寺院玉桂寺から新たに見出された三尺の木造阿弥陀如来立像である〈25－1〉。

発見当時、両足の痛みがひどく、足枘で台座に立たなかったため、地蔵堂の脇壇に立てかけられていたらしい。しかしながら、すぐれた造形感覚が注目され、後日X線撮影が試みられた。その結果、像内内刳り部に納入品が存在することが知られた。京都国立博物館内の文化財保存修理所美術院で解体修理が実施され、像内から多くの納入品が取り出された。

詳細は本書典籍篇の項（326頁）を参照されたいが、建暦二年（一二一二）十二月二十五日付けの源智上人筆の造立願文〈25－7〉が見出され、本像が法然上人一周忌に因む造立であったこと、結縁の人々が延べ五万人を数えること等が判明した。その人々のなかには、後白河法皇や源頼朝をはじめとする源家に連なる人々、歴史上の重要人物の名前も散見される。また、僧名・阿弥号を名乗る人々に加えて、多くの民衆の名が見出されることから、鎌倉時代初期の法然教団の実態究明に資する一級史料である。

本像は頭体幹部をヒノキの一材から彫成し、両耳後ろを結んだ線で前後に割矧ぎ、さらに首のところでも割矧いで内刳りを施した後、完成すれば見えなくなるにもかかわらず丁寧に漆箔をもって飾っている。これは像内に願文・結縁交名〈25－8〉等を納入することを想定した仕様であったと考えられる。

仏師名を見出すことはできないが、鎌倉初期に活躍する快慶（安阿弥陀仏）の晩年の作風を示しながら、目じりが長く切れあがるなど面貌表現に厳しさが増すことや、体にまとう大衣の衣文表現がより線条的になるなど、快慶作とはやや異なる表現が看取されることから、文暦年間の作と考えられる滋賀・阿弥陀寺の阿弥陀立像や京都・大報恩寺（千本釈迦堂）の本尊釈迦如来坐像の作者行快の作風にきわめて近い。近年、行快作の作例が次々に発見され、それらが優れた造形を示すことから、行快は快慶工房の重要人物であり、鎌倉前期を代表する仏師の一人であることが明らかになりつつある。

阿弥陀如来立像

木造　像高九九・四㎝　静岡市　新光明寺

極めて快慶様の特徴を示す三尺阿弥陀立像である〈26－1〉。肉髻相で螺髪を彫出する。螺髪は旋毛状で右旋している。正面で地髪部は九段、肉髻部は四段である。肉髻珠は平形で朱の伏せ彩色を施し、白毫は球形の水晶を嵌入している。面相部は張りのある頬や眼尻に向かって鋭く切れあがる眼の表現が見られる。半眼閉口に表し、耳孔・鼻孔を穿っている。耳朶を環状に表し、貫通させている。着衣は下半身に裙を着し、上半身は褊衫の上から左肩で吊った衲衣の一方を左腕にかけて体側に垂らし、他端を腹前を通って右脇腹で衲衣の下にたぐりこませている。このような着衣法を表す作例として、奈良・西方寺の三尺阿弥陀立像や快慶作かと見られる新出の知恩寺像〈24－1〉、また兵庫・浄土寺像に見られ、いずれも快

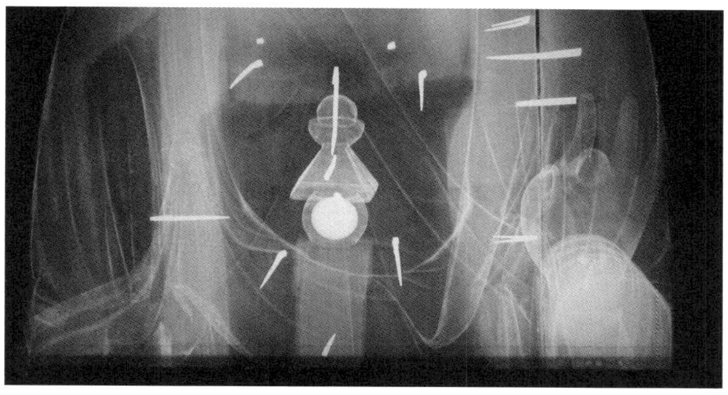

S25 阿弥陀如来立像（静岡・新光明寺） X線写真

慶作であることから、本像の作者も快慶の可能性がある。両手はいわゆる来迎印を結ぶが、諸像の多くに見られる第一指・第二指を捻じるものではなく、第一指・第三指を捻じている。

構造は頭体幹部をほぼ縦一材から木取りして、両耳後ろの線で前後に割放ち、内刳りを施している。両足は踵・足枘までを前面材から木取りして、足先に別材を矧ぐ。眼には水晶製の玉眼を嵌入するが、X線調査から円盤状を重ねたようなもので玉眼を押さえているのが窺われるが、快慶作では見られないものである。両肩・臂・手首で別材を矧ぎつけ、さらに左袖内側にも別材を当てている。

胸部内刳り部〈S25〉には、前後二材から造り出した五輪塔を鎹で固定しており、水輪部に水晶製かと推察される珠を嵌入している。鎌倉時代にはかかる五輪塔の納置された作例がまま見られるが、水輪部に水晶を嵌入する点などは建仁二年（一二〇一）に開眼された快慶作の東大寺僧形八幡神像に類似することが指摘されている。

以上のように、快慶作に共通する要素が多く指摘することができるが、快慶の安阿弥様の着衣形式の編年に合致しないことや、他の快慶作よりやや厳しさを増した面相表現などから快慶作と断定するには慎重を要するという意見もあり、快慶およびその周辺の仏師を含めた考察が求められる。

阿弥陀如来立像

木造　像高九九・九cm　　静岡市　宝台院

地髪部をやや膨らませ、その上に肉髻相を表す。螺髪は右旋した旋毛状に表し、髪際で三十四粒を数え、正面地髪部で五段、肉髻部頂上まで低く五段とする。肉髻珠・白毫に水晶を嵌入している。面相は半眼で閉口して、鼻孔を穿っている。耳朶は環状として、耳孔は内部まで貫通している。三道相を表し、胸・腹を一条線で括っている。右腕は肘を曲げて前方へ突き出し、第一・二指を捻じ、左手は軽く前方に垂下して、同じく第一・二指を捻じる、いわゆる来迎印を結んでいる。体部には襟元を一段折り返して大衣を着し、右脇腹を通って腹前を渡り、左手前膊に掛けて、左体側に垂下させる。もう一方の端は右肩を軽く覆う。右腹前には衣の端を一端弛ませてたぐりこんでいる。下半身には裳を着し、両足をそろえて蓮台上に立つ。像は蓮台天板に穿った孔に足枘を差し込んで立つと考えられるが、連結が強く、今次の調査では足枘を抜くことができず、足枘は未確認である。

像はヒノキ材で一木割矧ぎ造である〈29－1〉。肉身部は金泥塗り、着衣部には金箔を押している。像底の観察ができなかったため構造の詳細は不明ながら、頭体の幹部はヒノキの縦一材を前後に割放って内刳りの後、矧ぎ寄せていると考えられる。さらに、頭部を三道下で割首とし、面相部をマスク状に割って、玉眼を嵌入している。両肩以下はそれぞれ別材製として、肘・手首を矧いでいる。両前膊の内外にかかる衣垂下部は各別材で構成する。

頭部は群青彩とし、髪際には白緑で一条の線描を施している。瞳は墨彩のうえ、輪郭を朱線で括り、目頭・目尻には白群を刷き、唇には朱彩を施して、眉・鬚（ひげ）を墨描記している。

肉身部金泥。着衣部の漆箔、左手第三・四指、光背、台座は近世の後補と見られる。

地髪部がやや膨らみ、髪際線が額中央で下方へ下がる点や、衣文線が複雑になり、線状化するなどに時代の降下をうかがわせ、制作年代は鎌倉時代半ばからやや下がったあたりを想定するのが妥当であろう。

宝台院は知恩院末で、永正六年（一五〇九）観誉祐崇が創建し、徳川家康が開基と伝える。後に秀忠の生母西郷局昌子が本寺に葬られ、以後徳川家の寺院として隆盛したという。本像は寺伝によれば、三河国大樹寺登誉上人により伝授されたもので、俗に白本尊と呼ばれている。これは三河国明眼寺の本尊が黒本尊と呼ばれたことに対するものとされる。家康死後の元和三年（一六一七）、秀忠によって黒本尊は増上寺へ、白本尊は宝台院にそれぞれ寄進されたものと伝えている。

このほか、広島・光明院〈27－1〉、岡山・誕生寺〈28〉、京都・栄摂院〈30－1〉の三尺阿弥陀如来像も優美な作例として知られ、調査も行ったが、ここでの詳説は前述の阿弥陀像と重複することが多いので、本書では図版のみを紹介するにとどめたい。

美術に見る初期の浄土宗

以上、美術篇を通観するに、浄土宗としての造仏は、現存遺例に照らせばちょうど一三〇〇年ごろから本格化する［表5］。まず、二尊院本法然上人像（足曳御影〈1〉）は、赤外線写真で明らかになる諸特徴、すなわち長さと生え方の特異な眉毛、重く垂れる上瞼や鋭角に切れ上がる小鼻の輪郭、首の後ろの肉づきなどが、本人を目の前にしなければ不可能な写実性を含んでおり、衣の柔らかく伸びやかな線質とを併せて十三世紀初頭の寿像と見做しうるが、右膝前の風呂敷包みを考慮すると、建永二年（一二〇七）土佐への配流前夜、法性寺で九条兼実が描かせたという伝説はあながち捨て去れまい。また、同じく二尊院の浄土五祖像〈16〉が、嘉定三年から淳祐四年（一二一〇～四四）の間に制作された南宋画であり、師資相承に関する禅家の論難等に対抗するべく、然阿良忠（一一九九～一二八七）ら鎮西流が京で教線の確立を図る建治二年から弘安九年（一二七六～八六）ごろに、壇越である筑後在国司押領使草野氏の助力を得て施入した可能性が高い。

このように、明らかに十三世紀に溯る浄土宗関連の遺例は、二つながらその制作を宗門そのものに帰することができないばかりか、伝来する二尊院も天台宗である。建暦二年（一二一二）造立の浄土宗所蔵（玉桂寺旧蔵）阿弥陀如来立像〈25〉も、源智（一一八三～一二三八）筆の願文は胎内に秘めて他に公言した形跡がなく、その後の伝来が宝暦三年（一七五三）に堺で修理されるまで不明という事実も、初期浄土宗がこの像を祀る自前の寺院を有していなかった証左となろう。

実際、法然房源空（一一三三～一二一二）の最上足たる信空（一一四六～一二二八）が継いだ大谷墓堂は、嘉禄三年（一二二七）いったん破却の難に遭い、信空から円頓戒を授かった湛空（一一七六～一二五三）は、粟生野で荼毘に付した法然の遺骨を奪取して二尊院に埋葬するが、その法流恵顗（?～一三〇一）は二尊院を出て、金戒光明寺を興したとされている。

信空に次ぐ高弟とされている証空（一一七七～一二四七）は、天台座主慈円（一一五五～一二二五）の青蓮院門跡領であった西山往生院（三鈷寺）の住持となるが、この寺もまた天台宗であるし、証空の弟子幸阿（生没年不詳）は、粟生野から鎮西に下向してしまい、同門の浄音（一二〇一～七一）も、やはり粟生野から禅林寺に移った後、そこを出て新光明寺を創ったといわれている。

一方、聖光房弁長（一一六二～一二三八）が草野永平の帰依で創建した善導寺を母体とする鎮西流は、鎌倉入りした良忠の住房（蓮花寺、悟真寺）を寂恵良暁（一二五一～一三二八）やその弟子定恵（生没年不詳）の白旗派が光明寺として興すほか、良忠門下で三条派の道光（一二四三～一三三〇）を善導寺に、名越派の尊観（一二三九～一三一六）の弟子明心（生没年不詳）を長野の善光寺に、一条派礼阿然空（?～一二九七）の弟子向阿（?～一三四五）を清浄華院に、それぞれ入れる。

さらに、勢観房源智が住した加茂の河原屋（知恩寺）は、法然の師であった皇円（?～一一六九）の功徳院里坊であり、蓮寂（一二〇五～八一）、道意（?～一三〇四）、智真（?～一三一三）と紫野門徒が相続していた。道意のもとにいた如空

（如一国師、一二六二～一三三二）は、鎮西流の良忠とその弟子である木幡派の慈心良空（?～一二九七）にも師事し、大谷墓堂を知恩院として再興して舜昌（一二五六～一三三五）に継がせる一方、智真滅後には、知恩寺にも兼住して、良空門下の蓮乗（?～一三二七）、善阿空円（普寂国師、一二五四～一三三三）へと伝える。

以上のように初期浄土宗の動向を通覧すると、京から程遠い善導寺を別として、独自の寺院を有するようになる時期は十三世紀末より大きく遡ることはなく、それまでは天台をはじめとする既成教団の寺院に、各々が伝を頼って寄宿していたものと考えられるのである。

すると、ここでにわかに重要性を帯びてくるのは、清凉寺本二河白道図〈43〉であろう。その図様は特異で、行者を殺そうと追いかける象、虎、獅子、山犬、豹といった悪獣の一団に四足の経机を加え、八軸の経巻を載せている。さらに驚くべきことに、白象の輪郭では仏菩薩のそれのごとく朱線を用いたり、獅子の胴体では、画絹表裏に黄土を施した上に絹表からうっすらと金泥をかけたりして、この二頭が霊獣であることを象徴していることである。すなわちこの図は、『法華経』のみならず白象と金獅子に乗御する普賢、文殊をすら、『二河譬』にいう「別解、別行、悪見人等」と断罪して憚らぬ、きわめて過激な内容を含んでいると言える。

また、画面上下には、本来は萬福寺本〈45〉のように華麗な描表装とするべき部分が何も手をつけられずに残っており、ばらけた緯に窺われる画絹の質、群青や金泥といった高価な顔料を極力節約する賦彩に鑑みれば、決して高価な仕上がりではない。阿弥陀の西方浄土を画面に向かって右側に表すのも〈43－2〉、他例に照らして随分と珍しい構図である。右に西を見るということは、南壁に懸用する体裁をとっていることになるが、通常の堂舎では南面に扉があって掛けられない。つまりこの図は、西が奥となる阿弥陀堂で拝するために制作されたものであることがわかる。

これらの事実を総合すると、清凉寺本二河白道図は、当初から同寺に伝来していたか否かはともかくも、造仏の伝統も手段も有していなかった新興集団としての浄土宗が、はじめて独自に制作した金字塔とも評価し得る作品であり、その様式年代もまた一三〇〇年前後と考えられることは、右の造寺の歴史と符号してはなはだ興味深い。これ以降、嘉元三年（一三〇五）の光明寺本浄土五祖絵伝〈17〉をはじめ、知恩寺には画像が、知恩院と善導寺等には彫像がそれぞれ遺る十四世紀初頭の各重要文化財善導大師像〈15・19〉など、遺例が急激に豊富となるのも示唆的である。両像ともに善導の着ける僧祇支が金色、袈裟が青色という、他にはない共通点も面白い。その謎を解く鍵は、現在聖衆来迎寺に善導大師像〈18〉として伝わる一尺程度の彫像にあった。

こうした浄土宗の勃興に対し、天台宗側が造仏によって反駁を加えたのが金戒光明寺本地獄極楽図〈46〉である。この図は専修念仏に対する伝統的観想念仏の優位性と、作善としての造寺造仏を盛り込んだ遺例といえる。加えて、香雪美術館本二河白道図〈44〉では、やはり朱線で輪郭を括る白象が振るう牙は六本で、これが普賢菩薩の乗る六牙の白象であることを特に強調する。よく見ればその白象は、白道を渡ろうとする三人の僧尼と二人の俗人を守るように立ちはだかり、彼らを害しようと迫る群賊や悪獣を追い払うべく奮闘している。釈尊の後方には、当麻曼荼羅の十三観で見慣れた韋提希夫人の座す姿があって観想念仏を想起させ、善人に化けて呼び戻そうとする賊に耳を貸すのは俗人のみで、法然撰『選択本願念仏集』に救済対象として掲げる貧賤、愚痴、少聞、破戒の者に擬することは瞭然である。様式上、香雪美術館本もまた金戒光明寺本と同じく十四世紀第二四半期の制作と見做され、この時期、画像による両宗の非難の応酬は文字通り最高潮に達していた感がある。

ところで、十四世紀初頭の祖師信仰は、増上寺本絵伝の如く伝記としての法然追慕は認められるものの、礼拝対象としての造像はあくまで善導が主体であり、その後しばらく沈静化する。浄土宗中興の祖と仰がれる了誉聖冏（一三四一～一四二〇）が常陸に現れる応永年間（一三九四～一四二七）は、わが国未曾有の内乱を経た復興期に当たり、各種仏教関係の制作活動に鑑みるに宗派を問わず教学振興の気運盛んなる時期であることは意外と認識されていないが、この時期すら遺例を欠くということは、いわゆる五重相伝の成立の如く、浄土宗において当面の急務はなお思想的基盤にあったものと推察される［表6］。

了誉以降、酉誉聖聡（一三六六～一四四〇）を経て、大誉慶竺（一四〇三～五九）が京都に進出し知恩寺と知恩院の両方を押さえ、根を同じくする酉誉もしくは蓮誉の系統に知恩寺を、嘆誉良肇のそれに知恩院をそれぞれ継がせ、さらに信実御影で親交が察せられる知恩寺真誉と知恩院周誉珠琳（一四三九～一五一一）の頃までは迭立した両統も、釈誉存冏（?～一四九九）が松平氏を背景に三河派を確立するに及んで漸く本山争いの火種燻る一方、浄土真宗と軌を一にして経済的困窮に瀕する朝廷への接近を図って、超誉存牛（一四六九～一五四九）の例に知恩院本阿弥陀二十五菩薩来迎図の如く御物下賜による権威付けを促進する。

しかし、真誉が信実御影を制作したのが十六世紀初頭とすれば、未だ法然単独像ではなく二祖対面図で、享禄五年（一五三二）徳誉光然（?～一五五五）による御進講も修復した増上寺本絵伝に拠ることに思いを致せば、独自の造像とまでは更に言えぬ。それが顕著となるには、知恩寺本鏡御影に見られるようないわゆる法然頭が確立する、一六〇〇年前後を俟たねばなるまい。欲得と先入観とを一切捨て去り、正確な観察と詳細な検討を踏まえてこそ、初めて遺例は歴史の真実を語るのである。

なお、今日、浄土宗主要寺院には請来画や中世仏画といわれる数多の画像が伝来する。この事実については、知恩院七五世養鸕徹定（一八一四～九一）師の功績が甚大であることを、最後に特記しておきたい。

敬西信端（？-？）—照道（？-？）—法西（？-？）—照西（？-？）

金戒光明寺＞
（？ -1301）

禅林寺・新光明寺＞

善阿空円＜普寂国師＞
(1254-1333)〔８〕百萬遍1331

蓮乗〔７〕
（？ -1327）

如空＜如一国師＝知恩院＞
(1262-1321)〔６〕【８】

後醍醐帝
(1288-1339、在位1318-1339)

—舜昌
(1256-1335)【９】

後伏見帝
(1288-1336、在位1298-1301)

善導寺＞

—明心＜長野善光寺＞
（？-？）

—定恵＜鎌倉光明寺＞
（？-？）

条＞—向阿＜清浄華院＞
（？-1345）

幡＞

— 道意〔４〕
（？ -1304）

智真＜智心＞〔５〕
（？ -1313）

道宗【3】
（？-1250）
道舜【4】
（？-1264）
覚生【5】
（？-1271）
遍空【6】
（？-1285）
了信【7】
（？-1293）

［表5］

信空＜白川＝大谷墓堂＞：最上足
(1146-1228)　本尊など遺産相続（『明義進行集』）

円頓戒

隆寛：『選択集』(1204)
(1148-1228)

湛空＜嵯峨＝二尊院＞ 恵尋 恵顗＜＝
(？　-1253)　(？ -1278)　(新黒谷)

『七箇条起証文』
無記名

↑ 1233遺骨奪取

幸阿＜＝粟生野光明寺＞
(？-？)1228荼毘　鎮西下向

証空＜西山＝往生院（慈円）＞
(1177-1247)

円空＜深草＝往生院(三鈷寺)＞
(1213-1284)

浄音＜西谷＝粟生野光明寺・
(1201-1271)

証入＜東山＞
(？-1244)

道観＜嵯峨＞
(？-1264)

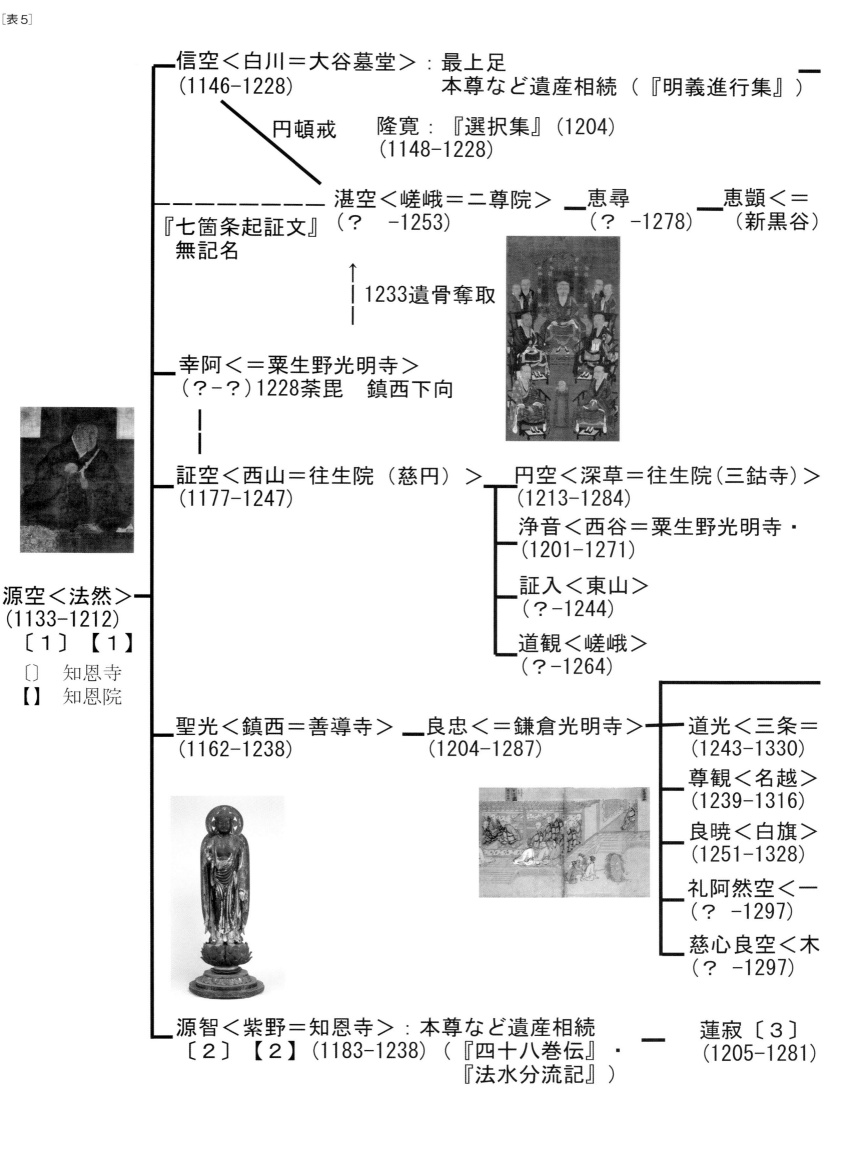

源空＜法然＞
(1133-1212)
〔１〕【１】
〔〕　知恩寺
【】　知恩院

聖光＜鎮西＝善導寺＞
(1162-1238)

良忠＜＝鎌倉光明寺＞
(1204-1287)

道光＜三条＝
(1243-1330)

尊観＜名越＞
(1239-1316)

良暁＜白旗＞
(1251-1328)

礼阿然空＜一
(？ -1297)

慈心良空＜木
(？ -1297)

源智＜紫野＝知恩寺＞：本尊など遺産相続
〔２〕【２】(1183-1238)（『四十八巻伝』・
『法水分流記』）

蓮寂〔３〕
(1205-1281)

[表6]

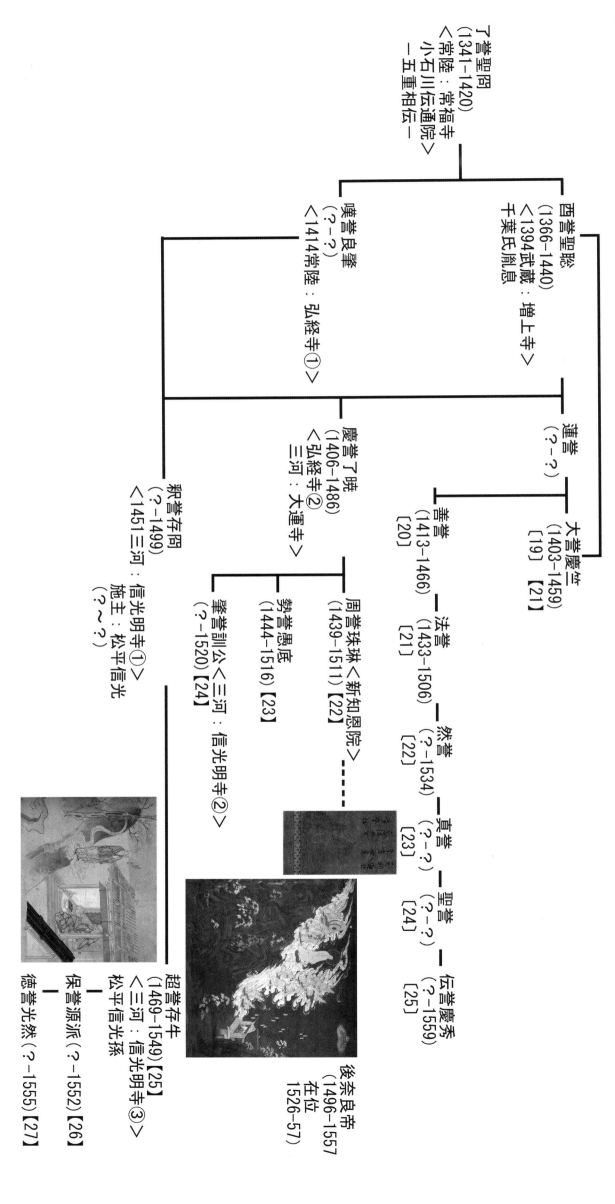

- 了誉聖冏（1341-1420）＜常陸：常福寺 小石川伝通院＞ －五重相伝－
  - 西誉聖聡（1366-1440）＜1394武蔵：増上寺＞ 千葉氏胤息
    - 大誉慶竺（1403-1459）〔19〕【21】
  - 嘆誉良肇（？-？）＜1414常陸：弘経寺①＞
    - 蓮誉（？-？）
      - 大誉慶竺（1403-1459）〔19〕【21】
      - 善誉（1413-1466）〔20〕 ― 法誉（1433-1506）〔21〕 ― 然誉（？-1534）〔22〕 ― 真誉（？-？）〔23〕 ― 聖誉（？-？）〔24〕 ― 伝誉慶秀（？-1559）〔25〕
    - 慶誉了暁（1406-1486）＜弘経寺② 三河：大運寺＞
      - 周誉珠琳＜新知恩院＞（1439-1511）【22】 ----- 後奈良帝（1496-1557 在位 1526-57）
      - 勢誉愚底（1444-1516）【23】
      - 肇誉訓公＜三河：信光明寺②＞（？-1520）【24】
    - 釈誉存冏（？-1499）＜1451三河：信光明寺① 施主：松平信光（？～？）＞
      - 超誉存牛（1469-1549）【25】＜三河：信光明寺③＞ 松平信光孫
        - 保誉源派（？-1552）【26】
          - 徳誉光然（？-1555）【27】

典籍篇

法然上人について書かれている典籍は数多くあるが、上人自筆の遺文は思いのほか少ない。しかも、それらについても諸説ある。

この典籍篇では、数ある法然上人関係の典籍から、紙数の関係で多くを紹介できないが、掲載した図版のどれもが上人を知るための一級資料とされているものである。上人直筆と伝えられている消息（手紙）をはじめ、上人が撰述された『選択集』の執筆者についてや「七箇条制誡」、そして上人滅後の一周忌にあたって弟子源智によって造られた阿弥陀仏の像内に納められた文書などについて論及した。

法然上人がお説きになったことは、「一枚起請文」に言うごとく「ただ一向に念仏すべし」の一言につきる。それが日本の宗教界の変革につながった。点数は少ないがこの図版と典籍篇を読んだだけでもそれをご理解いただけるだろう。

源空・証空自筆消息〈10〉

京都市　清涼寺

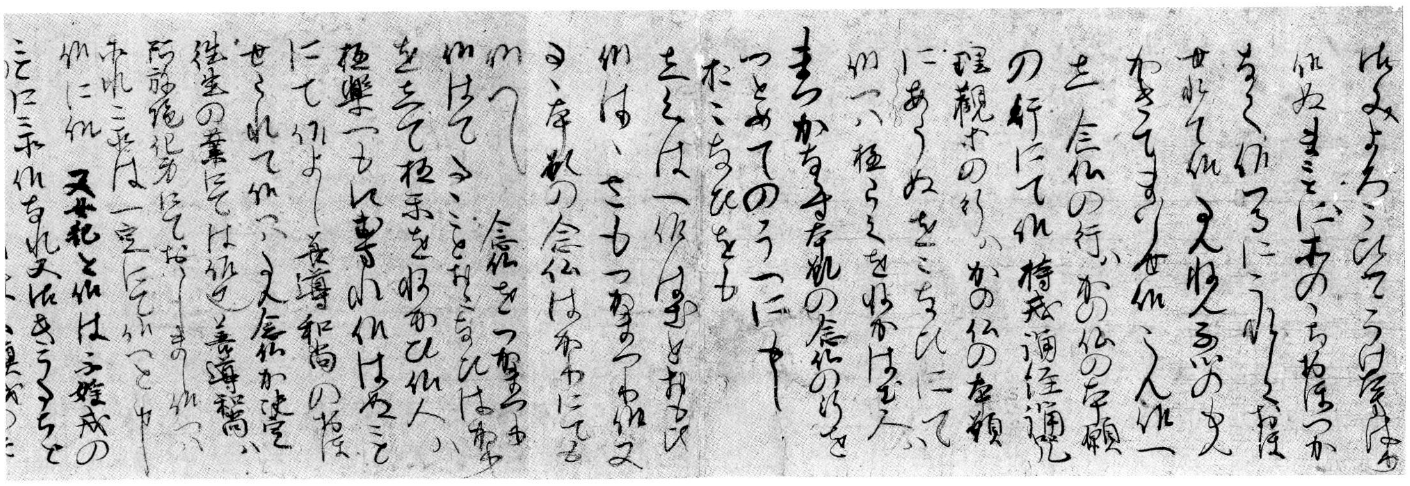

S1－1　法然上人書状

法然上人書状

［原文翻刻］

御文よろこひてうけたまはり
候ぬ、まことにそのゝちおほつか
なく候つるに、うれしくおほ
せれて候、たんねんふつのもん、
かきてまいらせ候、こらん候へ
し、念仏の行はかの仏の本願
の行にて候、持戒・誦経・誦呪・
理観等の行は、かの仏の本願
にあらぬをこなひにて
候へは、極らくをねかはむ人は、
まつかならす本願の念仏の行を
つとめてのうへに、もし□□
おこなひをも□□□□
しくはへ候はむとおもひ
候はゝ、さもつかまつり候、又
たゝ本願の念仏はかりにても
候へし、念仏をつかまつり
候はて、たゝことおこなひはかり
をして、極樂をねかひ候人は、
極楽へもえむまれ候ぬこと
にて候よし、善導和尚のおほ
せられて候へは、たん念仏か決定
往生の業にては候也、善導和尚は
阿弥陀化身にておはしまし候へは、
それこそは一定にて候へと申
候に候、又女犯と候は不婬戒の
ことにこそ候なれ、又御きうたちと

［釈文］

御文喜びて承り
候ぬ。誠にその後覚束（おぼつか）
なく候つるに、嬉しく仰
せられて候、但念仏の文、
書きて参らせ候、御覧候べ
し、念仏の行はかの仏の本願
の行にて候、持戒・誦経・誦呪・
理観等の行は、かの仏の本願
にあらぬ行なひにて
候へば、極楽を願はむ人は、
先ず必ず本願の念仏の行を
勤めての上に、もし（異）
行なひをも（念仏に）
し加へ候はむと思ひ
候はば、さも仕り候、又
ただ本願の念仏ばかりにても
候べし、念仏を仕り
候はで、ただ異行なひばかり
をして、極楽を願ひ候人は、
極楽へもえ生まれ候はぬ事
にて候よし、善導（ぜんどう）和尚の仰
せられて候へば、但念仏が決定
往生の業にては候也、善導和尚は
阿弥陀化身にておはしまし候へば、
それこそは一定にて候へと申し
候に候、又女犯と候は不婬戒（ふいんかい）の
事にこそ候なれ、又御公達（きんだち）ど

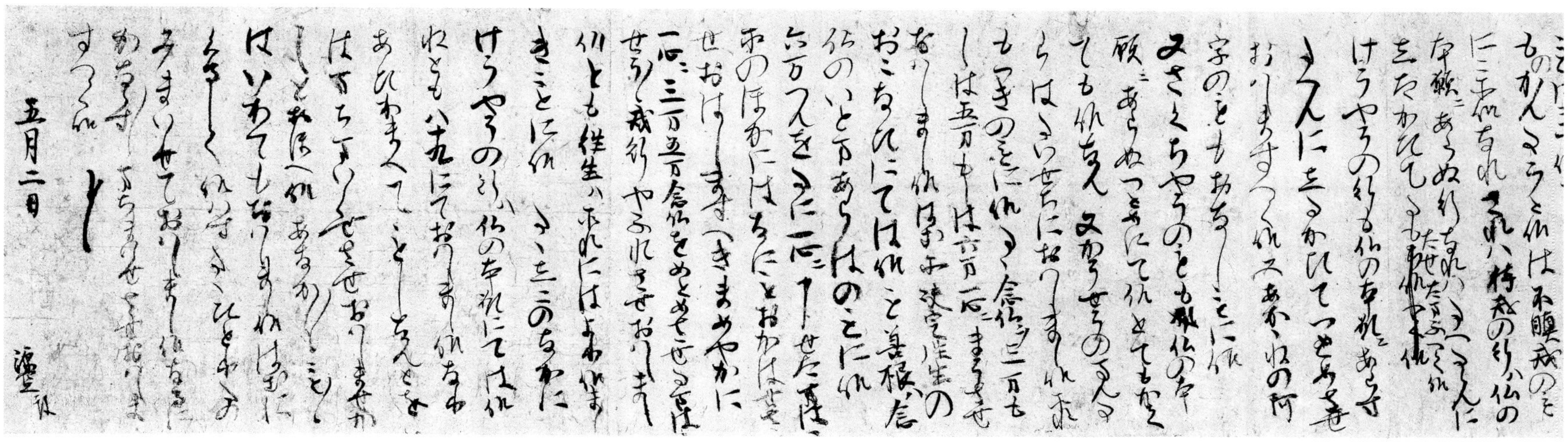

ものかんたうと候は、不瞋戒のこと
にこそ候なれ、されは持戒の行は、仏の
本願にあらぬ行なれは、たへたらんに
したかひて、たもたせたまふへく候、
けうやうの行も仏の本願にあらす、
たへんにしたかひて、つとめさせ
おはしますへく候、又あかゝねの阿
字のこともおなしことに候、
又さくちやうのことも、仏の本
願にあらぬつとめにて候、とてもかく
ても候なん、又かうせうのまんた
らは、たいせちにおはしまし候、それ
もつきのことに候、たゝ念仏を三万、も
しは五万もしは六万、一心にまうさせ
おはしまし候はむそ、決定往生の
おこなひにては候、こと善根は念
仏のいとまあらはのことに候、
六万へんをたに一心に申せたまはゝ、
そのほかにはなにことおかは、せさ
せおはしますへき、まめやかに
一心に、三万・五万念仏をめとめさせたまはゝ、
せう〱戒行やふれさせおはしまし
候とも、往生はそれにはより候まし
きことに候、たゝしこのなかに
けうやうの行は、佛の本願にては候
ねとも、八十九にておはしまし候なり、
あひかまへて、ことしなんとを
はまちまいらせさせおはしませか
しとおほへ候、あなかしく〱、こと〱
はいかてもおはしまし候はむに、
くるしく候はす、たゝひとりたの
みまいらせておはしまし候なるに、

もの勘当と候は、不瞋戒(ふしんかい)の事
にこそ候なれ、されば持戒の行は、仏の
本願にあらぬ行なれば、堪へたらんに
従ひて、たもたせ給ふべく候、
孝養の行も仏の本願に非ず、
堪へんに従ひて、勤めさせ
おはしますべく候。又銅(あかがね)の阿
字の事も同じ事に候、
又錫杖の事も、仏の本
願にあらぬ勤めにて候、とてもかく
ても候なん、又迎接(こうしょう)の曼荼
羅は、大切におはしまし候、それ
も次の事に候、ただ念仏を三万、も
しは五万もしは六万、一心に申させ
おはしまし候はむぞ、決定往生の
行なひにては候、異善根は念
仏の暇あらばの事に候、
六万遍をだに一心に申させ給はば、
その他には何事をかは、せさ
せおはしますべき、まめやかに
一心に、三万・五万念仏を勤めさせ給はば、
少々戒行破れさせおはしまし
候とも、往生はそれには依り候まじ
き事にて候、但しこの中に、
孝養の行は仏の本願にては候は
ねども、八十九にておはしまし候なり、
相構へて、今年なんどを
ば待ち参らせさせおはしませか
しと覚へ候、穴賢(あなかしく)々々、異事
は如何でもおはしまし候はむに、
苦しく候はず、ただ一人頼
み参らせておはしまし候なるに、

S2−1 証空書状

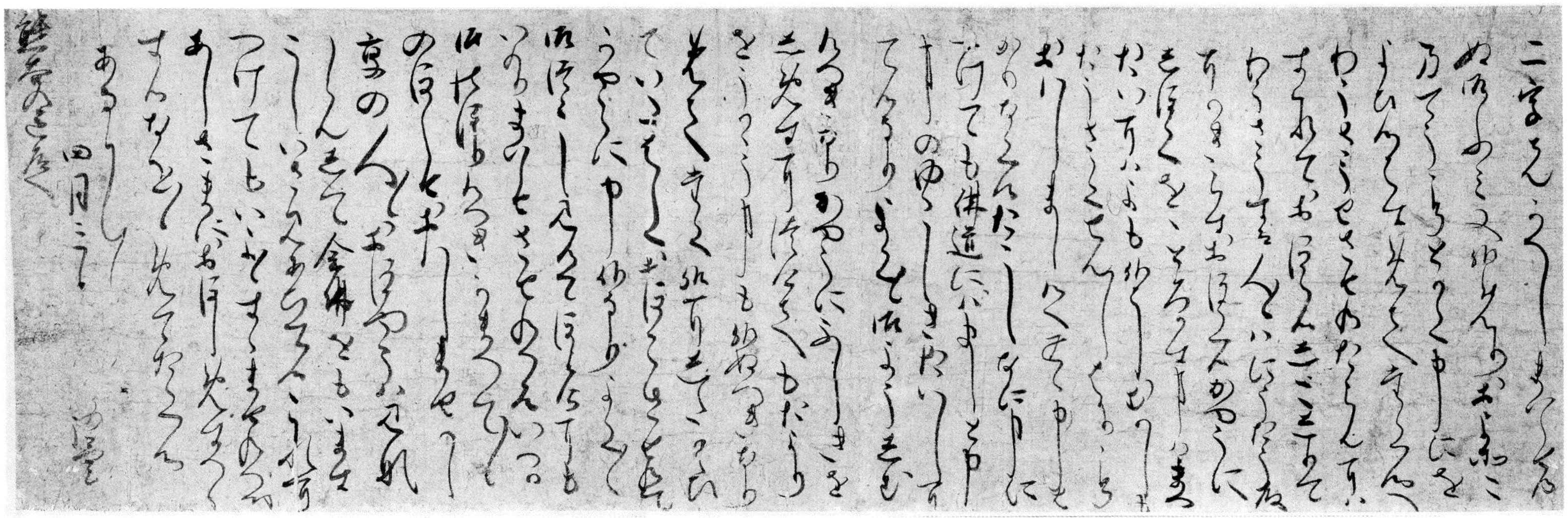

かならすく〜まちまいらせさせおはしま
すへく候□、謹言、
五月二日　源空拝
武蔵国熊谷入道殿御返事

必ず必ず待ち参らせさせおはします
べく候也、謹言、
五月二日　源空拝
武蔵国熊谷入道殿御返事

証空書状（原文翻刻略）

［釈文］

二字ども返し参らせ候ぬ、御文又候めり、凡そこの条こそ、とかく申すに及ばず、めでたく候へ、往生せさせ給たらんには、優れて覚え候、死期知りて往生する人々は、入道殿に限らず多く候、かやうに耳目を驚かす事は、末代にはよも候はじ、昔も道綽禅師ばかりこそおはしまし候へ、返す返す申すばかりなく候、但し何事につけても、仏道には魔事と申す事の、由々しき大事にて候なり、よくよく御用心候べきなり、かやうに不思議を示すにつけても、便りを伺ふ事も候ねべきなり、めでたく候に従ひて、労しく覚えさせ給て、かやうに申し候なり。よくよく御慎み候て、仏にも祈り参らせさせ給べく候、いつか御上り候べき、構へて構へて上らせおはしませかし、京の人々大様は、皆信じて念仏をも今少し勇み合いて候、これにつけても、いよいよ進ませ給べく候、悪し様に思し召すべからず候、猶々めでたく候、穴賢々々、

四月三日　証空

熊谷入道殿へ

（別筆）「嬉しさを昔は袖に包みけり
□□□房の御返事也」

清凉寺所蔵の法然上人が熊谷直実（蓮生）に宛てた書状（五月二日付）〈S1−1〉は、了恵（道光）が編纂した『拾遺黒谷語灯録』巻下（御消息）に、「熊谷の入道へつかはす御返事」として収め、末尾に「御自筆なり」と注記する。また『法然上人行状絵図』巻二十七にも、「(直実が)下国の後不審なる事どもを、状をもてたづね申ければ、上人の御返事云」として収録するが、「已上取詮」として一部を省略している。『拾遺黒谷語灯録』が後半の数行分を漏らしているので、本文書によって全容が分かる。

熊谷直実は源平の合戦において勇名を馳せた鎌倉武士である。建久三年（一一九二）伯父の久下直光と領地の境界相論で敗れて、自ら髻を切って伊豆湯走山に逐電した。建久五年ごろ上洛して、吉水の草庵を訪ねて法然上人の門下に入った。『法然上人行状絵図』は、念仏一筋に生きた直実の、無骨で直情径行な人柄や東国武士の罪業感を巧みに描写している。なお、元久元年（一二〇四）の「七箇条制誡」〈13〉には八十九番目に「蓮生」と署名している。

『法然上人行状絵図』には、建永元年（一二〇六）八月に武蔵国村岡の市に高札を立てて自分の往生を予告し、翌年九月四日に往生したという。ところが『吾妻鏡』では承元二年（一二〇八）九月十四日、京都東山の草庵で往生したと、京都より鎌倉に帰参した東重胤が報じている。直実の死去の時期と場所に関する両説のうち、いずれが正しいかは決め難いが、

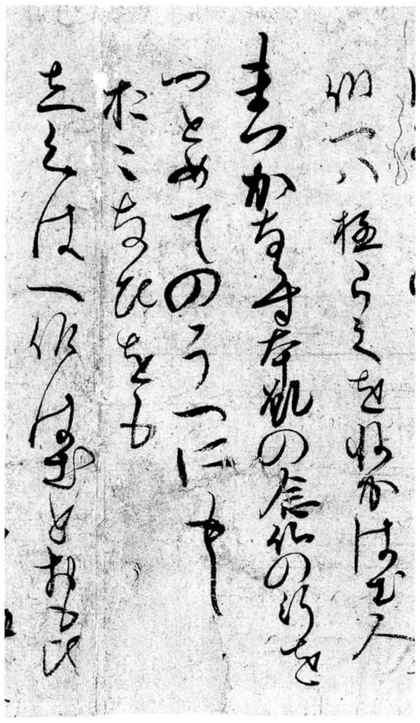

S1−2 法然上人書状 12行目、13行目部分

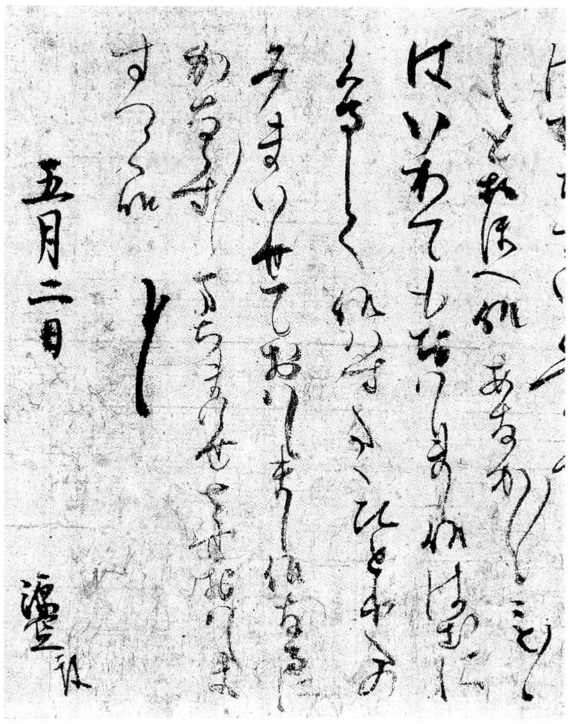

S1−3 同前 末尾部分

後者に蓋然性が高いことを、証空書状の解説で言及したい。

書状の概略は、念仏の行は阿弥陀仏の本願の行であり、持戒・誦経・誦呪・理観等の行は本願の行でない。極楽を願う人は、先ず必ず本願の念仏の行を勤めねばならない。不婬戒や不瞋戒などの戒は、本願の行ではないから堪えられるに従って保てばよい、孝養の行も同様である。阿字観も錫杖の偈文を誦すことも本願の行ではない。ただ念仏を三万、五万、六万と一心に申すことが決定往生の行である。異善根（念仏以外の善行）は、念仏の暇があったら勤めてもよい。

さて、本文書は法然上人真筆として古くから知られていたが、真偽について定説を見なかった。しかし、昭和三十七年四月、奈良市の浄土宗・興善寺の本尊阿弥陀如来立像内から法然上人の書状が発見され、「源空」の筆跡が一致したので、本文書が法然上人の真筆と断定された。真筆であることを前提に、なお幾らかの問題が指摘されていることに触れたい。

第一は、『拾遺黒谷語灯録』に収載する文書との間に字句の異同がある。その多くは仮名文字を漢字に置き換えていること、「む」と「ん」、「へ」と「ゑ」、「お」と「を」など仮名遣いの相違が見られることであるが、これらは『拾遺黒谷語灯録』の書写の段階で生じたものと考えれば、済む問題である。ところが決定的な相違は、清凉寺文書の十二行目の「もし」の下に二字分、十三行目の「おこなひをも」の下に五字分の空白がある〈S1−2〉。改行でもない不自然さを問題にする向きもあるが、ここの空白は摩滅もしくは虫損と見られ、よく観察すれば両方の空白部分にわずかに墨痕が窺われる。『拾遺黒谷語灯録』および『法然上人行状絵図』によって、十二行目の下は「こと」、十三行目の下は「ねんぶつに」の文字であったと推測される。第二は、清凉寺文書の五十六行目の「こと〳〵」以下、六十一行目の「謹言」以上の七十一文字が『拾遺黒谷語灯録』に引かれていないのである。本文書は五十六行目に「あなかしく〳〵」とあり、一度そこで書状の本文は終わっており、これ以下は「追て書」（追伸）に相当する。『法然上人行状絵図』は五十八行目の「たたひとり」以下の文章を引いているので、『拾遺黒谷語灯録』がこの追伸部分を省略したことになる。追伸には「謹言」という書止（書状の結びの文言）を伴わないのが通例であるのに、本文書にそれが書かれているのは不都合である。本文書を観察すると、六十一行目の「謹言」は墨色も異なって筆が太い。恐らく誰かが後で補ったのであろう〈S1−3〉。

それにしても、法然上人の真筆の書状でありながら、第二の疑問点はどうなるのかを考えたい。書状における追伸は本紙の右端か礼紙（らいし）（本文の紙に、さらに一枚の白紙を重ねて相手への敬意を表したもの）に書かれるはずだが、それが本文に引き続いて書かれているということは、この文書が正本でなく「写し」であることを示している。この「写し」とは古文書学でいう「案文」、いわゆる「控え」のことであり、自ら認めて手元に留めて置かれたものと思われる。そう考えることで、本文書が法然上人の真筆であることを否定しなくてよいのである。

次に証空の書状〈S2−1〉について述べる。この文書もまた『拾遺黒谷語灯録』巻下（御消息）および『法然上人行状絵図』巻二十七に収めるが、ともに法然上人の消息とする。『拾遺黒谷語灯録』は、「わたくしにいはく、これは熊谷入道念仏して、やう〳〵の現瑞を感じたりけるを、上人へ申あげたりける時の御返事なり」と注記し、『法然上人行状絵図』は九条兼実が熊谷入道（蓮生）の念仏往生に関する奇瑞に興味をもって、蓮生から法然上人に宛てた書状の現物と、法然上人から蓮生に宛てた書状の「草」（控え）を見せていただきたい旨の書簡を引いた後に、「上人熊谷入道につかはされける御返事云」としてこの書状を掲載している。しかし、清凉寺文書の発信者は「証空」と署名し、興善寺の本尊阿弥陀如来立像の像内から発見された証空書状の署名と筆跡が一致し、証空の自筆文書であることは確かである。にもかかわらず、法然上人の書

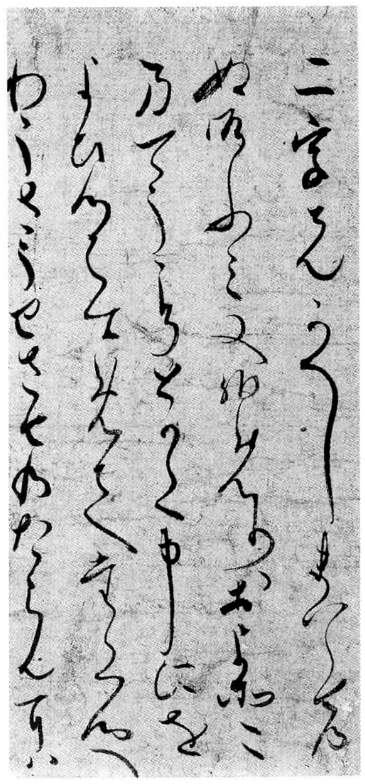

S2－2　証空書状　冒頭部分

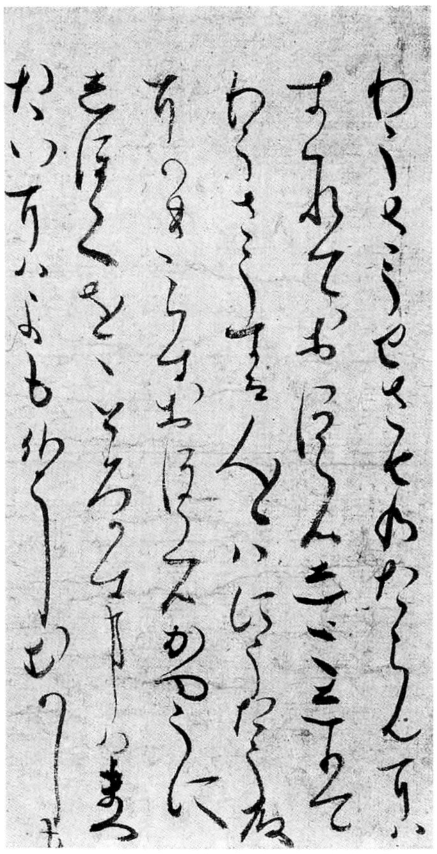

S2－3　同前　部分

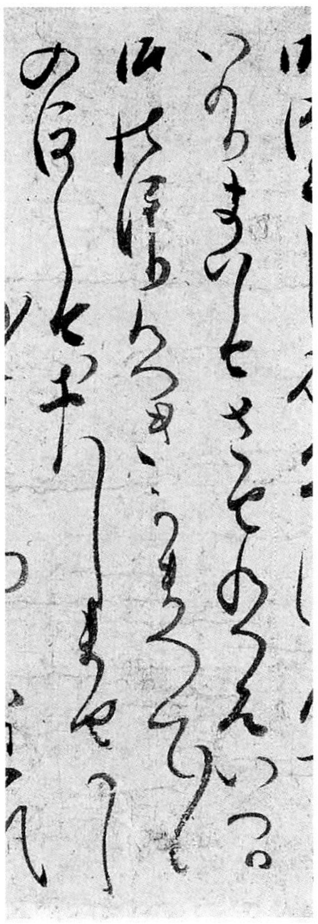

S2－4　同前　部分

状と言い伝えてきたのはどうしてだろうか。

『拾遺黒谷語灯録』も『法然上人行状絵図』も、書状冒頭〈S2－2〉の「二字ども返し参らせ候ぬ、御文又候めり」を削除している。先学の研究によると、「二字」は名簿、「御文」は怠状を指すという。実名を書いたものを呈し、臣従ないし入門することを、「二字」を進めるとか、「名簿」を捧げるとか言うのであるが、罪を犯したり、勘責を受けた時に、謝罪や改悔のため、「二字」に添えて怠状（詫び状）を出すこともある。そこで、この書状の冒頭部分は蓮生が法然上人から何らかの叱責を受けたので、二字と怠状を進めたが、その改悛の情を認められて、これらを返却したものと考えられている。

大筋はそうであろうが、怠状は「二字ども」の中に含まれると考えて、「御文又候めり」とは「御文が又あるように思われる」と訳されるので、「御文」は法然上人の書状であると解したい。肝心の蓮生が二字と怠状を進めた理由について、罪人を折檻したり、あるいは人の名号を奪うなど、粗暴な振る舞いがあったと推定されている。しかし、これらは東国武士にありがちな行為であり、わざわざ法然上人が二字や怠状の提出を求められるとは思われない。

文面に「往生せさせ給たらんには、優れて覚え候、死期知りて往生する人々は、入道殿に限らず多く候、かやうに耳目を驚かす事は、末代にはよも候はじ」（往生なさっていたとすれば、優れたことだと思います。予め死期を知って往生する人たちは、入道殿に限らず多くおります。しかし、このように世間を驚かすことは、末代には決してありません）〈S2－3〉というところから、蓮生が死期予告往生を言い出して、それが法然上人の叱責を受けたものと考えられる。『法然上人行状絵図』に次のような話を載せている。建永元年（一二〇六）八月に、蓮生は「明年二月八日に往生すべし。申す所もし不審あらん人は来りて見るべき由」を高札に書いて、武蔵国村岡の市に立てさせた。それを伝え聞いた人たちが遠近を問わず蓮生の家へ押しかけた。往生予告の日、蓮生は身を清めて礼盤に上り、高声念仏に励んだ。ところが、衆人の見守る中、蓮生は念仏を止めて、「今日の往生は延引した。来る九月四日に必ず遂げよう。その日に来られよ」と言ったので、群衆はあざけって帰り、妻子眷属は「面目なし」と嘆いた。すると蓮生は「これは阿弥陀仏のお告げによって、来る九月に往生すると約束したのだ」と言ってのけた。そして九月四日の夜、法然上人から拝領の阿弥陀三尊の来迎図をかけて、端座合掌し高声念仏の声が絶える時、口より光を放ち、紫雲たなびき、異香が漂い、大地が振動するという往生の瑞相が現れた。

蓮生が建永二年（一二〇七）の二月八日に往生すべしと公言し、それが果たせず群衆のあざけりを浴びたことは、都にいる法然上人の耳にも達したに違いない。法然上人がその無謀ぶりを諌め、蓮生が二字と怠状を呈して詫びたものと思われる。それは建永二年の二月末から三月にかけてのころで、法然上人の流罪が決定し、四国に赴かれる慌しい時期である。ともかく京都に残る証空に命じて、蓮生に返事させたものと思われる。証空はいずれ法然上人から直接「御文」もあろうと断りつつ、死期予告往生の非などを説いた。この書状を受け取った蓮生は、証空が代筆していることを知りながら、実質的には法然上人からの書状と見なしたとしても差し支えない。蓮生が往生した期日について、『法然上人行状絵図』では建永二年の九月四日とし、『吾妻鏡』では承元二年（一二〇八）の九月十四日とする。証空書状に「いつか御上り候べき、構へて構へて上らせおはしませかし」〈S2－4〉と、蓮生に上京を促しており、最晩年は京都にいた可能性は高いのである。

［参考文献］

赤松俊秀『続鎌倉仏教の研究』
齋木一馬『古文書の研究』（齋木一馬著作集3）

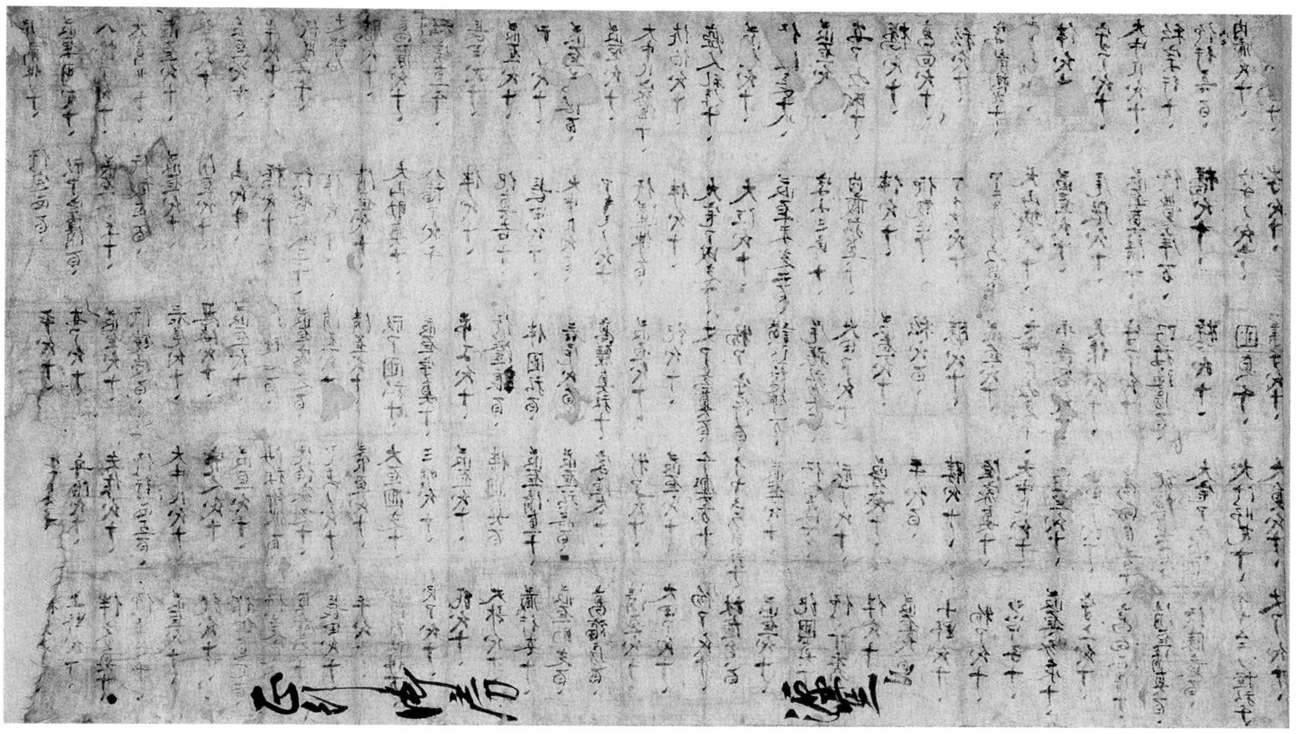

S3　懸紙　正行御房　源空（写真下部）

源空・証空等自筆消息〈11〉

奈良市　興善寺

法然上人書状懸紙

「正行御房　　源空拝」

法然上人書状懸紙

「正行房御返事　　源空拝」

法然上人書状（その一）

［原文翻刻］

御ふみくはしくうけたまはり
候ぬ、みちのあひたことなく
くたりつかせおはしまして候、
かへす〳〵よろこひ申候、これ
にはたれも、そのゝちへちの
ことも候はす、又おはしまさぬ
に候、おほつかなくおほし
めすへからす候、さて御こそて
たしかにたまはり候ぬ、
かへす〳〵よろこひ申候、
たゝいままては、へちのこと候（以下欠）

［釈文］

御文詳しく承り
候ぬ、道の間事なく
下り着かせおはしまして候、
返す返す喜び申し候、これ
には誰も、その後別の
事も候はず、又おはしまさぬ
に候、覚束なく思し
召すべからず候、さて御小袖
確かに給はり候ぬ、
返す返す喜び申し候、
只今までは、別の事候（以下欠）

法然上人書状（その二）

［原文翻刻］

御ふみくはしくうけた
まはり候ぬ、たよりの候
はむには、いかてか御

［釈文］

御文詳しく
承り候ぬ、便りの候
はむには、如何でか御

S4　懸紙　正行房御返事　源空（写真下部）

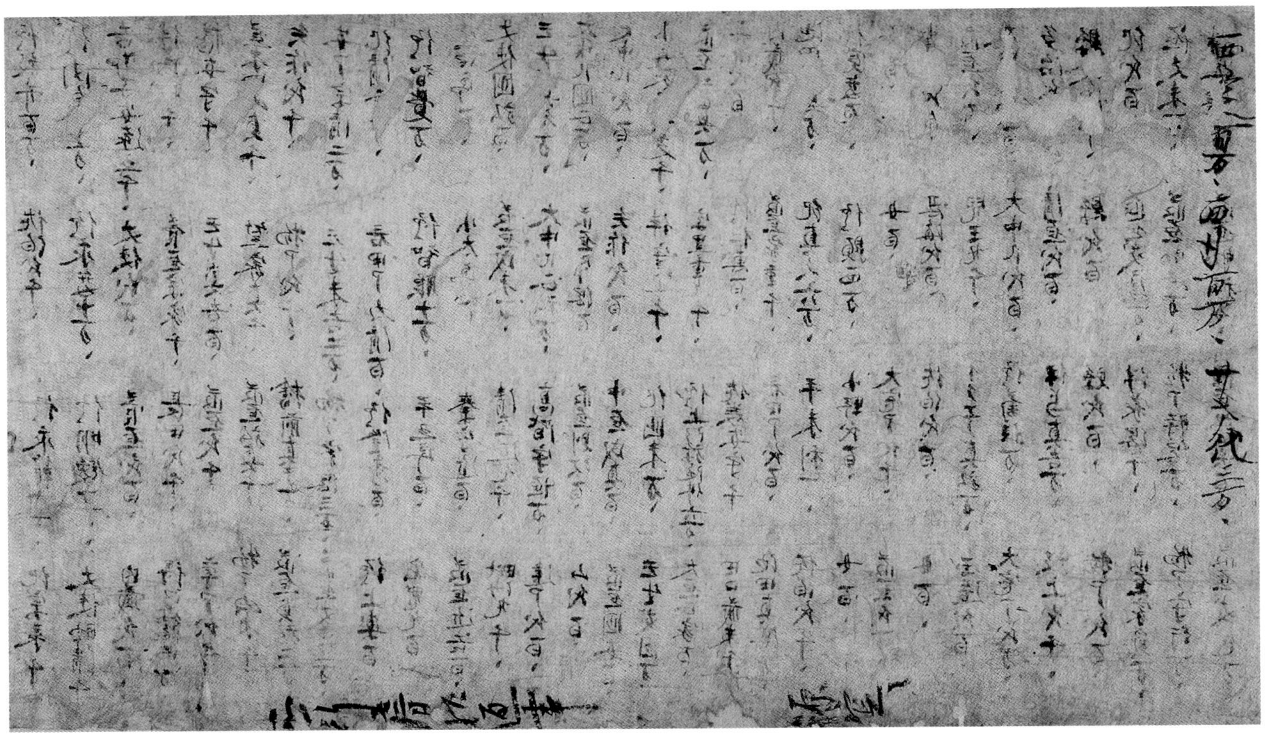

ふみ候はぬことは候へ
き、さてそのゝちたゝ
いまゝては、へちのことな
く候、おほつかなくおほ
し□□へからす候、
又くまかへの入道のこと、く
はしく申つかはして候、
まことにありかたく、あさ
ましくおほへ候、八月には
ひんの候はむすれは、それ（以下欠）

法然上人書状（その三）

［原文翻刻］

　つかはして候もののとも
たしかにたまはり候ぬ、
御こゝろさし申やるかた
なく候、
おほつかなくおもひまいらせ
候あひた、御ふみくはし
くうけたまはり候ぬ、かへすく〳〵
よろこひ申候、さてこの
ほとは、へちにせうらう
のけはさふらはぬに候、お
ほつかなくおほしめし候
へからす候、されはなつ
すきさふらひて、のほらせ
たまふへく候、又これより
のちに又もしおこり候□□
（以下欠）

文候はぬ事は候べ
き、さてその後只
今までは、別の事な
く候、覚束なく思
し召すべからず候、
又熊谷の入道の事、詳
しく申し遣はして候、
誠に有り難く、浅
ましく覚へ候、八月には
便の候はむずれば、それ（以下欠）

［釈文］

（追伸）遣はして候ものども、
確かに給はり候ぬ、
御志申しやるかた
なく候、
覚束なく思ひ参らせ
候間、御文詳し
く承り候ぬ、返す返す
喜び申し候、さてこの
程は別に所労の
気は候はぬに候、覚
束なく思し召し候
べからず候、されば夏
過ぎ候ひて、上らせ
給ふべく候、又これより
後に又もし瘧（おこり）候はば、
（以下欠）

善恵房証空書状（その一）（原文翻刻略、以下同じ）

［釈文］

（追伸）又誰も忍び参らせたりげにこそ候へ、疾(と)く疾くして上らせ給ひ候へ、又観念法門・往生伝措かせ参らせさせ、未だ書き候ぬに候、いかに不当の者かなと思はせ給うらん、

便りを喜びて申し候なり、何とし候らん、覚束なくこそ思ひ参らせ候へ、さては仰せ候ひたりし御影の事の叶ひ候ざりしこそ、まめやかに口惜(くちお)しく候へ、又聖人御房の御病ひこそ、少し起こらせ給ひて候へ、いたく大事の事はおはしまし候はねども、覚束なく思ひ参らせ給ひ候ずらんとて、かく申し候なり、さりながらも、生死の無常、馳するが如くに候へば、知り難く候、その善導御堂果て候なば、疾く疾くして上らせ給ひ候べし、又かやうに少し御病ひ気のおはしまし候由、浄刹房などさららん人に散らさせ給ひ候な、あなかしこあなかしこ、かやうに御文を参らせ候につけ候ては、□真観房□□□事の思ひ出でられ候也、誰もこれにておはしまししよりは、思ひ出でて、哀れに思ひ参らせさせ給ひ候らんな、又この後と□□いたく往生人の多く候也、かぢ□□□□霜月晦日(しもつきつごもり)の日往生して候なり、猶も猶も往生人は多く候なり、何事ども尽し難く候へば、止(とど)め候ぬ、

□二月□□

善恵房証空書状（その二）

［釈文］

（前欠）しをば釈せさせ給て候なり、この由を存じて、念仏は上品(じょうぼん)の業にてあるぞと思はせ給べし、詳しくは見参に非ずば尽し難く候、只今やがて書きて候へば、僻事(ひがごと)も候はん、御覧じては、必ず焼かせ給べく候、且つ且つ申し候なり、さて止む事もぞ候とて、又いつか上らせ給ひ候はんずる、世に見参したくこそなりて候へ、浄刹房には、さしたる事も候はねば、御文は参らせ給はず、いつか上らせ給はんずらん、世に恋しくこそ思ひ参らせ候へと、伝へさせ給べく候、猶々必ず焼かせ給ふべく候、これは秘蔵の事にて候なり、上らせ給て、よくよく聞かせ給べし、何とも又々申し候べし、御房の御所労も、当時は別の事はいとおはしまし候はねども、この寒に如何と覚へ候なり、あなかしこ、

十二月四日　　証空

善恵房証空書状（その三）

［釈文］

追て申し候、御事づけの人々、これよりも思ひながら、ゑ申し候ぬに、返す返すもうれしく候、下らせ給ひて後は、頼もしき人もなきやうにて、侘しく候なり、命は知り候ねども、今は秋こそ待ち候めとぞ申せとぞ候、

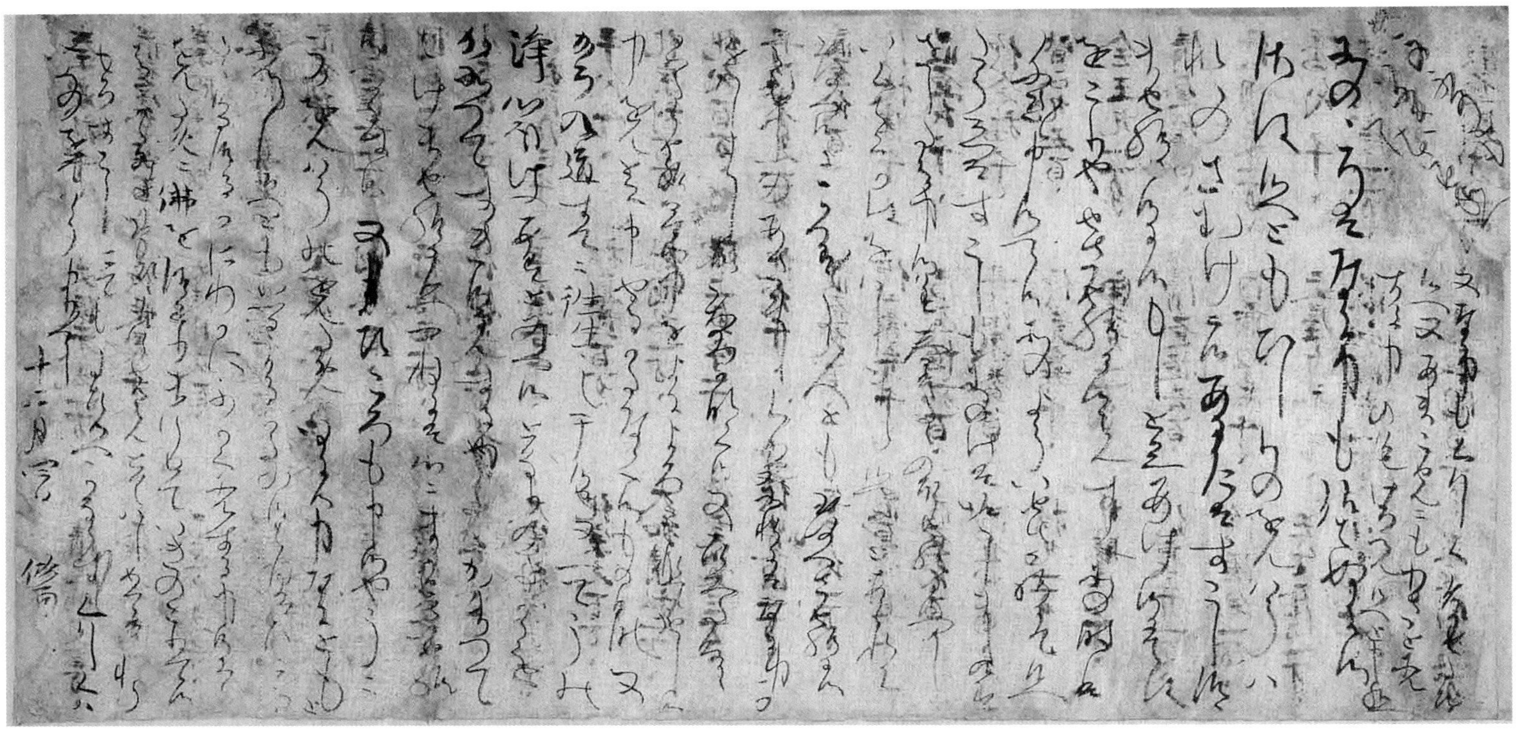

S5 欣西書状

欣西書状

［釈文］

（追伸）又何事も詳しく仰せ給び候へ、又尼御前にも、態と存する事の候也、結縁候へと申し給へ、又このふみをも急ぎ告げさせ給べく候、

その後は、何事も候はぬに候、さは候へども、聖の御房は、例の寒気に候、間は少しづつ増せ給ひ候に候、若し年明け候ひては、瘧やせさせ給ひ候はんずらん、その時は急ぎ急ぎ申し候べく候、その用意せさせ給ひて候へ、当時は少しもその気はおはしまし候はず、さしたる事候はず、春はただ上らせ給ひ候へかし、幾許かはおはしまし候べきと、哀れに覚へ候に、返す返す只人とも覚へさせ給ひ候らむ事の浅ましく候也、又それには何事かおはしまし候、覚束なく候、又涙ながら下らせ給ひて候事を、世に喜ばれておはし候事をも、疾く申しやる方なく候ものかな、又かぢ入道既に往生して候、又一条の浄心房今日明日と見へ候、隣の宝を数えて過ぎ候なんするやらん、構へて励ませ給ひ候へ。常には心に任せさせ給ひ候べからず候、又日頃も申し候やうに、この御房の御為、如何に候事何ともと存じ候へども、思ひ寄る方の候はねば、日頃はただ候ひつるが、俄に深く存ずる事候ひて、御為に仏を造り参らせて、生き残り候はば、形見と思ひ参らせ候はんとて、始めて候。料物少しにても賜び候へ。必ず必ず詳しくはかの御房申し候へかし、

十二月四日　欣西

昭和三十七年四月、奈良市十輪院畑町の浄土宗・興善寺の本尊阿弥陀仏立像の像内から、骨蔵器〈S7〉や文書が発見された。当寺は天正年中（一五七三〜九二）金蓮社慶誉上人が開いたと伝える（『増上寺史料集』「浄土宗寺院由緒書」）。同像の左足枘外側に、天正十七年に東山内田原村の念仏衆によって寄進された旨の墨書銘があり、創建に伴って本尊に迎えられたのである。仏像内には、正行房に宛てた法然上人や弟子の証空・親蓮・欣西・円親らの消息及び懸紙（書札様文書を包む、うわ書を加えた紙、S3・4）の紙背に念仏結縁交名が記された古文書と骨蔵器が収められていた。木製の骨蔵器は、表面に金泥で願文らしき銘文が書かれ、中に二つの綾織の袋〈S6〉が詰められ、綾織の袋には楮紙に包んだ骨粉〈S6〉が見つかった。この遺骨は正行房の両親ではないかと推測されている。正行房が両親の追善のために阿弥陀仏像を造立し、法然上人等から来た消息やその懸紙を利用して、その紙背に仏像造立に結縁した念仏者の交名を連記したのである。念仏結縁交名は、現存して判明するだけで一五四八名を数える。

さて、正行房に宛てた消息は、法然上人のほか、証空・親蓮・欣西・円親らが発信者であった。「没後起請文」によれば、証空・円親は法然上人の「入室者」（直弟子）、欣西は「同法者」であり、同法者とは入室者に次いで法然上人との道交が深く、法然上人が信頼を寄せる人を指して言われている。このような法然上人の入室・同法から消息をもらう正行房は、法然上人の門弟の中でも余程の地位を占めていたと思われるが、法然上人の伝記類において、『法然上人行状絵図』巻十一第五段に登場するだけである。その記事を左に意訳して引く。

殿下（九条兼実）は法然上人に深く帰依していたので、法然上人の来訪ごとに庭に降りて迎えた。同席の公卿たちも降りて出迎えるのを、法然上人は煩わしく思い、九条殿（兼実の邸宅）に赴かないために、房ごもりと称して、特別の招

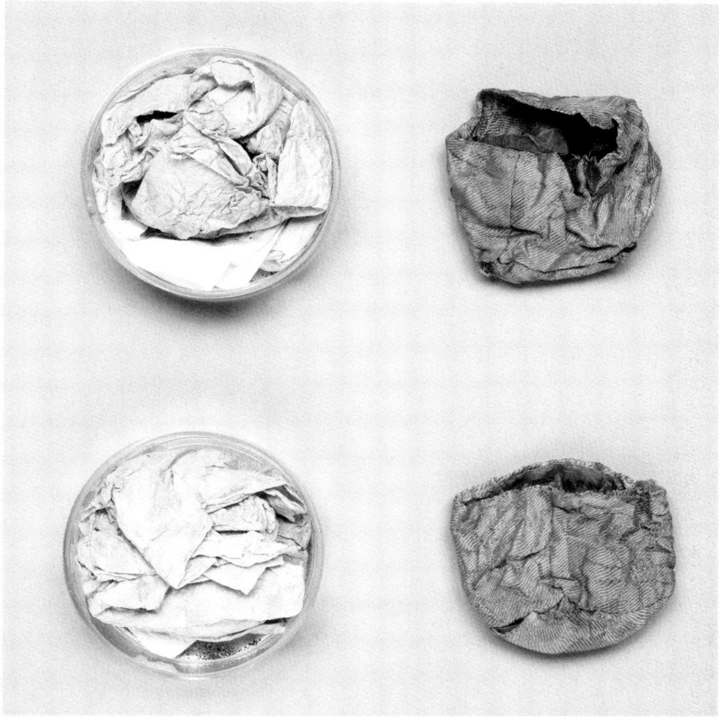

S6　錦織の袋（右側）、**骨粉包紙**（左側）

S7　骨蔵器

待も受けず、どこへも出かけなかった。殿下は「たとえ房ごもりであっても、病気の時には是非とも来訪してほしい」と頼み、法然上人は「そのような時なら訪ねる」と答えた。殿下は何とか招待しようと考え、いつも病気を理由に法然上人を招いた。拒みきれない法然上人の態度を見た門弟の正行房は、「房ごもりと称して他所へ赴かないのに、九条殿に限って行くのは、檀越に媚びることだと世間の人から非難されるだろう。よくないことだ」と心中に思って寝た夜、夢に法然上人が現われて、「私が九条殿へ行くことを誹るなかれ。九条殿とは前世からの因縁がある。他の人と比べてはならない。前世からの習慣だけであることを知らないで、誹る心を起こせば、罪を得るだろう」と告げた。夢からさめて後、法然上人にこのことを話すと、法然上人は「そうだ。前世での因縁があるのだ」と言った。

法然上人と九条兼実との法縁の深さを示す夢告を受けた正行房は、初めは法然上人が兼実邸にだけ赴くことを檀越に媚び諂う態度に見えたので、法然上人の心底を窺えなかったことになる。法然上人の謦咳に接する期間が短い人物であったと思われる。

正行房に宛てた法然上人の消息は、三通ともに「御文詳しく承り候ぬ」とあるから、正行房への返書である。

（その一）は文面に「道の間事なく下り着かせおはしまして候」とあり、正行房は京都から奈良に帰っていた。「これには誰も、その後別の事も候はず、又おはしまさぬに候」とあり、法然上人の草庵では誰も特別に取り立てて言うこともないが、訪れてくる者もいない状況であった。「覚束なく思し召すべからず候」とは、そうしたことを心配するなと仰せになっていることを意味し、正行房が奈良に下向した理由に、専修念仏に対する弾圧の機運が高まり、法然上人が軋轢を避けるため、門弟らを京都より分散させたことを推測する向きもある。

（その二）に「便りの候はむに、如何でか御文候はぬ事は候べき」と、便りのない事情を問い、正行房の動静を心配されている、法然上人の正行房への情愛がしのばれると同時に、法然上人と正行房の間で定期的に書状の遣り取りがあったことが窺われる。「熊谷の入道の事、詳しく申し遣はして候」とあるのは、法然上人が熊谷直実（蓮生）に返書を遣わしたことを指すが、それをわざわざ正行房にも報じておられるのは、蓮生に関することが門弟たちの間でも評判になっていたからであろう。「誠に有り難く、浅ましく覚へ候」とあるのによって、大体想像されるのは、蓮生が上品上生の夢想を得たことか、往生すべき期日を予告したことであろう。一群の正行房宛ての消息は元久元年（一二〇四）、同二年のものと考えられているので、上品上生の夢想のことと思われる。それは『法然上人行状絵図』巻二十七および清凉寺所蔵の「熊谷直実自筆誓願状」によれば、元久元年五月のことであった。「八月には便の候はむずれば」とあり、この書状は元久元年の六月か七月のものと推測される。

（その三）に、「この程は別に所労の気は候はぬに候、覚束なく思し召し候べからず候」とある。「所労」とは病気のことで、法然上人の場合は「瘧」であった。文面では小康状態であるという。法然上人の瘧を祈禱で落とす話が『明義進行集』（巻三・安居院聖覚）や『法然上人行状絵図』巻十七に見えるが、それは元久二年八月であった。書状の断簡直前にも「これより後に又もし瘧候はば」とあるので、法然上人の瘧は持病だと思われる。法然上人が正行房に「夏過ぎ候ひて、上らせ給ふべく候」と上京を勧めておられるので、この書状は元久二年（または元久元年）の夏以前と考えられる。

次に善恵房証空の書状について述べる。証空は浄土宗西山派の派祖で、治承元年（一一七七）に生まれ、建久元年（一一九〇）法然上人の弟子となる。法然上人の『選択本願念仏集』〈12〉撰述に当たり、勘文役を勤めた。建久九年の「没後起請文」

には「入室者」七人の中に数えられ、元久元年の「七箇条制誡」〈13〉には四番目に署名している。

（その一）では法然上人の病気について、「聖人御房の御病ひこそ、少し起こさせ給ひて候へ、いたく大事の事はおはしまし候はねども、覚束なく思ひ参らせ給ひ候ずらんとて、かく申し候なり、さりながらも、生死の無常、馳するが如くに候へば、知り難く候」とある。法然上人の病いが少し起こって、今のところ大したことはないが、生死の無常は馳せるがごとく、知り難しとも言っている。『選択本願念仏集』の執筆役を勤め、正治二年（一二〇〇）に四十八歳で没した真観房（感西）を思い出しているのは、真観房がふとした病で急死したからではないか。「この後と□□いたく往生人の多く候也」「猶も猶も往生人は多く候なり」とあるのは、真観房より後に、法然上人の門弟で身近にいる人たちが相次いで死没したことを言い、とりわけ最近では梶入道なる者が去る霜月晦日に死去したこと（十二月四日付欣西書状も参照）を知らせている。この書状の「□二月」は「十二月」と推測される。

「その善導御堂果て候なば、疾く疾くして上らせ給ひ候べし」とあるのは、正行房が大和で善導大師を祀る仏堂を建立していたことを示している。正行房の大和下向の理由の一つに、正行房の勧進に係る「善導御堂」建立が大詰めを迎えていたことも考えられる。また「さては仰せ候ひたりし御影の事の叶ひ候ざりしこそ、まめやかに口惜しく候へ」とあるのは興味深い。「御影」は法然上人の肖像画のことで、証空がかねて正行房から法然上人の御影作成の取り次ぎを依頼されていたのであろう。それが実現しなかったことを詫びている。親鸞は『教行信証』後序に、元久二年四月に法然上人の御影を図画し、閏七月に法然上人が真筆をもって「南無阿弥陀仏」と「若我成仏十方衆生、称我名号下至十声、若不生者不取正覚、彼仏今現在成仏、当知本誓重願不虚、衆生称念必得往生」の文字、夢告によって綽空（しゃっくう）を善信と改めたその名を書かれたと記す。親鸞に限らず、門弟の中には法然上人の御影を描いて、銘を賜ることが行われていたことを示唆している。

（その二）は前部が欠けた書状だが、日付が判明している。「釈せさせ給て候なり」とは、法然上人が正行房に経文の解釈を書いて送られたのであろう。「御覧じては、必ず焼かせ給べく候」と言い、後に再び「猶々必ず焼かせ給ふべく候」と述べている。他人が読めば誤解を招くことを恐れてか、焼却を求めている。『選択本願念仏集』の末尾に「庶幾一経高覧之後、埋于壁底、莫遺窓前」と記すのと相通じるものがある。その一方で「詳しくは見参に非ずば尽し難く候」と言い、重ねて「上らせ給て、よくよく聞かせ給べし」と述べて、直接に面授される必要性を説いている。「御房の御所労」について、「この寒に如何と覚え候なり」と、法然上人の持病の悪化を心配している。

（その三）は、書状の礼紙（本文の紙に、さらに一枚の白紙を重ねて相手への敬意を表わしたもの）に書かれた追伸である。「下らせ給ひて後は」云々とあるので、正行房が大和に下向した直後に出した書状の礼紙と思われる。証空は初め「侘しく候なりとぞ申せと候」と書いたが、「とぞ申せと候」の字句を抹消して、「命は知り候ねども、今は秋こそ待ち候めとぞ申せとぞ候」と書き直している。「侘しく」以下「申せ」までの主語は法然上人と思われるから、この書状は証空が法然上人の意を受けて正行房に宛てたことが分かる。

最後に欣西の書状〈S5〉について解説しよう。欣西は「没後起請文」に財産分与の証人となる「同法者」三人の中に数えられ、「七箇条制誡」には二十三番目に署名する。書状の初めに法然上人の体調について正行房に報じている。「例の寒気」の起こる間隔が少しずつ開いていくが、「年明け」には「瘧」が起こるかも知れないと案じ、その場合は急報すると伝えている。一条の浄心房が危篤になったという。浄心房のことは『法然上人行状絵図』巻三十に、念仏の行ずる様は常の人に越えていて、五十歳ばかりで他界したが、「臨終散々なりけり」と酷評されている。法然上人は浄心房を「虚仮の行者にてやありつらむ」と仰せになっていた。

こうした京都における最新情報を知らせる以外に注目されるのは、「日頃も申し候ように」以下の文章である。欣西は正行房と相談しながら、法然上人への報恩のために何かしたいと思い立ったが、何がよいか考えつかずにいた。しかし、法然上人の余命いくばくもないと察したのか、俄に決心して、仏像を造り将来の形見とすることにしたという。そこで、欣西が正行房に協力を求めたのである。

法然上人の教えでは、造仏は余行・雑行として否定された。したがって欣西の行為は、師説に反すると見られがちである。だが、写経・造像などを「往生の業」として否定されたのであって、念仏者の間で「報恩」のために仏像の造立を行うことがあったと考えられる。正行房や欣西にとって、念仏と造像が矛盾する行業だとは認識していなかった。欣西が実際に仏像を造立したかは確認できないが、同じく法然上人の門弟であった源智（勢観房）は、法然上人滅後一周忌に当たり、報恩のために仏像を造立していた（本書「源智造立阿弥陀如来立像」〈25〉を参照）。この書状は源智の阿弥陀仏像造立の先蹤（せんしょう）として見逃せない史料である。

［参考文献］
堀池春峰『南都仏教史の研究』下（諸寺篇）
齋木一馬『古文書の研究』（齋木一馬著作集3）

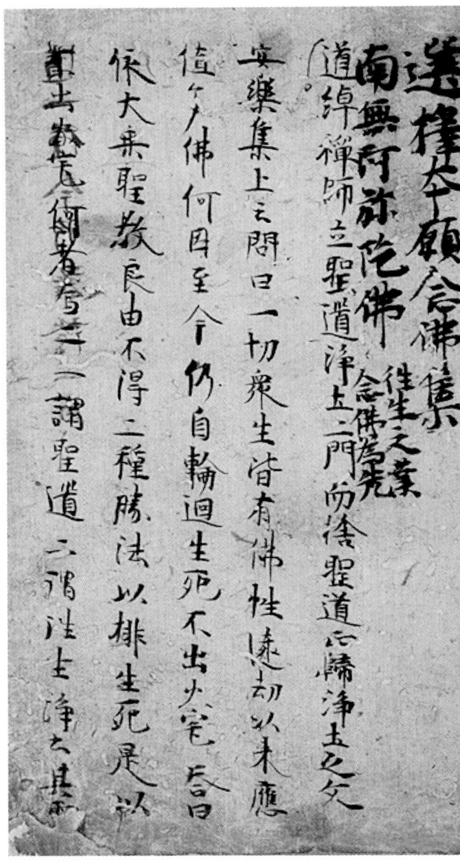

S8 巻頭

選択本願念仏集〈12〉

京都市　廬山寺

無序
白文（一部訓点付）
冊子綴、一冊
竪二七・〇cm、横一八・八cm
百九葉（墨付百七葉）
一行　一七〜二〇字
毎葉一四行（一部一六行）
　題箋　選擇集
　内題　選擇本願念佛集
　尾題　無

『選択本願念仏集』（以下『選択集』）は、法然上人が思想的に最も円熟に達した六十六歳の時の著述であり、最も確実にして代表的な書である。

本書は、法然上人が、教養高く仏教について広く諸僧から聴聞していた九条兼実の請いによって、浄土宗の綱要を——依拠した経論をはじめ、中国の曇鸞、道綽、善導らの著述を抄出して、浄土宗の主張が私意に出づるものでないことを——明らかにしたもので、建久九年（一一九八）春に撰述された。

現に廬山寺に伝持されている『選択集』古鈔本がその草稿本と目されている。もと粘葉装一帖であったが、後水尾院の勅定により、大経師権之助母の丹精で一紙を二紙に剥ぎ、隔ての紙を入れて修復、文政五年（一八二二）に現状のように冊子装一冊となった。題箋の三文字「選擇集」は後水尾院の宸筆である。

大正七年（一九一八）五月、草稿本は玻璃版で上梓され、ついで昭和五十四年（一九七九）六月、新たに『重要文化財廬山寺蔵選択本願念仏集』（原寸原装版　法蔵館刊）が出版され、原本を容易に手にすることのできなかった渇が癒されるようになった。また平成十一年三月、大正大学浄土宗典研究会が『『選択集』諸本の研究〈資料編〉第一巻・廬山寺本』（原本写真版・翻刻・読み下し全三冊）を公刊（文化書院）され、研究者に便益を与えられた。

さて、廬山寺草稿本の筆跡をみると、限られた少数の人によって書かれていることが歴然としている。

巻頭には、内題「選擇本願念佛集」の七字が縦一一・五cmにわたって墨色くっきりと書かれ、左側にやや小ぶりの「南無阿弥陀佛」六字が同じく八・八cmの長さで墨書され、少し間隔をあけて直下に「往生之業　念佛為先」の文が約三・八cmの長さで二行割で書かれている〈S8〉。この左側の文字は、本文第一章段の題目を掲げた行にかなり接近している。

本文は七行取りで書かれている（後半に八行取りのところも一部ある）が開巻最初の一葉は五行取りで本文第一章が始まっているから、最初から二行分は空けてあって、時をおいて二十一文字が法然上人によって書かれたのであろう。この

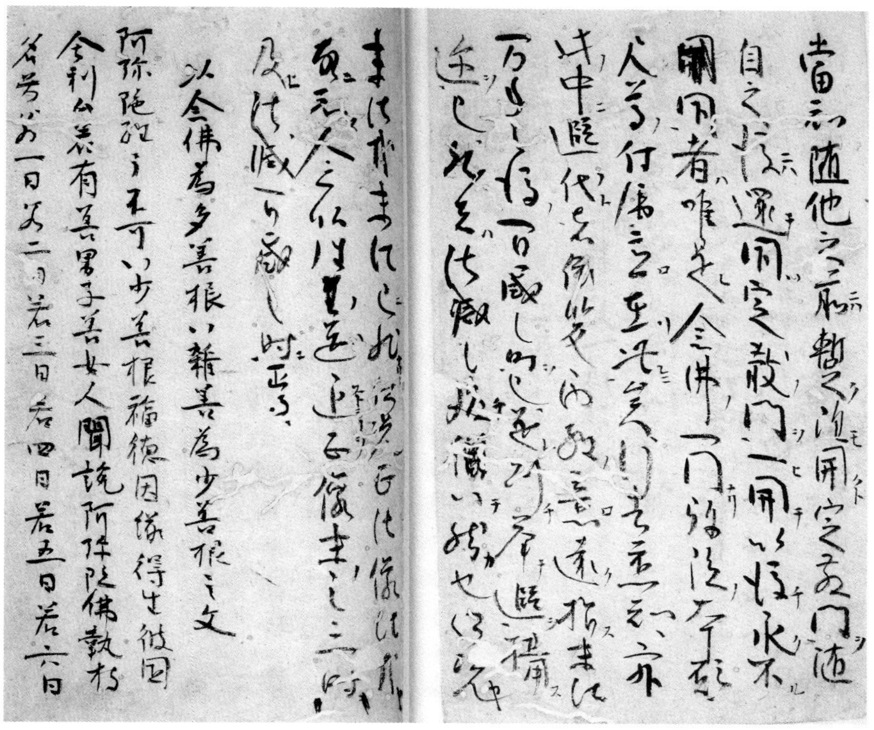

S10 第13章

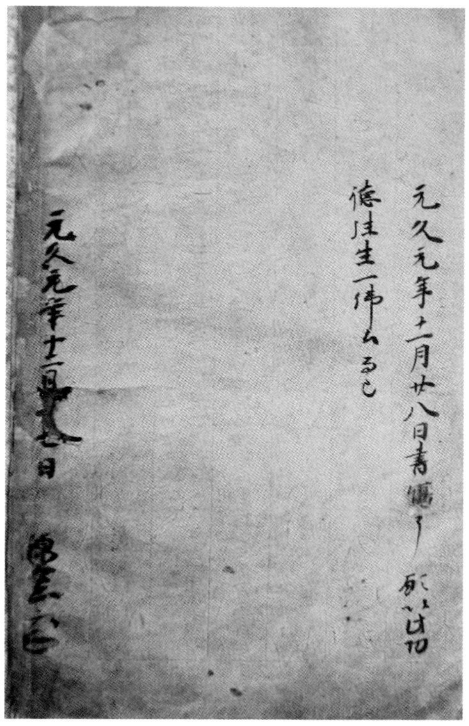

S9 往生院本 帖末

筆跡は本文の第一筆、第二筆、第三筆とも明らかに相違しているので、相伝どおり宗祖の真蹟である。

親鸞は、『教行信証』によれば、元久二年（一二〇五）「恩恕をかうぶりて選択（集）を書し」、同年四月二十四日、書写本の巻頭に『選択本願念仏集』の内題の字、ならびに「南無阿弥陀仏　往生之業　念仏為本」と、釈綽空の字と、空の真筆を署名してもらい、その日に真影を写している。書写を許された弟子が護持した『選択集』にも、盧山寺草稿本と同様に巻頭には内題以下の二十一文字が法然上人の手で書かれるという、一定の形が定立していたのであろう。親鸞所持本は残念ながら遺っていない。盧山寺本には源空の署名がないが、これは草稿段階にあったからであろうが、九条兼実への進覧本には署名されていたであろう。

元久元年十一月廿八日に書写された奈良往生院本（當麻寺奥院本）には、奥書からかなり離れて「元久元年十二月十七日　源空（花押）」〈S9〉と最左端に書かれている。藤堂祐範氏は奥書と別筆とされる（「選択集之書史学的研究」『選択集大観』）が、北西弘氏はこれを真筆の署名、花押とされる。同氏は、「元久元年十一月書写了、願以此功徳往生一佛土而已□□（抹消）」は書写奥書であり、「元久元年十二月十七日　源空（花押）」は源空証判奥書というべきであって、これは従来いわれるように室町時代末期の加筆ではなく、真筆であるとし、その理由を盧山寺本の内題、七箇条制誡〈13〉に付された花押、京都清凉寺、奈良興善寺に蔵される消息の署名などによって字型や花押の形などから判断し、真筆と判定された。奥書付記に慎重な法然上人が公開をはばかって加筆されたのであろうと推論された（北西弘「往生院本選択集の奥書について㊤㊦」〈『中外日報』平成五年十二月十三日［二五〇八六号］・十四日［二五〇八七号］〉）。

さて、次に本文の執筆者（筆受者）について述べていきたい。その人名について、聖冏の『決疑鈔直牒』巻第七（浄全本）に、

此選擇集有多執筆謂自選擇本願至念佛為先註上人御自筆也第一篇至第三本願章能令瓦礫變成金文安樂房執筆也問曰一切菩薩雖立其願至十二付属章眞観房執筆也第十三章第十六章私云一如經法應知他筆也名字失静以善導以下文眞観房執筆也云云

と執筆に関する「或」人の相伝が記されている。これによると開巻劈頭の「選擇本願念佛集／南無阿弥陀佛往生之業念佛為先」（／＝改行）の二十一文字は法然上人の自筆、ついで本文第一章「道綽禪師立聖道浄土二門而捨聖道正歸浄土之文」から第三章「弥陀如来不以餘行為往生本願唯以念佛為往生本願之文」（念仏往生本願篇）の私釈段中の「能令瓦礫變成金已上」までを安楽房遵西が執筆し、そのあとの「問曰一切菩薩雖立其願」より第十二章「釋尊不付属定散諸行唯以念佛付属阿難文」に至るまでを真観房感西が執筆、第十三章「以念仏為多善根以雑善為少善根之文」から第十六章「釋迦如来以弥陀名号慇懃付属舎利弗等文」の「欲寫者一如經法應知已上」までは他の人の筆であり、名字は伝えられてないという。そして末尾の後跋にあたる「静以善導観経疏者是西方指南行者目足也」以下は真観房感西の手になる箇所である、と以上のように伝えられている。

この相伝の趣きを盧山寺本に照応すると全く一致しているといってよく、盧山寺本を草稿本とすることは是認される。特に本文中第三章における執筆交替の部分は『決疑鈔直牒』の相伝と符合している。本文の第一筆は安楽房遵西であり、交替した第二章は真観房感西である。

S11 七箇条制誡から

S12－1 第1章末尾部分から

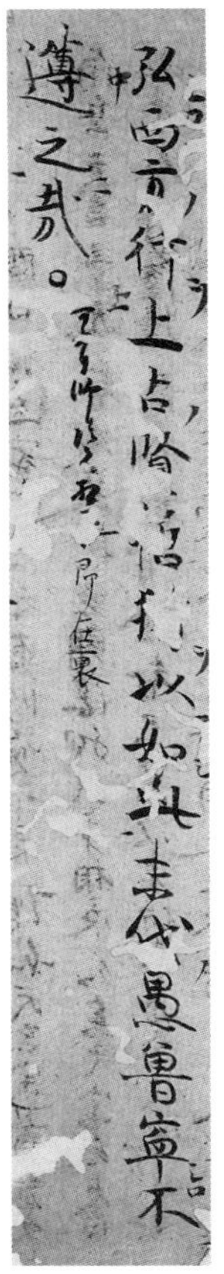

S12－2 第1章末尾部分

遵西から感西への執筆役の交替について、『法然上人行状絵図』巻十一は、

建久八年、上人いさゝかなやミ給事有けり、殿下（九条兼実）ふかく御歎ありける程に、いく程なくて平愈し給にけり、上人、同九年正月一日より、草庵にとちこもりて、別請におもむき給ハさりけれは、藤右衛門尉重経を御使として、浄土の法門、年来教誡を承るといへとも、心苻におさめかたし、要文をしるし給ハりて、かつは面談になすらへ、かつハのちの御かたみにもそなへ侍らん、と仰られけれは、安楽房（外記入道師秀子）を執筆として、選択集を選せられけるに、第三の章書写のとき、予もし筆作の器にたらすは、かくのことくの会座に参せさらまし、と申けるをきゝ給て、此僧憍慢（きょうまん）の心ふかくして、悪道に堕しなむとて、これをしりそけられにけり、その後ハ、真観房感西にそかゝせられける

と記している。証空によれば、述作の時には感西が法門の義を談じ、証空が経釈の要文を引き、遵西が筆を執って書いたが、遵西が「被レ召二此文選作之座一執筆是生涯面目也」と言うのを聞かれた法然上人が、後世に名を称揚されんと欲しているのだと咎（とが）められ、感西に執筆させ遵西を棄てられたという（『選択密要決』巻第一）。

遵西は公文を司る中原氏の出身、俗名は中原師広、能文家であった。感西も文筆を能くし、進士（しんし）入道であった。遵西の父師秀の七七日（しちしち）の逆修に、師に代わって結願の導師をつとめたことがあった。感西は常随給仕の弟子で、師から房舎を付属されながらも正治二年（一二〇〇）に没し、法然上人は「我をすてゝおはすことよとて」涙を落されたという（『法然上人行状絵図』巻四十八）。

執筆の更迭の実否は別としても、廬山寺本をみると相伝の通り書き手が変っていることは事実である。しかし二人それぞれの筆跡が他に知られていないので相伝を裏づける確証がない。ただわずかに遵西には本人の自署があるのでそれによって検証してみる方法がわずかに遺されている。

それは第一筆の安楽房遵西の署名が残されていて、その特徴を知りえることである。安楽房は七箇条制誡に名を連ね、三十番目に僧名の遵西で署名〈S11〉している。「遵」は「辶」と「尊」とから成るが、「尊」の上部の字画取りに特色があり、また「辶」の運筆は、「尊」の中程から始まり、かなり左上部へ筆を進め、全部を包み込むように「辶」を書いている。また「西」では第一画の横一が第四・五画の短い幅にとどまっている。

この「遵西」の署名を廬山寺草稿本の第一章の末尾に出る「例如（略）道綽禪師閣二涅槃廣業一偏弘二西方行一上古賢哲猶以如レ此末代愚魯寧不レ遵之哉」（傍点筆者）の文に、ちょうど「遵」と「西」が行を隔てて出てくる〈S12－1・2〉ので、それと対照すると両者に共通点が見られるので、第一筆は安楽房遵西であることは相伝の通りと認められる。

遵西に更に多くの筆跡があるならば確実性はより高められようが残念ながら資料がない。しかし「西」の字は遵西が執筆した個所に、例えば「西方要決」などの字があり、特徴は出ている。

第二筆の真観房感西の場合は、第一筆の遵西のように対照すべき筆跡が伝わっていない。また前に記したように正治二年（一二〇〇）四十八歳で亡くなっているので、七箇条制誡には署名していないし、『選択集』成立後わずか二年間の存生である。従って、相伝のように安楽房遵西の執筆が事実であったように、真観房感西の執筆もまた事実であったとすべきであり、その筆跡は第三章の「問曰一切菩薩雖立其願或有已成就亦有未成就未審」より後の文と、第十二章までと、第十六章の「釋

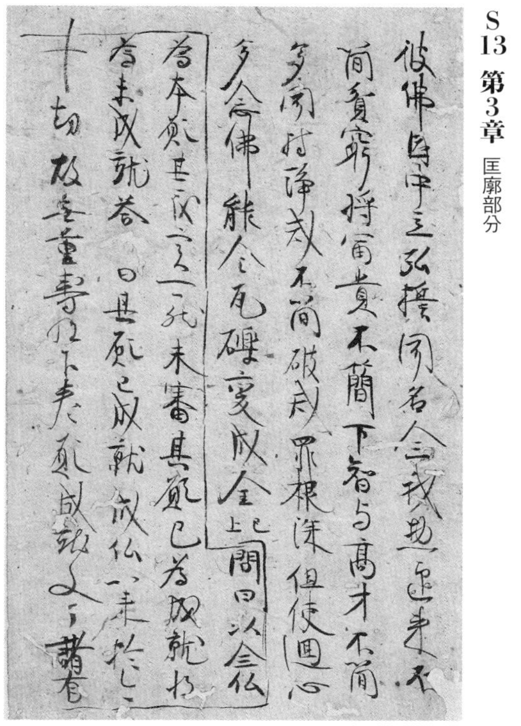

S13 第3章 匡廓部分

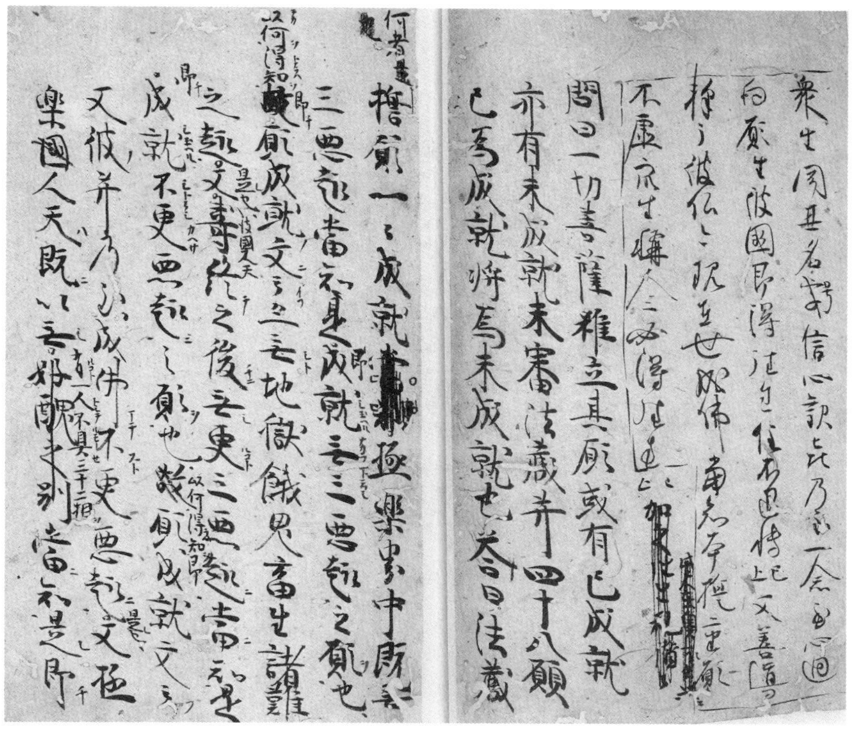

迦如来以弥陀名号慇懃付属舎利弗等文」の最末尾にある「静以善導観經疏者是西方指南行者目足也」より「庶幾一經高覽之後埋于壁底莫遺窓前、恐為不令破法之人堕於悪道也」までの二十三行にわたる跋文（ばつぶん）とが第二筆感西の執筆である。

第一筆と第二筆の交替部分について、『決疑鈔直牒』には「能令瓦礫變成金已上」までを第一筆とするが、廬山寺本をみると、「能令瓦礫變成金已上」以下の「問曰以念仏為本願」から「衆生称念必得往生已上」までの一一八字が遵西の筆で続いている。しかしこの部分は削除することを示した匡廓（きょうかく）〈S13〉で囲われている。他本にはなく元久二年の往生院本にも書かれていないので、廬山寺本の草稿本的性格がよく現われている。

本文全十六章のうち執筆が不明なのは第十三、第十四、第十五、第十六章の四章分である。『決疑鈔直牒』にも「第十三章第十六章私云一如經法應知他筆也名字失」と記してある。

第十三章「以念佛為多善根以雑善為少善根之文」、第十四章「六方恒沙諸佛不證誠餘行唯證誠念佛文」、第十五章「六方諸佛護念念佛行者文」、第十六章「釋迦如来以弥陀名号慇懃不属舎利弗等文」、以上の四章の第三筆は遵西、感西とは別人であるが名を伝えていないのである。

この点について昭和五十七年、画期的な成果が上田良準氏によって公表された。一つは「選択集草稿本第三筆は西山上人証空」（『印度学佛教研究』第三十巻第二号［通巻第六〇号］）、いま一つは「『選択本願念仏集』と西山上人証空――勘文、執筆の事実と『選択密要決』撰述の真否――」（石田充之博士古稀記念論文集刊行会編『浄土教の研究』、永田文昌堂刊）である。

上田氏はかねて第三筆に西山上人証空を想定されていたが、京都大念寺文書（四戒相承の文）、奈良興善寺文書（正行房宛書状）、京都清涼寺文書（熊谷入道宛書状）、京都誓願寺文書（広川刑部宛書状）、七箇条制誡署名の五者に見える真筆資料と『選択集』草稿本第三筆とを比較照合された結果、第三筆は証空上人との結論を得られたのである。証空独特の運筆、字形を示すものを具体的に挙げての実証的考察である。私が右に第一筆の遵西について、七箇条制誡署名のみによって立論したのに遠く及ばない確固たる証拠が挙げられている。これによって不明と相伝されていた第三筆の名字は解決をみた。

ではなぜ感西から証空に替ったのであろうか。運筆も巧みで堂々たる筆勢を持ち、一種のリズム感さえ覚えられたのが、第十二章に入るとそれ以前の章と異なって、全体的に文字に弱さが目立ってくる。また脱字、脱文が現れ、抹消や書き直しが多くなっている。印象的なことであるが、体調に変化が生じたように見受けられる。もともと勘文役の証空が急に執筆になったのであろうか。

感西は法然上人の数多い弟子の中でも「至順至孝之志篤」き入室の門弟であって、法然上人と感西とは「其思相共而不浅」という間柄にあり、法然上人は感西に西山の広谷から移してきた根本の中の坊と高畠の地所を譲渡しようと考えていた（「没後起請文」）のに、感西は『選択集』撰述後二年にして法然上人に先立ってしまったから、執筆中に病いがひそかに進行していたのであろう。

そもそも『選択集』は九条兼実の要請によって建久九年に成ったものである。法然上人と兼実の道交については、今さらここで述べる必要もないことであるが、「法然房の聖人を請じ、法文の語および往生の業を談ず」（『玉葉』文治五年（一一八九）八月一日条）といった関係が十年近く続いていたが、そのきっかけは自慢の長男良通に先立たれた悲運にあった。爾来、兼実の法然招請はつづき、帰依が深まっていた。建久八年の暮ごろから法然上人の体調はすぐれず、翌年四月には「没後起請文」

を書くほどであった。そこで今のうちに浄土の要文をまとめていただき、それを以て面談のかわりとし、のちの形見にもしたいという思いが兼実には強かった。

また証空の『選択密要決』巻第一によれば、法然上人六十有余のとき、毎月の授戒には休みをとられ、替って証空が参上していたが、兼実から往生の信心を増進さすため抄物を賜わるようにとの伝言を得て、法然上人六十六歳、建久九年三月に撰述がなったという。撰述の座では「真観ありて法門の義を談じ、証空ありて経釈の要文を引き、安楽ありて筆を執りてこれを書き、この外に人を簡(えら)びて在座せしめられなかった」という。行観の『選択本願念仏集秘鈔』一によれば、証空は二十三歳（一説に二十五歳）であったが、師の仰せにより経律論等の文などを引き集めるなど、撰述には重用されていた。その証空が本文の執筆をも行っているのに、どうして名を失せられたのであろうか。

これについて上田良準氏は右に挙げた第二の論文で、鎮西流宗学の初期の動向と関係があると指摘し、証空は鎮西流にとって正閏(せいじゅん)を競うべきライバルであったと述べておられる。そして初期鎮西流における証空勘文の扱いについて述べ、勘文の事実の否定が撰述同座の否定につながり、必然的に、執筆、助筆を考える基盤も打消されることになり、その結果、本文第三筆のみ「他筆、名字ッ失ス」となったのではないか、と述べられている。

第三筆について鎮西流の伝承からなぜ証空執筆の事実が欠落したかの点については、上田良準氏の提示もあるので今後に残された課題となる。

七箇条制誡〈13〉　京都市　二尊院

［原文の翻刻］

普告号予門人念仏上人等、

一、可停止未窺一句文、奉破真言止観、謗余仏菩薩事、

右、至立破道者、学生之所経也、非愚人之境界、加之誹謗正法、既除弥陀願、其報当堕那落、豈非癡闇之至哉、

一、可停止以無智身対有智人、遇別行輩、好致諍論事、

右、論議者、是智者之有也、更非愚人之分、又諍論之処諸煩悩起、智者遠離之百由旬也、況於一向念仏行人乎、

一、可停止対別解別行人、以愚癡偏執心、称當棄置本業、強嫌嗤之事、

右、修道之習、只各勤自行、敢不遮余行、西方要決云、別解別行者、惣起敬心、若生軽慢、得罪無窮云云、何背此制哉、加之善導和尚大呵之、未知祖師之誡、愚闇之弥甚也、

一、可停止於念仏門、号無戒行、専勧婬酒食肉、適守律儀者、名雑行人、憑弥陀本願者、説勿恐造悪事、

右、戒是仏法大地也、衆行雖区同専之、是以善導和尚挙目不見女人、此行状之趣、過本律制、浄業之類不順之者、惣失如来之遺教、別背祖師之旧跡、旁無拠者歟、

一、可停止未弁是非癡人、離聖教非師説、恣述私義、妄企諍論、被咲智者、迷乱愚人事、

右、無智大天此朝再誕、猥述邪義、既同九十六種異道、尤可悲之、

一、可停止以癡鈍身、殊好唱導、不知正法、説種々邪法、教化無智道俗事、

右、無解作師、是梵網之制戒也、黒闇之類、欲顕己才、以浄土教為芸能、貪名利望檀越、恣成自由之妄説、誑惑世間人、誑法之過殊重、是寧非国賊乎、

一、可停止自説非仏教邪法為正法、偽号師範説事、

右、各雖一人説、所積為予一身衆悪、汚弥陀教文、揚師匠之悪名、不善之甚無過之者也、

以前七箇条甄録如斯、一分学教文弟子等者、頗知旨趣、年来之間、雖修念仏、随順聖教、敢不逆人心、無驚世聴。因茲于今三十箇年、無為渉日月、而至近来、此十ヶ年以後、無智不善輩時々到来、非啻失弥陀浄業、又汚穢釈迦遺法、何不加炳誡乎、此七ヶ条之内、不當之間、巨細事等多具難注述、惣如此等之無方、慎不可犯、此上猶背制法輩者、是非予門人、魔眷属也、更不可来草庵、自今以後、各随聞及、必可被触之、余人勿相伴、若不然者、是同意人也。彼過如作者、不能嗔同法恨師匠、自業自得之理、只在己心而已、是故今日催四方行人、集一室告命、僅雖有風聞、慥不知誰人、失拠于沙汰、愁歎送年序、非可黙止、先随力及、所廻禁遏之計也、仍録其趣示門葉等之状如件、

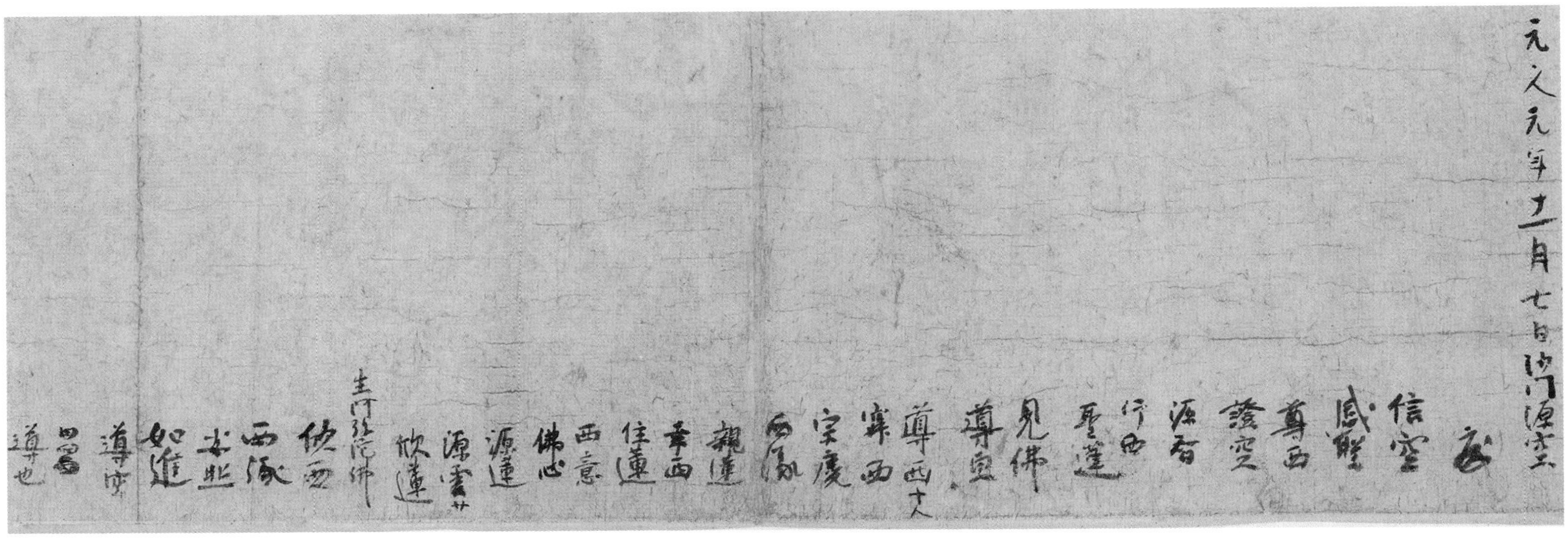

元久元年十一月七日　沙門源空
（花押）
信空
感聖
尊西
證空
源智
行西
聖蓮
見佛
道亘
導西　十人
寂西
宗慶
西縁
親蓮
幸西
住蓮
西意
佛心
源蓮＊
源雲　廿
欣蓮
生阿弥陀佛
欣西
西縁
安照
如進
導空
昌西
導也

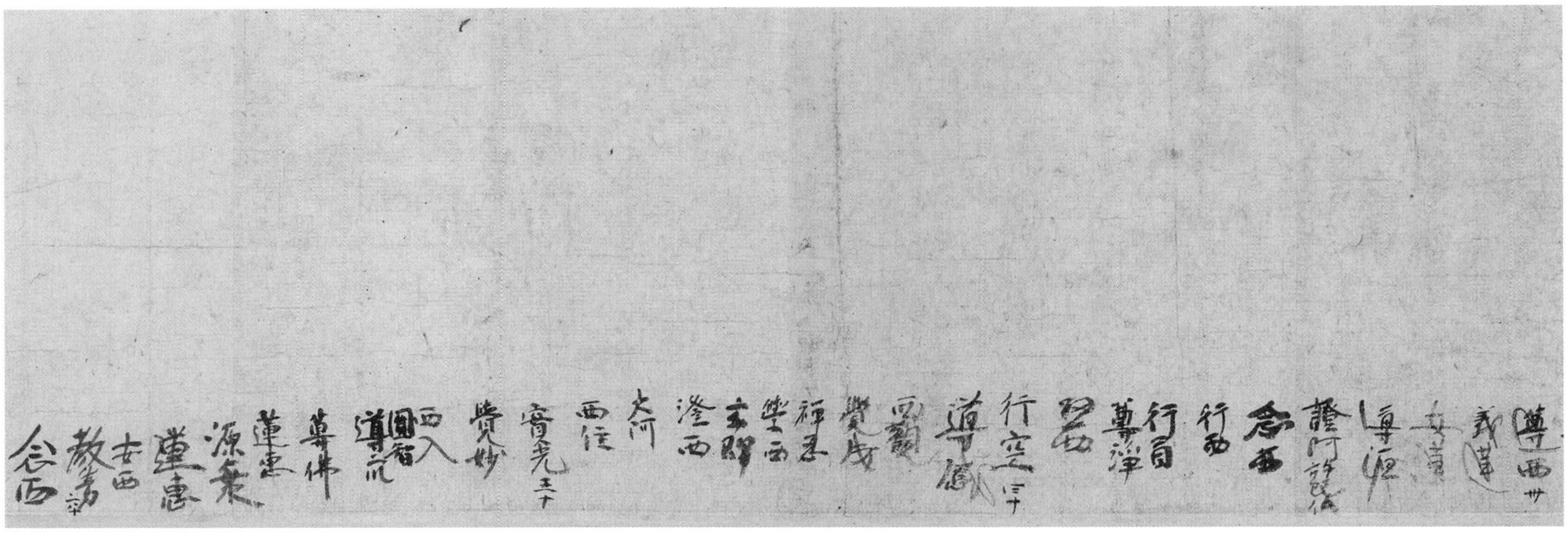

遵西　卅
義蓮
安蓮
導源
證阿弥陀仏
念西
行西
行首
尊浄
帰西
行空　四十
導感
西観
覺成
禅忍
學西
玄曜
澄西
大阿
西住
實光　五十
覺妙
西入
圓智
導衆
尊佛
蓮恵
源海
蓮恵
安西
教芳　六十
念西

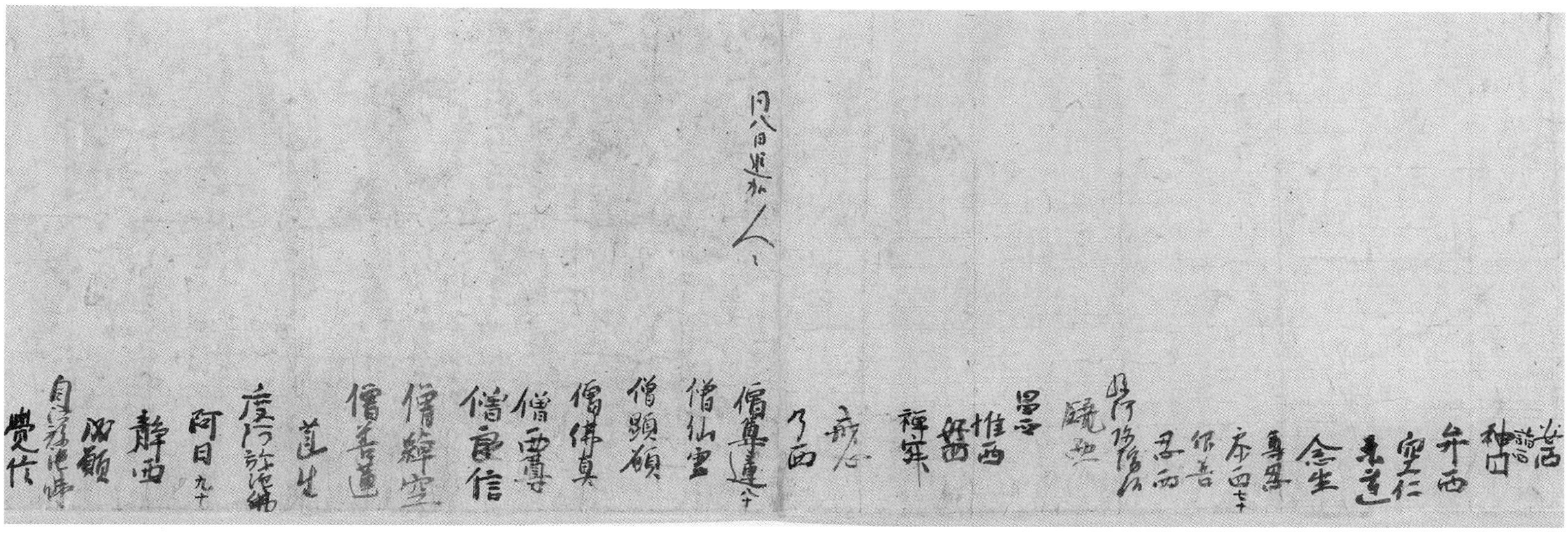

安西
詣西
神円
弁西
空仁
示蓮
念生
尊忍
参西　七十
仰善
忍西
弥阿弥陀仏
鏡西
昌西
惟西
好西
禅寂
戒心
了西
同八日追加人々　僧尊蓮　八十
僧仙霊
僧顕願
僧佛真
僧西尊
僧良信
僧綽空
僧善蓮
蓮生
度阿弥陀佛
阿日　九十
静西
成願
自阿弥陀佛
覺信

念空
正蓮
向西
親西
實蓮　＊＊
観然　百人
蓮智
実念
長西
信西
寂明
行西
恵忍
圓空
観阿弥陀佛
蓮慶　百十人
浄阿弥陀佛
観尊
具慶
蓮慶
蓮佛
進西
正念
持乗
覺弁
蓮定　百二十人
導丈
深心
往西
観尊
一円
實蓮
白毫

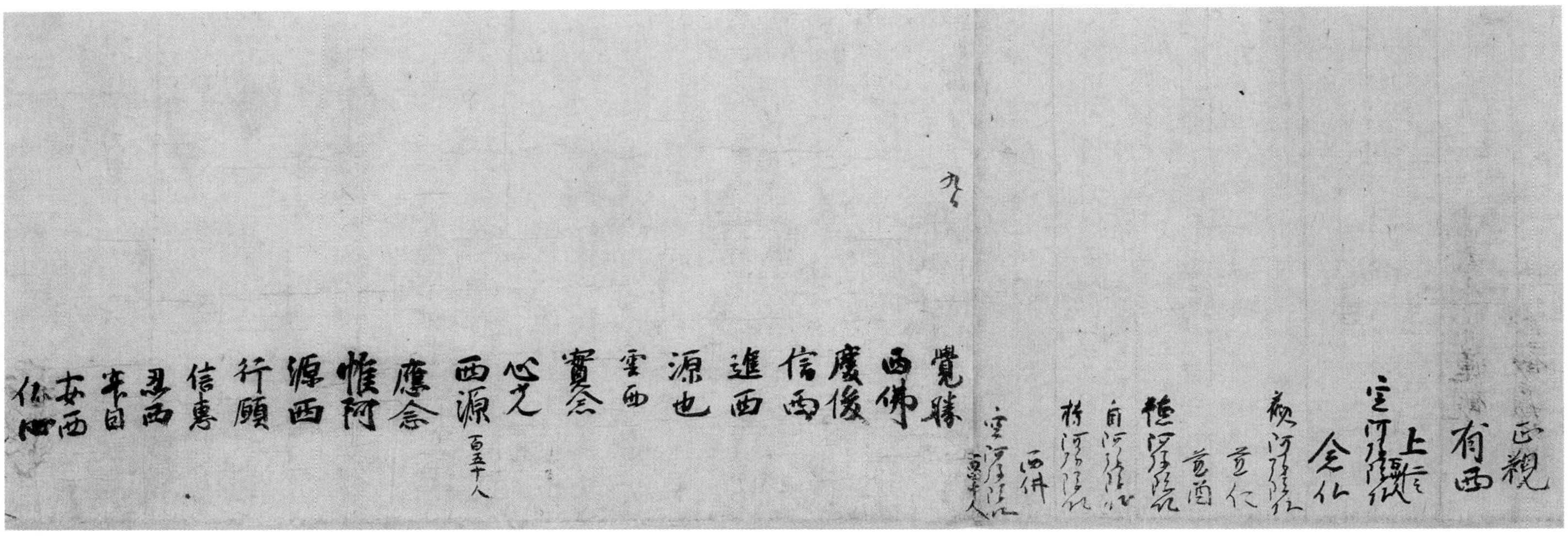

正観***
有西****
上信　百卅人
定阿弥陀仏
念仏
観阿弥陀仏
慈仁
慈西
徳阿弥陀仏
自阿弥陀仏
持阿弥陀仏
西佛
空阿弥陀仏　百四十人
九日　覺勝
西佛
慶俊
信西
進西
源也
雲西
實念
心光
西源　百五十人
應念
惟阿
源西
行願
信恵
忍西
寂因
安西
仏心

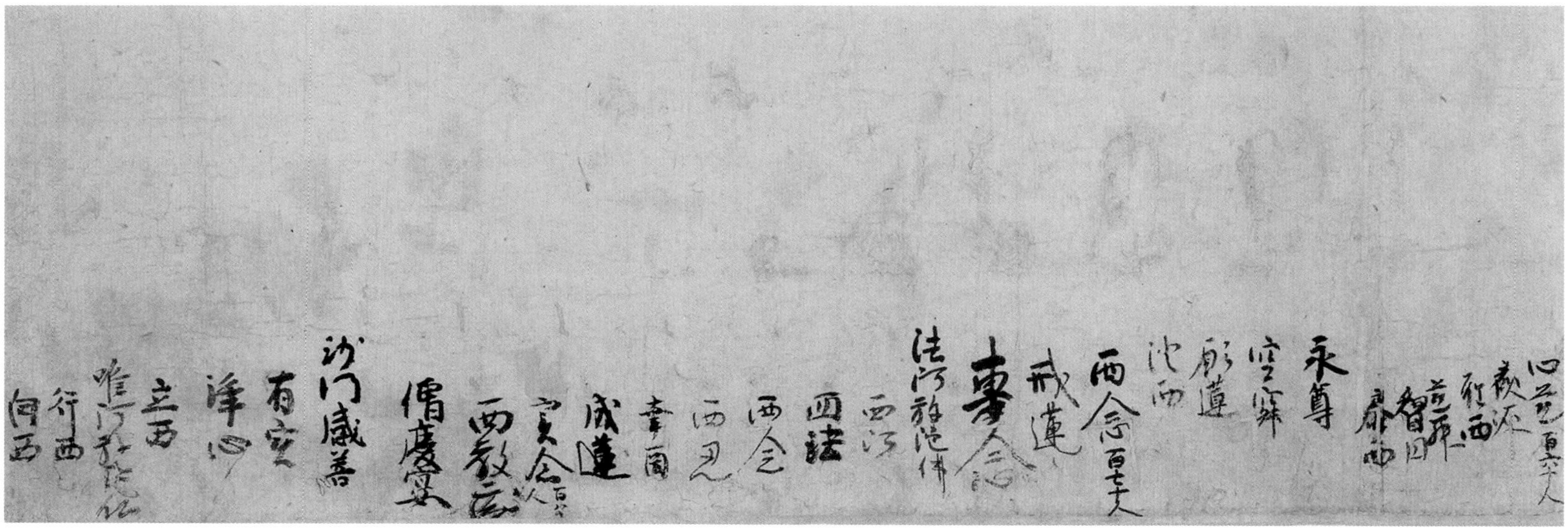

心慈　百六十人
観源
聖西
慈寂
智円
參西
永尊
空寂
願蓮
澄西
西念　百七十人
戒蓮
専念
法阿弥陀佛
西阿
西法
西念
西忍
幸西
成蓮
実念　百八十人
西教（花押）
僧慶宴
沙門感喜
有実
浄心
立西
唯阿弥陀仏
行西
向西

*「信願房」（裏紙添付）
**「大夫属入道本名定□」（裏紙添付）
***「正観房北野」（裏紙添付）
****「伊与国喜多郡蓮観房」（裏紙添付）

［本文部分の読み下し］

普く予が門人と号する念仏の上人等に告ぐ、

一、未だ一句の文を窺わずして、真言止観を破し、余の仏菩薩を謗し奉ることを停止すべき事、

右、立破の道に至りては、学生の経る所なり、愚人の境界に非ず、しかのみならず誹謗正法は、既に弥陀の願に除けり、その報まさに那落に堕すべし、あに癡闇の至りに非ずや、

一、無智の身を以て有智の人に対し、別行の輩に遭て、好みて諍論を致すことを停止すべき事、

右、論議は、これ智者の有なり、更に愚人の分に非ず、また諍論の処には諸の煩悩起こる、智者これを遠離すること百由旬なり、いわんや一向念仏の行人に於いてをや、

一、別解別行の人に対し、愚癡偏執の心を以て、まさに本業を棄て置くべしと称して、強ちにこれを嫌い咍うことを停止すべき事、

右、修道の習い、ただ各自行を勤めて敢て余行を遮せず、西方要決に云く、別行別解の者に、惣じて敬心を起こせ、もし軽慢を生ぜば、罪を得ること窮まりなしと云云、何ぞ此の制を背かんや、しかのみならず善導和尚大いにこれを呵したまう、未だ祖師の誡めを知らず、愚闇のいよいよ甚だしきなり、

一、念仏の門に於いて戒行なしと号して、専ら淫酒食肉を勧め、たまたま律儀を守る者をば、雑行人と名づけ、弥陀の本願を憑む者は、造悪を恐るることなかれと説くことを停止すべき事、

右、戒はこれ仏法の大地なり、衆行区なりと雖も同じくこれを専らにす、ここを以て善導和尚は目を挙げて女人を見たまわず、此の行状の趣、本律の制にも過ぎたり、浄業の類これに順ぜずんば、惣じて如来の遺教を失い、別しては祖師の旧跡に背けり、旁拠りどころなき者か、

一、未だ是非を弁えざる癡人、聖教を離れ師説に非ずして、恣に私の義を述べ、妄りに諍論を企て、智者に咲われ、愚人を迷乱することを停止すべき事、

右、無智の大天此の朝に再誕して、猥りに邪義を述ぶ、既に九十六種の異道に同じ、尤もこれを悲しむべし、

一、癡鈍の身を以て、殊に唱導を好み、正法を知らずして、種々の邪法を説きて、無智の道俗を教化することを停止すべき事、

右、解なくして師となるは、これ梵網の制戒なり、黒闇の類、己が才を顕さんと欲して、浄土の教を以て芸能となし、名利を貪り檀越を望み、恣に自由の妄説を成して、世間の人を誑惑す、誑法の過殊に重し、これ寧ろ国賊に非ずや、

一、自ら仏教に非ざる邪法を説きて正法となし、偽りて師範の説と号することを停止すべき事、

右、各一人の説と雖も、積める所予が一身の衆悪たり、弥陀の教文を汚し、師匠の悪名を揚ぐ、不善の甚だしきこと、これに過ぎたるはなき者なり、

以前の七箇条甄録かくの如し、一分も教文を学せん弟子等は、頗る旨趣を知れ、年来の間、念仏を修すると雖も、聖教に随順して、敢て人心に逆えず、世の聴えを驚かすことなし、これに因りて今に三十箇年、無為にして日月を渉る、しかるに近来に至りて、此の十ヶ年より以後、無智不善の輩時々到来す、ただ弥陀の浄業を失するのみに非ず、また釈迦の遺法を汚穢す、何ぞ炳誡を加えざらんや、此の七ヶ条の内、不当の間、巨細の事等多し、具に注述し難し、惣じてかくの如き等の無方は、慎みて犯すべからず、此の上なお制法に背く輩は、これ予が門人に非ず、魔の眷属なり、更に草庵に来るべからず、自今

以後、各聞き及ぶに随いて、必ずこれを触れらるべし、余人相伴うことなかれ、もし然らずんば、これ同意の人なり、かの過なす者の如し、同法を嗔り師匠を恨むことあたわざれ、自業自得の理、ただ己が心に在るのみ、この故に今日四方の行人を催して、一室に集めて告命す、僅かに風聞ありと雖も、たしかに誰の人と知らざれば、沙汰するに拠りどころを失い、愁歎して年序を送る、黙止すべきに非ざれば、先ず力の及ぶに随いて、禁遏の計りごとを廻らす所なり、よりて其の趣を録して門葉等に示すの状件の如し、

この文書は現在、京都嵯峨の二尊院に所蔵されており、従来から「七箇条起請文」と呼ばれてきた。しかし、古文書の様式としての「起請文」の要件を具備していないので、最近では「七箇条制誡」と称されている。すなわち起請文は、「敬白　起請文事」と書き出し、ある事柄について偽りなきことを宣誓し（前書）、もし偽りがあれば神仏の罰を蒙るべきこと（神文）の二点を記述するのが定式であった。この文書には、前書にも神文にも相当する文言を欠いているのである。ただし、もともと事を発議して上級職権者の裁可を請うことを「起請」といい、申請者が自ら発議したことを実行するにあたり、遵守の保障を権威ある者に求めるようになり、その権威を天皇・祖師や神仏へと転ずれば、起請は誓約となり、制誡となる。平安時代中期から鎌倉時代にかけて、教団や寺院内部の制式・制誡・掟などの規制をも起請と呼び習わしていた。そこで、この文書を「七箇条起請」と称して差し支えないが、「起請」と「起請文」の混用を避けるためにも、内容的にいって「七箇条制誡」と呼ぶのが無難であろう。なお、重要文化財の指定名称は「法然上人七ヶ条制法」である。

『法然上人行状絵図』巻三十一によれば、法然上人の勧化が一朝に満ち四海に及ぶと、「門弟のなかに専修に名をかり、本願に事をよせて、放逸のわざをなすもの」が多くなり、南都北嶺の衆徒が念仏の興行をとどめ、上人の化導を障礙しようとする動きが出て、元久元年（一二〇四）の冬のころ、山門の大衆が三塔会合し、専修念仏の停止を座主真性に訴えた。法然上人は軋轢をさけるべく、「すすみては衆徒の鬱陶をやすめ、しりぞきては弟子の僻見をいましめむために、門徒を集めて七箇条の事をしるし起請をなし」、「ながく後証にそなへ、すなはち座主真性に進ぜら」れたが、これと同時に「源空偏に念仏の教をすすめて、余の教法をそしる。諸宗これによりて凌夷し、諸行これによりて滅亡す」という風聞があるが、このようなことは決してない旨を「当寺の諸尊、満山の護法」に誓約した起請文（「送山門起請文」）を座主に進上している。『法然上人行状絵図』には二つの「起請文」をともに座主へ進上したというが、七箇条制誡について、『法然上人伝記』（九巻伝巻五上（七箇条教誡事）に、「亀鏡にそなへ、後証にたつ」と言い、「彼正文すでに月輪殿に進じ置かれる」とあり、座主には進上されなかったと見た方がよい。この正文は、あるいは月輪殿（九条兼実）から法然上人に返され、信空・湛空を通じて二尊院に襲蔵されたのであろう。法然上人の「門人と号する念仏の上人」には、入室の直弟と一時止住の同法のほか、「西より来り東より来りて、法門を問うことあり。西に去り東に去りて行方を知らず。朝に来り暮に往くの人甚だ多し。誠に以て言うに足らざるなり」と称された聞法者がいた（「没後起請文」原漢文）。このような「朝来暮往」の人は、多くは隠遁の聖たちで、吉水の草庵で法然上人の教説を聴聞した後、各地で自らの信者に教化していたと思われる。法然上人・直弟・同法・聞法者（聖）と同心円的に広がった念仏者の集団は、当時「念仏宗」と呼ばれていたが、その同心円の拡散に伴って、外周部で「専修に名をかり、本願に事をよせて、放逸のわざをなすもの」が出現したのである。この七箇条制誡で「近来に至りて、此の十ヶ年より以後、無智不善の輩時々到来す」と言われている「無智不善の輩」である。

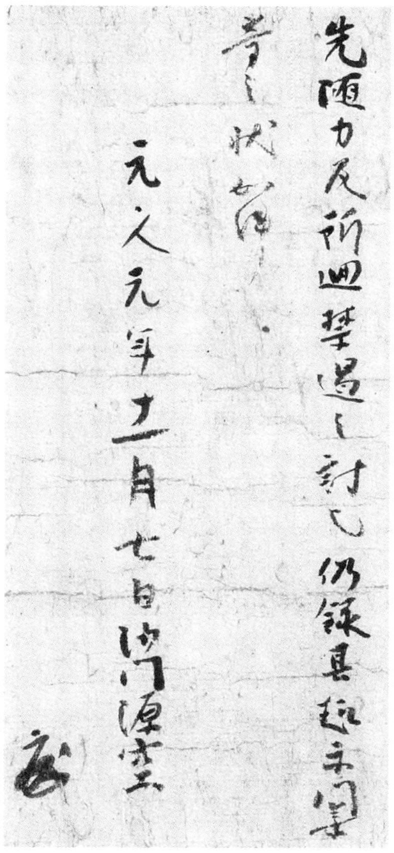

S14－2 花押部分

彼らが行った行為の中で南都北嶺から非難されたのは、念仏勧進における偏執と念仏者自身の破戒であった。法然上人は七箇条の制誡文を作って、門弟の自省を促されたのである。七箇条を簡単に紹介すると、①経文の一句も理解せずに、天台・真言を批判したり、阿弥陀仏以外の余仏菩薩を謗らないこと、②無智の身でありながら、知識ある人や念仏以外の修行者に好んで論争をしかけないこと、③念仏以外の修行者に対して、偏執の心をもって軽侮しないこと、④念仏門には戒行なしと号して、飲酒・肉食を勧めたり、造悪を恐れるなかれと説かないこと、⑤師説に背いて私義を述べ、論争を企てて愚人を惑わさないこと、⑥種々の邪法を説いて、無智の僧俗を教化してはならないこと、⑦邪法を説き、これを偽って師の説だと号しないこと、である。①③④などの常軌を逸した行為が諸宗を刺激し、また②⑤などの論争をしかける挑発的な態度も、学僧たちの顰蹙（ひんしゅく）を買っていたようである。

法然上人は門弟たちを吉水の草庵に集め、「此の上なお制法に背く輩は、これ予が門人に非ず、魔の眷属なり、更に草庵に来るべからず」と厳しく諫め、制誡に従うことを誓わせて、信空以下に署名を求められた。まず日下（にっか）（古文書学の用語で、日付の下。文書の作成・発布の責任者を意味する）の「沙門源空」の左に自ら花押〈S14－2〉を認め、次いで信空ら門弟の名が続く。

七日に八十人、八日に六十一人、九日に四十九人、合計一九〇人。途中で「十人」「廿」「卅」などの表示が付されているが、八十番目の了西に「八十」の表示がなく、次の「同八日追加人々」の尊蓮に付いているから、この辺りで誤算があって、以下の表示は一人ずつずれている。これまでの研究で、信空・源智・欣西・蓮生は自署であることが確認されており、同名の重出は同名異人で、数人の署名が同筆であるのはその場に居合わせなかった者を代筆したと考えられている。『西方指南抄』に「已上二百余人連署了」とあるので、原本から十数人（一紙分）の署名が脱落したと考える向きもある。

〔参考文献〕

鷲尾順敬『日本仏教文化史研究』
辻善之助『日本仏教史』第二巻（中世篇之一）
伊藤唯真『浄土宗の成立と展開』
中野正明『法然遺文の基礎的研究』
香月乗光「各種法然伝所載の『七箇条起請文』について」（『法然上人伝の成立史的研究』第四巻）

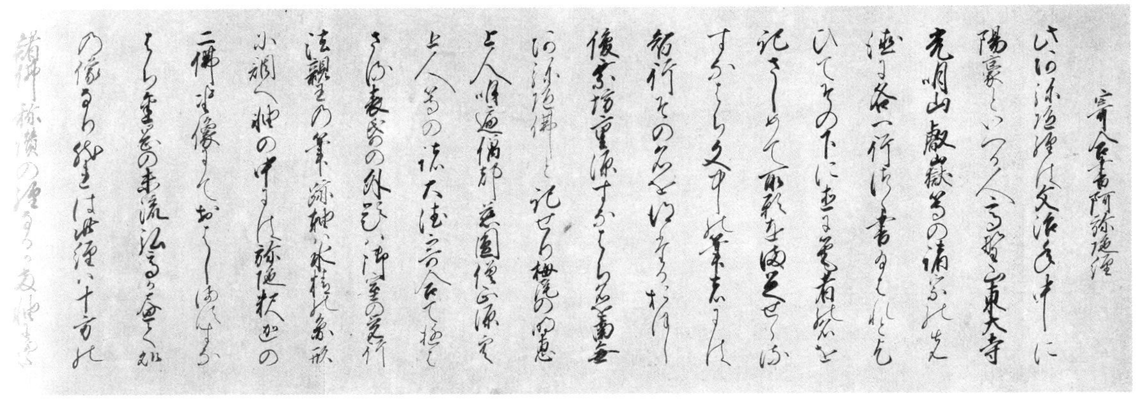

S15　寄合書阿弥陀経

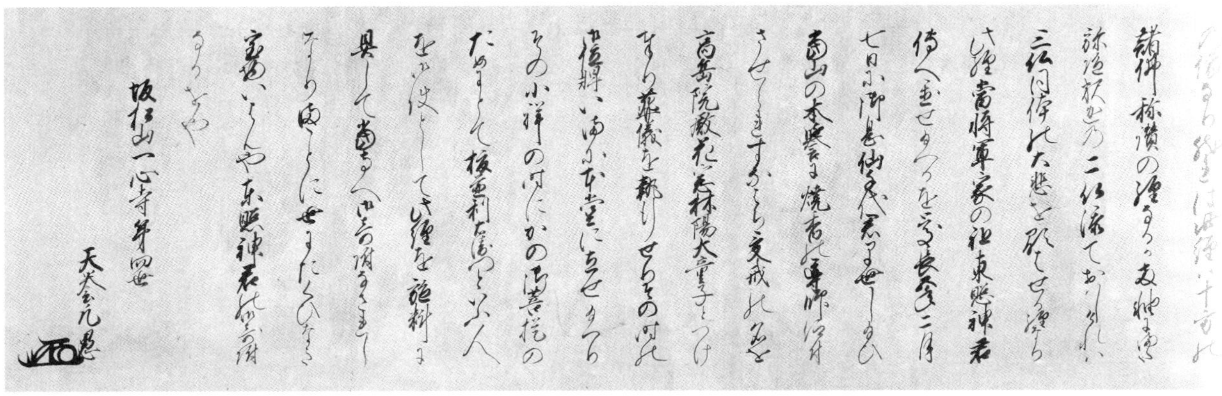

一行一筆般若心経・阿弥陀経〈14〉

大阪市　一心寺

大阪市天王寺区の一心寺に、一行一筆分写の『摩訶般若波羅蜜多心経・佛説阿弥陀経』が現存する。二経が一巻に収められ、巻子装となっている。料紙は漉直紙で薄墨色を呈している。長さは二経の間、空白部を含めて二七〇cm（『般若心経』は約四〇cm、『阿弥陀経』は約二三〇cm）、下部に約四cm巾の横罫を施し、署名用の欄を設けている。

『般若心経』は十八人の僧が一行ずつ書写（内二名は首尾の経題のみ）、『阿弥陀経』は百十九名（内二名は同前）の僧が分写し、二経一巻一具仕立てとなり、かぶせ蓋つきの木箱に納置されている。蓋の表面には「寄合書弥陀経　同縁起一軸　坂松山一心寺　什物」と書かれ、蓋裏には「高譽代修補」とある。

本巻の伝来については、巻末すなわち『阿弥陀経』のあとに継紙があり、「此心経與阿弥陀経者、／為髙岳院殿花窓林陽大童子御菩提、／大檀那従／源家康公御寄附也、／慶長六禩龍集辛丑正月廿二日／坂松山一心寺常住物、／本譽存牟（花押）」（／＝改行、以下同じ）と書かれている。

また別に添状一巻があり、同寺第四世天譽凡愚によって縁起〈S15〉が次のとおり記されている。

寄合書阿弥陀経

此阿弥陀経は文治年中に／陽豪といへる人高野山・東大寺・／光明山・叡嶽等の諸宗の先／徳に各一行つゝ書給はれと乞／ひてその下に直に筆者の名を／記さしめて所願を満足せらる／すなはち文中の筆者には／智行その名を得たるおほし。／俊乗房重源すなはち名を南無／阿弥陀佛と記せり。栂尾の明恵／上人、明遍僧都、慈圓僧正、源空／上人等の諸大徳寄合て遊ば／さる、表帋の外題ハ御室の覚行／法親王の筆跡・軸ハ水精の円形／に調へ、軸の中には弥陀・釈迦の／二佛坐像にておはします、すな／はち金岡の末流弘高か書く処／の像なり、然れば此経ハ十方の／諸佛称讃の経なるが両軸にまた／弥陀・釈迦の二仏添ておハしけれハ、／三仏同体の大悲を顕はせる経なり。／此経當将軍家の祖、東照神君／伝へ置せ給へるを慶長五年二月／七日に御息仙千代君早世し給ひ／当山の本譽に焼香の導師仰付／させられ、すなはち、受戒の名を／髙岳院殿花窓林陽大童子とつけ／奉り、葬儀を執行せり、その時の／御位牌いまに本堂に立せ給へり／その小祥の時にかの御菩提の／ためにとて榎並利右衛門といふ人／を御使として此経を施料に／具して当寺へ御寄附なされし／なり、まことに世にたくいなき／宝物、いはんや東照神君の御寄附なるをや／　坂松山一心寺第四世／天譽凡愚／（花押）

文中に「表帋の外題ハ御室の覚行」とあるが、今は失われている。また「御息仙千代君」とある人物は、徳川家康の八男。母は側室亀、文禄四年（一五九五）三月十三日、伏見に生まれ、のち平岩新吉の養嗣子となったが、慶長五年（一六〇〇）二月七日、六歳で没した。葬儀は一心寺本譽存牟上人を導師に営まれた。

徳川家康は早世した「御息仙千代君（髙岳院殿花窓林陽大童子）」の菩提を祈って一周忌に当り、榎並利右衛門を使者に立て布施料に添えて『般若心経・阿弥陀経』を一心寺に寄進した。これは写経史上、他に類例がない一行宛の分写経で、しかも一行毎に書写した人の署名があり、なかに「源空」の名が見えるのできわめて貴重なものである。

S16－1　一行一筆般若心経

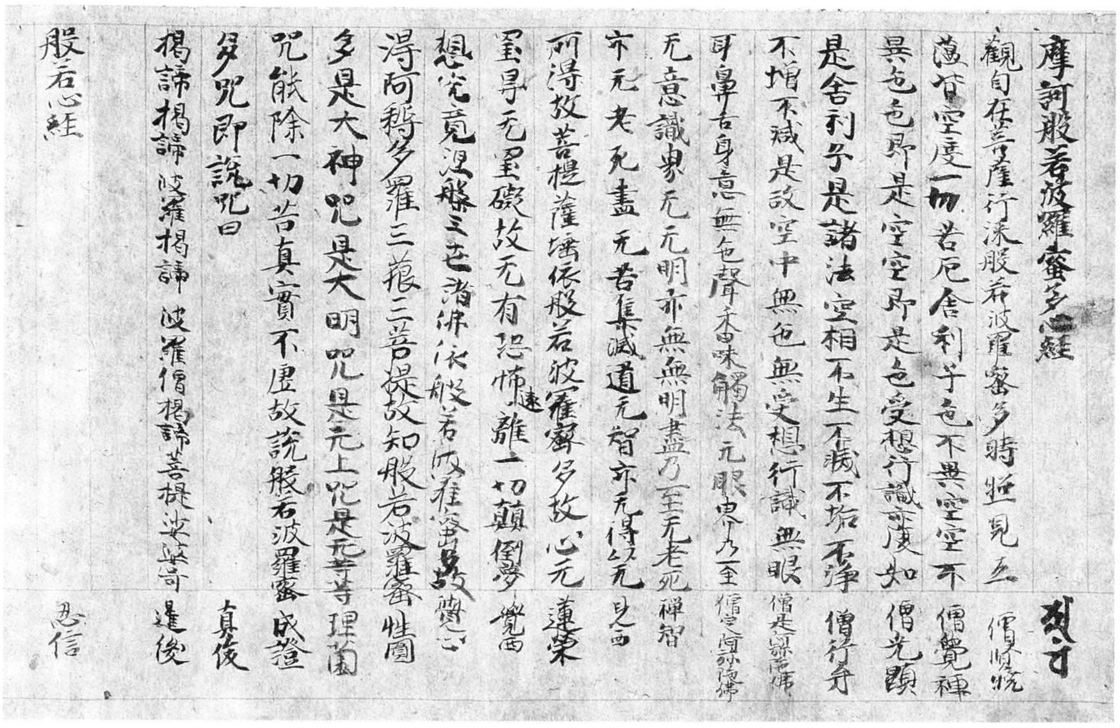

S16－2　一行一筆阿弥陀経

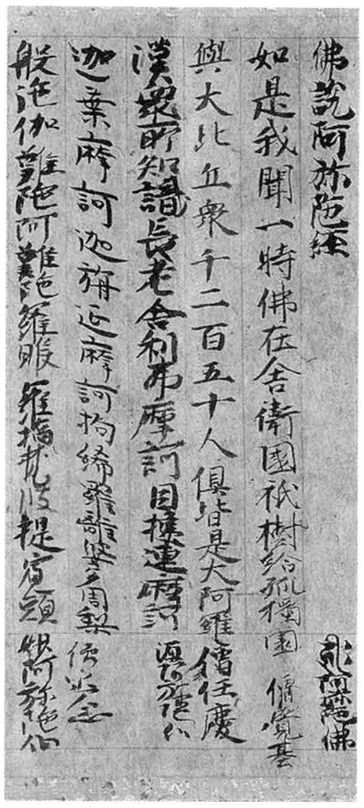

末尾の行（一一八）に「文治五年六月廿四日」という異筆の年時が書きこまれている。これについては、形式的に少し異様であり、恐らく『阿弥陀経』奥題のあとに空白があり、ここに願文があったと思われ、その部分が汚損して判読し難くなったので修復の際に截り落して、年紀のみを適当な個所ではないが、後世に伝えようとして書きこんだものと推定されている。[1] 文治五年（一一八九）といえば大原問答が行われた年（一説文治二年）である。

経文各行のはじめ五字分と、その行下に署名されてある僧名を挙げておく。

1	摩訶般若波羅蜜多心経	（梵字）
2	観自在菩薩	僧賢暁
3	蘊皆空度一	僧覺禅
4	異色色即是	僧光顕
5	是舎利子是	僧行弁
6	不増不減是	僧是阿弥陀佛
7	耳鼻舌身意	僧定阿弥陀佛
8	无意識界无	禅智
9	亦无老死盡	見西
10	所淂故菩提	蓮榮
11	罣㝵无罣礙	覺西
12	想究竟涅槃	覺心
13	淂阿耨多羅	性圓
14	多是大神咒	理薗
15	咒能除一切	成證
16	多咒即説咒	真俊
17	掲諦掲諦波	暹俊
18	般若心経	忍信

1	佛説阿弥陀経	（梵字）阿弥陀佛
2	如是我聞一	僧覺基
3	與大比丘衆	僧任慶
4	漢衆所知識	源阿弥陀佛
5	迦葉摩訶迦	僧定念
6	般陀伽難陀	妙阿弥陀仏
7	盧頗羅堕迦	法阿弥陀佛

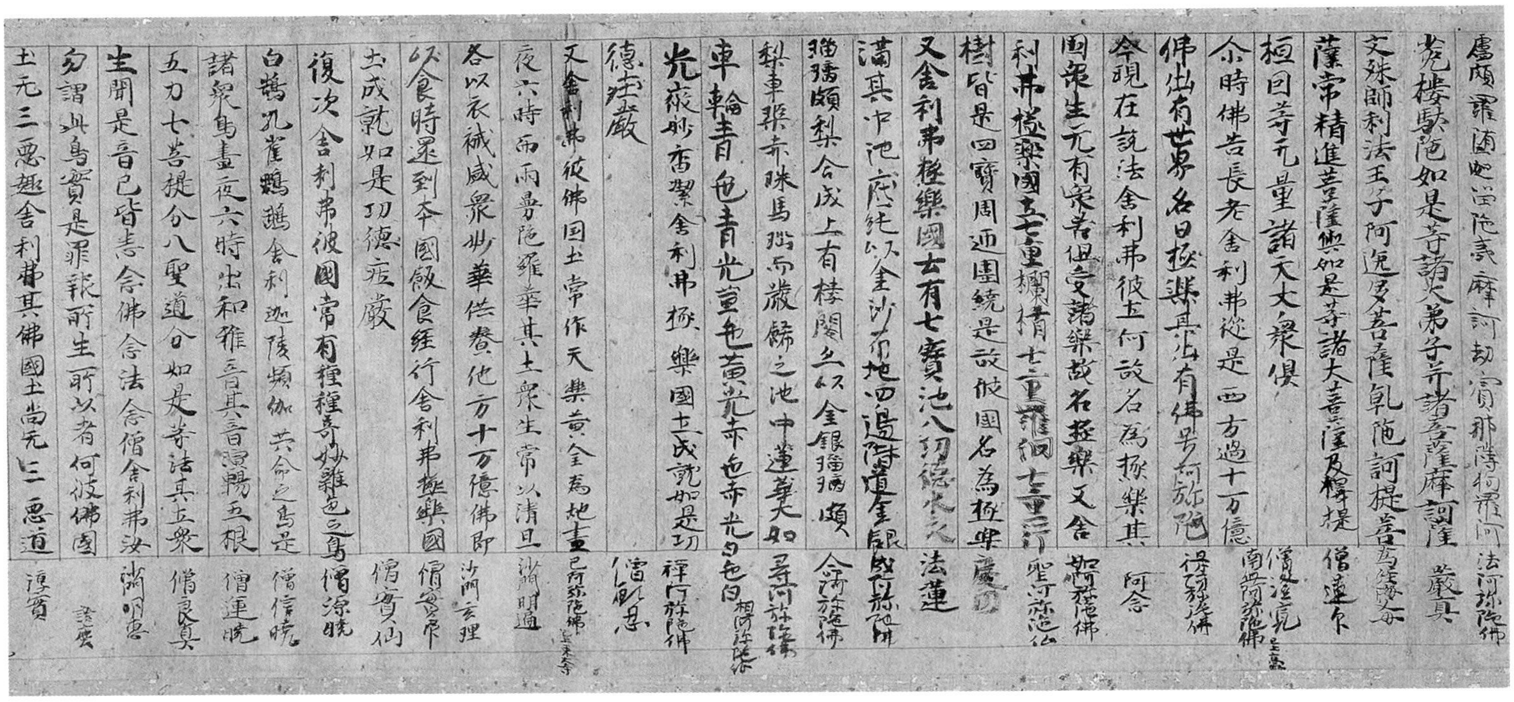

8 尭楼駄陀如　厳真
9 文殊師利法　為経海父母
10 薩常精進菩　僧蓮印
11 桓因等无量　僧澄覚
已上高野
12 尒時佛告長　南無阿弥陀佛
13 佛出有世界　得阿弥陀佛
14 今現在説法　阿念
15 国衆生无有　如阿弥陀佛
16 利弗極楽国　聖阿弥陀仏
17 樹皆是四寶　慶円
18 又舎利弗極　法蓮
19 満其中池底　成阿弥陀佛
20 瑠璃頗梨合　命阿弥陀佛
21 梨車渠赤珠　尋阿弥陀佛
22 車輪青色青　相阿弥陀仏
23 光微妙香絜　禅阿弥陀佛
24 徳荘厳　僧願忍
25 又舎利弗彼　己阿弥陀佛
已上東大寺
26 夜六時而雨　沙門明遍
27 各以衣裓盛　沙門玄理
28 以食時還到　僧實印
29 土成就如是　僧實仙
30 復次舎利弗　僧源暁
31 白鵠孔雀鸚　僧信暁
32 諸衆鳥晝夜　僧運暁
33 五力七菩提　僧良真
34 生聞是音已　沙門明恵
35 勿謂此鳥實　證鏖
36 土无三悪趣　淳實
37 之名何況有　淳暁

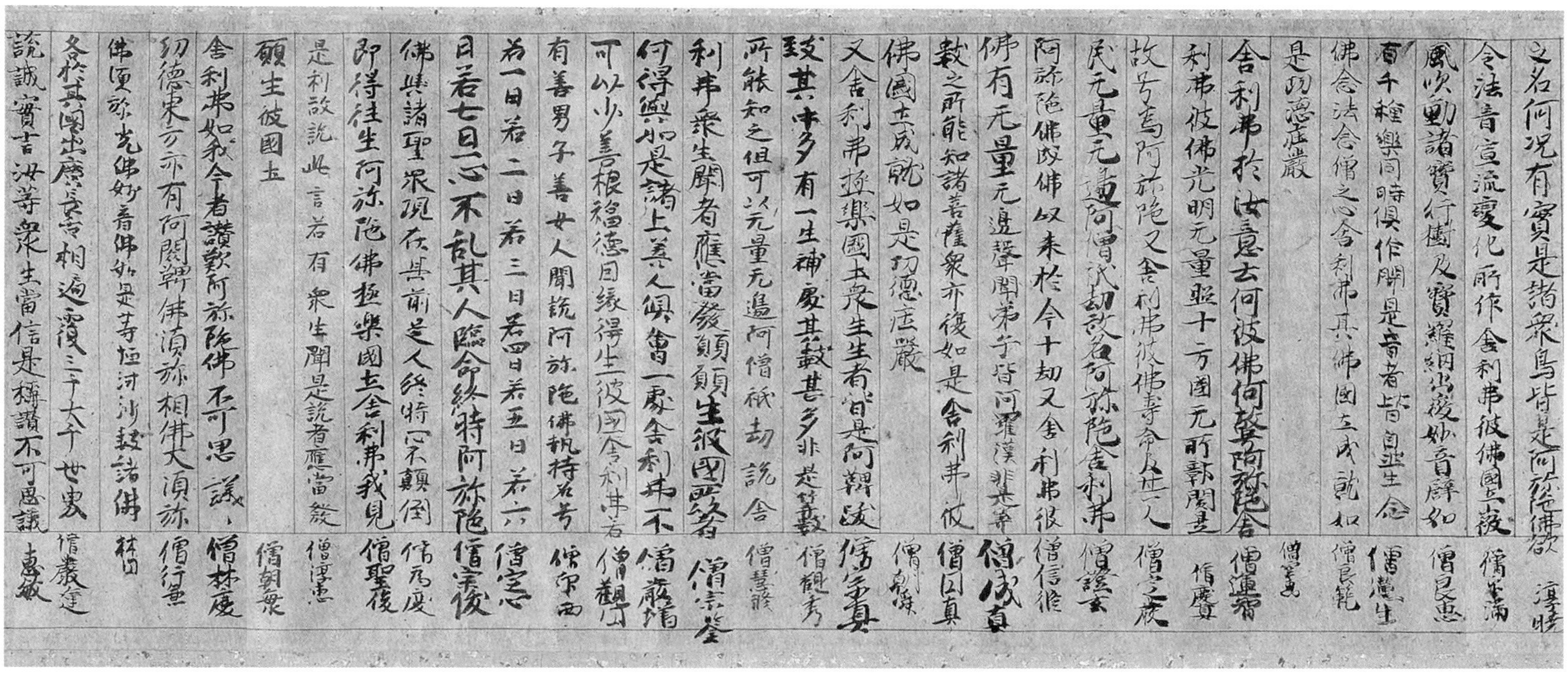

38	令法音宣流	僧印満
39	風吹動諸寶	僧良恵
40	百千種楽同	僧蓮生
41	佛念法念僧	僧良範
42	是功徳荘厳	僧空恵
43	舎利弗於汝	僧運智
44	利弗彼佛光	僧慶具
45	故号為阿弥	僧定厳
46	民无量无遍	僧證玄
47	阿弥陀佛成	僧信修
48	佛有无量无	僧成真
49	数之所能知	僧円真
50	佛国土成就	僧朝舜
51	又舎利弗極	僧宗真
52	致其中多有	僧観秀
53	所能知之但	僧慧修
54	利弗衆生聞	僧宗鑒
55	何得與如是	僧厳増
56	可以少善根	僧観円
57	有善男子善	僧印西
58	若一日若二	僧定心
59	日若七日一	僧宗俊
60	佛與諸聖衆	僧爲慶
61	即得往生阿	僧聖俊
62	是利故説此	僧淳恵
63	願生彼国土	僧朝槩
64	舎利弗如我	僧林慶
65	功徳東方亦	僧行兼
66	佛須弥光佛	林円
67	各於其国出	僧厳運
68	説誠實言汝	恵敏
69	功徳一切諸	僧西實

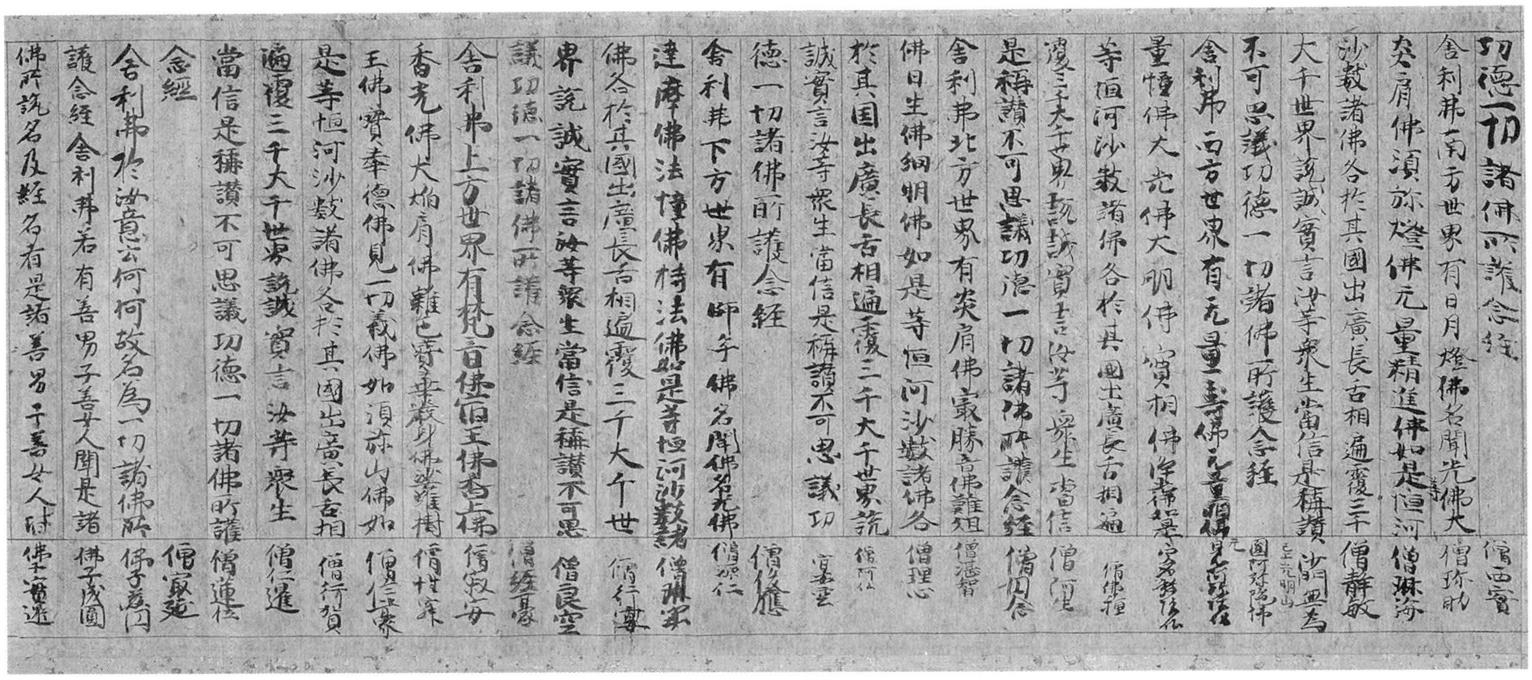

70 舎利弗南方　僧弥助
71 炎肩佛須弥　僧琳海
72 沙数諸佛各　僧静敏
73 大千世界説　沙門無為
已上光明山
74 不可思議功　圓阿弥陀佛
75 舎利弗西方　見阿弥陀仏
76 量幢佛大光　完阿弥陀仏
77 等恒河沙数　僧佛種
78 覆三千大千　僧阿生
79 是称讃不可　僧円念
80 舎利弗北方　僧湛智
81 佛日生佛網　僧理心
82 於其国出廣　僧阿仏
83 誠實言汝等　宴空
84 徳一切諸仏　僧俊應
85 舎利弗下方　僧源仁
86 達摩佛法幢　僧琳寂
87 佛各於其国　僧行宴
88 界説誠實言　僧良空
89 議功徳一切　僧経豪
90 舎利弗上方　僧寂安
91 香光佛大焔　僧性舜
92 王佛寶華徳　僧信豪
93 是等恒河沙　僧行賀
94 遍覆三千大　僧仁暹
95 當信是称讃　僧蓮位
96 念経　僧寂延
97 舎利弗於汝　佛子慈円
98 護念経舎利　佛子成圓
99 佛所説名及　佛子實暹
100 為一切諸佛　在蓮

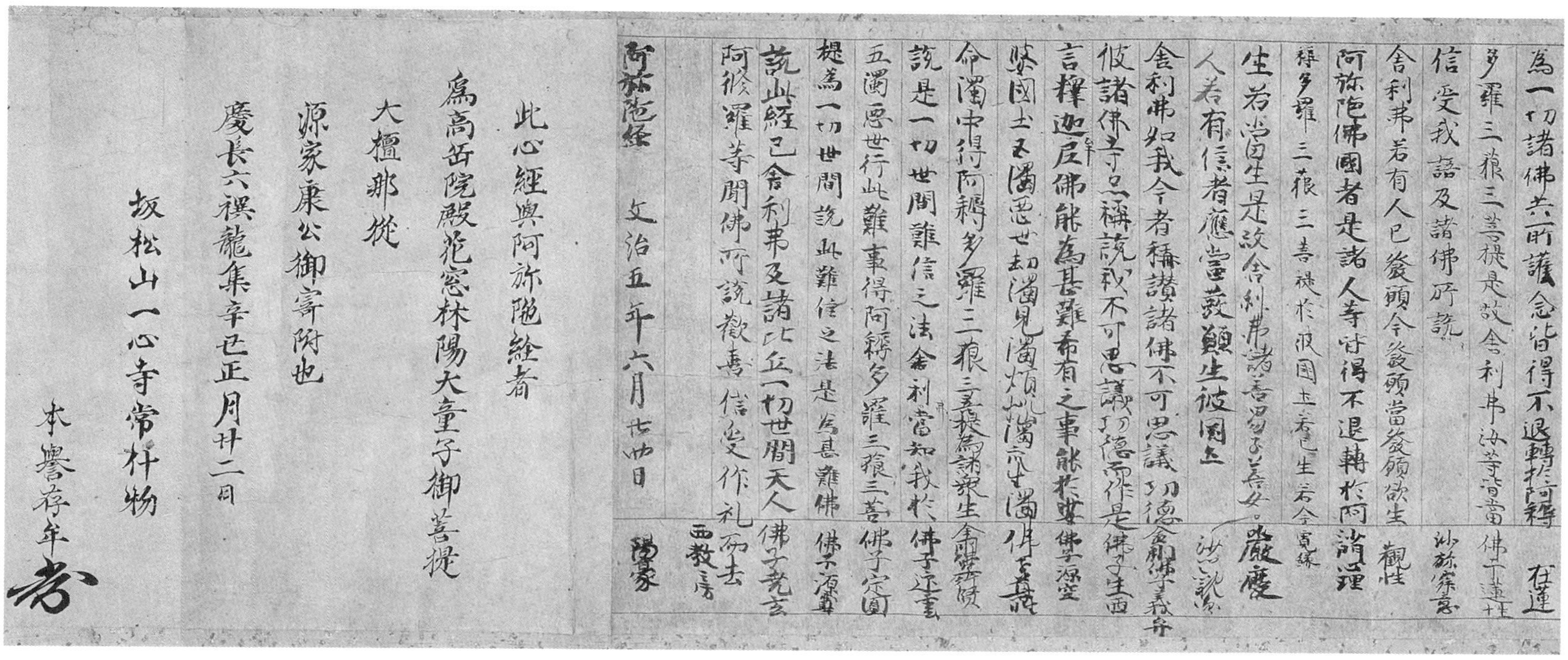

101	多羅三藐三	佛子蓮性
102	信受我語及	沙弥舜意
103	舎利弗若有	観性
104	阿弥陀佛国	沙門心理
105	耨多羅三藐	寛縁
106	生若當生是	厳慶
107	人若有信者	沙門観円
108	舎利弗如我	金剛佛子義弁
109	彼諸佛等亦	佛子生西
110	言釋迦牟尼	佛子源空
111	婆国土五濁	佛子尊性
112	命濁中得阿	金剛佛子行賢
113	説是一切世	佛子迎雲
114	五濁悪世行	佛子定圓
115	提為一切世	佛子源尊
116	説此経已舎	佛子尭玄
117	阿修羅等聞	西教房
118	阿弥陀経　文治五年六月廿四日	陽豪

法然上人研究上注目されるのは、この『一行一筆阿弥陀経』の一一〇行目〈S17－1〉である。

言釋迦尼（牟）佛能為甚難希有之事能於娑　佛子源空

とある。『阿弥陀経』は一一八名の僧侶によって分写されているが、そのなかに「佛子源空」の署名が見出される。この「佛子源空」が法然上人であるのか否か、論議の分かれるところである。

田中塊堂氏は高野山にも源空（兼照）という僧がいるし、書風からみても法然上人ではなく、同名異人だろうという。[2]これに対し中野正明氏は、一行分写と署名は法然上人の真蹟とみる。その根拠は、盧山寺本『選択集』冒頭二十一文字（真蹟）との比較から同一性が認められるとする。掲出の写真〈S18・17－2〉のように、共通する筆蹟として「擇」と「釋」の「睪」、「選」と「迦」の「辶」、「佛」の字、「為」の字、「之」の字などの部分が酷似しているという。さらに「源空」の署名も、興善寺胎内文書中の法然上人書状懸紙の署名、とくに「源」の字が共通していると指摘される。[3]中野氏の所説は首肯でき、法然上人筆蹟の蓋然性は極めて高い。『阿弥陀経』分写に法然上人が参加されたとみてよい。

その可能性を支援する、いま一つの状況がある。それは分写に参加した僧侶たちが繰り広げる宗教的世界である。『般若

S17－1　110行目法然上人署名の行

S18　**廬山寺本『選択本願念仏集』**冒頭より

S17－2　110行目より

心経』をも含め、『阿弥陀経』においても十一行目の僧澄寛までが高野山、二十五行目の己阿弥陀仏までが東大寺、二十六行目の沙門明遍から七十三行目の沙門無為までが光明山の関係者、他に比叡山、西山別所などの僧によって構成されている。なかに蓮生、観円、慈円、観性などの名も出ている。

このような『般若心経・阿弥陀経』一行一筆分写の結縁者について、青木淳氏は南都浄土教グループの活動の舞台となった東大寺ならびに光明山別所、高野山新別所と、比叡山および西山別所（善峯寺）を中心とする天台浄土教グループによる法縁的地縁的関係が母胎になっていると指摘する。[4] 示唆ぶかい観点である。

註

（1）田中塊堂「一行一筆勧進心経・阿弥陀経に就いて」（井川定慶博士喜寿記念会編『日本文化と浄土教論攷』、昭和四十九年十一月、井川博士喜寿記念会刊）

（2）同右

（3）中野正明『増補改訂　法然遺文の基礎的研究』（二〇一〇年五月、法蔵館刊）

（4）青木淳「大阪・坂松山一心寺所蔵『一行一筆般若心経・阿弥陀経』（全巻）解説」（『法然上人研究』三）、同氏『遣迎院阿弥陀如来像像内納入品資料』（日文研叢書第十九集）「付録」（平成十一年三月、国際日本文化研究センター発行）

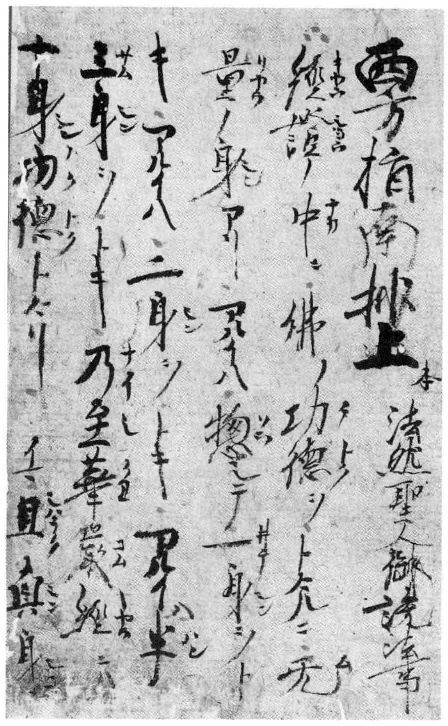

S19 上本巻首

西方指南抄〈21〉

三重・津市　専修寺

『西方指南抄』は上・中・下の三巻より成り、さらに各巻が本・末に分冊され、親鸞聖人の真蹟本が真宗高田派本山専修寺に所蔵されている。奥書によると、康元元年（一二五六）十月より翌年の康元二年正月にかけて書写された。内容は法然上人の説法・法語・行状・伝記・書簡等を集録したもので、二十八篇に分かれる。これらは『法然上人伝記』（醍醐本）に収める諸篇、道光（了恵）が集録した『黒谷上人語灯録』などと一致するものが多いが、本書にのみ見えるものもあり、法然上人遺文の資料として貴重である。『西方指南抄』の構成は以下の通りである（括弧内は対応する文献資料。各篇のタイトルは『親鸞聖人全集』を参照した）。

上本　①法然上人御説法事（『漢語灯録』「逆修説法」の異本）
上末　②建保四年公胤夢告（『法然上人伝記』「別伝記」）
中本　③建久九年三昧発得記（『法然上人伝記』「三昧発得記」）
　　　④法然聖人御夢想記（『拾遺漢語灯録』「夢感聖相記」）
　　　⑤法語十八条
　　　⑥法然聖人臨終行儀（『法然上人伝記』「御臨終日記」）
　　　⑦聖人の御事諸人夢記（『法然上人行状絵図』巻三十八第一段・第二段）
中末　⑧七箇条起請文（『漢語灯録』「七箇条起請文」）
　　　⑨葬家追善事（『漢語灯録』「没後起請」）
　　　⑩源空聖人私日記
　　　⑪決定往生三機行相
　　　⑫鎌倉の二品比丘尼へ御返事（『和語灯録』）
　　　⑬名号の勝徳と本願の体用
下本　⑭念仏の事御返事（『和語灯録』「大胡太郎の妻室へつかはす御返事」）
　　　⑮おほごの太郎へ御返事（『和語灯録』）
　　　⑯しやう如ばうへ御書状（『和語灯録』）
　　　⑰故聖人の御坊の御消息（『和語灯録』）
　　　⑱基親取信信本願之様（『漢語灯録』）
　　　⑲基親上書と御返事（『漢語灯録』）
　　　⑳或人念仏之不審聖人に奉問次第（『法然上人伝記』「禅勝房との問答」）
　　　㉑浄土宗の大意
下末　㉒四種往生事

㉓法語（末代の衆生を云々）（『和語灯録』「黒田の聖人へつかはす御文」）
㉔法語（末代悪世の衆生云々）（『和語灯録』「念仏大意」）
㉕九条殿北政所御返事（『和語灯録』）
㉖九月十六日付御返事『和語灯録』「熊谷入道へつかはす御返事」）
㉗法語十三問答（『和語灯録』「要義問答」）
㉘つのとの三郎殿御返事（『和語灯録』）

以上の内容細目を見ても分かるように、『西方指南抄』にだけ収めるものが六篇もある。本書の編集に関して、親鸞自筆稿本説と親鸞転写説がある。親鸞自筆稿本説は、親鸞真蹟本六冊の奥書に、愚禿親鸞が「書之」とするのが四冊、「書写之」とするのが一冊ある。「書之」は親鸞の自著を示し、「書写之」は自著を書写する場合にも、他著を書写する場合にも用いるが、四冊について「書之」とあるから、すでに成立していたものを書写していたとは思えないとする。一方の親鸞転写説は、親鸞が書写した底本が別に存したと考えるものである。

六冊の奥書によると、康元元年十月十三日書之（康元二年正月一日校之）（上末）、康元元年十月三十日書之（下本）、康元元年十一月八日書之（下末）、康元二年正月二日書之（上本）、康元二年正月二日校了（中本）の順に、書写または校正している（中本は校了の日付であるから、上末のように書写は前年の十月ごろとも考えられる）。上本から下末へと順を追っていない点について、「随時にあるいは同時に、あれを書きこれを書き、収集された資料が整理され、執筆されていったと見るか」（親鸞自筆稿本説）、「すでに編集の行われていた底本を、随時にあるいは同時に書写していったと見るか」（親鸞転写説）は、論者の考えの相違にもよろうが、後者の方に分がある。

親鸞転写説に有利な根拠は、①法然上人御説法事と『漢語灯録』「逆修説法」の比較によって、『西方指南抄』に全文の四分の一ほどの省略が存すること、⑧七箇条起請文を二尊院蔵の原文書に照らし合わせると、『西方指南抄』に意図的とも思える脱字や脱文、字句の書き換え、訓点の違いが見られること、⑨葬家追善事は、「起請　没後二箇条事」とありながら、『漢語灯録』にある「不可諍論房舎資具衣鉢遺物等事」を欠いていることなど、親鸞が転写の際に加えた改変が指摘できることである。

専修寺蔵の親鸞真蹟本が転写本であるとすれば、その底本となった原典の『西方指南抄』は、いつごろ成立したのであろうか。宝治二年（一二四八）の『高僧和讃』の「源空讃」が⑩源空聖人私日記および⑥法然聖人臨終行儀をもとに作られており、親鸞は宝治二年には『西方指南抄』を手にしていたと考えられている。しかし、「源空讃」にいう十五歳出家のことや道綽本地説は、⑩源空聖人私日記には見えないのである。「源空讃」の作成に当たり、親鸞は『知恩講私記』や『伝法絵流通』（『本朝祖師伝記絵詞』）など他の伝記資料に依ったとも思えるので、少なくとも「源空讃」を『西方指南抄』成立の論拠にすることは出来ない。

建長七年（一二五五）十月三日付の性信宛て消息「かさまの念仏者のうたかひとわれたる事」の中に引く法然上人の言葉が、⑫鎌倉の二品比丘尼へ御返事と㉘つのとの三郎殿御返事にも見えることから、門弟に与える消息を書くときに、親鸞が手元に置いていた『西方指南抄』を参照していたと推測される。これが『西方指南抄』の存在を示す最も新しい年代となるが、その成立は建長七年をさほど遡らない時期と考えておきたい。

それでは『西方指南抄』の編者は誰か。私はやはり親鸞であろうと思う。晩年の親鸞は法然上人を追慕し、かつて授与されていた『選択本願念仏集』以外の、法然上人の説法・法語、行状を記した記録、消息等を入手するに従って集録していたと思われる。それを『西方指南抄』と題して篋底(きょうてい)に蔵していたが、東国の門弟の真仏に読ませるために、康元元年から二年にかけて、親鸞自ら新たに一本を書写して授与したと考えられる。その際、原文の一部を省略ないし改変、また付記するところがあった。

〔参考文献〕

親鸞聖人全集刊行会『親鸞聖人全集』輯録篇(2)〔解説担当者生桑完明〕
赤松俊秀『続鎌倉仏教の研究』
浅野教信『親鸞聖人編『西方指南抄』の研究』上巻
中野正明『法然遺文の基礎的研究』

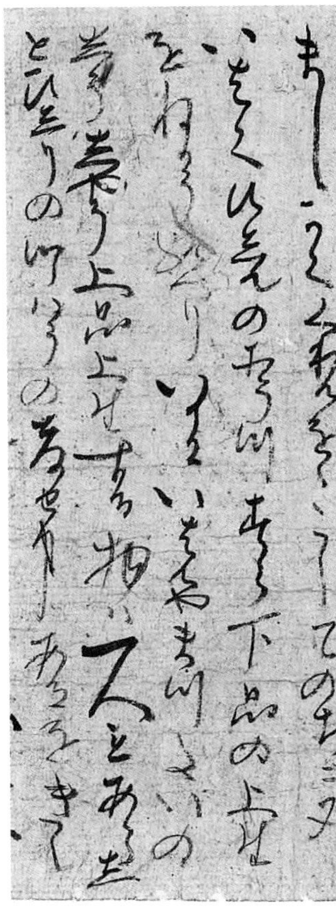

S20 誓願状 部分

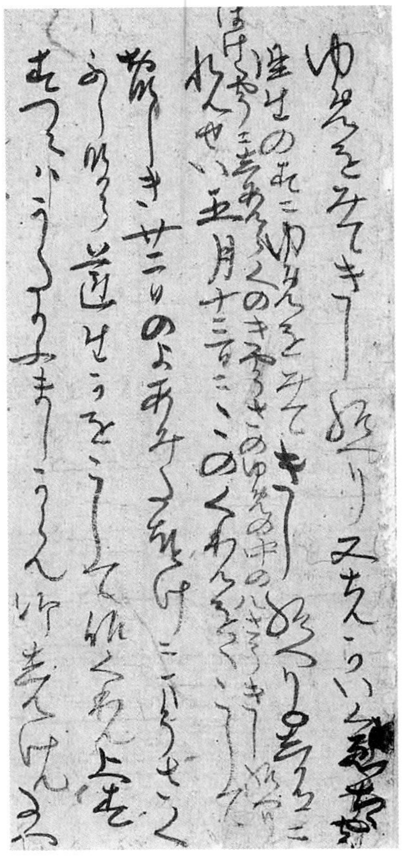

S21 同前 部分

熊谷直実自筆誓願状〈22〉

京都市 清凉寺

京都嵯峨の清凉寺に「熊谷直実誓願状」と題する巻子が蔵されており、そこに二通の熊谷直実（蓮生）自筆文書を収めている。その一通は蓮生が上品上生を発願した趣意文である（巻子の題箋「誓願状」はこの文書によっている）。もう一通は蓮生が見た夢の記録である。『法然上人行状絵図』巻二十七第二段に、前者の文書の前半を「発願の文」、後半を「夢記」と名づけて、「已上取詮」としながら、ほとんど全文を引いている。左に概要をあげてみる。

元久元年（一二〇四）五月十三日に、京都の南郊鳥羽にある上品上生の来迎の阿弥陀仏の前で、蓮生は発願して言う。もし極楽に生まれるとすれば、下品下生でも身の楽は限りないが、天台大師の経釈に「下之八品、不可来生」と仰せになっている。同じく極楽に往生するなら、再びこの国土に生まれ来て、一切の有縁の衆生を一人も残さず極楽に導き、無縁の衆生までも助けたいと思って、上品上生を願うのである。それがかなわないなら、下八品には往生したくない。

法然上人が「恵心僧都でさえ下品上生を願っておられる。ましてや末代の衆生が上品上生する者は一人もいない」〈S20〉と仰せになっているのを聞きながら、しかも何かにつけて不法なる蓮生が、どうして上品上生に生まれようか。しかしながら、下八品には生まれたくないと願ったからといって、阿弥陀仏がもしお迎えにならなければ、弥陀の本願や慈悲はそこなわれ、浄土三部経の文、善導和尚の経釈はすべて破れ、妄語の罪を得られるであろう。どうして大聖の金言が空しいであろうか。

上品上生でなければ、極楽へ迎えられても参らないという固い願を起したが、これは間違いであるとしても、五逆罪ほどのことでもなかろう。いかなることがあろうとも、上品上生に迎えてくださるに違いない。

以上が蓮生の上品上生の願文の概要である。法然上人の誡めにもかかわらず、上品上生を願うのは傲慢さからではなく、上品上生の後に来生すること、すなわち「一切の有縁の衆生、一人も残さず来迎せん。もしは無縁までにも、思ひかけてとぶらはんがため」であった。還相回向のためには上品上生しなければならない、という率直かつ確信に満ちた願望であった。

蓮生は「上品上生に生まるべし」という夢をたびたび見た。五月十三日に発願の後、同月二十二日の夜、阿弥陀仏に申して言う。蓮生が起した願が成就するかどうか、示現したまえ、と〈S21〉。夢に、金色の蓮華の茎の周りに十人ばかりがいたが、蓮生一人が茎を登り、花の上に端座したと見て覚めた。これで上品上生の往生についての確信は決定的となり、また「この願が本当に成就するのなら、臨終に人々の耳目を驚かすばかりの瑞相を現して、諸人に弥陀の本願を羨ましく思わせてください」という願を起こした。六月二十三日にも同じ夢を見たという。

次の文書は、上品上生の発願から二年余り経過した元久三年（正しくは建永元年）十月一日の夜に見た奇夢について記す。蓮生は四十歳ばかりの僧と往生の法について議論した。蓮生が極楽往生には弥陀の本願よりほかに勝るものはないと言うと、僧は言葉も発せず、蓮生に言い詰められて、うつ伏していたかと思えば、そのまま姿を消してしまった。以前にも同じ夢を見たことがあった。その年の正月一日に、病のものが門前に来て、「福の福、吉富の富吉、参りて候」と寿言をいう夢を見たが、それは氏神である御獄の神の示現であった。翌朝の十月二日にこれを記す、蓮生（花押）。

清凉寺にはもう一本の巻子があって、「迎接曼荼羅由来」〈S22〉と題する。この文書は筆者が不明だが、鎌倉後期を下

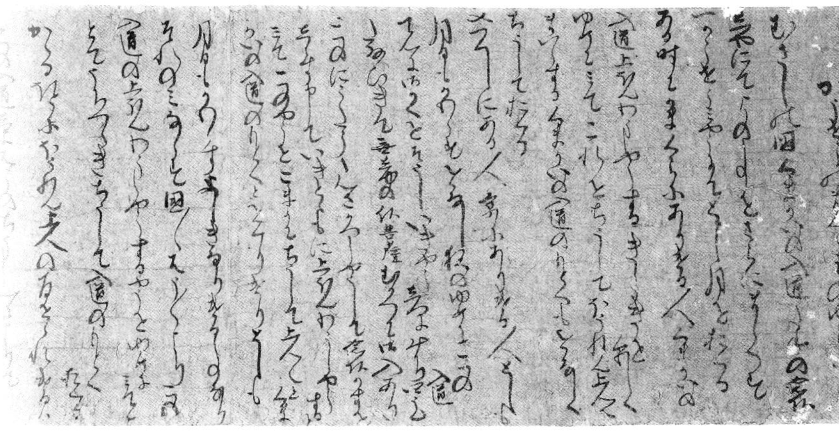

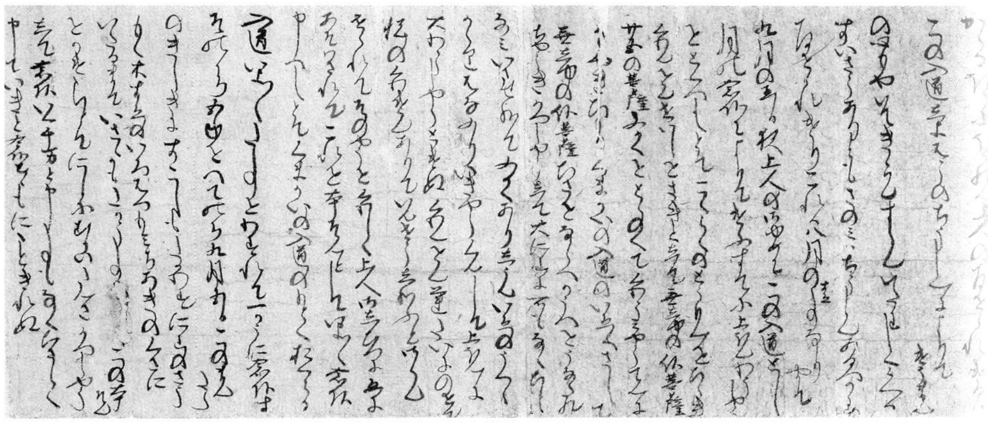

らないものと推測されている。「武蔵の国の熊谷の入道、多年の念仏者にて、余の事を更に交えず、一向称名にて歳月を送る」と書き出す。鎌倉にいる人が熊谷入道の上品往生する夢を見て、法然上人と熊谷入道のもとへ注進した。また筑紫や京にいる人も、同じ年の同じ月日の夜に、無数の仏菩薩が来迎し、入道が上品往生したという夢を見て、その様子を細かに書いて上人と入道に送った。さらに国々方々からも、入道の上品往生の夢を見たと、あいついで入道のもとへ知らせた。そこで法然上人は八月の末に、入道が驕慢の心をおこすのではないかと心配されて、たとえ瑞相があっても注進しないようにと仰せられた。ところが九月五日の夜、法然上人は、観音・勢至をはじめ二十五菩薩が来迎のために入道の家に赴き、入道が上品往生したという夢を見られた。その時の様子を法然上人が詳しく御自筆で図絵されて、これを本尊として念仏せよと入道へ送られた。それから五年後の九月五日、入道がこの曼荼羅を懸けて端座合掌、念仏を幾千万となく申して、曼荼羅に描かれた所と少しも違うことなく、往生を遂げたという。

蓮生の往生の年次に関して、建永二年（一二〇七）九月説（『法然上人行状絵図』）と承元二年（一二〇八）九月説（『吾妻鏡』）とがある。後者に従えば、五年前とは元久元年（一二〇四）で、蓮生が上品上生を発願した年に合致する。

なお、第一の文書は「発願文・夢記」とでも呼ぶべきだが、『法然上人行状絵図』が引用を省略した箇所に、「極楽に所願に従て生まるとの給へる事を、夜毎に現在に身を噛みて、今年は十一年になる」とある。ここは、阿弥陀仏の本願によって極楽に往生できるということを法然上人から教えられ、日夜に身に噛みしめて十一年になる、と解釈できる。「発願文・夢記」を書いた元久元年から起算して、十一年前は建久五年（一一九四）である。直実が上洛して法然上人のもとに入門したのは、建久五年のことと推測される。

〔参考文献〕

赤松俊秀『続鎌倉仏教の研究』

阿弥陀如来立像像内文書〈25〉

浄土宗

一　像内文書

源智が法然上人の一周忌にあたって造立した阿弥陀仏像の像内には、源智願文のほかに、道俗男女の念仏結縁者の交名（きょうみょう）が表裏両面に細字でびっしりと書き連ねられた写経料紙や、その他の紙種の継紙（写経料紙は延二十紙、延十m三十五cm、その他の継紙は延三十七紙、延十一m二十二cm）、同じく道俗男女の交名が書かれた袋綴の冊子二冊（延四十紙）、同じく一紙ものの交名三紙（うち一紙は断簡）、別に名号紙札、結縁供養札、百万遍念仏の数取状などが納入されていた。数多くの交名の継紙がまるめられていたが、その蕊（しん）になっていたのが源智の造立願文であった。

像内納置の文書を調査報告書（原題『玉桂寺阿弥陀如来立像胎内文書調査報告書』昭和五十六年三月三十一日刊、編集・玉桂寺阿弥陀如来立像胎内文書調査団　代表柴田実　発行・玉桂寺　代表役員白井弘敏）に従って挙げると左の通りである。

一　源智阿弥陀如来造立願文
二　平李村等百萬遍人衆
三　四十八人念仏衆交名
四　念佛結縁交名
五　一萬遍念佛人士
六　越中國百萬遍勤修人名
七　百邁遍念佛注進状
八　をみのさたつね等交名帳
九　順阿弥陀佛等交名
十　蓮仁等交名
十一　平学等交名
十二　源頼朝等交名
十三　大納言等交名
十四　成阿弥陀佛等交名
十五　橘守利等交名
十六　念佛勧進状
十七　源氏等交名
十八　一萬遍念佛者交名
十九　念佛者交名（断簡）
二十　念佛者交名（断簡）

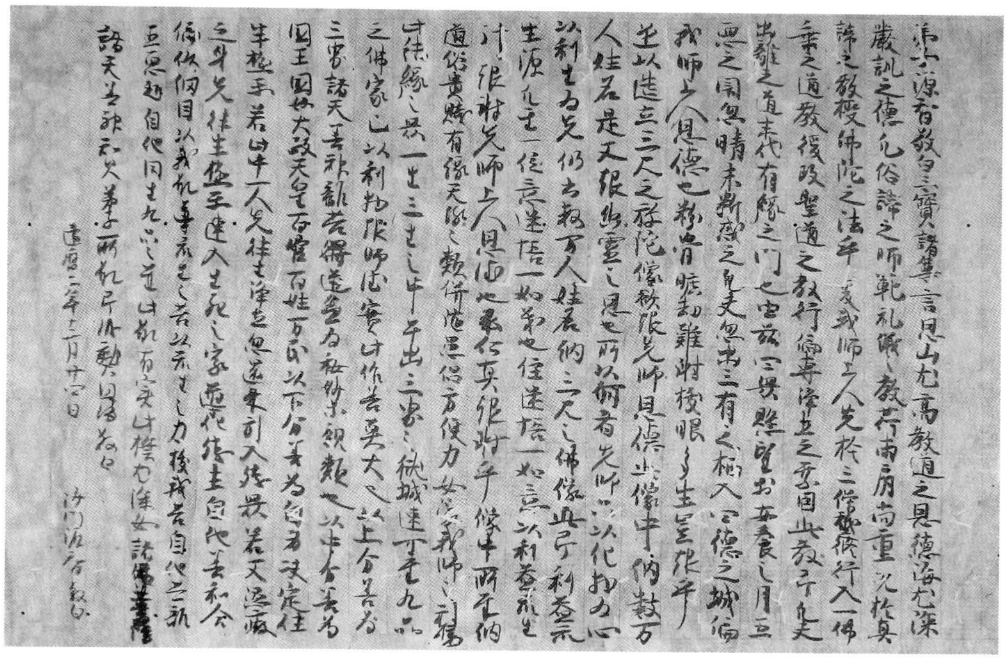

S23 造立願文

二十一　念仏者交名
二十二　入道入蓮等交名（断簡）
二十三　念仏者交名（三片）
二十四　消息断簡
二十五　念佛供養札等一括
追一　清原重遠等交名

二　源智阿弥陀如来造立願文

（時代）建暦二年十二月二十四日
（員数）一通
（紙数）一紙
（料紙）写経料紙
（形状）三一・〇×五九・〇cm
三十三行　墨付七〜三十三行
（保存状態）虫損あり

（前六行空白）
弟子源智敬白三寶諸尊言、恩山尤高教道之恩、徳海尤深／嚴訓之徳、凡俗諦之師範礼儀之教、荷両肩尚重、况於真／諦之教授佛陀之法乎、爰我師上人、先於三僧祇之修行入一佛／乗之道教、後改聖道之教行偏専浄土之業因、此教即凡夫／出離之道、末代有縁之門也、由茲四衆懸望於安養之月、五／悪之闇忽晴、未断惑之凡夫、忽出三有之栖入四徳之城、偏／我師上人恩徳也、粉骨曠劫難謝、抜眼多生豈報乎／是以造立三尺之弥陀像、欲報先師恩徳、此像中納数万／人姓名、是又報幽霊之恩也、所以何者、先師只以化物為心、／以利生為先、仍書数万人姓名納三尺之佛像、此即利益衆／生源、凡聖一位意、迷悟一如義也、住迷悟一如意、以利益衆生／計、報謝先師上人恩徳也、不何真報謝乎、像中所奉納／道俗貴賤有縁无縁之類併随愚侶方便力、必蒙我師之引接／此結縁之衆、一生三生之中早出三界之獄城、速可至九品／之佛家、已以利物報師徳、實此作善莫大也、以上分善、為／三界諸天善神離苦得道、兼為秘妙等親類也、以中分善、為／国王国母大政天皇百官百姓万民、以下分善、為自身決定往／生極楽、若此中一人先往生浄土、忽還来引入残衆、若又愚癡／之身先往生極楽、速入生死之家導化残生、自他善和合／偏似網目、以我願導衆生之苦、以衆生之力抜我苦、自他共離／五悪趣、自他同生九品之蓮、此願有實、此誓尤深、必諸佛菩薩／諸天善神知見弟子所願即成熟円満、敬白
　建暦二年十二月廿四日　沙門源智敬白
（後四行空白、／＝改行）

［読み下し］

弟子源智、敬って三宝諸尊に白して言さく。恩の山尤も高きは教道の恩、徳の海尤も深きは厳訓の徳なり。凡そ俗諦の師範、礼儀の教すら両肩に荷うも尚ほ重し。況んや、真諦の教授、仏陀の法においておや。爰に我が師上人、先に三僧祇の修行を捨て一仏乗の道教に入り、後に聖道の教行を改めて、偏に浄土の業因を専らにし給う。この教は即ち凡夫出離の道、末代有縁の門なり。これに因りて、四衆は望みを安養の月に懸け、五悪の闇忽ち晴れ、末断惑の凡夫は忽ち三有の栖を出でて四徳の城に入る。偏に我が師上人の恩徳なり。粉骨曠劫にも謝し難く、抜眼多生にも豈報ぜんや。ここを以て三尺の阿弥陀仏を造立し、先師の恩徳に報ぜんと欲す。此の像中に数万人の姓名を納むるは、これまた幽霊の恩に報ずる也。所以なんとならば、先師は只化物を以て心と為し、利生を以て先と為せばなり。よって数万人の姓名を書き、三尺の仏像に納む。これ即ち衆生を利益するの源にして、凡聖一位の意、迷悟一如の義なり。迷悟一如の意に住し、衆生を利益するの計を以て、先師上人の恩徳に報謝するなり。何ぞ、真の報謝にあらざらんや。像中に納め奉るところの道俗貴賤、有縁無縁の類はみな愚侶の方便力に随いて、必ずや我が師の引接を蒙らん。この結縁の衆は、一生三生のうち、早く三界の獄域を出で、速やかに九品の仏家に至るべし。すでに利物を以て師徳に報ず。実にこの作善は莫大なり。上分の善を以て三界の諸天・善神の離苦得道が為に、兼ねては秘妙ら親類が為なり。中分の善を以ては、国王・国母・大政天皇・百官・百姓・万民が為、下分の善を以ては、自身の極楽に決定往生せんが為なり。もしこのうち一人さきに浄土に往生せば、忽ち還来して残衆を引き入れん。もしまた愚痴の身さきに極楽往生せば、速やかに生死の家に入りて残生を導化せん。自他の善、和合すること偏に網目に似たり。わが願を以て衆生の苦を導き、衆生の力を以て我が苦を抜かん。自他ともに五悪趣を離れ、自他同じく九品の蓮に生ぜん。この願や実あり、この誓や尤も深し。必ずや諸の仏菩薩、諸天善神、弟子が願うところを知見し給いて、即ち成熟円満せしめ給わんことを。敬って白す。

建暦二年十二月廿四日　沙門源智敬白

三　願文の趣旨

造立願文〈S23〉は、従来不明であった源智の実像に迫る有力史料であり、また交名は、法然教団が多くの念仏ひじりに領導された広域の緩やかな連合体であることを裏づけていた。

願文は四百字ばかりの漢文体で綴られているが、なかに注目すべきいくつかのことがある。第一に、法然上人が聖道門から浄土門へ思想変革をなされ、その浄土の教門によって凡夫が出離できる恩恵に浴し得られることになったこと。第二に、その師恩は多生曠劫にも報じ難く、深広な恩徳への報謝の念がますます強くなること。第三に、先師は「化物」「利生」（人びとを導き利する）を生涯の使命とされていた。その念仏教化を継ぐことこそ報恩行である。念仏結縁に一つの工夫をこらしたいこと。第四に、その計とは結縁者の名を記し、それを仏像内に納置して、一つには念仏結縁の利益と、いま一つには阿弥陀仏と一体になる利益を人びとに得てもらう方法をとること。第五に、迷いの世界にある凡夫姓名が墨書されて、悟りの境界にある聖なる阿弥陀仏の像内に納められているというのは、まさに「凡聖一位」「迷悟一如」の世界が具現されることになる。これぞまさに仏凡一体の仏像である。ここに、三尺の阿弥陀仏像を造立し、像内に数万人の姓名を納置す

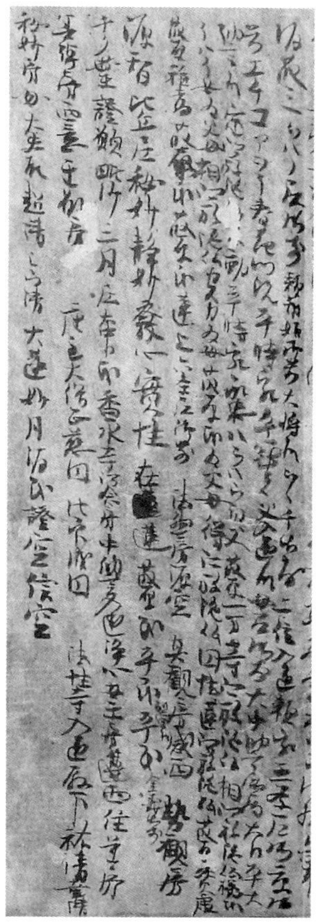

S24　源頼朝交名　部分

S25　源頼朝交名　冒頭部分

るのを発願したこと。第六に、この衆生利益の源となる念仏結縁とそれにつづく仏像造立の行業こそ、「真の報謝」だと考えたこと。

　このような主旨、意巧が源智から協力者に、地方に派遣される念仏ひじりに伝えられ、さらに念仏上人から集まってきた諸人に語られ、各地での念仏運動となり、上人滅後一年たたずに仏像は開眼を迎えたのである。

　上記は仏像造立に関しての注目すべき諸点であるが、願文はこれに加えてなお重視すべきことを述べている。

　第七には、念仏結縁者が多数になると、集団念仏化し、その念仏は自他過現に融通する百万遍念仏らしいこと。交名の見出し語にもこの言い方がなされている場合がある。第八に、念仏参加者に対し、源智の方便力により必ずや「わが師の引接を蒙る」こと、また結縁者のなかで他に先立って往生したなら急ぎ還り来て残っている者を浄土へ引導することが約束されていること。法然上人や集団の盟約者が穢土に還り、浄土へ引接するという思想である。如来二種回向の思想とも違い、集団の者が他者を引接するという庶民的思考であり、融通思想と関係があろう。第九に、願文が源智の親類に関する初出文献であるということ。秘妙（比丘尼）という名が出る。源智は上分の善を以て「秘妙等親族」の菩提に宛てたいと述べている。

四　交名瞥見

　ところで、この秘妙なる人物の名が交名のなかに、しかも源智自らが多くの人物を書き留めた個所に見出される。

　六条尼御前、法然房源空、真観房感西、勢観房源智、比丘尼秘妙、静妙、発心、實性、在蓮、藤原氏、平氏別当殿、平氏金寿御前、チク葉、證願、毗沙、三月尼、大中臣氏、香水寺阿念房、中納言入道浄心、安楽房遵西、住蓮房、善綽房西意、聖願房、座主大僧正慈円、法印成円、法性寺入道殿下、祐清、幸清、秘妙房母大夫殿、超清、シウ清、大蓮、妙月、源氏、證空、信空

　「源頼朝等交名」（『玉桂寺阿弥陀如来立像胎内文書調査報告書』一九一頁、S24）

　ここには源智の親族や法然教団の主要人物、またその周辺の人物の名が見える。この個所の直前には頼朝姫御前（大姫）、大将殿（頼朝）、二位入道頼家、春花門院などの名も出ている。交名には右の個所に限らず、現存者、過去者が並んで挙げられている。法然上人、感西、安楽、住蓮、法性寺入道殿下（兼実）、源頼家、春花門院などは過去者である。過去者の場合は有縁の現存者が追善のために念仏に結縁させているのである。この交名は過現一体の名帳である。

　右に挙げた六条尼御前などの交名群が出る継紙の裏の部分は源智以外の四、五人の手で書かれているが、冒頭の一行は源智の筆跡であり、

　頼朝、頼家、尊成、新院、当君、實朝、公継　「源頼朝等交名」（『報告書』一八〇頁下段、S25）

と書かれている。源智がなんらかの意図をもって追記したのであるが、頼朝、頼家は過去者、尊成は後鳥羽院、新院は土

S26 大納言等交名 部分

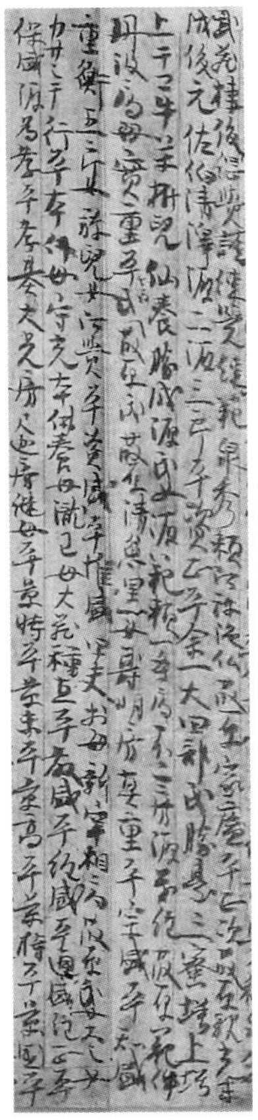

S27 越中國百萬遍勤修人名 比丘名分 部分

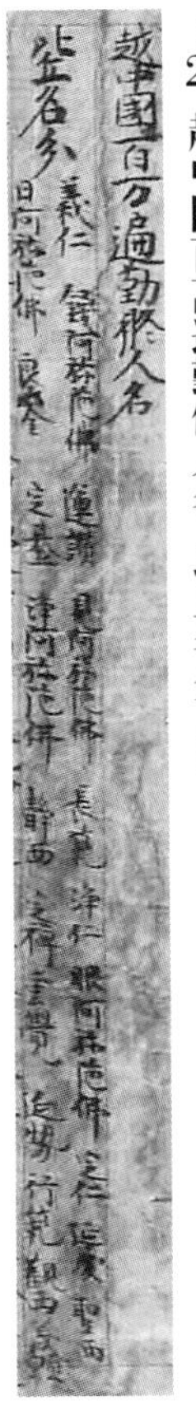

S28 同前 入道名分 部分

S29 同前 俗童名分 部分

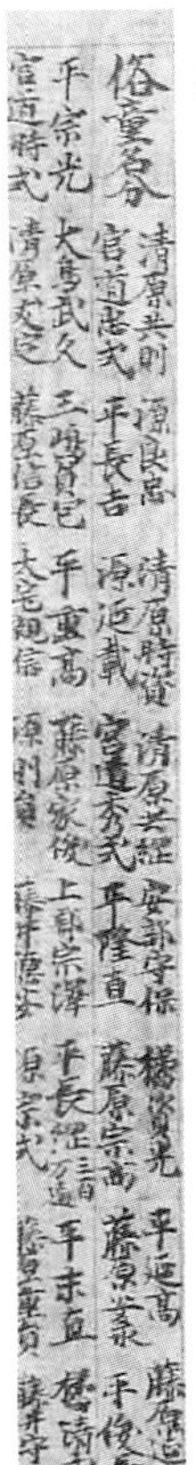

S30 同前 比丘尼名分 部分

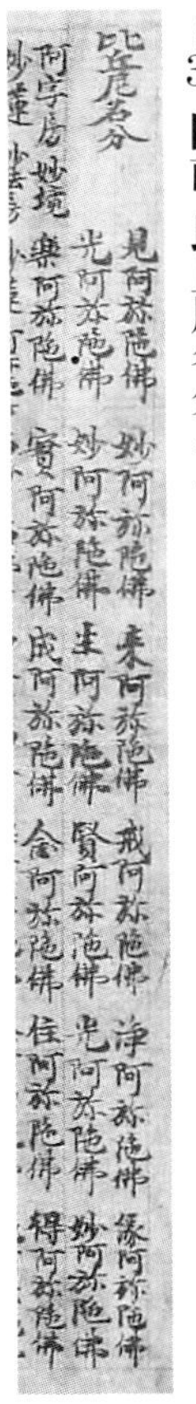

S31 同前 女名分 部分

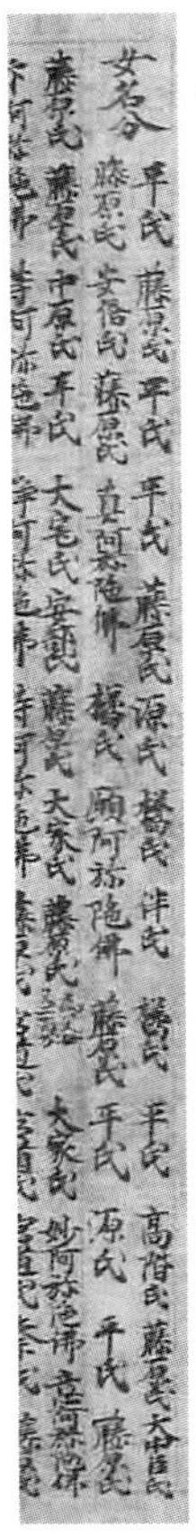

御門院、当君は順徳天皇、徳大寺公継は前年の十月、右大臣になったばかりで母は法然上人に帰依した上西門院の女房備後であり、公継自身も帰依者で興福寺から遠流に処すよう申状を出されていた。後鳥羽院は本院とでも書かれるべきところ、その名で書かれ、南都から忌避された公卿の名を書いたのは源智の胸中にある種のこだわりがあったからと思われる。

再度源智自らが書いた亡き僧名をみると前掲の交名中に、安楽房遵西・住蓮房・善綽房西意・聖（『歎異抄』は性とする）願房の四人が見出させる。この四名こそ建永承元の法難で死刑に処せられた人物である。源智は記憶の生々しいまま、交名に死罪の四人の名を記したのである。『歎異抄』『拾遺古徳伝』など真宗系史料に伝えられて、浄土宗系のものには住蓮房・安楽房に重きが置かれていた観があったのを、法然上人直弟筆の交名中に記録があることによって二名を補わなければならないことがわかった。建永法難での死罪者の菩提を弔う法然教団最初の記録としても源智造立阿弥陀立像内交名記録は重要である。同門人としての四人に対する源智の心情の深さが認められる。同時に弾圧側の後鳥羽院に対する悲憤の深さが源智にもあったであろう。しかし五年が経過しているので、交名群の冒頭に源智が後で尊成と後鳥羽院の名を記したのは、その胸中には後鳥羽院を許す方向で心に変化が生じていたのではないかとも思う。念仏者を断罪した「罪障」の後鳥羽院にも生死離脱が許されるべきとの心中の変化が生じていたのであろう。姓名のみを記した交名から、このような記載者の心情が窺われるとすれば、この像内交名は貴重な史料である。

交名で注目されるのは、対立しあった陣営の氏名がたびたび出てくることである。源智の縁に列なる平家一門、平師盛、平重盛、平宗盛、平重衡などの名が、また源氏では頼朝はじめ義経、範頼らの名が出ている。しかも義経、範頼と宗盛、知盛ら対峙しあった武者公達の名が隣あって書かれている個所がある（「大納言等交名」『報告書』二〇一頁下段、S26）。源智の念仏運動に結縁した人びとは、縁者は当然のことかつての敵対者も、また人の世を凝視した心ある人も、滅亡した公達の名を交名に残したのであった。

四万数千以上の交名から、源智が仏凡一体、迷悟一如の心を表したのが阿弥陀立像であり、それへの結縁が衆生利益のはかりごとであり、それがそのまま法然上人への恩徳報謝に結びつくとの源智の志願が、右の事例などで虚事でなかったことが理解される。この世に対立しあった彼らも、あの世において、実はいままたこの阿弥陀仏像の体内にあっても、仏の世界と同じく、ともどもに住んでいるのである。この平等一如の世界は「造悪罪障の凡夫が生死の流転から離脱する法門」のもつ法然浄土教の救済理論を抜きにしては語れないのである。

源智発願の念仏勧進は源智一人によって成就したものではない。計画は援助を惜しまない念仏上人に伝えられ、彼らによって各地で念仏興行が展開され、参加者の交名が源智の許へ報告され、源智と側近によって奉納用の交名に作成し直されたのである。「越中國百萬遍勤修人名」のように「比丘名分」〈S27〉「入道名分」〈S28〉「俗童名分」〈S29〉「比丘尼名分」〈S30〉「女名分」〈S31〉に整理の上清書されて源智の許に送られてきたものもある（『報告書』十九頁～二十七頁）。また「百萬遍念佛注進状」（『報告書』四十一頁～五十八頁）には一五〇六人にのぼる「百萬人々数」が註進され、「住進　専修念仏人事」が二十二名の道俗の名を記して綴られているが、裏表紙に「心蓮、證仏、阿弥陀房」の取扱者の名が書かれている。

源智提唱にかかる念仏結縁運動が行われた地域については、参加者に三国氏、加賀氏、敦賀氏、渡会氏、荒木田氏、尾張氏、新見氏、上道氏、和気氏、漆間氏、下道氏などのように土地に特有な姓名が集中的にみられる個所があって地域を察することができる。それによると畿内近国はもとより北陸、東海、中国地方に及んでいることがわかる。

S32 をみのさたつね等交名帳 末尾部分

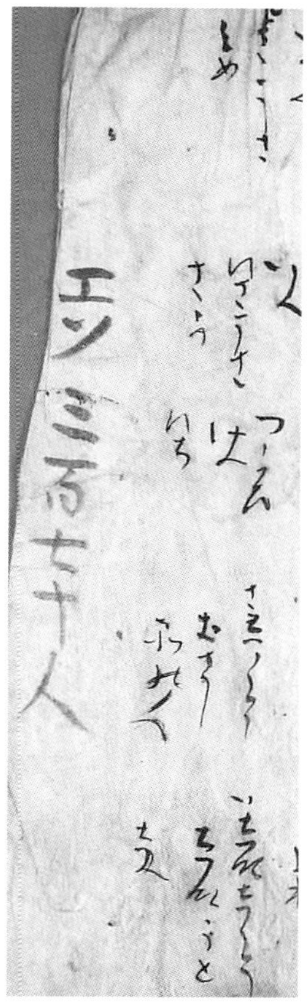

S33 平李村等百萬遍人衆

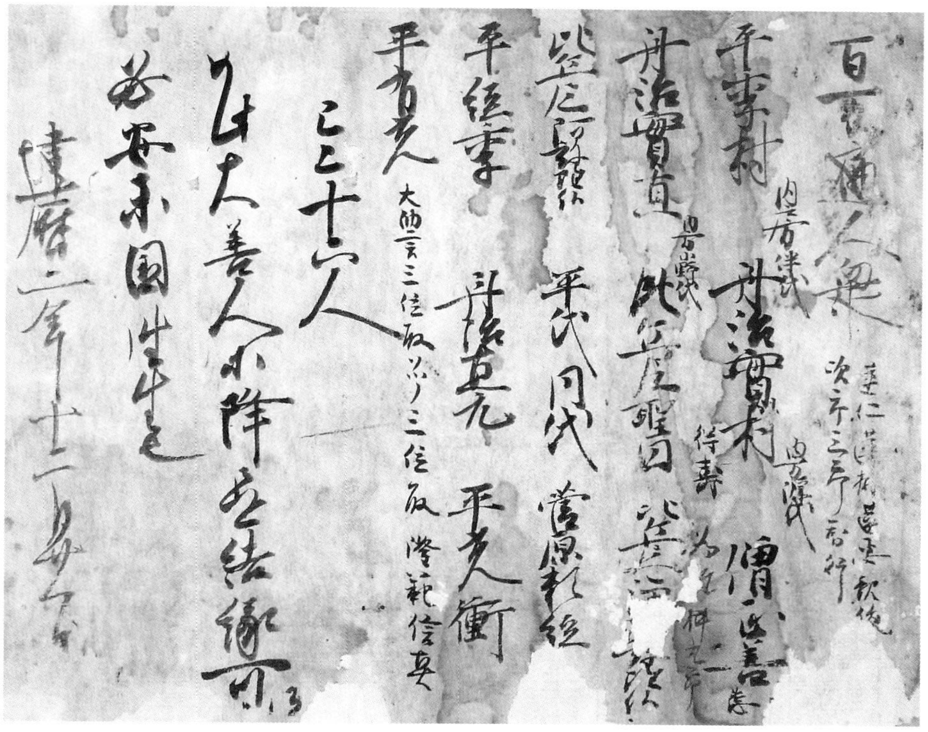

また「をみのさたつね等交名帳」の第十七丁よりあと（『報告書』六十七頁）は蝦夷の人びとであって、最後に「エソ三百七十人」と書かれている〈S32〉。「いぬ」「くま」「うし」などの和風動物名や「しさう」「とち」「まさ」「いちま」「かじん」「をこい」など他の交名には見られない名が続くなかに「きみこのつねさね」「をゝとりのもりまさ」「とゝりのさたとん」「あへのすへなか」などの姓名や「ひのと」「ひろと」「おゝと」などの氏の名が書かれている。これらの諸氏は陸奥、出羽に分布し、とくに集中して出る吉弥候氏は羽前、羽後、陸中に勢力をもっていた。以上のことから「エソ」と書かれた部分の交名は東北地方であることが明らかである。「エソ三百七十人」の記載は念仏の早い時期での東北伝播を示唆したり、〝エゾ〟の念仏受容を裏づけるきわめて貴重な史料である。

また像内の交名を通覧すると、すでに触れたように現存者から過去者にも及び、いずれも道俗貴賤の各層にわたっている。とくに目立つのは過去者では平家一門、源氏の諸将、後宮貴女、廟堂貴族などである。すべてが専修念仏者であり、法然教団と関与していた人物とはいえないが、そのような人物を交名に連記した陰の人物がいて、彼らが特定できないにしても、専修念仏ないし法然教団となんらかの関係をもっていたであろうことは推測に難くない。

試みにその一端をあげると平家一門では、平宗盛、平知盛、平重衡、平資盛、平惟盛、平教盛、平経盛、平通盛、平経正など、また他の個所では宛字で平師守、平重守、平清守、平宗守、平重守などと出ている。源氏ではすでに触れたが頼朝、姫御前（大姫）、二位入道頼家、源範頼、源義経ら、また頼朝の旧幕下ではレムセイ（熊谷入道蓮生）の名がある（前掲『報告書』一九一、二〇一、二〇五頁）。

また廟堂貴族では九条兼実と対立関係にあった内大臣源通親の一族が目につく。源雅通、源通親、源通資らはすでに没しているが、その名が交名にあるのは家司、被官人らが源智発願の念仏勧進に結縁したがためであろう。なお前記の春華門院には念仏千返を以て供養しているものがいる（「念仏供養札等一括」『報告書』二六五頁）。現存者で結縁しているのは、中・下級官人や貧民が多く含まれている。

源智の手許で交名として書き直される前の原態を示すものに、開眼直前に届いたらしい建暦二年十二月廿一日付の「平李村等百萬遍人衆」一通がある（『報告書』十八頁、S33）。この内側に捲きこまれていたのが、道俗男女からなる四十八人の交名であった（「四十八人念仏衆交名」『報告書』十八頁、S34）。当時諸所で、「四十八口之徒党」とよばれたように弥陀四十八願に擬した四十八人念仏衆が結成されていたが、このような四十八人徒党の念仏集団の存在を具体的に示す好資料も含まれていたのである。

最後に交名に見える主要念仏者を紹介しておこう。

幸西（「越中國百萬遍勤修人名」『報告書』二〇頁）、隆寛（「順阿弥陀佛等交名」『同右』八十三頁）、良快（同右）、澄憲（同右、一〇一頁）、住蓮（「蓮仁等交名」同右、一二〇頁）、尼聖如（同右、一二四頁）、明遍（「平学等交名」同右、一四三頁）、良遍（同右、一四九頁）、快慶（同右、一五〇頁）、聖覚（同右、一六三頁）、源空（「源頼朝等交名」一九一頁）、感西（同右、一九一頁）、六条尼御前（同右、一九一頁）、源智（同右、一九一頁）、遵西（同右、一九一頁）、西意（同右、一九一頁）、聖（性）願房（同右、一九一頁）、慈円（同右、一九一頁）、証空（同右、一九一頁）、信空（同右、一九一頁）、宿蓮（「大納言等交名」一九七頁）、静遍（同右、二〇四頁）、蓮生（同右、二一三頁）、証真（「成阿弥陀佛等交名」同右、二二四頁）、源智（同右、二二四頁）、欣西（同右、二二四頁）など。このうち幸西はなお五回、住蓮が四回、他に源智、欣西、良快、聖覚、証真がおのおの一

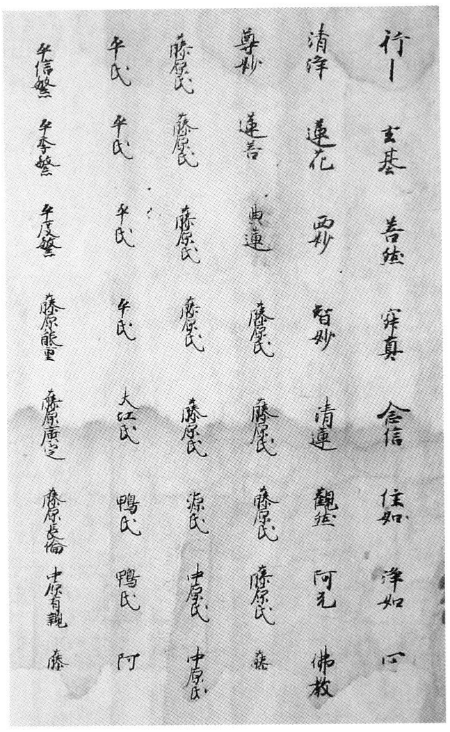

S34 四十八人念仏衆交名

回ずつ名を残している。

右のなかで幸西の名が一番多く出ているが、同名異人ではなく、幸西その人が源智の協力者であったからである。源智は幸西が所持する『選択本願念仏集』を書写するという親縁関係にあった。周知のように幸西は元久の頃から頭角を現わし、法然上人の流罪前後から地歩を固め、法然上人の没後には隆寛、空阿弥陀仏らと共に教団の一方の旗頭として内外に大きな影響力をもっていた。源智の念仏勧進のときは五十歳であった。

源智が阿弥陀仏造立を発願したとき、明遍七十一歳、信空六十七歳、隆寛六十五歳、静遍四十七歳、聖覚四十六歳、証空三十六歳である。念仏勧進が北陸方面に密であるのは幸西とその門下の理解、支援があったからと推定される。

交名にみえるこれらの僧を統括的に位置づけておこう。法然教団の構成者（A）と教団周辺の念仏者（B）とに分類でき、前者はさらに入室同法（イ）と有力門弟（ロ）に類別できる。信空、証空、欣西、感西らは（イ）に、幸西、隆寛、住蓮、遵西、西意、性願、宿蓮、寂蓮らは（ロ）に該当しよう。また良快、良遍、明遍、聖覚、澄憲、証真らは（B）に属しよう。これらのうち過去者を除くと、信空、証空、欣西らの源智常随給仕時代の入室同法、さらには幸西、隆寛らの教団旗頭が阿弥陀仏像の造立勧進に協力していたことが推察される。また良快、良遍、明遍、聖覚ら名だたる僧も源智の良き理解者であったと考えられる。

ともあれ源智造立の阿弥陀仏立像に納入されている源智願文と交名は源智と法然教団にかかる新出の重要史資料であり、遣迎院阿弥陀如来像の像内納入品資料に優るとも劣らない貴重なものである。交名の数においては遣迎院のそれを凌ぎ、第一級の勧進資料たることは言うまでもない。源智および法然教団の研究に及ぼす影響は大きく、浄土宗研究史上にその新出の意義をとどめるだけではなく、古代中世の氏姓研究など他領域にあっても好個の資料たり得ることは何人も認めるところであろう。

あとがき

法然上人研究図録制作調査委員会総轄　石上善應

平成十六年、法然上人八百年大遠忌を迎えるに当たり、法然上人を顕彰するのにもっとも相応しいものは何かということが課題になり、上人の展覧会開催に合わせて法然上人図録を作成し上程すべきであるということになった。しかし、その人選に苦慮し、実際に調査執筆する人を基にして検討することになった。内容は浄土教美術と法然上人に関する絵画・彫刻・典籍。典籍篇は佛教大学の伊藤唯眞先生と中井眞孝先生にお願いした。伊藤先生は、かつて玉桂寺に在った勢観房源智上人が法然上人御遷化の一周忌を期して阿弥陀像を造り、法然上人の遺徳を偲ぼうとされた像であることが判った際、その先陣を切って研究されていたことも委員をお願いする理由であった。先生はその後、清浄華院法主、さらに浄土門主猊下になられても調査委員会にご臨席賜り、原稿執筆も継続していただいた。そして中井眞孝先生には歴史的資料をお願いした。

しかし、仏教美術、とくに彫刻・絵画の専門家が浄土宗の内部におられなかったことから、仏像彫刻を琵琶湖文化館の土井通弘先生に、絵画は広島大学大学院教授の安嶋紀昭先生に依頼申しあげ、委員会を発足させた。

その後紆余曲折があったが、図録制作は研究図録の制作として進めることになり、本図録にはどれだけのものを掲載し紹介すべきかを精査、担当者は骨身を惜しまず調査に邁進した。

その間に、土井先生は岡山県の就実大学に異動。また、絵画に関しては光画像計測法という新しい方法で、かなり綿密な絵画研究を採用し、助手である髙間由香里氏(現在、大阪教育大学講師)と共同作業をしながら検討することになった。しかしながら、光学的研究には実際に実物をその場で調査し、従来の学説との相違点を明らかにするというところから始まる。そうした過程で数々の発見もあった。研究者としては、それを見極めたいのは当然で、このような経緯も加わって、平成二十三年春に刊行する予定が大幅に遅れて、今日に至った。専門委員として心よりお詫び申しあげる次第である。そのため髙間由香里氏には執筆の協力を得ることにもなった。また、各寺院の什物であるにもかかわらず、掲載できなくなってしまったものもあり、そのことを心より御寛恕願いたい。

調査中に、知恩寺の阿弥陀像が快慶作と判明し、大きくニュースとして報道されたことも御存知の通りである。法然上人の御消息を初め書状や典籍は伊藤猊下と中井眞孝師で調査執筆された。彫刻・絵画では、かなり専門的解説で難解な点もあるが、その性格上、御了承願いたい。

この間、滋賀県の玉桂寺から、源智上人の阿弥陀像が浄土宗に譲渡されるという、まことに吉祥な出来事があり、また、「法然―生涯と美術」展が京都国立博物館で、「法然と親鸞―ゆかりの名宝」展が東京国立博物館で開催された。さらに、法然上人行状絵図(四十八巻伝)がデジタル化され、すべてを大きくして見ることもできるようになるなど、八百年大遠忌を機に様々な事業を行い法然上人を顕彰できたことは大きな喜びであった。

最後に、本図録制作にあたって、御協力いただいた御寺院をはじめ、調査・執筆を担当された先生方に衷心より感謝申しあげ、本図録が浄土教研究に不可欠の書として、広く御高覧くださることを願う次第である。

調査および写真掲載協力寺院・博物館（五十音順）

一心寺（大阪）
栄摂院（京都）
往生寺（宮城）
大倉集古館（東京）
鎌倉国宝館（神奈川）
元興寺（奈良）
京都国立博物館（京都）
興善寺（奈良）
香雪美術館（兵庫）
光明院（広島）
光明寺（神奈川県鎌倉市）
光明寺（京都府長岡京市）
高野山霊宝館（和歌山）
金戒光明寺（京都）
興福院（奈良）
西禅院（和歌山）
滋賀県立琵琶湖文化館（滋賀）
清浄華院（京都）
聖衆来迎寺（滋賀）
成覺寺（宮城）
新光明寺（静岡）
新知恩院（滋賀）
清凉寺（京都）
専修寺（三重）
善導寺（福岡県久留米市）
善導寺（福岡県福岡市）
禅林寺（京都）
増上寺（東京）
當麻寺奥院（奈良）
誕生寺（岡山）
東京国立博物館（東京）
知恩院（京都）
知恩寺（京都）
奈良国立博物館（奈良）
二尊院（京都）
佛教大学（京都）
宝台院（静岡）
法然院（京都）
萬福寺（島根）
妙定院（東京）
有志八幡講十八箇院（和歌山）
蓮華三昧院（和歌山）
廬山寺（京都）

法然上人研究図録制作調査委員会

座長　中井眞孝（佛教大学名誉教授）
総轄　石上善應（大正大学名誉教授）
委員　安嶋紀昭（広島大学大学院教授）
委員　土井通弘（就実大学教授）
（伊藤唯眞猊下におかれては、清浄華院法主、浄土門主・総本山知恩院門跡にご晋董後も委員会にご出席いただき、貴重な提言をいただきました）

執筆

［美術篇］安嶋紀昭
第三章第一節、第四章第二節、第五章第一節、美術に見る初期の浄土宗
髙間由香里（大阪教育大学講師）
第一章、第二章、第三章第二・第三節、第四章第一・第三節、第五章第二節
土井通弘
第六章

［典籍篇］伊藤唯眞（浄土門主・総本山知恩院門跡）
選択本願念仏集、一行一筆般若心経・阿弥陀経、阿弥陀如来立像像内文書
中井眞孝
源空・証空自筆消息、源空・証空等自筆消息、七箇条制誡、西方指南抄、熊谷直実自筆誓願状

写真撮影協力

野久保昌良、寿福滋、松島朝秀

美術篇調査協力

井上ひろ美、山口直子、浅利尚民、宮尾素子、榊拓敏、丹波温子、安間望、三宅泰英、川口愛加、山之上理加、岩本いつみ、松島千穂、清水容子

法然上人八百年大遠忌記念

法然上人聚英

平成二十七年一月二十五日　初版第一刷発行

編集　浄土宗出版
装幀　佐藤篤司
印刷　日本写真印刷株式会社
製本　牧製本印刷株式会社
発行　浄土宗
浄土宗宗務庁
〒六〇五-〇〇六二　京都市東山区林下町四〇〇-八
TEL　〇七五-五二五-二二〇〇(代表)
〒一〇五-〇〇一一　東京都港区芝公園四-七-四
TEL　〇三-三四三六-三三五一(代表)

ISBN978-4-88363-077-6 C0015 ¥3000E

落丁本・乱丁本は浄土宗出版にご連絡ください。
浄土宗出版(浄土宗文化局出版担当)
〒一〇五-〇〇一一　東京都港区芝公園四-七-四
TEL　〇三-三四三六-三七〇〇
FAX　〇三-五四七二-四八七八
http://press.jodo.or.jp/